Friedrich Bruckmann, Heinrich Brunn

Denkmäler griechischer und romischer Skulptur unter Leitung von Heinrich Brunn, herausgegeben von Freidrich Bruckmann

I. Serie (Tafeln 1 - 500)

Friedrich Bruckmann, Heinrich Brunn

Denkmäler griechischer und romischer Skulptur unter Leitung von Heinrich Brunn, herausgegeben von Freidrich Bruckmann
I. Serie (Tafeln 1 - 500)

ISBN/EAN: 9783743301191

Hergestellt in Europa, USA, Kanada, Australien, Japan

Cover: Foto ©Andreas Hilbeck / pixelio.de

Manufactured and distributed by brebook publishing software (www.brebook.com)

Friedrich Bruckmann, Heinrich Brunn

Denkmäler griechischer und romischer Skulptur unter Leitung von Heinrich Brunn, herausgegeben von Freidrich Bruckmann

DENKMÄLER
GRIECHISCHER UND RÖMISCHER
SCULPTUR

UNTER LEITUNG VON HEINRICH BRUNN

HERAUSGEGEBEN VON

FRIEDRICH BRUCKMANN

I. SERIE (TAFELN 1—500)

MÜNCHEN
VERLAGSANSTALT F. BRUCKMANN A.-G.
1888—1900

Als Mitarbeiter hat den Herausgebern im Anfang der Unternehmung Leopold Julius zur Seite gestanden. Nach dessen im Jahre 1890 erfolgtem Tode hat Paul Arndt die Fortführung der Arbeiten übernommen. Unter seiner Leitung ist dann, nach Heinrich Brunns Ableben im Jahre 1894, das Werk zu Ende geführt worden. Ein ausführliches, von Paul Arndt bearbeitetes Register für die Tafeln 1—500 ist im Jahre 1897 ausgegeben worden. Eine Fortsetzung des Werkes erscheint seit dem Jahre 1900 unter Leitung von Paul Arndt im gleichen Verlage.

EINLEITUNG

An der Spitze der Erforschung griechischer Kunst steht der Name J. J. Winckelmanns. Er hat die Grundlagen geschaffen, auf denen noch heute weitergebaut wird, geschaffen mit Seherblick: denn von Originalen echt hellenischer Kunst hat sein Auge fast nichts geschaut, er war so gut wie ausschliesslich hingewiesen auf die Nach- und Umbildungen griechischer Werke aus römischer Zeit, wie sie der Boden Italiens seit den Zeiten der Renaissance ans Licht gefördert hatte.

Erst nach Winckelmann wurde das damals noch türkischer Herrschaft unterworfene Griechenland der Bereisung und wissenschaftlicher Forschung zugänglicher, und zugleich fanden umfangreiche Werke, wie die Sculpturen des Parthenon, die von Phigalia und Aegina ihren Weg in die Museen Europas. Mit der Befreiung Griechenlands eröffnete sich eine Quelle stetigen Zuwachses des wissenschaftlichen Materials, und die Forschung verbreitete sich vom Mittelpunkt des eigentlichen Hellas ausgehend immer weiter über die im Altertum dem griechischen Einflusse unterworfenen Gebiete, insbesondere Kleinasiens. In den letzten beiden Decennien endlich gewann nicht nur der wiedererwachte und neubelebte Geist in Griechenland und Italien selbst an eigener Kraft, sondern es entwickelte sich ein Wettbewerb aller gebildeten Nationen in der Erforschung des klassischen Bodens: es genügt zu erinnern an die staatlichen und privaten Unternehmungen in Olympia und Pergamon, in Troia, Mykenae und Tiryns, auf Delos, in Assos, in Lykien und auf Cypern.

Durch diese ausgedehnten Entdeckungen hat die Geschichte der klassischen Kunst nicht nur nach ihrem äusseren Bestande ein völlig verändertes Aussehen gewonnen, sondern sie hat auch nach ihrem innersten Wesen tiefgreifende Umgestaltungen und Erweiterungen erfahren müssen. Auch das Auge des Beobachters ist dadurch ein anderes geworden und verlangt, wo ihm der Anblick der Werke selbst versagt ist, zur Unterstützung seines Urteils ganz andere Hilfsmittel als früher.

Aus diesem Bedürfnis sind die Sammlungen von Gipsabgüssen hervorgegangen, welche die Originale zwar nicht vollständig, aber doch besser als jede andere Nachbildung zu ersetzen vermögen. Aber noch immer ist die Zahl dieser Sammlungen und in vielen derselben wieder die Zahl der in ihnen enthaltenen Monumente eine verhältnismässig beschränkte. Beschränkt ist auch die Benutzung nach Zeit und Ort. Und doch verlangt die tiefer eingehende, nach verschiedenen Gesichtspunkten vergleichende Betrachtung die Möglichkeit der Vergegenwärtigung zu jeder Zeit und an jedem Orte; sie vermag daher zu diesem Zwecke der Wiedergabe der Monumente durch graphische Mittel nicht zu entbehren.

Zeichnungen, auch die besten, genügen nicht mehr; der Künstler, sich selbst überlassen, wird immer das Bild darstellen, wie es sich in seinem eigenen subjectiven Empfinden spiegelt; wo er aber seine Hand leiten lässt von dem Auge des wissenschaftlichen Forschers, da wird seine Zeichnung im besten Falle nur von dem jeweiligen Stande der wissenschaftlichen Betrachtung Rechenschaft zu geben, nicht aber der noch weiter in die Tiefe gehenden Forschung zu genügen vermögen.

Dafür ist dem Bedürfnis der Archäologie und Kunst die Entwickelung der Wissenschaft auf andern Gebieten unseres Erkennens entgegengekommen. Die Erfindung der Photographie hat die bildliche Wiedergabe von Kunstwerken in einer Weise ermöglicht, welche von subjectiver Auffassung der Formen durchaus frei ist; und wenn allerdings die Aufnahmen nicht sofort den wissenschaftlichen Anforderungen zu genügen vermochten, indem sie oft noch zu sehr das Bild mit den Zufälligkeiten und Mängeln in der äusseren Erscheinung der Dinge behaftet wiedergaben, so ist es wiederum dem Fortschritte auf anderen Wissensgebieten gelungen, durch verschiedenartige Mittel solchen hemmenden Einflüssen, wie z. B. den Nachteilen einer ungünstigen Beleuchtung durch künstliches Licht, mit immer steigendem Erfolge entgegen zu arbeiten. Die Dauerhaftigkeit der so gewonnenen Bilder endlich wird jetzt durch die neuen Methoden photographischen Druckes in demselben Maasse wie nur immer beim Kupferstich- oder Typendruck vollkommen verbürgt.

Es erschien daher dem unternehmenden Geiste des Herrn Friedrich Bruckmann an der Zeit, die gesammten technischen Fortschritte im archäologischen Interesse für ein Werk zu verwerten, welches von griechischer Plastik nicht nur eine umfassende Anschauung, sondern dadurch zugleich ein Hilfsmittel für das historische Studium derselben gewähren soll, wie es bisher durch Abbildungen noch nirgends geboten worden ist.

Für die technische Ausführung sind folgende Gesichtspunkte aufgestellt worden:

Das Werk soll auf Grund neuer photographischer Aufnahmen in den verschiedenen Sammlungen Europas hergestellt werden. Die wissenschaftliche Leitung dieses Teils der Arbeit hat Herr Dr. Leopold Julius übernommen. Er wird zu diesem Zwecke alle wichtigen Museen bereisen, an Ort und Stelle die durch Aufstellung und Beleuchtung für die Wahl des richtigen Standpunktes maassgebenden Bedingungen prüfen und die Aufnahmen selbst persönlich überwachen. Wo immer es möglich ist, sollen dieselben nach den Originalen selbst ausgeführt werden. Nur wo sich nicht zu beseitigende Hindernisse entgegenstellen, sei es Unzugänglichkeit, sei es eine durch den Zustand der Oberfläche oder durch besonders ungeschickte Restaurationen verursachte entschieden ungünstige Wirkung, soll an die Stelle des Originals der Gipsabguss treten.

Für die Aufnahme ist ein so grosses Format gewählt worden, dass es allen wissenschaftlichen Anforderungen zu genügen vermag. Doch konnte es sich nicht empfehlen, einen durchaus einheitlichen Maasstab für die Wiedergabe von Werken verschiedenster Art anzuwenden. Die Feinheit einer griechischen Originalsculptur verträgt eine Abbildung in grösseren Verhältnissen, als eine auf die Wiedergabe aller einzelnen Feinheiten verzichtende Wiederholung aus römischer Zeit. Für einzelne Köpfe, selbst für Colossalköpfe, darf eine gewisse Grösse nicht überschritten werden. Es galt also, wie der Beschauer für die Betrachtung der Werke selbst hier einem näheren, dort einem entfernteren Standpunkt den Vorzug giebt, ebenso auch für die Abbildung diejenige Grösse zu wählen, welche sich für die Wirkung des Werkes selbst als die günstigste erweist. Um jedoch von der wirklichen Grösse der Monumente Rechenschaft zu geben, ist jeder Abbildung bei der Aufnahme selbst der Maasstab in Centimetern beigefügt.

Die photographischen Aufnahmen sind in unveränderlichem phototypischem Druck wiedergegeben, welcher die Photographie selbst an Klarheit noch übertrifft und ohne ihren Glanz eine weit ruhigere Wirkung vor ihr voraus hat.

Blätter von so vortrefflicher Ausführung finden sich bisher nur vereinzelt und zerstreut in archäologischen Publicationen. Ihr wahrer Wert aber gelangt erst zu voller Geltung, wo dem vergleichenden Studium eine reiche, auf ein bestimmtes Ziel gerichtete Auswahl dargeboten wird. Ein solches Ziel hat sich die vorliegende Sammlung gestellt, indem sie es unternimmt, von der griechischen und der mit ihr im engsten Zusammenhange stehenden römischen Plastik in ihrer geschichtlichen Entwickelung eine möglichst umfassende Anschauung zu gewähren.

Mit der Aufstellung dieser Aufgabe sind aber der Ausführung sofort bestimmte Grenzen gezogen. Nicht jedes beliebige Stück antiker Sculptur ist geeignet, das Verständnis zu fördern. Auszuschliessen waren daher nicht nur die Arbeiten von einem geringen oder höchstens einem gewissen mittleren Durchschnittswerte, sondern selbst manche besserer Qualität, die sich bisher noch nicht in einen bestimmten historischen Zusammenhang einordnen liessen und daher, anstatt

Licht zu verbreiten, selbst noch des Lichtes durch den Fortschritt wissenschaftlichen Erkennens bedürfen. Andererseits konnte es nicht die Aufgabe sein, sehr umfangreiche Gruppen von Monumenten, wie z. B. die Sculpturen des Parthenon oder der pergamenischen Ära, ebenso längere gleichartige Reihen, wie die griechischen Grabreliefs, nach ihrem gesammten Bestande wiederzugeben. Auch hier würde die Massenhaftigkeit nur zerstreuend wirken und die Aufmerksamkeit von der Hauptsache ablenken, während eine Beschränkung auf die für die verschiedenen Gesichtspunkte am meisten charakteristischen Stücke sich für das Verständnis weit förderlicher erweist. Dagegen sollen in möglichster Vollständigkeit alle diejenigen Monumente vereinigt werden, denen bisher in der historischen Entwickelung ein bestimmter Platz, sei es mit positiver Sicherheit, sei es nach hoher Wahrscheinlichkeit, hat angewiesen werden können, und die dadurch geeignet sind, unsere Anschauung dieser Entwickelung nach irgend einer Seite zu fördern oder zu beleben.

In erster Linie sind natürlich die Werke zu berücksichtigen, welche nach Erfindung und Ausführung als originale Arbeiten bezeichnet werden dürfen. Wo diese fehlen, sind allerdings die antiken Copien nicht zu entbehren. Aber je schwieriger oft die Unterscheidung zwischen einer einfachen Umbildung und einer Nachbildung im Geschmacke einer späteren Zeit ist, um so grösserer Vorsicht bedarf es bei ihrer Auswahl, damit an die Stelle eines nur abgeschwächten nicht ein noch weiter getrübtes Bild des Originals gesetzt werde.

Überhaupt wird ja bei dem Stande unseres Wissens wohl nur über einen Teil des Aufzunehmenden, das in erster Linie Notwendige, sich ein allgemeines Einverständnis erzielen lassen, während überall, wo das nur Wünschenswerte in Betracht kommt, sich die verschiedensten Rücksichten geltend machen können. Eine Rechtfertigung der getroffenen Wahl soll wenigstens bis zu einem gewissen Grade durch die Anordnung und Gruppierung der Tafeln versucht werden. Auf diese Anordnung musste daher eine besondere Aufmerksamkeit verwendet werden; sie musste, wenn das Werk seinen Zweck erreichen soll, aus der Eigenart dieses Werkes selbst herauswachsen. Die Tafeln sollen nicht als Erläuterung zu einer litterarisch durchgearbeiteten Kunstgeschichte dienen, sondern sie sollen für sich das Bild der Kunstgeschichte an unseren Augen vorüberführen, sollen dieses Bild beim Beschauer durch eigene Anschauung erwecken und ihm zum Bewusstsein bringen.

Wir haben uns allerdings gewöhnt, die Kunstgeschichte nach Perioden zu gliedern. Aber es lässt sich unmöglich behaupten, dass die eine Periode an einem Tage aufhöre und die andere am folgenden Tage beginne, nicht einmal da, wo es sich um die fortlaufende Entwickelung an einem und demselben Orte handelt. Es steht vielmehr fest, dass diese Entwickelung an verschiedenen Orten eine verschiedene sein kann und in Wirklichkeit gewesen ist, wodurch sich die Gruppierung nach Schulen oft von nicht geringerer Wichtigkeit als die nach der blossen Zeitfolge erweist. Ebenso bedingen sich die Entwickelungen an verschiedenen Orten und ergänzen sich wechselseitig; der eine Ort übernimmt die Führung, der andere folgt; hier behauptet sich die eine Richtung länger als dort. Im Fortschritte der Zeiten vereinigen sich vereinzelte Strömungen zu einem breiteren Strome, um sich später ebenso wieder zu trennen. Gewisse Gattungen, das Religiöse, Historische, Athletische, das Genre, entstehen, blühen oder vergehen, und verleihen, je nachdem die eine oder die andere vorherrscht, der Kunst verschiedener Zeiten ihren besondern Charakter.

Wenn also das oberste Princip der Anordnung das der chronologisch-historischen Entwickelung sein soll, so leuchtet doch ein, dass dieses Princip, einseitig durchgeführt, weit entfernt sein würde, zu dem gewünschten Ziele zu führen. Es muss die Grundlage bilden; daneben aber hat nicht nur die Gliederung nach Schulen zur Geltung zu kommen, sondern es muss weiter als allgemeiner Grundsatz festgehalten werden, in den verschiedenen Abteilungen die Dinge so zu gruppieren, wie sie sich am besten gegenseitig erläutern und erklären, sei es nach den Principien der Ähnlichkeit oder des Gegensatzes, sei es nach sachlichen, gegenständlichen oder künstlerischen Rücksichten.

Der Darlegung dieser Gesichtspunkte soll der kurze Text dienen: er soll nicht eine Erläuterung der einzelnen Tafeln geben, sondern die Auswahl und Anordnung derselben rechtfertigen, soll in kurzen Andeutungen darauf hinweisen, unter welchen Gesichtspunkten verschiedene Gruppen gebildet sind. Hierbei wird sich nicht selten die Erwägung aufdrängen, dass einem und demselben Denkmale nicht nur an einer, sondern mit gleichem Rechte an einer anderen, ja an mehreren Stellen sein Platz angewiesen werden könnte. Da jedoch jede Tafel in der allgemeinen Reihe nur mit einer einzigen Nummer bezeichnet werden kann, so empfiehlt es sich, ausserdem im Texte auf die Möglichkeit verschiedener Gruppierungen der Tafeln hinzuweisen, welche geeignet sind, dem Betrachter das Einzelne in einen anderen Zusammenhang eingereiht und dadurch in einer neuen oder doch wesentlich veränderten Beleuchtung vor Augen zu stellen.

1888.

Heinrich Brunn.

VORLÄUFIGER BERICHT

über die

Veröffentlichung der Denkmäler griechischer und römischer Sculptur

Beim Beginne der Herausgabe der Denkmäler griechischer und römischer Sculptur wurde ein kurzer Text zu denselben in Aussicht gestellt, allerdings in bestimmter Begrenzung: „er soll nicht eine Erläuterung der einzelnen Tafeln geben, sondern die Auswahl und Anordnung derselben rechtfertigen, soll in kurzen Andeutungen darauf hinweisen, unter welchen Gesichtspunkten verschiedene Gruppen gebildet sind“.

Die Möglichkeit, eine systematische Reihenfolge der Tafeln schon bei der Veröffentlichung derselben einzuhalten, war von vornherein ausgeschlossen. Die Schwierigkeiten einer dazu notwendigen Sammlung des in den verschiedensten Museen zerstreuten Materials würde die Publication um Jahre verzögert, wenn nicht überhaupt unmöglich gemacht haben. Wohl aber empfahl es sich, manche Tafeln nicht vereinzelt, sondern in kleineren oder grösseren Gruppen vereinigt zu veröffentlichen, um sie schon durch ihre Zusammenstellung gegenseitig zu erläutern. Ausserdem war beabsichtigt, nach besten Kräften zuerst die Herausgabe der Werke der archaischen Kunst zu fördern, sodann in ähnlicher Weise den Nachdruck auf die Werke der Blütezeit zu legen und zuletzt mit denen der hellenistischen und römischen Zeit abzuschliessen. Diesem Plane entsprechend würde dann jeder dieser drei Hauptmassen, sobald sich deren Abschluss mit einiger Sicherheit hätte übersehen lassen, der Text ebenso in drei Abteilungen haben folgen können.

Wie so häufig, so stellten sich der Ausführung dieses Gedankens thatsächlich grössere Hindernisse entgegen, als vorauszusehen waren. Um mit den kleinen, aber in ihren Folgen oft um so widerwärtigeren Leiden zu beginnen, so wurden diese in einem keineswegs geringen Umfange veranlasst durch die Unzuverlässigkeit einiger der mit den Aufnahmen beauftragten Photographen. Nicht selten mussten wegen Nichtbeachtung bestimmter Anweisungen die ersten Aufnahmen verworfen und durch neue ersetzt werden. Weiter erfolgten die Lieferungen nicht pünktlich oder enthielten nicht das, was als zunächst notwendig gewünscht und wiederholt verlangt worden, oder brachten aus längeren Reihen, wie Giebelgruppen und Tempelfriesen, irgend ein willkürlich herausgerissenes einzelnes Blatt.

Hemmend wirkte ferner der durch längere Krankheit verursachte Aufschub verschiedener Reisen und der mitten in den römischen Arbeiten erfolgte beklagenswerte Tod des mit der Leitung der Aufnahmen betrauten Dr. Leopold Julius.

Unter diesen Verzögerungen wuchs wichtiges neues Material hinzu; es mögen nur die Entdeckungen auf dem Boden Athens namhaft gemacht werden, die wegen ihrer entscheidenden Bedeutung für das Gebiet der archaischen Kunst erneute Reisen dorthin nötig machen.

Endlich mussten manche Mitteilungen aus den Schätzen der übrigen neueren Ausgrabungen vorläufig zurückgestellt werden, um nicht den Anrechten der Entdecker an eine erste wissenschaftliche Verwertung vorzugreifen.

So ist denn bis jetzt die Veröffentlichung selbst der ersten Abteilung, der archaischen Werke, eine durchaus unvollständige geblieben und nur erst bis etwa zur Hälfte gediehen. Es ist daher nicht wohl möglich, über Auswahl und Anordnung derselben in zusammenhängender Darstellung genügende Rechenschaft zu geben, und ebensowenig, eine systematische Nummerierung der Tafeln schon jetzt definitiv festzustellen. Noch lückenhafter ist, was bisher für die späteren Abteilungen hat geboten werden können.

Andrerseits wächst die Ungeduld der Besitzer des Werkes, welche darüber beruhigt zu werden verlangen, dass ihnen nicht bloss eine bunte Mannigfaltigkeit der verschiedenartigsten, wenn auch an sich bedeutenden Denkmäler geboten werden soll, sondern eine Auswahl nach streng wissenschaftlichen Gesichtspunkten, welche in ihrer Gesammtheit dienen soll, von der Geschichte der Entwickelung griechischer und römischer Plastik eine möglichst umfassende Anschauung zu gewähren.

Unter solchen Umständen bleibt nur übrig, an Stelle des Stückwerkes eines Textes einen vorläufigen, späterer Ausführung nicht vorgreifenden Ersatz zu bieten durch das für den Augenblick Erreichbare, nämlich durch ein geordnetes Verzeichnis der bis jetzt erschienenen 180 Tafeln, welches eine systematische Reihenfolge und eine Gruppierung derselben nach den bei ihrer Aufnahme maassgebenden Gesichtspunkten festzustellen und durch den Platz, welcher ihnen angewiesen wird, die Aufnahme selbst zu rechtfertigen unternimmt. Einzelne kurze Andeutungen sollen ausserdem dazu dienen, zu weiteren, namentlich stilistischen Vergleichungen auch ausserhalb der festen Reihenfolge aufzufordern.

Allerdings wird dabei an die Benutzer des Werkes die Zumutung gestellt, sich nicht an einem Blicke auf das Verzeichnis genügen zu lassen, sondern an der Hand desselben die Tafeln selbst einer aufmerksamen Betrachtung nach ihrem gegenseitigen Verhältnis und nach ihrem Zusammenhange zu unterziehen. Aber gerade auf diesem und nur auf diesem Wege vermag das Werk der Aufgabe gerecht zu werden, welche zu erfüllen es in erster Linie bestimmt ist, nämlich nicht durch lehrhafte Worte des Erklärers das Urteil gefangen zu nehmen, sondern den Beschauer durch die Betrachtung der Werke selbst zu eigenem Nachdenken anzuregen und dadurch den Weg zu eigenem Verständnis und zugleich damit zu wahrem Genusse zu eröffnen.

Mai 1891.

Heinrich Brunn.

SYSTEMATISCHE ANORDNUNG

der Tafeln 1—180

(von HEINRICH BRUNN verfasst)

Vorstufen.

Vorhellenisch unter asiatischem Einflusse.

151 Das Löwenthor von Mykenae.

Althellenische statuarische Werke unter dem Einflusse tektonischer Principien.
(Vgl. Sitzungsberichte d. bayer. Akad. 1884, S. 508)

57a Archaische Statue der Nikandre aus Delos.
56 Archaische weibliche Statue aus Samos.
36 Geflügelte Göttin aus Delos, sog. Nike des Archermos.

Die archaische Kunst von ihren Anfängen bis zu ihrer Reife.

Die Kunst in Kleinasien.

a) im VI. Jahrh. v. Chr.

141—143 Statuen vom heiligen Wege bei Milet.
Einer abweichenden Richtung angehörig:
56 Archaische weibliche Statue aus Samos.

101b Relief von Karaköi bei Milet.
148 Fragmente einer Columna caelata vom älteren Artemision zu Ephesos.
146—147 Reliefs des Harpyienmonuments von Xanthos.

b) Fortsetzung um das J. 500 v. Chr.

102 Relief eines Grabmals von Xanthos.

Tektonischer Stil.

101b Giebel eines Grabmals von Xanthos.
103 Hahnenfries von Xanthos.

Fortschritt vom Sphyrelatonstil (der Sculpturen von Assos) zum Steinstil.

104 Relief eines Frieses von Xanthos.

Die Kunst in Hellas.

Der Typus des nackten Jünglings, sogen. Apollo-Typus.

Am unbeholfensten in der Arbeit ist:
77a Der Jüngling von Orchomenos.

Am nächsten steht ihm in den Grundverhältnissen, bei verbesserter Durchführung:
77b Der Jüngling aus Boeotien, in London.

Von verwandten Grundanschauungen gehen aus:

13 Ein Jüngling vom Ptoion.
76a und b Zwei Torsi von Actium.

Andere Verhältnisse, besonders in der Anlage der Schultern und des Unterleibes zeigen:

77c Der „Apollo" von Thera;

und in weiterer Fortbildung:

1 Der „Apollo" von Tenea.

Dem gereiften Archaismus gegen und um die Zeit der Perserkriege gehören an:

78 Der Apollo von Piombino;
51 Der „Apollo" Strangford;
12b Ein Jüngling vom Ptoion.

Die Kunst in der Peloponnes.

144 Weibliche sitzende Statue aus Arkadien.

[Zur Charakteristik des Stils im Gegensatz zu andern Richtungen sind zu vergleichen:

141—143 Die Sitzbilder vom heiligen Wege bei Milet;
145 Das sitzende Bild der Athene aus Athen.]
57 Statue der Nikandre aus Delos.
36 Geflügelte Göttin aus Delos, sog. Nike des Archermos.

Peloponnesisch sind wahrscheinlich auch:

1 Der „Apollo" von Tenea;

und in weiterem Fortschritt:

78 Der „Apollo" von Piombino.

Die aeginetische Kunst.

23 Statue der Athene aus dem Westgiebel des Tempels von Aegina.

[Die Eigentümlichkeit des Stils tritt besonders hervor durch die Vergleichung mit:

22 Der athenischen weiblichen Statue des Antenor.]
24 Statue des Paris aus dem Westgiebel.
25 Statue des Verwundeten ebendaher.

Der stilistischen Entwickelung des Westgiebels entspricht:

51 Der „Apollo" Strangford.
12b Der Jüngling vom Ptoion.

Im Stil weiter fortgeschritten sind:

121a Kopf der Athene aus dem Ostgiebel des Tempels von Aegina.
26 Zugreifender, ebendaher.
27 Herakles, ebendaher.
121b Kopf des Bogenschützen, ebendaher.
28 Sterbender, ebendaher.

(Vgl. Sitzungsberichte d. bayer. Akad. 1867, I, S. 405; und 1872, S. 529.)

Die attische Kunst.

16 Archaisches Giebelrelief in Poros: Herakles und die Hydra.
116 Archaischer attischer Jünglingskopf.

[Um den attischen Charakter durch den Gegensatz zu erkennen, ist zu vergleichen:

11 Archaischer männlicher Kopf vom Ptoion.]
2 Archaischer männlicher Bronzekopf.
6 Statue des sog. Kalbträgers.

57b Archaische weibliche Statue, mit glatter Gewandung.
22 Archaische weibliche Statue des Antenor, mit gefalteter Gewandung.
145 Sitzende Athenestatue.
66 Sphinx von Spata.
81a Reliefartig behandelte Bronzefigur der Athene.

[Zur Vergleichung archaischer und archaisierender Kunstübung:

81b Relieffigur der Athene, vom korinthischen Puteal.]

41a Stele des Aristokles.

[Zur Vergleichung damit als nicht-attisch:

41b Stele des Alxenor von Naxos].

37a Attische Grabstele von Laurion.
37b Grabstele des Gathon und Aristokrates aus Thespiae.
66b Grabmal von Lamptrae.
17a Relief: Opfer an Athene.
17b Relief: Sitzende und stehende Frau.
21 Relief: sog. wagenbesteigende Frau.

Die Kunst in Nordgriechenland.

61 Weihrelief an Apollo, die Nymphen und die Chariten, von Thasos.
58 Archaisches Relief aus Pharsalos: zwei Mädchen mit Blumen.

Proben nachgeahmt archaischer (archaisierender) Kunst.

149 Statue der Athene, in Dresden.
150 Candelaberbasis: Dreifussraub, in Dresden.
81 Athene, Relieffigur vom korinthischen Puteal.
42 Sog. Apollo auf dem Omphalos, in Athen.

Die erste Blütenperiode der Kunst nach den Perserkriegen.

Kreis des Myron.

132, 134a, 135 Statue eines Athleten, in München; antike Copie.
133, 134b Statue eines Athleten in Dresden; römische Umbildung.

[Ueber das Verhältnis von 133 zu 132 vergl. Ann. d. Inst. 1879, p. 201.]

131 Statue eines stellungnehmenden Diskobols; antike Copie.
151—152 Metopen vom sog. Theseion.

Kreis des Phidias.

Architektonische Sculpturen.

117—118 Reliefs vom Tempel der Athene Nike in Athen.
106—10 Teile des Frieses vom Parthenon: Götterversammlung vom Ostfries. Reiter vom Süd- und Nordfries.
34—35 Reliefs von der Balustrade des Tempels der Athene Nike.
31—32 Reliefs vom Friese des Erechtheion.
86—91 Reliefs vom Friese des Apollotempels in Phigalia.
19—20 Nereide und Amazone aus den Giebeln eines Tempels in Epidauros.

Einzelne Reliefs.

7 Relief aus Eleusis: Demeter, Jakchos (?) und Persephone.
3 Asklepios, Relief aus Epidauros.
62a und b Zwei Votivreliefs an Asklepios.

Statuarisches.

39—40 Statue der Parthenos des Phidias, kleine Nachbildung, vom Varvakion.
38 Statue der Parthenos des Phidias, kleine Nachbildung (sog. Parthenos Lenormant).
170 Karyatide vom Erechtheion in London.

[Zur Vergleichung als römische Nachahmung:
177 Die Karyatide im Braccio nuovo des Vatican.]
171 Statue der Athene in der École des Beaux-Arts in Paris.

[Zur Vergleichung eine verwandte Aufgabe in Ausführung aus römischer Zeit:
172 Statue der Demeter im Vatican.]
84 Jünglingskopf (Anadumenos); früher im Besitz Abbati's.
156 Hermenkopf des Perikles im Vatican; antike Copie.
157 Hermenkopf der Aspasia im Vatican; antike Copie.

Polyklet und seine Schule.

8 Bronzekopf eines jugendlichen Athleten, in München.
46 Statue eines Jünglings, in London; antike Copie.
83 Jünglingskopf mit gelocktem Haar, in London; antike Copie.
122 Statue eines heroischen Königs (?), in München; antike Copie.

Zur Vergleichung peloponnesischer und attischer Kunst:

82a Löwenkopf als Wasserspeier vom Heraion bei Argos.
82b Löwenkopf als Wasserspeier vom Parthenon.

(Vgl. auch die beiden Köpfe Nr. 83 und 84.)

Übergangszeit des Damophon und Kephisodotos.

13 Weiblicher Idealkopf in München.
43 Eirene und Plutos, Marmorgruppe nach Kephisodotos, in München.

Die zweite Blütenperiode der Kunst gegen und um die Zeit Alexanders d. Gr.

Skopas und Genossen.

44 Zwei Köpfe vom Athenetempel in Tegea.
96—100 Reliefs vom Friese des Maussolleion.
72—73 Zwei Löwen vom Maussolleion.
71 Fragment eines Reiters vom Maussolleion.
52 Relief einer Columna caelata vom Artemision zu Ephesos.
173 Relief eines Pilasters vom Artemision zu Ephesos.
163 Kopf des Serapis, nach Bryaxis, im Vatican.
130 Kopf des Zeus von Otricoli im Vatican (nach der Zeit seiner Erfindung).

Praxitelisches.

126—127 Satyrtorso des Praxiteles, vom Palatin.
18 Hermes von Andros, griechische Arbeit.
64 Silen mit dem Dionysoskinde, in Paris; antike Copie.
123 Statue der Artemis, vielleicht nach Praxiteles, in München.

Attisches aus verwandter Zeit.

158 Statue des Ganymedes, wahrscheinlich nach Leochares.
119 Statue des Dionysos vom Monumente des Thrasyllos in Athen, London.
63 Statue des Ares Borghese; antike Copie.

Einer von der allgemeinen abweichenden Richtung gehören an:

128 Statue des Diomedes, in München; antike Copie.
129 Statue: angeblich Alkibiades, im Vatican; antike Copie.

Lysippisches.

105 Statue Alexanders des Grossen, vielleicht nach Lysipp, München.
67 Sandalenbindender Hermes, sog. Jason, in Paris; antike Copie.
154 Tyche von Antiochia, nach Eutychides.

Fortsetzung der bisherigen Kunstrichtungen unter den Diadochen.

Im Anschluss an Skopas und Praxiteles:

85 Nike von Samothrake.
65 Demeter von Knidos.
74 Kopf des sog. Eubuleus.
174a Weiblicher Idealkopf, vom Fusse der Akropolis in Athen.
174b Antike Copie desselben in Berlin.
161 Kopf der Aphrodite aus Tralles, im Privatbesitze zu Berlin.

Wiederaufnahme älterer Elemente:

175 Statue der Penelope, im Vatican.
79 Zwei Reliefragmente vom Athenetempel in Priene.
124 Hochzeitszug des Poseidon und der Amphitrite, Relief in München.
162a Metope: Helios' Aufgang, aus Troia, in Berlin.
162b Weihrelief aus Oropos, in Berlin.

Die hellenistische Kunst.

Götterbildungen im dritten Jahrhundert v. Chr.

53 Kopf des Apollo Giustiniani; antike Copie.
120 Bronzekopf einer Göttin, in London.
140 Kopf des Poseidon im Museo Chiaramonti des Vatican; antike Copie.
155 Kopf des Dionysos, in Leyden.
125 Mädchenkopf (Nymphe), in München.

Satyrbildungen.

4 Schlafender Satyr, genannt der barberinische Faun.
5a Marmorkopf eines Satyrs, genannt Fauno colla macchia, in München.
5b Bronzekopf eines Satyrs, in München.

Personificationen des feuchten Elementes.

136 Kopf eines bärtigen Meergottes, im Vatican.
137 Statue eines Triton, im Vatican.
138 Bronzebüste eines Triton mit Krebsscheeren, in London.
139 Kopf eines Meerkentauren, im Vatican.

Kunstrichtungen in Kleinasien.

80 Männlicher Kopf aus der Diadochenzeit, in London.
159 Weiblicher Kopf aus Pergamon, in Berlin.
29 Torso eines Satyrs, in Florenz.
54 Knöchelspieler, Fragment einer Gruppe, in London.
164 Statue eines alten Fischers, im Vatican.

9 Statue eines fallenden Kriegers aus Delos, in Athen.
75 Sog. borghesischer Fechter, Werk des Agasias aus Ephesos, in Paris.
50 Apotheose des Homer, Werk des Archelaos von Priene, in London.

Ohne entschiedenen Schulcharakter.

166 Sog. Phokion, Statue im Vatican.
167 Statue der schlafenden Ariadne, im Vatican.

Zur richtigen Würdigung der Ausführung ist zu vergleichen:

168 Dieselbe, im Palast Pitti zu Florenz, antike Copie.
59 Sog. Artemis von Gabii, in Paris.
14 Statue der Aphrodite mit dem Schwerte, aus Epidauros, in Athen.

Das Wiederaufleben der Kunst der Blütezeit seit der Mitte des II. Jahrhunderts v. Chr.

In Athen:

30 Zwei Reliefs vom Turme der Winde in Athen.
48 Kopf der Athene vom Denkmal des Eubulides in Athen.
49 Torso einer Nike (?), gefunden in der Nähe des Dipylon in Athen.
15 Reliefs vom Hyposkenion des Dionysostheaters in Athen.

In Rom:

68 Pallas von Velletri, in Paris.
69 Sog. Germanicus, Statue von Kleomenes von Athen, in Paris.
47 Statue eines jugendlichen Pan, von M. Cossutius Cerdo, in London.
60 Vase des Sosibios von Athen, in Paris.

[Hierher gehört nach der Ausführung auch:

177 Die Karyatide aus dem Braccio nuovo des Vatican.
172 Die Statue der Demeter, im Vatican.
130 Der Zeus von Otricoli, im Vatican.]

Römische Kunst.

92—95 Reliefs vom Triumphbogen in Orange aus der Zeit des Tiberius.
55 Kopf eines Barbaren, sog. Thumelicus, in London.
178—180 Drei Barbarenköpfe vom Forum des Traian in Rom, im Braccio nuovo des Vatican.
169 Statue eines Togatus, im Vatican.
170 Statue eines Togatus, in London.
10 Kopf eines Römers, aus dem 2. Jahrh. v. Chr., im Vatican.
160 Kopf des Caesar (?), in Berlin.
45 Kopf des Augustus, in München.
165 Statue des Nerva, im Vatican.
70 Kopf des Antinous Mondragone, in Paris.

Es scheint nicht unangemessen, an dieser Stelle von einigen Erfahrungen zu sprechen, die sich im Laufe der Arbeit geltend gemacht haben.

Es ist an dem Grundsatz festgehalten worden, die photographischen Aufnahmen, wo immer möglich, nach den Originalen selbst zu machen. Die bisherigen Ausnahmen, bei denen der Gipsabguss zu Hilfe genommen werden musste, werden sich leicht rechtfertigen lassen. Die Metopen vom Theseion (151—152) sowie die Reliefs vom Triumphbogen zu Orange (92—95) befinden sich an Bauwerken in so bedeutender Höhe, dass eine Aufnahme an Ort und Stelle nicht wohl möglich war. Dasselbe gilt bei der jetzigen Aufstellung von der Statue der Athene in der École des beaux-arts in Paris (171). Bei dem Löwenthor von Mykenae (1) standen nicht etwa nur die Kosten, welche eine bloss zum Zwecke der Herstellung einer einzelnen Tafel unternommene Reise von Athen nach Mykenae verursacht haben würde, nicht im Verhältnis zu dem Nutzen einer directen Aufnahme, sondern das Einzelne der Formen tritt sogar im Abguss klarer und bestimmter hervor, als es an dem dunkelfarbigen Stein bei voller Tagesbeleuchtung der Fall sein würde. — Bei der Statue des Athleten in München (132 ff.) vereinigten sich ungünstige Aufstellung und Beleuchtung, schmutzige Oberfläche und moderne, das Grundmotiv verdunkelnde Restaurationen, um dem Abguss den Vorzug vor dem Marmor zu geben. — Ähnliche Schwierigkeiten bot der sog. Diomedes der Glyptothek (128); die doppelte Wiedergabe der antiken Teile nach dem Marmor und nach dem Abguss auf zwei Halbtafeln erweist sich aber hoffentlich dem genaueren Studium der Formen förderlicher, als es die einmalige der restaurierten Statue auf einer ganzen Tafel gethan haben würde. Ebenso dient bei dem Satyrtorso des Praxiteles die kleinere Aufnahme nach dem Abguss (127) zur Ergänzung der grösseren nach dem Marmor (126), weil bei der letzteren eine Aufnahme in der richtigen Beleuchtung von links bei der Aufstellung des Originals nicht thunlich war.

Mai 1891.

Heinrich Brunn.

DENKMÄLER GRIECHISCHER UND RÖMISCHER SCULPTUR

TEXTE UND REGISTER ZU DEN TAFELN 501—550

BRUNN-BRUCKMANN'S

DENKMÄLER GRIECHISCHER UND RÖMISCHER SCULPTUR

FORTGEFÜHRT UND MIT ERLÄUTERNDEN TEXTEN VERSEHEN

VON

PAUL ARNDT

TEXTE UND REGISTER ZU DEN TAFELN 501—550

MÜNCHEN 1902
VERLAGSANSTALT F. BRUCKMANN A.-G.

Texte und register 501-550

I. TAFELREGISTER.

Lieferung	Nummer der Tafel	Gegenstand	Ort
101	501	Kopf der Athene (Akrolith?)	Rom, Vatican, Galleria geografica
	502	*links:* Statue der Athene	Madrid, Prado
		rechts: Statue der Athene	Rom, Thermenmuseum
	503	*oben:* Relief vom Westfries des Parthenon	Athen, noch am Parthenon befindlich
		unten: desgl.	ebenda
	504	Jünglingskopf, um 400	Berlin, kgl. Museen
	505	Statue eines Hermaphroditen	Rom, Thermenmuseum
102	506	Archaischer Bronzekopf eines Jünglings	Neapel, Museo nazionale
	507	Statue der Hera (?), aus Ephesos	Wien, Kunstakademie
	508	Weiblicher Kopf	Schloss Wörlitz bei Dessau
	509	Bärtiger Götterkopf	München, Sammlung F. A. von Kaulbach
	510	Statue des Endymion	Stockholm, Nationalmuseum
103	511	Statue der Athena Parthenos	Madrid, Prado
	512	Statue der Athena Parthenos (sog. Minerve au collier)	Paris, Louvre
	513	Attisches Grabrelief: Jüngling mit Vogel und Katze	Athen, Nationalmuseum
	514	Bronzestatue eines Knaben	Madrid, Prado
	515	Kopf eines sterbenden Persers	Rom, Thermenmuseum
104	516	*links:* Archaisches Relief, aus Paros	Leipzig, Sammlung Max Klinger
		rechts: Archaisches Relief: sitzende Frau	Rom, Villa Albani
	517	Bärtiger Kopf des 5. Jahrhunderts	London, British Museum
	518	Attisches Grabrelief des Prokleides	Athen, Nationalmuseum
	519	Statue eines Jünglings, aus Eretria	ebenda
	520	Sog. Knöchelspielerin	Rom, Palazzo Colonna
105	521	Statue einer Wettläuferin	Rom, Vatican
	522	*oben:* Relief vom Westfries des Parthenon	Athen, noch am Parthenon befindlich
		unten: desgl.	ebenda
	523 524	Statue eines Apoxyomenos	Florenz, Uffizien
	525	*oben:* Weiblicher Kopf (sog. Hygieia)	Athen, Nationalmuseum
		unten: desgl.	ebenda
106	526	*links:* Archaische Statue der Nike	Athen, Akropolismuseum
		rechts oben: Fragment einer archaischen Nikestatue	ebenda

Lieferung	Nummer der Tafel	Gegenstand	Ort
106	526	*rechts unten:* Archaische Bronzestatuette der Nike	London, British Museum
	527	Kopf eines Athleten, sog. Juba	Rom, Capitol
	528	*links:* Griechisches Grabrelief, sitzende und stehende Frau	Rom, Palazzo Barberini
		rechts: Grabrelief der Demetria und Pamphile	Athen, Dipylon
	529	Statue des Hypnos	Madrid, Prado
	530	Zwei Reliefs aus der Zeit des Marc Aurel	Rom, am Constantinsbogen
107	531	Drei nordgriechische Reliefs	Athen, Nationalmuseum
	532	Weibliche Herme, 5. Jahrhundert	Rom, Villa Albani
	533	Drei attische Urkundenreliefs	Athen, Nationalmuseum
	534	Sclavinnen, attische Grabstatuen	Berlin, k. Museen, und München, k. Residenz
	535	Kopf eines Kentauren (?)	Rom, Conservatorenpalast
108	536	Weibliche Statue, 5. Jahrhundert	Eleusis, Museum
	537	Weibliche Statue, aus Venedig, 5. Jahrh.	Berlin, kgl. Museen
	538 539	Weibliche Statue, 5. Jahrhundert	Rom, Villa Doria Pamfili
	540	Bronzestatue eines Mädchens	Rom, Palazzo Grazioli
109	541	Archaischer Jünglingskopf	Rom, Vatican, Galleria geografica
	542	Athletenkopf aus Perinthos	Dresden, Albertinum
	543	Kopf des Diomedes	England, Privatbesitz
	544	Kopf eines Athleten	Liverpool, Sammlung Dr. Ph. Nelson
	545	Herme des Herakles (?)	Neapel, Museo nazionale
110	546	*links:* Archaischer Torso eines gepanzerten Mannes	Athen, Akropolismuseum
		rechts: Männlicher Torso, Rest einer archaischen Gruppe	ebenda
	547	Kopf der Hera, 5. Jahrhundert	Florenz, Uffizien
	548	*oben:* Votivrelief an Hermes und die Nymphen	Berlin, kgl. Museen
		unten: Votivrelief an die eleusinischen Gottheiten	Eleusis, Museum
	549	Sirenen, attische Grabstatuen	Athen, Nationalmuseum
	550	Statue des Poseidon, aus Melos	ebenda

II. ORTSREGISTER.

III. KUNSTGESCHICHTLICHES REGISTER.

A. DIE ARCHAISCHE KUNST.

ATTIKA.

526. Links: Statue der Nike. Athen, Akropolismuseum.
Rechts oben: Fragment einer Nikestatue. Athen, Akropolismuseum.

Zum Vergleiche:

Rechts unten: Bronzestatuette der Nike. London, British Museum.

546. Links: Torso eines gepanzerten Mannes. Athen, Akropolismuseum.
Rechts: Männlicher Torso, Rest einer Gruppe. Athen, Akropolismuseum.

NORDGRIECHENLAND.

531. Mitte: Oberteil der Grabstele eines Jünglings, aus Abdera. Athen, Nationalmuseum.
Links: Grabstele eines Jünglings, aus Larissa. Athen, Nationalmuseum.
Rechts: Unterteil der Grabstele einer Frau, aus Larissa. Athen, Nationalmuseum.

PAROS.

516. Links: Relief eines sitzenden Mannes. Leipzig, Sammlung Max Klinger.

UNBEKANNTER HERKUNFT.

516. Rechts: Relief einer sitzenden Frau. Rom, Villa Albani.
506. Bronzekopf eines Jünglings. Neapel, Museo nazionale.
501. Kopf der Athene (Akrolith?). Rom, Vatican, Galleria geografica.

B. DIE EPOCHE DES MYRON, PHIDIAS, POLYKLET.

AUS DER ÜBERGANGSZEIT VOM ARCHAISCHEN ZUM FREIEN STILE.

502. Links: Statue der Athene. Madrid, Prado.
Rechts: Statue der Athene. Rom, Thermenmuseum.

541. Jünglingskopf, Replik der ludovisischen Diskobolenherme. Rom, Vatican.

ZEITGENOSSEN DES PHIDIAS.

521. Statue einer Wettläuferin. Rom, Vatican.
527. Kopf eines Athleten, mit Riemengeflecht, sog. Juba. Rom, Capitol.
542. Athletenkopf aus Perinthos. Dresden, Albertinum.

---

543. Kopf des Diomedes. England, Privatbesitz.
544. Athletenkopf. Liverpool, Sammlung Dr. Philip Nelson.
547. Kopf der Hera. Florenz, Uffizien.

PHIDIAS UND SEINE SCHULE.

511. Statuette der Parthenos. Madrid, Prado.
512. Statue der Parthenos (sog. Minerve au collier). Paris, Louvre.

503.–522. Reliefs vom Westfriese des Parthenon. Athen, Parthenon.

517. Bärtiger Kopf. London, British Museum.
532. Weibliche Herme. Rom, Villa Albani.

537. Weibliche Statue. Berlin, kgl. Museen.
538 und 539. Weibliche Statue. Rom, Villa Doria-Pamfili.
536. Weibliche Statue. Eleusis, Museum.
507. Statue der Hera (?), aus Ephesos. Wien, Kunstakademie.

POLYKLET.

545. Herme des Herakles (?). Neapel, Museo nazionale.

AUS DER WENDE VOM 5. ZUM 4. JAHRHUNDERT.

504. Lockiger Jünglingskopf. Berlin, kgl. Museen.
523 und 524. Statue des Apoxyomenos. Florenz, Uffizien.

RELIEFS DES 5. JAHRHUNDERTS.

528. Links: Grabrelief, sitzende und stehende Frau. Rom, Palazzo Barberini.
513. Attisches Grabrelief: Jüngling mit Vogel und Katze. Athen, Nationalmuseum.
548. Oben: Votivrelief an Hermes und die Nymphen. Berlin, kgl. Museen.

C. DIE EPOCHE DES SKOPAS, PRAXITELES, LYSIPP.

STATUEN.

529. Statue des Hypnos. Madrid, Prado.
534. Sclavinnen, attische Grabstatuen. Berlin, kgl. Museen, und München, kgl. Residenz.
549. Sirenen, attische Grabstatuen. Athen, Nationalmuseum.

EINZELKÖPFE.

509. Bärtiger Götterkopf. München, Sammlung F. A. v. Kaulbach.
508. Weiblicher Kopf. Schloss Wörlitz bei Dessau.
525. Zwei weibliche Köpfe („Hygieia"). Athen, Nationalmuseum.

RELIEFS.

518. Grabrelief des Prokleides. Athen, Nationalmuseum.
528. Rechts: Grabrelief der Demetria und Pamphile. Athen, Dipylon.
533. Links: Urkundenrelief aus dem Jahre 323/2 zu Ehren des Euphron aus Sikyon. Athen, Nationalmuseum.
Mitte: Urkundenrelief aus dem Jahre 375: Bündnis zwischen Athen und Kerkyra. Athen, Nationalmuseum.
Rechts: Urkundenrelief aus dem Jahre 362/1: Vertrag zwischen Athen und den Arkadern. Athen, Nationalmuseum.
548. Unten: Votivrelief an die eleusinischen Gottheiten. Eleusis, Museum.

D. DIE HELLENISTISCHE KUNST.

540. Bronzestatue eines Mädchens. Rom, Palazzo Grazioli.
520. Sog. Knöchelspielerin. Rom, Palazzo Colonna.

505. Statue eines Hermaphroditen. Rom, Thermenmuseum.
510. Statue des Endymion. Stockholm, Nationalmuseum.

514. Bronzestatue eines Knaben. Madrid, Prado.

519. Gewandstatue eines Jünglings, aus Eretria. Athen, Nationalmuseum.
550. Statue des Poseidon, aus Melos. Athen, Nationalmuseum.

515. Kopf eines sterbenden Persers. Rom, Thermenmuseum.
535. Kopf eines Kentauren (?). Rom, Conservatorenpalast.

E. DIE RÖMISCHE KUNST.

530. Zwei Reliefs aus der Zeit des Marc Aurel. Rom, am Constantinsbogen.
Links: Suovetaurilia.
Rechts: Allocutio.

---

501. Kopf der Athene (?).

Rom, Vatican, Galleria geografica.

Beschreibung der Stadt Rom II, 2, p. 282, Nr. 47.

Weder Arndt noch ich haben das (in früheren Jahren unzugängliche) Original bisher gesehen; die folgenden Angaben über den thatsächlichen Bestand verdanken wir der Freundlichkeit von W. Amelung und A. Furtwängler. Hoch 0,43 m. Grobkörniger gelblicher (nach Furtwängler parischer) Marmor. Ergänzt: einige Flicken am Kinn, an den Lippen, den Oberlidern, der Nasenwurzel, dem r. Ohrläppchen. Bestossen sind die Ränder des Bruststückes unten und beide Ohren. Die Augäpfel bestehen aus grauem Steine (nach Furtwängler Chalcedon). Iris und Pupille sind aus anderem Material, wohl Glasfluss, in die hierzu rauh hergerichteten Vertiefungen eingesetzt gewesen. Am rechten Auge befindet sich im Innern dieser Vertiefung ein Stift aus Blei; er kann nur zur Befestigung des Augapfels nach hinten, nicht etwa zum Festhalten der dünnen Lage von Glasfluss dienen. Dass dieser Stift auch nicht, wie man vermuten könnte, sich durch die Iris nach vorn fortsetzte und etwa die Pupille markierte, geht unzweifelhaft daraus hervor, dass im linken Auge ein analoges, jetzt mit einer für Kohle gehaltenen Masse gefülltes Loch vorhanden ist, das aber nicht in der Mitte, sondern seitlich oben sitzt, also mit der Pupille nichts zu thun haben kann.

Die Wimpern bestehen aus dünnen Bronzestreifen rings um die Augäpfel; von den feinen stiftförmigen Fortsätzen, die die Härchen darstellten, sind nur am linken Unterlide einige erhalten.

Über der Stirn befinden sich zwei tiefe runde Löcher, ein drittes über der linken Schläfe. Die Richtungen dieser Löcher laufen nach innen zusammen. Während der Oberkopf seine natürlichen Abmessungen hat, ist der rauh gelassene Hinterkopf viel zu klein ausgefallen und geht in einer graden steifen Linie in den Nacken über. Aus allem Diesen geht hervor, dass wir hier nur einen Kern vor uns haben, der zur Befestigung einer für sich gearbeiteten Bedeckung hergerichtet ist. Dass diese bloss aus dem Haare bestanden habe, ist ziemlich unwahrscheinlich; denn ein Perrückenwechseln wie bei römischen Kaiserinnen ist in dieser Zeit noch unnötig. Und liesse sich sonst ein technischer oder künstlerischer Grund erdenken, das Haar ganz für sich zu arbeiten? Näher liegt ein solches Verfahren, wenn es sich um einen Helm handelt. Wir hätten dann, da der Kopf durch den Ohrschmuck als weiblich gesichert ist, aller Wahrscheinlichkeit nach eine Athena vor uns.

War der Helm aus Marmor? Der Künstler hätte dann sehr mühevoll aus dem leicht brechenden Material eine halbrunde dünne Schale herstellen müssen, die mit ihren Rändern genau an Stirn und Hals angeschlossen hätte; er hätte ausserdem noch vorn und hinten die Locken des hervorquellenden Haares, also ebenfalls ganz dünne Teile, an diese Schale anarbeiten müssen, da sich auf dem Kopfe keine besonderen Befestigungslöcher dafür finden. Das widerspricht aber allen Gewohnheiten der Marmortechnik; denn das Anstücken soll ja die Arbeit erleichtern, nicht auf so complicierte Weise unnütz erschweren. Wenn Stein auf Stein gelegt wird, so müssen vor Allem Anschlussflächen hergestellt werden, die keine zu schwierigen Curven beschreiben und einen festen Fugenschluss ermöglichen. Gute Beispiele dafür bieten die Athena vom Denkmal des Eubulides (Brunn-Bruckmann, Tafel 48) und die beiden Köpfe der Münchner Glyptothek: Brunn[5] Nr. 124 und 129. Einfacher ist das Verfahren, wenn man wenigstens noch die Helmkappe und einen Teil der Haare aus dem Stein selbst gewinnen kann und nur die abstehenden Teile anstückt, wie es bei den Athenaköpfen der aeginetischen Giebel der Fall ist. Aus Marmor ist die Bedeckung unseres Kopfes also sicher nicht gewesen.

Ein Helm aus Bronze liesse sich ohne Zweifel leicht darauf setzen, am besten einer der attischen Form, da bei einem korinthischen, wenn er, wie er doch müsste, auf den Oberkopf zurückgeschoben wäre, durch die Augenlöcher des Helmes das Fehlen der Haare sichtbar bliebe. Wenn man den vorderen Rand des attischen Helmes nicht wagerecht, wie bei der Parthenos, sondern etwas schräg nach oben gehen lässt, wie bei den Athenaköpfen der älteren attischen Münzen, so kommt der Helmrand gerade in die Linie der drei Stiftlöcher zu liegen.

Bei dieser Überlegung würde man sich beruhigen können, wenn sich nicht jetzt die Frage

Verlagsanstalt F. Bruckmann A.-G.
München 1900.

aufdrängte, wie denn nun die Haare hergestellt waren, die vorn zum Mindesten an den Schläfen, oder nach archaischer Art über die ganze Länge der Stirn hin, sichtbar gewesen sein müssen, und hinten sicher zum Vorschein kamen. Sie müssten aus Bronze gewesen sein und überall mit dem Helm zusammengehangen haben. Das wäre aber wieder eine ganz unnütze Erschwerung der Arbeit, da sie doch unendlich leichter für sich auf den Marmor aufgestiftet werden konnten, wobei der Helmrand die Befestigungsstellen verdeckt hätte. Ferner ist die Form der vorhandenen Stiftlöcher, ihre Tiefe und Grösse für einen Bronzehelm, der kein grosses Gewicht hat, auffallend. Endlich finden wir bei einem Kopfe, der sicher einen Bronzehelm trug, der Athena in Brescia (Arndt-Amelung, Einzelaufnahmen antiker Sculpturen I, Nr. 192, 193. Furtwängler, Meisterwerke S. 125, Fig. 23), eine völlig andere Herrichtung; der Hinterkopf hat hier seine vollen Abmessungen, das Nacken- und Schläfenhaar ist aus Marmor, und aus dem Stein selbst gewonnen ist sogar auch der Rand der Schutzkappe, der unter dem korinthischen Helm — nur einen solchen, keinen attischen mit langem Nackenschutz kann er getragen haben — an der Stirn oder an den Schläfen ein wenig hervorzutreten pflegt.

Ich glaube, dass sich eine Vermutung zu grösster Wahrscheinlichkeit bringen lässt, die zuerst Furtwängler Angesichts des Originals geäussert hatte: der Kopf hat zu einem Akrolith gehört, an welchem nur die sichtbaren Fleischteile aus Marmor waren, während alles Andere aus Holz bestand. Von solchem Ersatz für Goldelfenbeinbilder berichtet namentlich Pausanias mehrfach (vgl. die Zusammenstellungen bei Blümner, Technologie und Terminologie der Gewerbe und Künste III, S. 211, Anm. 1. Quatremère-de-Quincy, Le Jupiter Olympien, S. 331—334; 338). Das Holz war nach den Angaben des Pausanias vergoldet, ἐπίχρυσον, was man, da sich das Gold an den von dem Periegeten aufgezählten Statuen offenbar bis zu seiner Zeit gut erhalten hatte, als einen soliden Überzug mit Goldblech, nicht als ein Anstreichen mit Goldfarbe, wird verstehen dürfen. Die technischen Absonderlichkeiten unseres Kopfes erklären sich nun vollkommen, wenn wir uns einen aus Holz gearbeiteten Helm darauf gesetzt denken. In der am Schlusse dieser Zeilen angebrachten Zeichnung des Herrn K. Reichhold ist eine Restaurierung versucht, bei der für die schräge Richtung des vorderen Helmrandes die attische Münze bei Gardner, Types of Greek coins Taf. III, Nr. 21, und für den Helm selbst derjenige der Athena des aeginetischen Westgiebels (vergl. die Seitenaufnahme bei Hirth-Bulle, Der Stil I, Tafel 36) zum Vorbild gedient haben. Man sieht, dass überall und namentlich am Hinterkopf und Nacken die für einen hölzernen Helm nötige Dicke vollkommen vorhanden ist, und dürfen umgekehrt schliessen, dass am Marmor der Hinterkopf absichtlich weggelassen und der Schädelumriss senkrecht zum Nacken heruntergeführt wurde, weil dann das Innere des Holzhelmes nur halbrund ausgehöhlt zu werden brauchte und infolge der grösseren Einfachheit des Umrisses leicht überall fest anliegend gemacht werden konnte. Dass man auf ein festes Anliegen hinarbeitete, zeigt die Glättung des Steins an Stirn und Nacken, während man nur an einem kleinen Teile des Hinterkopfes darauf verzichtete und den Stein rauh liess. Ein Abrutschen des Helmes war weder nach vorn noch nach den Seiten, wo er auf den Ohren auflag, zu befürchten; wohl aber fand ein Zug nach hinten statt, der noch verstärkt wurde, wenn, wie wir in der Zeichnung angenommen haben, ein langer Busch hinten hinabhing. Um diesem Zuge entgegenzuwirken, brachte man am vorderen Helmrand drei Haltestifte an, die, wie die convergierende Richtung der Löcher zeigt, nicht von vorn herein an dem Helm festsassen, sondern durch den Rand hindurch in den Marmorkern hineingesteckt wurden. Marmorzapfen von so geringem Durchmesser hätten nicht viel gehalten, für Bronzestifte erscheinen die Löcher unnötig gross und tief; für Holzpflöcke dagegen sind sie aufs Allerbeste geeignet. Auffällig ist, dass nur zwei Löcher symmetrisch stehen, während das dritte über der linken Schläfe sitzt. Vielleicht stand die Haarmasse des Busches nicht ganz senkrecht, sondern legte sich — als aus weichem Haar gedacht, wie es bei einzelnen Helmbüschen der aeginetischen Giebelstatuen der Fall ist — ein wenig nach der rechten Kopfseite um, wodurch auf der linken Kopfhälfte ein stärkerer, in der Diagonale nach hinten gehender Zug entstehen musste, dem durch den dritten Stift begegnet werden sollte. An den Rändern des hölzernen Helmes konnten nun die Haarwellen über der Stirn und die Strähne im Nacken auf das Bequemste angestiftet werden, sei es, dass sie aus einzelnen Locken von Golddraht oder aus getriebenen grösseren Stücken bestanden. So scheinen mir, obwohl wir von der Technik der Akrolithe bisher nichts wissen, alle Anzeichen aufs Beste dafür zu stimmen, dass wir es hier mit einem solchen zu thun haben.

Die Zurichtung des Bruststückes giebt eine weitere Bestätigung. Es läuft nicht dreieckig nach unten zu, wie es beim Einsetzen eines Halsstückes in Stein sonst regelmässig der Fall ist, sondern hat unten eine breite rauhe Fläche, welche schräg ist, sodass der Kopf, um gerade zu stehen, ein Wenig nach vorn gekippt werden muss. Die horizontalen Ränder sind nicht glatt genug bearbeitet, um unmittelbar an Stein anzustossen, und an der linken Seite, wo nur unten Bruch, oben aber alte Bearbeitung ist, sieht man deutlich, wie die rauhe Zurichtung nicht mit einem geraden Rande aufhört, sondern am Halse hinauf allmählich verläuft. Das ganze unterhalb des Halses befindliche Stück, dessen Umrisse offenbar der Grösse des ursprünglichen Blockes entsprechen, ist ohne bestimmte Form; auch kann man sich wohl kaum eine Gewandanordnung denken, die gerade einen solchen Ausschnitt des Halses frei liesse. Endlich sind weder die Halsgrube, noch die Schlüsselbeine angedeutet, was doch bei einem im Übrigen so sorgfältig gearbeiteten Werke entwickelten archaischen Stils unbedingt zu erwarten wäre. Namentlich diese letztere Beobachtung scheint mir den Wahrscheinlichkeitsbeweis für ein Akrolith zu vollenden. Das Bruststück hatte nur als solide, möglichst breite Auflagerfläche zu dienen, und seine Formlosigkeit verschwand sofort, sobald es in einen Holzkern eingesetzt und das aus Goldblech getriebene Gewand oder, wie man wohl mit grosser Wahrscheinlichkeit vermuten darf, die Aegis, bis an den Hals darüber gelegt wurde.

Heinrich Bulle.

Der Kopf ist, was auch Amelung und Furtwängler bestätigen, griechische Originalarbeit, nicht gerade von erster Qualität, aus dem zweiten Viertel des 5. Jahrh. Welcher Kunstschule er angehört, lässt sich nicht mit Sicherheit bestimmen. Eine gewisse Verwandtschaft ist mit aeginetischen Sculpturen vorhanden, in der Betonung des Knochengerüstes und in der knappen Begrenzung der Formen. Auch einen korinthischen Münztypus der Athene (abg. im Münzkataloge des British Museum „Corinth etc." pl. II, 1 7, und in Roschers mythol. Lexikon s. v. Athene Sp. 697) kann man vergleichen. Furtwängler und Amelung erinnern mich beide an Kopftypen aus den selinuntischen Metopen und vermuten in dem Kopfe ein süditalisches oder sicilisches Werk. Die Beobachtung ist richtig (vgl. z. B. den Kopf der Hera auf der Metope mit dem ἱερὸς γάμος, Brunn-Bruckmann 290a), der daraus gezogene Schluss aber scheint mir nicht hinreichend sicher begründet, da die durch die Metopen dieses Stiles repräsentierte sicilische Kunst keine ursprüngliche, sondern von andern Kunstströmungen abhängig ist. Nach Furtwängler (Meisterwerke p. 76) ist sie von der attischen Schule des Kritios und Nesiotes beeinflusst worden; consequenter Weise müsste man eher der Richtung dieser Meister den Kopf zuschreiben. Doch mir scheint, dass wir über unsichere Vermutungen hier zur Zeit noch nicht hinauskommen.

Paul Arndt.

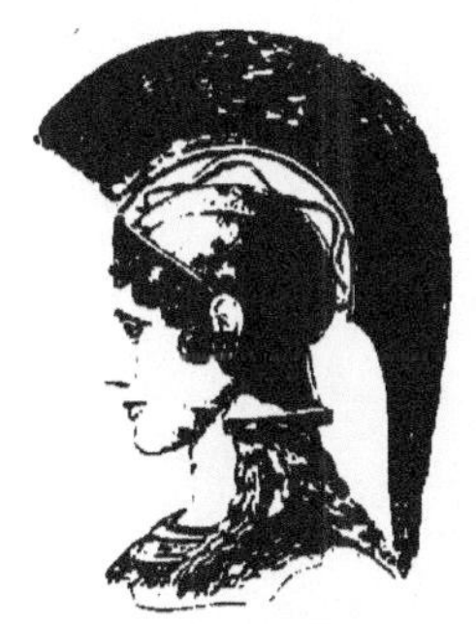

502 links. Statue der Athene.

Madrid, Museo del Prado.

Hübner 9. Museumsnummer (rot) 760. Arch. Anz. d. Jahrb. 1893, p. 5 (Bethe). Hoch ca. 1,85 m (nach meiner Messung. Nach Hübner 1,92 m.) Pentelischer Marmor. Herkunft unbekannt.

Die Statue ist aus drei antiken Teilen zusammengesetzt, von denen der erste den Oberkörper bis zur Scham umfasst, der zweite den Unterkörper bis zur Mitte der Waden, der dritte Füsse und Plinthe. In grosser Zahl waren geschickt gearbeitete Anstückungen vorhanden: am l. Oberschenkel und an der Aussenseite des l. Beines von oben bis unten, ebenso am r. Bein hinten von oben bis unten, an der Plinthe vorn r. (vom Beschauer); auch einzelne Faltenstückchen waren besonders angesetzt, ferner das Vorderteil der r. grossen Zehe, einzelne Schlangen der Aegis. Die Ansatzflächen für diese Anstückungen sind zumeist gerauht; die Stückungen selbst wurden zum Teil durch Metallstifte festgehalten, zum Teil können sie nur angekittet gewesen sein. Die Schnittfläche des Halses oben ist leicht gerauht; in ihrer Mitte steckt ein starker Metalldübel. Dieser war mit Blei vergossen, das durch zwei Gusskanäle eingeleitet wurde. Mir schien diese Zurichtung antik und nicht von einer etwaigen früheren Ergänzung der Statue herzurühren. In gleicher Weise, mit einem verbleiten Metalldübel, war die l. Hand angesetzt; die Schnittfläche ist innen leise gerauht, an den äusseren Rändern glatt. Der r. Arm war in doppelter Weise befestigt: einmal durch einen Marmordübel, für den ein ziemlich tiefes viereckiges Zapfenloch vorhanden ist, und dann durch einen Metallstift, der, aus jenem Zapfenloch jetzt weit hervorragend, ehemals in den Marmordübel eingriff. Ich habe vor dem Originale auch diese Befestigung (von der ich nicht weiss, ob Parallelen vorhanden sind) für antik gehalten. Wahrscheinlich wollte man dem weitausgestreckten r. Arme durch diese doppelte Verzapfung einen besseren Halt geben. Am l. Oberarm aussen bemerkt man eine runde, aussen rauhe, in der Mitte aber glatte Stelle, in welcher unten ein Metallstift steckt: für eine sich ringelnde Schlange der Aegis. Am l. Unterarm aussen befindet sich die Handhabe des grossen Schildes, der aus Marmor angestückt war (Stiftlöcher im l. Unterarm aussen). Am r. Unterschenkel aussen ein sehr flaches Loch von mir unklarer Bedeutung. Die Füsse tragen keine Sandalen. Der untere Teil der Figur scheint etwas mehr übergangen zu sein, als die anderen Partieen; doch sah ich keinen genügenden Grund, ihn deshalb als modern zu verdächtigen. Vor Allem zeigt auch er die zahlreichen blaugrünen Farbspuren, die sich, obgleich die Statue offenbar lange im Freien gestanden hat, in den Faltenkanälen erhalten haben und an deren Altertum mir kein Zweifel erlaubt schien. Die Plinthe folgt den Umrissen der Gestalt. Ein Loch auf ihrer Oberseite, zwischen den Füssen, weiss ich nicht zu deuten; mit der Lanze kann es kaum in Beziehungen stehen. Der Kopf ist, nach der Schwellung der Kopfnicker zu urteilen, ziemlich geradeaus gegangen. Auch die Lage des Nackenschopfes, der in der Mitte, ohne seitliche Wendung, herabgeht, beweist dies. Es sieht jetzt freilich auf der Abbildung so aus, als sei der Kopf stark nach der r. Schulter gewendet, da man an der l. Seite des Halses den Nackenschopf sieht: doch rührt dies nur daher, dass er auf der r. Seite gebrochen ist. Der Schopf ist breit, ziemlich frei behandelt: dicht vor dem unteren Ende ist er, wie gewöhnlich, durch ein Band zusammengenommen. Das unterste Stück war mit Metallstiften besonders angesetzt.

Die Göttin trägt über dem feinfälteligen, bis zum Boden reichenden Chiton den, wie es scheint, gegürteten dorischen Peplos mit darüber fallendem Überschlag. Die Aegis, ohne Medusenhaupt, wie bei der Athene des Thermenmuseums, ist hinten nicht geschuppt; sie reicht im Rücken tief hinab, bis zum Ansatz der Beine. Die Rückseite der Statue ist nur angelegt.

Athene war in dieser Statue offenbar im Typus der alten Palladien dargestellt: am halb erhobenen l. Arm den Schild, in der hoch erhobenen Rechten den geschwungenen Speer.*) Bezüglich der Vereinigung von ionischem Chiton mit dorischem Peplos verweise ich auf meine Bemerkungen zu Taf. 502 rechts: wir haben es vermutlich auch hier mit einem attischen Werke zu thun. In der Formenentwicklung steht

*) Man vgl. die auch sonst stilverwandte Bronze von der Akropolis: de Ridder, catalogue, II, p. 306, fig. 294, no. 788.

Verlagsanstalt F. Bruckmann A.-G.
München 1900.

dasselbe aber auf einer etwas jüngeren Stufe als die Athene des Thermenmuseums. Die Steilfalten des Peplos kleben nicht mehr an einander, wie die der römischen Statue, sondern sind durch tiefe Unterhöhlungen getrennt; die Faltengebung im Überschlag ist bewegter und weniger schematisch, und die Fältelung des feinen Chiton ist nur noch um ein ganz Geringes altertümlich-befangener als an den Werken der phidiasischen Epoche. Auch der Stand der Madrider Figur ist freier und ungezwungener, ihre Proportionierung richtiger. Wir können sonach ihre Entstehung ungefähr zwischen die Jahre 460 und 450 versetzen. Der Versuch, einen bestimmten Künstler für dieses hervorragende Werk zu nennen, scheitert, wie bei der Athene des Thermenmuseums, am Mangel des zugehörigen Kopfes. Derselbe müsste ungefähr 2/5 über natürlicher Grösse sein. Von Atheneköpfen dieser Zeit und dieses Formates, deren zugehörige Statuen noch unbekannt sind, wüsste ich*) nur e i n e n zu nennen, der hier in Betracht kommen könnte: den seltsamerweise bisher wenig berücksichtigten Colossalkopf des British Museum: Specimens of ancient sculpture I, pl. 22 Vaux, Handbook (1851), p. 187, Nr. 16. Doch kenne ich diesen Kopf noch nicht im Originale, sondern nur aus obigen Publicationen und einer kleinen mangelhaften Photographie, so dass ich die Annahme, er könne zum Madrider Typus gehört haben, nur als blosse Vermutung aussprechen will. Immerhin hat dieselbe etwas Bestechendes: wie der Londoner Kopf ein directer Vorläufer der Athene Parthenos zu sein scheint, so hat auch die Madrider Statue gewisse Bezüge speciell zu Schöpfungen des phidiasischen Kreises,*) so in der Behandlung des feinfälteligen Chitons, in der parallelen Anlage der Steilfalten des Peplos. Indessen, wir betreten mit solchen Erwägungen einen unsicheren Boden, dem die festen Stützen noch fehlen. Und etwa — was ja nahe liegt — gar an ein frühes Werk des Phidias selbst zu denken, wird meines Erachtens durch den „conservativen" Charakter der Figur verboten. Ich glaube, in ihr eher die späte Schöpfung eines älteren Künstlers, als das frühe Werk eines neuen, bahnbrechenden Meisters erblicken zu müssen. Das ganze steife, palladionhafte Motiv ist von älteren Athenebildern herübergenommen; auch die Disposition des schweren Peplos hängt noch mit der älteren Weise zusammen. In der freien und zierlichen Fältelung des Chitons verrät sich hingegen die Kunstart der jüngeren Zeit. So arbeitet, glaube ich, kein ungestümer Neuerer, der in den w e s e n t l i c h e n Punkten, Motiv, Stellung, Gewandung, über das Alte hinauszugehen versucht und nur in Einzelnheiten, Nebensächlichkeiten an die Vorbilder der früheren Epoche erinnert. Ich könnte mir so etwa eine Athene des Hegias, des Lehrers des Phidias denken.**) Doch, wie gesagt, das Alles sind Eindrücke, Vermutungen, Combinationen, keine Thatsachen. —

Die Arbeit der Madrider Statue ist gut, aber sicher nicht original. Schon die Form der Plinthe beweist dies, die in archaischer Zeit unerhört wäre. In welcher Periode aber dieselbe üblich war, muss noch untersucht werden. Ob das Material des Originales der Statue Marmor oder Bronze war, muss ich unentschieden lassen.

Es ist unbedingt notwendig, dass dieses wertvolle Stück in Gips gegossen wird. Erst dann wird ein genaueres Studium desselben möglich sein.

P. A.

*) ausser dem überlebensgrossen, ehemals ludovisischen Kopfe: Schreiber 316, der aber wohl doch zu klein sein dürfte. Der jetzige Aufbewahrungsort dieses offenbar höchst wichtigen Kopfes ist unbekannt. Schreiber bezeichnet ihn als stilistisches Pendant zu einem dem Kassler Apoll ganz nahe stehenden Jünglingskopfe, der ebenfalls verschollen zu sein scheint. Der Colossalkopf der Wiener Sammlung: v. Schneider, Album, Taf. III, stammt aus einer um ein Weniges späteren Periode als die Madrider Statue.

*) Vgl. Furtwängler, Meisterwerke, p. 36 ff.

**) Die bei Plinius XXXIV, 78 erwähnte Minerva des Hegias ist freilich das Werk eines späteren Künstlers; sie war (worauf mich H. L Urlichs aufmerksam macht) mit einer Statue des Pyrrhus von Epirus zu einer G r u p p e verbunden.

502 rechts. Statue der Athene.

Rom, Thermenmuseum.

Helbig, Führer² II, 1070; dort weitere Litteratur. Bullettino comunale 1897, tav. XIV E; pp. 191 ff., Figg. 11—13 (Seiten- und Rückenansichten) (Mariani). Mariani-Vaglieri, Guida del museo nazionale romano delle Terme di Diocleziano, Sala H 2, Nr. 6, Inventar Nr. 720. Parischer Marmor (nach Helbig und Mariani a. a. O. und Furtwängler, Meisterwerke p. 27). Unterlebensgross: das Erhaltene 1,35 m hoch. In Rom, bei der Kirche S. Salvatore a ponte rotto, 1886 gefunden.

Ich selbst kenne die Statue wohl, habe sie aber nie genauer untersucht. Aus Marianis genauen Angaben über den Erhaltungszustand der Statue (Bull. com. a. a. O.) hebe ich das Folgende heraus: Die Aegis scheint mit zwei kleinen Schlangen auf der r. Schulter befestigt zu sein. Einige der Schlangen am Aegissaum waren besonders gearbeitet und mit (der Oxydationsgefahr halber jetzt entfernten) Metalldübeln angesetzt. Der Kopf war ebenfalls besonders gearbeitet und mit dem nackten Bruststück in die entsprechende Aushöhlung im Torso eingesetzt. Ebenso der r. Arm und der untere Teil des l. Unterarmes. Der r. Arm war mit vier Metalldübeln befestigt; bis zum Ellenbogen lag er am Körper an. Ein Loch an der Hüfte diente wahrscheinlich für einen Zapfen zur Befestigung der r. Hand, die den Schild halten mochte. Der l. Arm liegt am Körper an bis zum Ellenbogen, der Unterarm ist vorgestreckt und ein wenig erhoben. Die l. Hand mit Handansatz fehlt; sie war in der Aushöhlung des Unterarms mit einem Zapfen befestigt. Die Hand hielt vermutlich die Schale oder die Eule; ein Helm (den Helbig vorschlägt) hat weniger Wahrscheinlichkeit, da Athenen mit unbehelmtem Haupte selten sind. Die Figur trägt den gegürteten dorischen Peplos mit Überfall und darunter den, wie es scheint ärmellosen, ionischen Chiton, dessen Falten man auf der Seitenansicht an der r. Schulter wahrnimmt. Die Aegis hat, wie bei der Madrider Statue Taf. 502 links, kein Medusenhaupt. Ueber ihre schräge Form vgl. Furtwängler, Meisterwerke p. 27 f. Die Zehen des erhaltenen r. Fusses sollen mit der gleichen Zierlichkeit und Sauberkeit wie an der ludovisischen Statue Brunn-Bruckmann Taf. 357 ausgearbeitet sein. Ob die Figur Sandalen trug oder nicht, ist nirgends angegeben und auf den Abbildungen nicht deutlich ersichtlich. Der Rücken ist im Wesentlichen mit der nämlichen Sorgfalt wie die Vorderseite gearbeitet. Der Rand der Aegis auf dem Rücken ist aufwärts gebogen, so dass man die Unterseite des Felles sieht. Die Arbeit der Statue ist sehr sorgfältig und fein, so dass sie vermutlich aus der Nähe betrachtet wurde. Der energische Stand der Figur, mit dem herausgedrückten r. Knie, verleiht ihr einen besonderen Reiz der Frische und Lebendigkeit. Auffällig sind die im Verhältnis zur Kürze des Oberleibes lang gestreckten Proportionen des Unterkörpers.

Die Statue ist wahrscheinlich, wie auch Helbig a. a. O. und Furtwängler, Meisterwerke p. 27, annehmen, griechische Originalarbeit, und zwar aus der Zeit und dem Kunstkreise der Sculpturen des olympischen Zeustempels; sie stammt also rund aus den Jahren 460—450. Die Ähnlichkeit mit der Athene der olympischen Augiasmetope ist ganz schlagend. Welcher Meister, welche Kunstschule Olympia geschaffen hat, wissen wir noch nicht. Furtwängler hat neuerdings Paros in Vorschlag gebracht (Festschrift für Brunn); ich selbst habe (La Glyptothèque Ny-Carlsberg, Text zu pl. 31—32) vermutungsweise Korinth und Sikyon als Ausgangsstätte dieses „olympischen" Gewandtypus bezeichnet, zugleich aber darauf hingewiesen (Text zu pl. 7 und 8), dass dieser Typus offenbar weite Verbreitung gefunden hat und auch von andern Kunstschulen aufgenommen worden ist. Die Entscheidung, welcher Schule das einzelne Exemplar seine Entstehung verdankt, beruht deshalb jedesmal auf dem stilistischen Ausdrucke des K o p f e s. Der Kopf ist bei der Athene des Thermenmuseums nun leider nicht erhalten. Doch glaube ich, dass wir auf dem Wege stilistischer Combination wenigstens zu einer V e r m u t u n g, wie er ausgesehen haben könne, zu gelangen vermögen. Die Athene ist etwas unterlebensgross. Wir müssen also nach einem unterlebensgrossen Athenekopf aus der Zeit von 460—450 suchen. Ich weiss da überhaupt nur e i n e n Typus zu nennen, der in Betracht kommen könnte: einen unlängst aus italienischem Kunsthandel (wo ich ihn kennen lernte) für das Dresdner Museum erworbenen Kopf. Da eine

Verlagsanstalt F. Bruckmann A.-G.
München 1900.

Publication durch G. Treu bevorsteht, beschränke ich mich hier auf diese wenigen Andeutungen. Der Kopf steht im Stil dem auf Kalamis zurückgeführten sog. Omphalos-Apollon sehr nahe. Die Athenestatue der Thermen würde, Zugehörigkeit dieses Kopftypus vorausgesetzt, sich also der Hestia Giustiniani zur Seite stellen, in deren Kopfe Bezüge zum Omphalos-Apollon ebenfalls unverkennbar sind. Wir dürften dann also vermutungsweise von einer „Athene des Kalamis" sprechen, mit grosser Wahrscheinlichkeit aber jedenfalls das Werk in den attischen Kunstkreis einbeziehen. Dass die Statue des Thermenmuseums auf attische Kunst zurückgeht, wird auch dadurch wahrscheinlich gemacht, dass die Göttin unter dem dorischen Peplos den feinen ionischen Linnenchiton trägt, eine, wie es scheint, specifisch attische Tracht (Furtwängler, Meisterwerke p. 39; Arndt, La Glyptothèque Ny-Carlsberg p. 12; s. auch Text zu Taf. 502 links). — Doch will ich nochmals ausdrücklich betonen, dass diese Combination von Statue und Kopf nichts als eine, sicherer Grundlage zunächst noch entbehrende, Vermutung ist. Zum römischen Exemplar kann der Dresdner Kopf nicht gehört haben, da sein Marmor verschieden ist.

P. A.

503 oben. Relief vom Westfriese des Parthenon.

Noch am Parthenon befindlich.

Wir haben gelegentlich der Restaurierungsarbeiten am Parthenon sämmtliche noch in situ befindliche Reliefs des Westfrieses neu aufnehmen lassen und werden dieselben allmählich hier veröffentlichen. Michaelis 9, V, 9—10. Petersen, die Kunst des Pheidias am Parthenon und zu Olympia, p. 286 f. Lüders, Arch. Zeit. 1873 (XXX), p. 32.

Michaelis: „Ein Jüngling (9), die Chlamys hinter dem Rücken, steht neben seinem ruhigen Pferde, das er am Zügel hält, und senkt den Kopf gegen die nachfolgenden Gefährten. Der Gefährte (10), mit dem blossen Chiton angethan, dessen Rand am linken Schenkel einen kleinen Schlitz zeigt, hält mittlerweile sein etwas unruhiges Pferd an. Dieses hebt das rechte Hinterbein, das rechte Vorderbein ist nicht sichtbar."

Petersen: „Zwischen dem zweiten und dritten Reiterpaare steht ein Jüngling (9), ohne andere Bekleidung als die Chlamys, und sieht sich um, indem er, die Peitsche in der Linken, mit der Rechten ein Ross am Zügel hält und einen Andern zu erwarten scheint. Das müsste der sein, der, mit Helm und Chlamys, wiederum zwischen dem dritten und vierten Reiterpaare steht, mit Festbinden der zweiten Sandale beschäftigt (12), und dabei selber nach rechts den Herankommenden oder seinem Rosse entgegensieht; denn bei ihm steht keines. Oder wir müssten jenes ruhig am Zügel gehaltene Ross für das seine, und den, der es hält (9), für einen Diener (wie 22 und 28) des Sandalenbinders halten."

Lüders: „Das Pferd von 9*) hat zwei Bronzelöcher im Maul; die rechte Hand von 9 ist durchbohrt für den Zügel und enthält noch ein Bronzestück; in der Linken ist eine verticale Rinne für die Peitsche. — Das Pferd von 10 hat zwei Bronzelöcher im Maul, eins unterm Hals, eins oben am äussersten Ende der Backe, eins gerade darüber an der Mähne; in der durchbohrten Hand des Reiters ist noch ein Bronzestück vorhanden."

Obige Angaben von Lüders sind nach Ausweis der Abbildungen nicht ganz genau. Das Pferd von 9 hat ein Loch am Maul, eins am oberen Rande der Kinnbacke, eins darüber an der Mähne. Am Pferde von 10 erkenne ich am Maule nur ein Loch. Die Löcher dienten zur Befestigung des bronzenen Zaumzeuges. Das Bronzestück in der l. Hand des reitenden Jünglings ist offenbar ein Rest des Zügels.

Der stehende Jüngling links ist ein rechter Bruder des Diadumenos Farnese, dessen phidiasische Herkunft durch diese Parallele nur von Neuem bekräftigt wird.

P. A.

*) So zu lesen statt 10.

Verlagsanstalt F. Bruckmann A.-G.
München 1900.

503 unten. Relief vom Westfriese des Parthenon.

Noch am Parthenon befindlich.

Michaelis 9, XII, 22—24. Petersen, die Kunst des Pheidias am Parthenon und zu Olympia, p. 288 f. Lüders, Arch. Zeit. 1873 (XXX), p. 33. Friederichs-Wolters p. 267 ff.

Michaelis: „Ein Jüngling in der Chlamys (links, 22) und ein Diener (rechts, 24), welcher ein grösseres Gewand auf der linken Schulter trägt, haben noch mit dem Pferde zu thun, das mit sehr charakteristischer Bewegung den Kopf zwischen seine Vorderbeine steckt, und zwar so rasch und heftig, dass die Mähne noch nicht einmal ganz herabgefallen ist; es ist nicht ganz klar, ob jene beiden die Zügel in den Händen halten (in der Fläche der linken Hand von 22 scheint ein Bronzeloch zu sein). Vor dem Pferde, dessen beiderseits herabgekämmte Mähne auffällt, steht ein Jüngling in Chiton und Chlamys (Mitte, 23), welchen man nach dem kurzen Stabe in seiner Linken für einen Festordner oder Herold halten möchte; jedoch ist für diese die allein sicher nachweisliche Tracht auf dem ganzen Friese das blosse weite Himation. Es ist also wohl in 23 eher der Reiter selbst und in dem Stabe der Peitschenstiel zu erkennen; der Blick und die geballte Faust zeigen an, dass er den zu hastig Voraneilenden ein Scheltwort nachruft."

Petersen: „Entweder wollte die Mittelfigur (23) dem Jüngling links (24) einen Kranz aufsetzen. Dann wäre auch dieser ein Teilnehmer des Zuges, der für sein eignes, noch ungezäumtes Pferd das Geschirr in den Händen zurecht macht, um es im nächsten Augenblicke dem Tier anzulegen. Dann würde die Mittelfigur (23) ihr Ross noch gar nicht in der Nähe haben, und 24 endlich, der Bursch von 22, trüge den Chiton, den sein Herr noch anlegen würde, nachdem er das Ross gezäumt hätte. — Oder aber: das Ross gehört zur Mittelfigur (23). Aber dann hat diese sogar zwei Diener; ihre Bewegung könnte nur eine (für den feinen Jüngling schickliche?) Drohung sein, und das Gewand, das der kleine Bursch trägt — eine Pferdedecke anzunehmen, fände sonst am Fries keine Analogie —, hätte keine ersichtliche Bestimmung. Die Gebärde des kleinen Burschen gilt offenbar dem Rosse. An diesem hat man unbedacht getadelt, dass die Mähne des Rosses trotz des geneigten Kopfes ihre horizontale Lage behalte. Dass der Künstler hier nicht etwa nachlässig oder im altertümlichen Stile befangen gewesen, konnte man schon daraus ersehen, dass die eine Seite der gescheitelten Mähne ja wirklich herabfällt. Eben dies, sowie dass man den Kopf nicht im Profil, sondern oben darauf und auf den Scheitel sieht, ferner auch die untere Halslinie und die gespreizte Stellung der Beine lässt uns deutlich sehen, dass das Tier seinen Kopf nicht gerade vornüber, sondern seitwärts mit einer Krümmung nach oben hält, so dass die linke Mähne auf dem Halse ruht."

Lüders: „Das Schwanzstück des Pferdes von 21 verschwindet hier hinter der von dem Rücken von 22 herabfallenden Chlamys. Die beiden Hände von 22 sind leider gänzlich zerstört, doch ist ihre Haltung vollkommen klar; sie hielten allein das Geschirr des Pferdes, das noch gezäumt werden sollte, weshalb auch an dem sehr gut erhaltenen Kopf des sich vor dem Zügel gleichsam sträubenden Tieres keine Spur von Bronzeeinfügung bemerkbar ist; der schöne Jüngling 23 ist wohl nicht überzeugend von Michaelis gedeutet worden. Leider ist von dem „Blick und der geballten Faust", wonach er „den zu hastig Voraneilenden ein Scheltwort nachrufen" soll, jetzt nichts mehr zu sehen. Indessen die ganz ähnliche Figur Ostfries 47 und die dort von Michaelis unzweifelhaft richtig gegebene Deutung auf einen Herold lassen uns trotz der etwas verschiedenen Gewandung auch hier einen solchen annehmen. Vgl. auch Nordfries 19.*) Dazu kommt der Umstand, dass sich sowohl unterhalb des auf dem linken Unterarm ruhenden Stabes am Chiton, als in fortlaufender Linie oberhalb desselben auf dem Arm (das Armstück zwischen dem Gewand und dem Ellenbogen ist im Original bedeutend grösser als in der Michaelis'schen Zeichnung) je zwei Löcher befinden, offenbar zur Aufnahme von Metallansätzen. Von einem „Peitschenstiel" kann demnach wohl kaum die Rede sein. Vgl. das Scepter des Zeus Ostfries 30 und dazu Michaelis S. 226. 255. Ostfries 52 und Michaelis S. 260."

Petersens Annahme, dass die Mittelfigur 23

*) Diese Zahl ist offenbar verdruckt. Lüders meint wohl 1, 12 oder 44.

Verlagsanstalt F. Bruckmann A.-G.
München 1900.

dem Jüngling links 22 einen Kranz aufsetze, ist unhaltbar. Die Figuren stehen viel zu weit auseinander. Ich halte vielmehr mit Lüders die Mittelfigur für einen Festordner, der in der Linken den Heroldstab trägt, mit der Bewegung der Rechten seinen Ausruf begleitet. Das Pferd gehört dem links stehenden Jüngling 22, der es anschirrt. Sein Diener (24) steht zur Seite, mit dem Chiton, den der Herr umnehmen wird, wenn er das Ross besteigt (vgl. Nordfries 134). Nicht erklären kann ich die Bewegung der rechten Hand dieses Knaben. Vielleicht wurde dieselbe durch den Gestus der jetzt fehlenden Linken verständlich.

Diese Platte des Frieses ist auch stilistisch nicht uninteressant. Zum Gewande der Mittelfigur (23) hat bereits Furtwängler (Meisterwerke p. 120, Anm. 2) den Kassler „Hephaestos"-torso*) als verwandtes Stück angeführt. Das Haar des Knaben (24) war, soweit ich nach den Abbildungen, ohne Anschauung des Originales oder eines Abgusses, sehen kann, in einen Stirnknoten geknüpft (so auch Furtwängler a. a. O. p. 679, Anm. 1, der dort die Geschichte dieser Frisur eingehend bespricht).**)

P. A.

*) oder Ares? Amelung in Arndt-Amelungs „Einzelaufnahmen" zu Nr. 331.

**) Um ein, bisher kaum noch versuchtes, genaueres stilistisches Studium der verschiedenen Kunstströmungen anzubahnen, denen die Parthenonsculpturen ihre Entstehung zu verdanken haben, wollen wir in einer der folgenden Serien der „Einzelaufnahmen" die besser erhaltenen Köpfe von Fries und Metopen in gesonderten Photographien bringen.

504. Jünglingskopf.
Berlin, Kgl. Museum.

Katalog Nr. 479. „Parischer Marmor. Hoch 0,347. Ergänzt: die Nasenspitze; im Gesichte etwas verwittert, aber von Überarbeitung frei. Angeblich gefunden 1750 am Vesuv in der Nähe von Resina; aus der Sammlung Baireuth; vormals in Sanssouci."

Der Kopf, dessen Hals unten zum Einsetzen in eine Statue hergerichtet ist, war, wie die Anspannung des linken Kopfnickers zeigt, ziemlich stark zur rechten Schulter gewendet. Unsere Aufnahme des Face ist insofern ungünstig, als sie den Kopf nicht in dieser vom Künstler zur Hauptansicht gewählten Richtung zeigt. Auch die Profilaufnahme dürfte etwas weniger vom Hinterschädel zeigen, die Gesichtspartien mehr zur Geltung kommen lassen. Diese Mängel sind bei einem Stück besonders bedauerlich, das in weiteren Kreisen, auch der Wissenschaft, trotz seiner hervorragenden Schönheit und seines historischen Wertes noch viel zu wenig bekannt ist.

Der Kopf wird im Berliner Katalog in nahe Beziehungen zu dem Doryphoros des Polyklet gesetzt. Ich kann hier nur eine oberflächliche, kaum zeitliche Ähnlichkeit erkennen. Mit grösserem Rechte stellt ihn Furtwängler (Meisterwerke p. 508 und Anm. 2) zu jener Reihe von Werken, die, in der Generation nach der Blütezeit des Phidias und Polyklet entstanden, in ihrer Kunst attische mit peloponnesischen Elementen verbinden und die wir infolge dieser Mischung bisher mit Sicherheit weder dieser noch jener Kunstschule zuschreiben können. Reminiscenzen an peloponnesische Art mag man vor Allem in der Form des Schädels, der Bildung des Mundes, dem oberen Abschluss der Stirn erkennen. Daneben aber das von Polykletischem ganz verschiedene, frei gelockerte Haar, der etwas sentimentale Blick der kleinen Augen, die ausdrucksvolle seitliche Wendung und Neigung des Kopfes: das sind Züge, die einen Einfluss der, allem Schematischen fremden, lebens- und seelenvolleren attischen Kunst bekunden. In seinem ganzen Sentiment steht der Kopf den Werken, die Furtwängler auf Euphranor hat zurückführen wollen, gar nicht so fern. Wir werden seine Entstehung deshalb gegen das Ende des 5. Jahrhunderts ansetzen dürfen.

Der Berliner Katalog bezeichnet mit Unrecht den herrlichen Bronzekopf in Neapel: Brunn-Bruckmann Taf. 323 als Wiederholung. Auf diesen Irrtum hat bereits Furtwängler a. a. O. hingewiesen. Beide Typen haben nicht das Geringste mit einander zu thun. Derselben Kunstrichtung, jenem peloponnesisch-attischen Style, mag zwar auch die Neapler Bronze angehören; doch finde ich in ihr das specifisch Attische, die Klugheit und Lebendigkeit des seelischen Ausdrucks, gegenüber dem Berliner Kopf noch bedeutend gesteigert.

Wen der letztere darstellt, lässt sich nicht mehr sagen. Kaum einen Athleten; denn, da der Kopf zum Einsetzen gearbeitet war, war die Statue offenbar bekleidet. Auch dürfte das lange Lockenhaar für einen Athleten nicht geeignet sein. Vermutungsweise möchte ich für den Kopf den Namen des Triptolemos in Vorschlag bringen, der auch in späterer Zeit noch voll bekleidet dargestellt wurde (vgl. z. B. die Ruveser Vase C-R 1862, pl. IV = Baumeister, Denkmäler s. v. Triptolemos p. 1858, Fig. 1959 = Reinach, Vases I, 12) und für den das lange lockige Haar besonders passt. Vielleicht trug der Kopf ehemals einen Ährenkranz: der Berliner Katalog bemerkt, dass „am Hinterkopf ein Einschnitt im Haar, wie vom Tragen einer Binde," zu bemerken sei.

Das Original war, nach der Arbeit der Locken zu urteilen, aus Bronze ausgeführt. Namentlich in der geistvollen Art, mit der diese Fülle des lockigen Haares gegliedert ist, offenbart sich die hohe Meisterschaft des erfindenden Künstlers.

P. A.

Verlagsanstalt F. Bruckmann A.-G.
München 1900.

505. Statue eines Hermaphroditen.

Rom, Thermenmuseum.

Helbig, Führer[2], Nr. 1127; dort die Litteratur, unter der hervorzuheben der Aufsatz von G. Kieseritzky in den Annali d. J. 1882, p. 245 ff. 1879 bei den Aushebungsarbeiten für das Teatro Costanzi in Rom gefunden, in den Ruinen eines Privathauses antoninischer Zeit. Matz-Duhn 842: „Lebensgross, Marmo Grechetto.*) Das Tuch, auf welchem der Hermaphrodit ruht und welches der r. Fuss zurückstrammt, ist ringsum abgebrochen. Die Erhaltung ist geradezu wunderbar, und die discret polierte Epidermis völlig intact: es fehlen nur der l. Unterarm mit Hand und die untere Hälfte des l. Unterbeines mit Fuss, welche beide im Gewand besonders angesetzt waren — die Eisendübel stecken noch darin —, sowie der Zeige- und kleine Finger der r. Hand, beide ebenfalls jetzt glatt abgeschnitten und also schon im Altertum bestimmt, besonders angesetzt oder restauriert zu werden; ferner der grössere Teil des Gliedes.“ „Das Haar ist mit einer Agraffe geschmückt, deren roh belassene Höhlung ursprünglich offenbar mit Glasfluss ausgefüllt war.“ (Helbig.)

Es existieren ausser dem Exemplare des Thermenmuseums 5 gleichgrosse Wiederholungen, die von Kieseritzky in dem genannten Aufsatze und von P. Herrmann in Roschers myth. Lexikon s. v. Hermaphroditos Sp. 2330 ff. aufgezählt sind: eine in Villa Borghese, eine in den Uffizien, eine in Petersburg, zwei im Louvre. Ihnen hat Amelung (Führer durch die Antiken in Florenz p. 92) als 7. Replik die Umwandlung des Typus zur Mänade im Nationalmuseum in Athen (Kavvadias 261) gesellt. Diese 7, zum Teil stark ergänzten und übergangenen Exemplare stimmen, wie in der Grösse, so auch in den wesentlichen Punkten des Motives überein. Als Unterlager diente, wie die Statuen in den Uffizien und Athen und eine im Louvre zeigen, dem Originale ein Fels, den vielleicht ein Pantherfell (wie an den beiden erstgenannten Repliken) bedeckte. Wir müssen uns also die Statue des Thermenmuseums in einen Felsblock eingelassen denken; so weist auch in der That die Bearbeitung ihrer Unterseite (nach Kieseritzky a. a. O. p. 247) darauf hin, dass sie in eine Basisunterlage eingesenkt war.

*) Nach Kieseritzky p. 247: „Marmo di Luni di prima qualità. Lung. m. 1,47; il corpo lungo m. 1,41.“

Der Kopf ist, mit Ausnahme des borgheseschen, bei allen Exemplaren erhalten. Die Köpfe der Repliken im Thermenmuseum, in den Uffizien und der des einen besser erhaltenen Exemplares im Louvre (ehemals Borghese) stimmen, soweit ich aus den Photographien erkennen kann, mit einander überein. Von der andern Replik im Louvre (aus Velletri) liegt mir keine Photographie vor; der Kopf ist im Übrigen ausserordentlich stark ergänzt. Ich finde nirgends erwähnt, dass er im Typus von den andern abwiche. Hingegen behauptet dies Kieseritzky (pp. 252 und 263) von dem Petersburger (ehemals Campanaschen) Exemplare (d'Escamps, Musée Campana 32; Reinach, répertoire de la statuaire II, 1, 178,5), und die Abbildung bei d'Escamps bestätigt seine Angabe. Auch der Kopf der athenischen Mänade ist vom gewöhnlichen Hermaphroditentypus verschieden; die Stilisierung der Haare erinnert hier sehr an Pergamenisches. Doch sind wir bis auf Weiteres kaum berechtigt, deshalb mit Kieseritzky von mehreren verschiedenen Kopftypen des Hermaphroditen zu sprechen: das athenische Exemplar scheidet infolge seiner Verwendung zur Mänade so wie so aus der Reihe der genauen Wiederholungen aus, und die Petersburger Statue ist so stark restauriert und übergangen und aus so verdächtiger Quelle, dass bis zu einer erneuten genauen Untersuchung es zunächst methodisch richtiger erscheint, sie bei der Kritik der verschiedenen Repliken nicht zu verwenden.

Das Haararrangement der drei übereinstimmenden Köpfe, im Thermenmuseum, in Florenz und im Louvre, erlaubt eine genauere Datierung des Typus. Die Vereinigung von Stirn- und Schläfenlöckchen findet sich meines Wissens nicht vor der 2. Hälfte des 3. Jahrhunderts vor Chr.; das erste datierbare Beispiel giebt die Amazone vom attalischen Weihgeschenk (Brunn-Bruckmann 482). Ein Kopf etwa, wie der Apollon Giustiniani-Pourtalès (ebenda 53), ist mit den gleichen formalen Mitteln und aus der nämlichen Empfindung heraus geschaffen worden.

Auf Entstehung in späthellenistischer Epoche weist auch die Erfindung, das Motiv der Statue. Der Ausdruck des Gesichtes, die Erection des Gliedes, die Lage der Beine, überhaupt das

Verlagsanstalt F. Bruckmann A.-G.
München 1900.

Momentan-Erregte der ganzen Stellung zeigen, dass der Hermaphrodit von wollüstigen Träumen umfangen ist. Von grosser Meisterschaft zeugt es, wie der Künstler das Bewegungsmotiv der Statue, den unruhigen, von üppigen Phantasieen gestörten Schlaf, das Sich-Hin-und-Her-Wälzen auf dem Lager benützt hat, um diejenigen Partieen seines Körpers, mit denen der Hermaphrodit die Sinnlichkeit am Meisten reizt, dem Beschauer am Eindringlichsten vor Augen zu stellen. Denn die Statue ist ganz offenbar für die Rückenansicht gedacht: das bezeugt für das Exemplar des Thermenmuseums auch die grössere Sorgfalt der Arbeit auf dieser Seite (Kieseritzky p. 247). Allerdings erkennt man bei dieser Ansicht nicht, dass man es mit einem Hermaphroditen zu thun hat; vom Rücken aus wird Jedermann die Figur für weiblich halten. Mir scheint, dass hierin ein besonders pikanter — oder besser frivoler — Zug der Erfindung liegt: der Beschauer, der das Werk eingehender betrachtete oder es umwandelte, sollte überrascht, je nach seinen Neigungen besonders gefesselt oder abgestossen werden. Die Betrachtung der Rückenpartieen, besonders an der ausgezeichneten Replik, die wir hier abbilden, ist für den, der Auge für blühendes weibliches Fleisch hat, ein hoher Genuss. Denn es giebt wenige Kunstwerke, nicht nur aus der Antike, in denen der sinnliche Reiz des warmen, weichen Fleisches mit solcher Eindringlichkeit und Virtuosität geschildert wird. Dass es freilich kein Weib ist, sondern eine widerliche Zwittergestalt, die wir vor uns sehen, und dass die geschlechtliche Erregung, in der sie sich befindet, besonderer Angabe vom Künstler für erforderlich erachtet wurde, das stört den reinen Eindruck des an sich so meisterhaft erfundenen Werkes. Es ist eine Verirrung, das ist nicht zu leugnen, ein Überschreiten der Grenze, wie es, nach anderer Richtung hin, auch der pergamenische Altarfries ist. In seine Zeit ungefähr, im Allgemeinen also in die Wende vom 3. zum 2. Jahrh. vor Chr., müssen wir wohl auch die Erfindung dieses Hermaphroditentypus versetzen. Der Name seines Künstlers ist uns leider nicht bekannt. Seine Rückführung auf Polykles, einen Künstler der 1. Hälfte des 4. Jahrh., der einen berühmten Hermaphroditen aus Erz schuf, ist seit Langem als falsch erkannt; vergl. zuletzt Furtwängler, Statuen-Kopieen I, p. 60. Von anderen Gründen abgesehen, ist diese Identification schon deshalb unwahrscheinlich, weil das Original des liegenden Hermaphroditen doch wohl für Ausführung in Marmor berechnet war. Furtwängler (Annali d. J. 1878, p. 96) glaubt, dass das Hauptmotiv der Statue einem malerischen Vorbilde entlehnt sei. In römischer Zeit war das Werk jedenfalls hochberühmt; das bezeugen die vielen Wiederholungen. Die vorliegende stammt zwar aus einem Gebäude antoninischer Zeit, gehört aber nach ihrer ausgezeichneten Arbeit offenbar einer früheren Epoche an.*)

P. A.

*) Erst während der Drucklegung dieser Zeilen kommt mir die Abhandlung S. Reinachs über Hermaphroditentypen, in der Revue archéologique 1898, p. 321 ff., zur Hand.

506. Archaischer Jünglingskopf.

Neapel, Museo nazionale.

Inventar 5608. Antichità di Ercolano V (Bronzi I), tav. 71 und 72. Winckelmann (ed. Eiselein) II, 62 und 157. Museo borbonico XII, tav. 11, 2. Müller-Wieseler II, 11, 118. Annali d. J. 1870, p. 263 ff.; Mon. d. J. IX, tav. 18 (Kekulé). Rayet, monuments de l'art antique I, 26 (Collignon). Comparetti e de Petra, La Villa Ercolanese, tav. VII, 1; p. 260 (hier der Fundbericht und ältere Litteratur). Friederichs-Wolters 229. Furtwängler, Meisterwerke p. 677, Anm. 1. Athen. Mitt. d. J. 1882, p. 203 (Konrad Lange); 1883, p. 260 (Th. Schreiber). Röm. Mitt. d. J. 1887, p. 104 ff. (Studniczka). Jahrbuch d. J. 1896, p. 259 (Studniczka). Collignon, histoire de la sculpture grecque I, p. 303, fig. 150.

Ergänzt sind (nach frl. Mitteilung von Fr. Studniczka) an dem Kopfe nur die Augäpfel. Der vordere Teil der Nase ist glätter, als das Übrige, aber antik. Quer durch den Hals geht ein Bruch; doch ist die Büste alt, vermutlich zum Aufsetzen auf einen marmornen Hermenschaft bestimmt. Die Dicke des Gusses am Bruststück beträgt durchschnittlich ungefähr 6 mm, ist am Kopfe selbst aber offenbar stärker. Die Haarkappe scheint separat gegossen zu sein; vorn unterhalb des Doppelzopfes klafft eine starke Fuge, in welche die Drahtlöckchen hineingelötet sind. Am Altertum dieser letzteren scheint kein Zweifel zu bestehen (vgl. Winckelmann II, 62). Der vorspringende Brauenwulst ist besonders eingesetzt; am l. Auge, nahe der Nasenwurzel, ist die Fuge deutlich. Genauere Maasse des Kopfes in den Annali d. J. 1870, p. 264, Anm. 2 (Kekulé).

1756 im Atrium der Villa der Pisonen in Herculaneum gefunden.

Der Kopf gilt, nach dem allgemeinen Urteile, für ein griechisches Original. Seinem Stile nach wird er von Verschiedenen der aeginetischen Schule zugeschrieben. Es lässt sich nicht leugnen, dass er den Werken dieses Kreises nahe steht. Auch der Doppelzopf im Nacken findet sich an einer der Figuren des aeginetischen Ostgiebels. Ein technisches Détail indessen scheint auf Entstehung an einem anderen Kunstcentrum zu weisen. Es ist das der besonders aufgesetzte wulstige Streif, der zur Bezeichnung der Augenbrauen dient. Derselbe kehrt, wie schon Kekulé und ihm folgend Collignon bemerkt haben, in gleicher Weise an dem Apoll von Plombino (Brunn-Bruckmann Taf. 78; Collignon, hist. de la sculpture grecque I, pl. 5) und an der ehemals im Palazzo Sciarra, jetzt in Ny-Carlsberg befindlichen Bronzestatue eines Jünglings (röm. Mitt. d. J. 1887, Taf. 4 und 5) wieder; ausserdem aber auch an dem auf der Akropolis gefundenen archaischen Bronzekopfe eines Kriegers (Brunn-Bruckmann Taf. 2), dem eben daher stammenden, dem Mantuaner Apoll verwandten Bronzeköpfchen (Brunn-Bruckmann Taf. 461c)*), dem in Ariccia ausgegrabenen, früher in der Sammlung Despuig auf Mallorca, jetzt in der Glyptothek Ny-Carlsberg befindlichen archaischen männlichen Bronzekopfe (Hübner, antike Bildwerke in Madrid Nr. 820), und der neuerdings am korinthischen Golfe entdeckten Bronzestatue des Poseidon, die sich jetzt im Nationalmuseum zu Athen befindet ('Εφημ. ἀρχ. 1899, πίν. 5 und 6). Keines der genannten Werke ist es bisher gelungen, fest zu localisieren. Der Kriegerkopf von der Akropolis gilt für gewöhnlich als Werk der aeginetischen Schule, das kleinere Köpfchen ebendaher hat Furtwängler (Meisterwerke p. 80) als eine Schöpfung des Attikers Hegias angesprochen. Die Bronze Sciarra, nach Studniczka ein argivisches Werk, wird von Furtwängler (Meisterwerke p. 76, Anm. 3 und p. 684, Anm. 3) für italische Arbeit nach attischem Vorbild (Schule des Kritios und Nesiotes) erklärt. Das alles sind mehr oder weniger wahrscheinliche Vermutungen. Hingegen geben uns die beiden inschriftlich ausgezeichneten Werke einen etwas sichereren Anhalt zur Bestimmung ihres Entstehungsortes. Die Weihinschrift auf dem linken Fusse des Apollon von Piombino sowie diejenige des korinthischen Poseidon sind beide in dorischem Dialecte abgefasst. Dies beweist allerdings noch nichts Entscheidendes für den Verfertigungsort der Statuen; nur die Stifter brauchen Dorer gewesen zu sein. Aber bei der Poseidonstatue macht doch der Umstand, dass sie am

*) wenigstens soweit es nach der Abbildung scheint.

Verlagsanstalt F. Bruckmann A.-G.
München 1900.

korinthischen Golfe, etwa gegenüber von Sikyon, gefunden wurde, ihre Entstehung an einer der nahe gelegenen berühmten Giessstätten Korinth oder Sikyon ziemlich wahrscheinlich. Unterstützend kommt eine andere Combination hinzu, die uns wiederum nach derselben Gegend führt. Man hat den Neapler Bronzekopf mehrfach mit einem Colossalkopfe des Museo Torlonia (Nr. 501) zusammengestellt, als einem Werke der gleichen Zeit und Schule. Ich habe diesen an anderer Stelle (La Glyptothèque Ny-Carlsberg p. 51 ff.) als eine Schöpfung der korinthisch-sikyonischen Kunst zu erweisen versucht. Der nächste Verwandte aber dieses römischen Kopfes, ein Marmorkopf in Stockholm (Phot. Lagrelius 58; la Glyptothèque Ny-Carlsberg p. 52, Anm. 3), zeigt die nämliche sonderbare Art der Brauenangabe, wie die oben zusammengestellten Werke. — Dass es aber nicht bloss eine technische Zufälligkeit ist, die diese zu einer Gruppe verbindet, scheint mir aus der stilistischen Verwandtschaft sowohl in der Körperbildung (Apoll von Piombino, Bronze Sciarra, Poseidon von Korinth)*) als im Ausdrucke des Gesichtes (vor Allem Neapel und Piombino) hervorzugehen.

Wer in dem Neapler Kopf dargestellt ist, lässt sich nicht mehr sagen. Die Benennung „Apollo" ist möglicherweise richtig, aber unbeweisbar. Die verschiedene Stellung der Ohren — das linke steht höher wie das rechte — sieht eher wie der unbeholfene Versuch einer Individualisierung aus. Die Entstehung des Kopfes fällt in die ersten Decennien des 5. Jahrhunderts. Die Ausführung ist nicht von besonderer Feinheit. Zu entscheiden, ob die Form der Herme mit der oben mitgeteilten Einreihung des Kopfes unter die griechischen Originalarbeiten sich vereinigen lässt, muss weiterer Untersuchung vorbehalten bleiben.

---

*) Kopie nach einem Werke des nämlichen Kreises dürfte die roh ausgeführte bronzene Porträtstatue des Claudius in Neapel sein: Inventar 5593; Bronzi d'Ercolano II, 78; Bernoulli, römische Ikonographie II, 334, 14; Clarac 936, 2382.

507. Statue der Hera (?)

Wien, Kunstakademie.

Overbeck, Kunstmythologie der Hera, p. 112, Nr. 1 (dort ältere Litteratur); Atlas Taf. X, Nr. 30. Roscher, myth. Lexikon Sp. 2114. Friederichs-Wolters 1273. Lützows Zeitschrift für bildende Kunst XIII, zu p. 150; vgl. p. 384. Arndt, la Glyptothèque Ny-Carlsberg p. 91 ff., dort (Anmerkung 6) weitere Litteratur.

In Ephesus gefunden; 1838 nach Wien gebracht. Die Höhe des Torsos beträgt (nach frd. Mitteilung von Robert v. Schneider; ich selbst kenne das Original noch nicht) 1,74 m. „Puntelli an der r. Hüfte, am r. Knie, am l. Knie und etwas tiefer unten. Die Arbeit ist an der Rückseite vernachlässigt; dieselbe war bei der ursprünglichen Aufstellung der Statue nicht sichtbar. Die Erhaltung ist gut. Kopf, r. Arm und l. Unterarm waren aus besonderen Marmorstücken gearbeitet und eingesetzt."

Da an der Statue selbst weder Kopf noch Attribute erhalten sind und die Wiederholungen der Figur ebensowenig sichere Anhaltspunkte geben, kann man den Typus nicht mit voller Sicherheit auf Hera deuten. Immerhin darf diese Benennung nach dem würdevollen und majestätischen Eindruck der ganzen Figur den grössten Anspruch auf Wahrscheinlichkeit erheben. Wir würden dann den Wiener Torso etwa mit dem Scepter in der erhobenen Rechten, der Schale in der gesenkten Linken zu ergänzen haben*).

An diese Statue und die ihr entsprechenden Werke haben sich eingehende Discussionen über den Unterschied von Wiederholungen und Weiterbildungen eines Originales geknüpft (vgl. zuletzt Arndt, la Glyptothèque Ny-Carlsberg, p. 90 ff.). Wo das Original selbst erhalten ist, unterliegt die Beantwortung der Frage natürlich keinen besonderen Zweifeln. Im andern Falle aber ist die Bestimmung der Grenzlinie zwischen getreuen, sklavischen Nachbildungen des Originales, ohne Hinzuthat von Eigenem einerseits, Um- und Weiterbildungen der älteren Vorlage durch einen zwar selbständig schaffenden, aber einmal glücklich gefundene Motive mit der Scrupellosigkeit der Alten ohne Scheu wieder benutzenden Künstler andererseits in hohem Grade schwierig, häufig sogar, bei dem beschränkten Stande unseres Wissens, ganz unmöglich. Dazu kommt, dass wir bei den letztgenannten Um- und Weiterbildungen die fernere Frage stellen müssen, ob sie uns in originaler Handschrift oder auch ihrerseits wiederum in Kopieen späterer Zeit vorliegen. Diese Untersuchungen gehören wie zu den wichtigsten, so zu den schwierigsten und mühsamsten unserer heutigen Wissenschaft und sind, da sie ausgebreitete Denkmälerkenntnis und sicheres Stilgefühl voraussetzen, bisher kaum in Angriff genommen worden. Es ist notwendig, dass sie in grossem Zusammenhange betrieben werden, da nur der Überblick über ausgedehnte Reihen verwandter Erscheinungen im Stande ist, einen einigermaassen verlässigen Anhalt zur Beurteilung zu gewähren.

Auch im vorliegenden Falle finden wir nicht auf alle Fragen die lösende Antwort. Haben wir es mit dem Originale selbst zu thun? Wohl kaum. Die Arbeit in den unteren Partieen des Torsos ist ziemlich gefühllos und handwerksmässig, die Unterhöhlung der Gewandfalten vielleicht etwas zu tief, mehr auf den malerischen Effect hin gearbeitet, als wir bei einem Originalwerke des 5. Jahrh. voraussetzen dürfen. Wenn nicht Original, ist der Torso Kopie oder Weiterbildung? Soweit eine Vergleichung der Repliken möglich ist, scheint das erstere der Fall zu sein (vgl. Arndt a. a. O. p. 91 f.). Denn die Abweichungen der einzelnen Repliken unter einander sind zu geringfügig, als dass man hier bewusste Modificationen erkennen dürfte. Mit grösserer Sicherheit liesse sich die Frage entscheiden, wenn die Köpfe noch vorhanden wären. Der Charakter des Torsos als einer Kopie ermöglicht aber zugleich die annähernde Datierung seiner Ausführung. Er wird in späthellenistischer oder römischer Zeit entstanden sein, da wir eigentliche genaue Kopieen aus der gut-griechischen Periode bisher nicht mit Sicherheit nachweisen können.

Der durch den Wiener Torso vertretene Typus ist der nächste Verwandte der schönen Herastatue, die sich ehemals in Villa Borghese befand und jetzt in der Glyptothek Ny-Carlsberg steht (Arndt, pl. 56—58), und ihrer Wiederholungen. Die Typen stehen sich so nahe, dass

*) Lassen sich die oben erwähnten Puntelli mit einer derartigen Ergänzung vereinigen? Hierüber kann nur eine erneute Untersuchung des Originales belehren.

Verlagsanstalt F. Bruckmann A.-G.
München 1900.

man sie früher mehrfach ungetrennt behandelt hat. Die Jacobsensche Statue hat man, ihrer Verwandtschaft mit der sog. Genetrix halber (Brunn-Bruckmann Taf. 473), auf Alkamenes zurückführen wollen, meines Erachtens ohne zwingenden Grund. Noch viel weniger ist es möglich, den Wiener Torso, dem das stilistische Hauptbeweismittel, der Kopf, fehlt, einem bestimmten Künstler zuzuschreiben. Wir müssen uns darauf beschränken, die Erfindung des Typus zwischen den Jahren 440 und 430 anzusetzen.

Die geringere Ausführung des Unterteiles der Wiener Figur legt den Gedanken nahe, dass sie niedrig aufgestellt war.

508. Weiblicher Kopf.

Schloss Wörlitz bei Dessau.

W. Hosaeus, die Wörlitzer Antiken (1873), p. 15, Nr. 2. Friederichs-Wolters 1606. Arndt-Amelung, phot. Einzelaufnahmen antiker Sculpturen Serie II, p. 24, rechte Spalte oben. Abgüsse im Münchner und Berliner Gipsmuseum.

Ergänzt sind: das Bruststück, die Nase, das Mittelstück der Unterlippe. Hoch ca. 0,39 m.

Der Kopf — ein Lieblingsstück Brunns, der seit seiner Jugend an diesem Hauptwerke der heimischen Sammlung hing — steht in der Bildung der Stirn, dem Arrangement des Haares, dem ganzen Gesichtsoval, den frühesten Schöpfungen des Praxiteles nicht sehr fern, ohne dass wir engere Beziehungen zu diesem Meister vermuten dürften. Er wird in den ersten Jahrzehnten des 4. Jahrhunderts entstanden sein. Einen Namen können wir ihm nicht geben; der Ausdruck der Formen weist auf ein Wesen reiferen Alters.

Die Ausführung ist sicher und frisch, aber gewiss nicht original. Der Kopf, von hoher Schönheit und der Veröffentlichung in unserer Sammlung von Meisterwerken der antiken Sculptur durchaus würdig, wirkt im Marmor und selbst im Gips unvergleichlich besser als in der photographischen Aufnahme, die, bei schlechter Aufstellung und Beleuchtung, nicht ohne Schwierigkeiten herzustellen war.

Verlagsanstalt F. Bruckmann A.-G.
München 1900.

509. Bärtiger Götterkopf.

München, Sammlung F. A. von Kaulbach.

„Hoch 0,39 m. Ergänzt ist die Nase mit ihrem Ansatz. Der Marmor scheint grobkörniger parischer zu sein. Der Kopf ist von einer Statue gebrochen; am Halsansatze links glaubt man noch einen Rest des Gewandes mehr mit dem Finger fühlen als sehen zu können. Hinten ist der Kopf nur angelegt". Früher in deutschem Privatbesitz; stammt wahrscheinlich aus Italien. Publiciert von Arndt in der Zeitschrift des Münchner Altertumsvereins 1900, p. 1 ff., Taf. II.

Dieses ausgezeichnete Werk erinnert im Ausdrucke sehr an den Asklepios von Melos in London (Brunn-Bruckmann Tafel 230), mit dem es, nach dem Einschnitt am Hinterhaupt zu urteilen, den Schmuck eines bronzenen Kranzes gemein gehabt hat. Doch ist es fraglich, ob wir auch hier Asklepios zu erkennen haben; der Kopf hat (mehr noch im Originale, als auf unseren Abbildungen), vor Allem durch die niedrige Stirn und durch den Schatten, den die überfallenden Haarmassen an den Schläfen erzeugen, etwas Gedrücktes, Mattes, Düsteres, das sonst bei Darstellungen des freundlich besorgten Heilgottes fehlt und dem schweren Ernste der kalten Unterweltsgottheiten nahe kommt. Auch das starre Emporblicken des Kopfes geradeaus, nicht nach links und nicht nach rechts, das Zeichen der Verneinung und Abweisung, ist diesen im Besonderen zu eigen. Da Zeus oder Poseidon in dem Kopfe sicher nicht dargestellt sind, sei vermutungsweise an eine Gottheit wie Trophonios erinnert, in deren Wesen Züge der Heil- und der Unterweltsgottheiten verschmolzen waren. Ein Standbild von ihm, von der Hand des Praxiteles, sah Pausanias in Lebadeia (IX, 39, 4).

Dem Asklepios von Melos steht der Kaulbachsche Kopf auch zeitlich nahe; wie dieser gehört er in das dritte Viertel des 4. Jahrh. v. Chr. Ob er Original oder vorzügliche Kopie, ist schwer mit Bestimmtheit zu entscheiden. Die Arbeit ist nicht sonderlich fein, aber ausserordentlich sicher und bewusst: auch in dieser Beziehung bietet sich der melische Kopf als nächste Parallele dar.

Verlagsanstalt F. Bruckmann A.-G.
München 1900.

510. Statue des Endymion.

Stockholm, Nationalmuseum.

Förteckning öfver Skulpturarbeten etc. i National-Museum (1889), Nr. 1. Phot. Lagrelius 1. Fea bei Winckelmann, ed. Eiselein (Donaueschingen) VI, 273, Anm. 1. Guattani, monumenti inediti 1784, Gennaro, tav. 2, p. 6. E. Braun, Zwölf Basreliefs p. 12, Vignette 2, zu Taf. 9. O. Jahn, arch. Beiträge, p. 71. Clarac 586, 1250. Arch. Anz. 1853, p. 396 (Gerhard); 1865, p. 147* ff. (Heydemann). Philologus 1868, p. 206 f. (Wieseler). Friederichs-Wolters 1577. Journal of hell. studies IX, p. 36 (Farnell). Robert, Sarkophage, III, p. 53.

Gefunden im August 1783 in den Ruinen der Hadriansvilla zu Tivoli und zuerst im Besitz des Marchese Giov. Batt. Centini und des Monsignore Giovanni Francesco Compagnoni Conte Marefoschi, der Eigentümer des Terrains. Von diesen im August 1785 an König Gustav III. von Schweden verkauft.

Länge 2,11 m (von der obersten Haarlocke bis zur linken Fussspitze). Als Material nennen Heydemann und der Stockholmer Katalog parischen Marmor (greco duro). Mir selbst (ich habe die Statue im Jahre 1894 untersucht) schien es vielmehr sehr weisser grobkörniger italischer Marmor zu sein. Die sehr geschickten Ergänzungen, von der Hand des Bildhauers Giovanni Grossi, sind aus dem nämlichen Materiale gefertigt und an einigen Stellen schwer von den antiken Teilen zu unterscheiden, zumal da letztere keinerlei alte Patina mehr zeigen. Mir schienen neu: ausser dem ganzen viereckigen Postament, auf dem die Statue ruht, der untere Teil der Felsbasis von da ab, wo das Gewand endet; wahrscheinlich das ganze r. Bein von oberhalb des Kniees abwärts (das Neue wiederum mehrfach in sich gebrochen); der l. Fuss (die Zehen nochmals gebrochen) und der Beginn der Wade; Penis und Hoden; Daumen und Zeigefinger der l. Hand; r. Hand und Hälfte des Unterarms; Splitter der Chlamys und der Knopf derselben auf der r. Schulter. Bezüglich der Ergänzungen des Kopfes teilt Heydemann (a. a. O.) einen ihm im Museum vorgelegten protokollarischen Bericht Fredenheims mit, laut welchem der Kopf bei der Ausgrabung durch Unvorsichtigkeit zerbrochen, aber wieder ganz zusammengesetzt wurde, so dass Alles an ihm antik sei. Ich bezweifelte (wie auch Heydemann anfänglich) vor dem Originale die Richtigkeit dieser Angabe. Mir schienen ergänzt: der untere Teil der Nase, beide Lippen, das ganze Untergesicht. Ein verschmierter Bruch hingegen auf der l. Wange scheint vom Platzen des Marmors herzurühren. Am Haar ist Nichts ergänzt.

Der schöne Jüngling ruht, von der Jagd ermüdet, auf der Bergeshöhe. Bald wird Selene emporsteigen und die Lippen des Schläfers mit zartem Kusse berühren. So finden wir die Scene auf Reliefs und Wandgemälden häufig dargestellt. Man hat gemeint, der Stockholmer Marmor sei ebenfalls Teil einer Gruppe gewesen, und hat ihm die von Braun auf Selene gedeutete Statue des Braccio nuovo (Helbig, Führer[2] I, 25) gesellen wollen (vgl. die Wiener Gruppe, ehemals in Catajo: Arndt-Amelung, Einzelaufnahmen 35). Doch ist die Statue, wie das capitolinische Relief desselben Gegenstandes (Brunn-Bruckmann Taf. 440) oder wie in andrer Weise die Ariadne, der Dionysos naht (ebenda 167 und 168), aus sich allein heraus zur Genüge verständlich.

Die Statue gehört, mit Werken, wie der Ariadne, dem liegenden Hermaphroditen, dem barberinischen Faun zusammen, einer besonderen, weder örtlich noch zeitlich bisher genau festzulegenden Richtung der hellenistischen Kunst an, die den Schlaf unter der störenden Einwirkung seelischer Erregungen darzustellen liebte. Beim Faun die weinselige Trunkenheit, beim Hermaphroditen geschlechtliche Aufregung, bei Ariadne Trauer und Empörung über die Untreue des ersten Gatten. Endymion hingegen der Jüngling, den das Bild der Geliebten im Traume umschwebt, und der mehr als das Antlitz der Göttin, die sich über ihn beugt, zu umfassen hofft. Das ist in der Statue durch das Auseinanderspreizen der Beine, das Hinaufziehen des rechten ganz deutlich ausgesprochen. Ein Vergleich mit dem wollüstig erregten Schlafe des Hermaphroditen aber, in dem das Motiv geschlechtlicher Aufregung im Traume auf die Spitze getrieben ist, zeigt, einmal, wie viel zarte und reine Empfindung noch im Endymion liegt, und weiter, wie fein die alten Künstler bei äusserlich verwandten Motiven unterschieden und nuanciert haben.

Die Frage, ob die Statue in Anlehnung an ein malerisches Vorbild gearbeitet ist, oder ob vielmehr die Gemälde und Reliefs, die das

Verlagsanstalt F. Bruckmann A.-G.
München 1900.

nämliche Motiv des Endymion zeigen, in letzter Linie auf den statuarischen Typus zurückgehen, ist noch ungelöst. Wahrscheinlicher ist das Erstere (vgl. Helbig, Führer Nr. I, 218; anders Robert, Sarkophage III, p. 53). Der Hermaphrodit und die Ariadne sind unter dem nämlichen Gesichtspunkte zu betrachten.

Die Arbeit der Stockholmer Statue, von welcher sich Abgüsse u. a. in Dresden und Berlin befinden, ist nicht von hervorragender Feinheit, aber verständig und ausdrucksvoll. Neben der Durchbildung des jugendlich-kräftigen Körpers ist die Linienführung, der Gesammtumriss der Figur besonders bewundernswert.

Sal. Reinach bemerkt (zu Clarac 314, 4), dass sich in der Ermitage zu Petersburg (Guédéonow Nr. 13) eine Wiederholung der Figur befindet; hingegen ist die Scheidung, die E. Braun (a. a. O.) zwischen dem Stockholmer und dem von Guattani erwähnten Endymion vornimmt, hinfällig.

— — —

511. Statue der Athene Parthenos.

Madrid, Prado.

Inventarnummer 90. Hübner 10. Clarac 474 A, 902 A. Th. Schreiber, die Athena Parthenos des Phidias (Abh. d. sächs. Ges. d. W. 1883), p. 561 ff., Taf. II, C. Loeschcke, Festschrift des Vereins von Altertumsfreunden im Rheinlande, 1891, p. 1 ff. Furtwängler, Meisterwerke p. 21, Anm. 1. Arndt-Amelung, Einzelaufnahmen Nr. 575/76, 1510—1515.

Hoch 0,975. Der Marmor nach Hübner italisch. Ergänzt sind: der r. Arm von der Mitte des Oberarmes ab, sammt der Bronzelanze, der l. Unterarm mit dem Schilde, eine Reihe kleiner Gewandfalten und Teile des äussern Aegisrandes, das untere Ende des Nackenschopfes unterhalb des Bandes, der Vorderteil der Sphinx auf dem Helme. Von den Thieren zu beiden Seiten derselben sind nur Teile der Hinterbeine erhalten; das Thier rechts hatte unter dem Bauche eine Marmorstütze, die des linken ist jetzt abgearbeitet und an ihrer Stelle befindet sich ein Stiftloch, das vielleicht von einer früheren Restauration herrührt. Die aufwärts gebogenen Backenklappen des Helmes sind abgebrochen. Im obern Rande des Stirnschildes des Helmes eine Anzahl von Stiftlöchern, für die aus Bronze gefertigten, über den Stirnschirm frei in die Luft springenden Tiervorderteile (wahrscheinlich abwechselnd Pegasoi und Rehe). Die Augen waren ehemals aus farbigem Stein oder Glasfluss eingelegt. Die kleinen Haarlocken an den Schläfen sind bis auf geringfügige Retouchen antik. Die Nase ist vorn etwas bestossen, im Übrigen aber wohlerhalten. In der Aegis Löcher für Bronzeschlangen. Hinten reicht sie nicht weit unter das Ende des Nackenschopfes hinab. Ihre Ränder sind nicht umgebogen. Das Medusenhaupt ist einfach altertümlich gebildet, ohne herausgestreckte Zunge. An den Füssen hohe Sandalen. Die profilierte Plinthe ist antik. Die Statuette ist wenig geputzt; an mehreren Stellen bemerkt man noch den antiken Sinter. Zahlreiche Reste grüner Farbe, auch in den Tiefen der Falten, sind schwerlich alt, da sie sich auch auf den ergänzten Faltenteilen finden. — Der (schlechte) Abguss der Statuette ist in Madrid beim Former der Kunstakademie käuflich; ein Exemplar im Dresdner Albertinum.

Diese Kopie der phidiasischen Parthenos ist von Schreiber (a. a. O.), der das Original nicht kannte, entschieden falsch beurteilt worden. „In der Behandlung des Marmors ist der Charakter eines bestimmten, stofflich bedingten Stiles fast ganz verwischt, die Formen sind durchgängig sehr flau, die scharfkantigen Gewandfalten des Originals überall in rundliche Wülste verwandelt." Im Gegenteil: die Arbeit ist zwar glatt und leer, aber scharf, sauber, „delicat", auch im Rücken, und die Art der Faltenbehandlung verrät deutlich das metallische Vorbild. Nach dem ganzen Charakter der Ausführung, wohl auch nach der Form der Plinthe, scheint die Kopie in hadrianischer Zeit gefertigt worden zu sein. Ja, ich würde nicht anstehen, die Statuette sogar für die beste der uns erhaltenen Repliken der Athena Parthenos zu erklären*), wenn nicht die Bildung des Kopfes dem Zeugnis der übrigen Repliken stark widerspräche. Diese geben nämlich sämmtlich dem Gesicht eine breite und rundliche Form**), während es an der Madrider Statuette ein längliches schmales Oval ist.***) Man mag das sehr wohl für das Schönere halten, die breiten und vollen Formen der Parthenos des Antiochos z. B. für plump und unjungfräulich ansehen; aber man wird sich dem einstimmigen Zeugnis der anderen Repliken nicht entziehen können und in den feineren Formen des Antlitzes der Madrider Parthenos die Umstilisierung einer jüngeren und eleganteren Periode, bezw. eines Kopisten, der in diesem Sinne arbeitete, erkennen müssen.

*) Furtwänglers Behauptung (Meisterwerke p. 21, Anm. 1), sie gebe die Steilfalte vom linken Knie herab nicht richtig wieder, ist, soviel ich sehe, unbegründet. — In dem lang herabreichenden, scharf absetzenden Nackenschirme des Helmes giebt die Kopie die Vorlage besonders treu wieder (vgl. Loeschcke a. a. O. p. 5).

**) Man vergleiche z. B. die Abbildungen des Kopfes der ludovisischen Parthenos des Antiochos bei Arndt-Amelung, Einzelaufnahmen 274/75.

***) Amelungs Widerspruch gegen diese Thatsache (Einzelaufnahmen 575/76) ist nicht haltbar.

Verlagsanstalt F. Bruckmann A.-G.
München 1900.

512. Statue der Athene Parthenos
(sog. Minerve au collier).
Paris, Louvre.

Bouillon, Musée d'antiques I, pl. 27. Clarac, description des antiques du Musée du Louvre Nr. 522. Clarac 319, 846. Müller-Wieseler II, 20, 211. Michaelis, Parthenon, Taf. 15, 3; p. 278 (dort weitere Litteratur). Fröhner, notice de la sculpture antique du Louvre, Nr. 112. Th. Schreiber, die Athena Parthenos des Phidias (Abh. d. sächs. Ges. d. W. 1883), p. 567 ff., Taf. III, F, 1 und 2. Loeschcke, Festschrift des Vereins von Altertumsfreunden im Rheinlande 1891, p. 1 ff.

Ehemals in Villa Borghese. Hoch (nach Fröhner a. a. O.) 2,10 m. Der Marmor ist nach Schreiber (p. 569) parisch, nach Furtwängler (dem ich auch Angaben über die Ergänzungen verdanke) pentelisch. Modern sind: der ganze Plinthenrand, der (ursprünglich eingesetzte) rechte Arm mit der Lanze, der (modern geflickte) linke Arm mit dem Schild, ein Helmstück am Hinterkopf, Nase und Lippen, Kleinigkeiten an den Falten, den Locken, der Aegis. Der Kopf ist antik eingelassen (am obern Aegisrand die Fuge); in der Halsmitte war er einmal gebrochen; „an der Bruchstelle wurde vom Restaurator ein ziemliches Stück abgearbeitet, dafür ein Keil von Gips eingeschoben und auf ihm in roher Modellierung, aber den entfernten Resten entsprechend, das Halsband angebracht" (Schreiber). Über den Helmschmuck der Statue giebt eine für Pighius angefertigte Zeichnung aus der Mitte des 16. Jahrh. Aufschluss*), als die Statue noch in besserem Zustande erhalten war. Darnach schmückten die Wölbung des Helmes drei lagernde geflügelte Sphinxe, Trägerinnen der Helmbüsche. Am vorderen Helmrande (στεφάνη) befanden sich elf Flügelfiguren männlichen Geschlechts, mit Thierköpfen, wahrscheinlich Greife; die mittlere durch besondere Grösse hervorgehoben, ihr zu Seiten im Wechsel je drei kleinere und zwei grössere Figuren. — Die Zunge des Gorgoneions ist herausgestreckt.

Neben der 2,35 m hohen Pallas des Antiochos (Brunn-Bruckmann Taf. 253) kommt unter den besser erhaltenen die vorliegende Replik den Maassen des Originales, das eine Höhe von etwa 12 m besass, am nächsten. Darin liegt ihr besonderer Wert; denn wir dürfen im Allgemeinen annehmen, dass, je weiter eine Kopie sich von den Dimensionen des Originales entfernt, um so mehr sie von den Einzelnheiten und Feinheiten desselben unterdrückt. So verdient ihre Autorität vor Allem bei der Reconstruction des Helmschmuckes Beachtung, den die verschiedenen Kopieen in verschiedener Weise, und dazu nicht in Übereinstimmung mit den Angaben des Pausanias, überliefern. Leider haben allerdings gerade diese Partieen der Statue, erst nach ihrer Auffindung, im Laufe der letzten Jahrhunderte, ausserordentlich gelitten; aber dieser Verlust wird durch die offenbar getreue pighianische Zeichnung, die vor der Verstümmelung der Statue angefertigt wurde, ersetzt. Auch in dem Halsbande, das der Replik den Namen gegeben hat, und das auf der Gemme des Aspasios (Furtwängler, antike Gemmen Taf. XLIX, 12 = LI, 16) wiederkehrt, scheint sie ein Détail des Originales getreuer als die Mehrzahl der anderen Wiederholungen bewahrt zu haben. Ein derartiger Schmuck ist dem Stile des 5. Jahrh. keineswegs fremd: er findet sich z. B. auf einem originalen Athenetorso der Akropolis (Nr. 1337; Le Bas-Reinach pl. 23) und auf der altertümlichen Athenestatue aus Herculaneum in Neapel (Clarac 459, 848), bei dieser allerdings möglicherweise erst Zuthat des römischen Kopisten (vgl. Lange, ath. Mitt. 1881, p. 85).

Die Arbeit der Pariser Statue ist stilrein, ordentlich und auch im Rücken sorgfältig. Der Kopf ist, in seinem jetzigen Zustande, der am wenigsten erfreuliche Teil.

*) Cod. Coburg. nº 74, 3. Matz, Berl.-Akad.-Ber. 1871, p. 461, nº 2. Eine ungefähr gleichzeitige Kopie dieser Zeichnung im Berliner Cod. Pighianus, fol. 28, 3; Jahn, Ber. d. sächs. Ges. d. W. 1868, p. 181, Nr. 28. — Schreiber a. a. O. p. 588 f., Taf. III, F, 1 und 2; p. 593 f.

Verlagsanstalt F. Bruckmann A.-G.
München 1900.

513. Attisches Grabrelief.

Athen, Nationalmuseum.

Kavvadias 715. Sybel 76. Kekulé 151. Friederichs-Wolters 1012. Expédition de Morée III, 41, 1—3. Conze, griechische Grabreliefs Taf. CCIV, Nr. 1032, p. 220; dort weitere Litteratur. Collignon, histoire de la sculpture grecque II, p. 151, Fig. 75. Wolters bei Lepsius, Marmorstudien p. 81, Nr. 156. Reber-Bayersdorfer, Klassischer Sculpturenschatz 3. Arndt-Amelung, Einzelaufnahmen 661—664 (die Köpfe).

Hoch 1,10 m, breit 0,80 m. Pentelischer Marmor. Als Fundort des Reliefs wurde früher Aegina genannt; doch stammt es, wie neuere Untersuchungen ergeben haben, vielmehr aus Salamis.

Die Deutung dieses Reliefs ist viel erörtert worden. Sicher ist, dass sie nicht auf mythischem Gebiete zu suchen ist. Der Jüngling, offenbar der Verstorbene, hält in der gesenkten Linken einen kleinen Vogel; die halberhobne Rechte, deren Bewegung man fälschlich als den Gestus des Betens aufgefasst hat, macht sich, ohne dass das Motiv scharf charakterisiert wäre, an einem Vogelkäfig(?) zu thun, dessen Form jedenfalls durch Bemalung klarer zum Ausdruck gebracht war. Vielleicht will er die Katze locken, die unterhalb des Käfigs auf einem Pfeiler lauert: ein harmloser Scherz, da er den Vogel schon aus dem Käfig genommen hat. Da der Kopf der Katze*) zerstört ist und man seine ehemalige Wendung nicht mehr erkennen kann, auch an der r. Hand des Jünglings wesentliche Partieen fehlen, so wird die Deutung wohl nie zu völliger Sicherheit sich erheben lassen. An dem Pfeiler lehnt der kleine Sclave des Verstorbenen. Das Ganze ist von einem schönen Palmettenstreif gekrönt.

Möge diese Erklärung des Reliefs, dessen untere Hälfte leider nicht erhalten ist, das Richtige treffen oder nicht: jedenfalls gehört es zu den schönsten Grabdenkmälern, die uns aus dem 5. Jahrhundert erhalten sind. Die Arbeit ist, bei mancher Nachlässigkeit im Einzelnen, wie an der r. Hand, von grosser Schärfe und Sicherheit, und rührt wohl nicht von der Hand eines gewöhnlichen Steinmetzen, sondern eines guten Meisters her. Andres hingegen, was uns heute als Flüchtigkeit erscheint, wie die Vernachlässigung des Haares der Hauptfigur, ist auch griechischen Originalsculpturen feinster Qualität zu eigen und unterscheidet dieselben von der nüchternen Sauberkeit der römischen Kopieen.

Die Entstehung des Reliefs fällt ungefähr in die Zeit des Parthenonfrieses.

*) Über Katzen in dieser Zeit siehe zuletzt Engelmann im Jahrb. d. Inst. 1899, p. 140.

Verlagsanstalt F. Bruckmann A.-G.
München 1900.

514. Bronzestatue eines Knaben.
Madrid, Prado.

Inventarnummer 92. Hübner 72. Hoch 0,96 m (Hübners Angabe: 1,09 m ist unrichtig). Die l. Hand schien mir neu zu sein. Die r. Hand fasste ein stabähnliches Attribut, wie die im Innern der Hand noch erhaltnen Reste des Bleieingusses beweisen. Der l. Fuss ist von einem modernen Bronzezapfen durchbohrt, der die Statue auf der (gleichfalls nicht antiken) Plinthe festhält; der Fuss war schon ursprünglich unten offen, ohne Sohle: Beweis, dass die Statue im Altertum in ähnlicher Weise wie heute aufgesetzt war. Am r. Fuss ist die Sohle ausgeführt. Die Augensterne sind vertieft, vermutlich zur Aufnahme einer silbernen Einlage. Schöne grünschwarze Patina.

Die Gesichtszüge dieser Statue erwecken fast den Eindruck, als sei sie ein Werk des Quattrocento; doch ist sie bestimmt antik. Es ist allerdings schwer, unter den griechischen Monumenten Parallelen zu Einzelheiten der eigentümlichen Gesichtsbildung, den unkindlich vollen Kinnpartieen, der Stumpfnase, den gross geöffneten, weit auseinanderstehenden Augen mit den nach aussen emporgezognen Brauen zu finden. Auch in der Structur des Körpers fällt die fast weibische Breite der Hüften gegenüber den schmalen Formen von Brust und Schultern auf. Die nächsten Analogieen zu diesen Erscheinungen bieten sich, soviel ich sehe, auf kleinasiatischen Terracotten hellenistischer Zeit.

Der Knabe ist in eiligem Laufe begriffen. Der Mangel des Attributes der r. Hand verhindert die genauere Bestimmung seiner Thätigkeit wie seines Wesens überhaupt. Bewegungsmotive dieser Art, deren Reiz im Chiasmus der Glieder liegt, sind in hellenistischer Zeit, namentlich in kleinen Bronzen, ziemlich häufig. Werke, wie die Hypnosstatue, sind Vorläufer derselben aus dem 4. Jahrhundert. Mancherlei Verwandtschaft im Motive hat die schöne Bronzestatuette der Nike in Neapel (Roscher, myth. Lexikon s. v. Nike Sp. 350).

Verlagsanstalt F. Bruckmann A.-G.
München 1900.

Auch der Kopf an sich, im Wesentlichen vom Typus des Eros, verhilft zu keiner genaueren Deutung. Eine Flechte läuft von der Stirn zum Scheitel; auf dem Scheitel selbst ist das Haar in einen Büschel aufgedreht. Wir vermögen nicht einmal zu sagen, ob wir die Erklärung der Figur im menschlichen Kreise oder unter den Wesen göttlichen oder dämonischen Charakters zu suchen haben.

Die Ausführung der Bronze ist von grosser Sorgfalt und Feinheit, auch im Rücken, das schöne Werk aller Wahrscheinlichkeit nach griechisches Original.

515. Kopf eines sterbenden Persers.
Rom, Thermenmuseum.

Helbig, Führer[2] II, 1066; dort weitere Litteratur. Matz-Duhn 1190.

Hoch ca. 0,325 m. Marmor (nach Mitteilung von Amelung) feinkrystallinisch mit leicht bläulichem Schimmer; nach Helbig dem der andern pergamenischen Bildwerke entsprechend. Poliert. Der Kopf ist oben und hinten gebrochen. Ergänzt aus Gips der grösste Teil der Nase. — Ungefähr 1867 auf dem Palatin gefunden.

Die Annahme, dass die Ansatzspuren auf dem Hinterkopfe nur von einer Plinthe herrühren können, der Kopf demnach zu einer liegenden Figur gehört habe, ist, wie mir Amelung mitteilt, unrichtig. Es lasse sich vielmehr auch denken, dass die Figur mit einer anderen zusammengehangen habe oder vom Pferde stürzend, bezw. unter ihm liegend, dargestellt gewesen sei. Für die Verbindung mit einem Pferde sprächen die starken Haarmassen, die auf der r. Seite vorkommen und unmöglich alle vom Kopfe selbst stammen könnten, vielmehr eher von Schweif oder Mähne eines Pferdes herrührten. Die feinere Ausarbeitung der r. Seite beweist, dass diese dem Beschauer zugewendet war.

Die wilden, ungriechischen Gesichtszüge, das struppige Haar, die Bartzotteln auf der Oberlippe zeigen, dass ein Barbar dargestellt ist, die tuchartige Mütze, die das Haupt bedeckt und unter dem Kinn geknüpft ist, lässt den Perser erkennen. Er ist gefallen und liegt in den letzten Zügen. Seine Augen brechen, das trotzige Gesicht wird vom Schmerz verzerrt, dem leise geöffneten Mund entringt sich der letzte Seufzer.

Der Kopf ist ohne Zweifel eine Originalschöpfung der ersten pergamenischen Schule, derselben, aus der Werke wie der sterbende Fechter (Brunn-Bruckmann Taf. 421), die ludovisische Galliergruppe (Taf. 422) hervorgegangen sind. Von der Gruppe, der er angehörte, haben wir keine nähere Nachricht. Die Arbeit des Kopfes ist von höchster Meisterschaft und Vollendung.

Verlagsanstalt F. Bruckmann A.-G.
München 1900.

516 links. Archaisches Relief.

Leipzig, Sammlung Max Klinger.

Furtwängler in den Mitt. d. athen. Inst. VII (1881), p. 170, und Sammlung Saburoff, Sculpturen-Einleitung p. 25. Löwy in den Arch.-epigr. Mitt. aus Oesterreich XI, p. 154 f., Taf. V, 1.

Aus Paros. Über das Original, das ich selbst nicht kenne, verdanke ich Fr. Studniczka die folgenden Angaben: „Marmor sehr grobkörnig, aber nicht so, wie der bekannte naxische. Die Verwitterung bräunlich, eisenoxydfarbig. Aber durch die arge Verscheuerung hindurch tritt vielfach der bläulich-milchige Grundton des Steines hervor. Hoch ca. 0,575, breit oben ca. 0,420, unten 0,425, tief ca. 0,110—0,165. Bis auf die Verscheuerung ist der Stein ringsum intact, nur hinten abgespalten. R. und l. sind ganz ebene Ansichtsflächen; die wagrechten Flächen oben und unten sind etwas rauher geblieben. Auf der oberen Fläche ist der Rest eines antiken Einsatzloches erhalten, der mir als die vorderste Ausbuchtung einer Plinthenbettung erschien: somit wäre das Stück die Vorderseite einer Statuenbasis, ähnlich z. B. dem Relief der Akropolis bei Schöne, griech. Reliefs, Taf. XV, Nr. 73. Die Mörtelreste an dem Relief rühren von seiner früheren Einmauerung in eine Hauswand her." „Von der links unten angeblich noch befindlichen Inschrift habe ich auch auf einem Abklatsche der Stelle nichts entnehmen können; auch auf dem jetzt bestossnen rechten Teile sollen Buchstaben gestanden haben" (Löwy). War wirklich eine Inschrift vorhanden, so ist Studniczkas Vermutung, das Relief sei Teil einer Statuenbasis, wenig wahrscheinlich.

Ein Mann, nach Furtwängler (ath. Mitt. d. J. VII, p. 170) mit kurzem Spitzbart — was mir nach Photographie und Abguss nicht sicher scheint —, im kurzen Chiton, dessen Rand am Halse kenntlich ist, sitzt nach rechts, auf einem hohen Sessel mit Löwenfüssen. Die Rechte ruht auf dem Knie, die Linke soll, nach Aussage der früheren Besitzer, drei Ähren gehalten haben: die drei, von der Hand ausgehenden, auch auf der Abbildung sichtbaren Linien scheinen dieser Behauptung günstig. Doch könnte man wohl auch z. B. an Zweige denken. Die Füsse ruhen auf einem Schemel, der unten halbkreisförmige Ausschnitte zeigt, genau wie auf dem, in Stil und Darstellung nahe verwandten Relief von Ince Blundell Hall: Arch. Zeit. 1874, Taf. 5; Friederichs-Wolters 240; Michaelis, ancient marbles p. 385, Nr. 259.

Ob das Relief, wenn nicht Teil einer Statuenbasis, Grab- oder Weihrelief war, wird sich kaum mehr sicher feststellen lassen. Sind es Ähren, die der Dargestellte in der Linken hält*), so ist voraussichtlich ein Heros gemeint, der sie „als Spender des Segens aus der Erde" (Furtwängler, Samml. Saburoff a. a. o.) trägt. Bestätigt sich Studniczkas Vermutung, so wird die Deutung eher auf mythischem Gebiete zu suchen sein.

Stilistisch steht das Relief in scharfem Gegensatze zu dem auf der nämlichen Tafel abgebildeten aus Villa Albani. Allerdings ist das parische um ein Beträchtliches älter; aber die Differenzen sind offenbar principieller Art. An Stelle der knappen, flächigen, präcis begrenzten Formen steht hier Fülle und weiche Rundung, die man auch unter der verscheuerten Oberfläche noch deutlich erkennt. Die wenigen anderen bisher in Paros aufgefundnen Sculpturen archaischer Zeit sind noch nicht genügend bekannt, so dass wir bis auf Weiteres nur mit Vorbehalt diesen weichen Formencharakter als Eigentümlichkeit der archaischen parischen Kunstübung betrachten dürfen.

*) Vgl. das Thonrelief aus dem italischen Lokroi: Annali d. J. 1847 (XIX), tav. F = Roscher, myth. Lexikon s. v. Hades, Sp. 1787/8.

Verlagsanstalt F. Bruckmann A.-G.
München 1901.

516 rechts. Archaisches Relief.

Rom, Villa Albani.

Museumsnummer 991. Helbig, Führer[2] II, Nr. 800; dort die ältere Litteratur. Phot. Molins 2832. Angeblich um 1770 in Tivoli gefunden. —

Das Relief ist in Villa Albani mit dem Fragmente eines anderen, das in archaisierendem Stile eine weibliche Figur darstellt, zu einem Ganzen verbunden worden. Dieses Pasticcio ist das Werk des berühmten Kupferstechers Piranesi, der auch den modernen Reliefgrund, der beide Fragmente verbindet, hinzucomponiert hat. An dem archaischen Stücke, das allein wir abbilden, sind ergänzt (nach Helbig a. a. O.): der obere Teil des Schädels, Nase und Kinn, beide Hände mit den Attributen, beide Beine von der Mitte der Oberschenkel abwärts, die Spitze der Sessellehne und die vordere Sesselstütze. Modern ist offenbar auch der Reliefgrund oberhalb der Stuhllehne und oberhalb des Oberschädels; wie weit die vom Gesicht, l. Arme und Spiegel eingeschlossene Fläche antik ist, kann ich, da mir eine Untersuchung des Originales nicht vergönnt war, nicht genau angeben. Die Quaderinnenzeichnung derselben dürfte jedenfalls modern sein.

Man hat gemeint, es lasse sich nicht mehr feststellen, ob das Relief sepulcralen oder votiven Charakters gewesen sei. War es ein Grabrelief, so wäre das unter dem Stuhle kauernde hasenähnliche Thier als Hausthier der Verstorbenen aufzufassen. Da ein gewöhnlicher Feldhase als solches doch wohl ausgeschlossen, müsste ein Kaninchen gemeint sein. Die Kaninchen aber waren den Griechen im Osten des Mittelmeeres unbekannt; sie wurden zu den Römern aus Spanien eingeführt, ihre erste litterarische Erwähnung stammt aus der Mitte des 2. Jahrh. v. Chr. (Hehn, Culturpflanzen und Hausthiere[6], p. 444). Also haben wir es mit einem Weihrelief zu thun: die Sitzende ist Aphrodite, mit ihrem heiligen Thiere, dem Hasen, als Symbole des Geschlechtstriebs, der Fruchtbarkeit und Fortpflanzungsfähigkeit (vgl. Roscher, myth. Lexikon s. v. Aphrodite Sp. 398). Wir gewinnen damit das interessante Beispiel einer vollbekleideten thronenden Aphrodite aus dem Beginne des 5. Jahrhunderts; die Figur ist vielleicht in Anlehnung an ein Cultbild geschaffen (vgl. Roscher a. a. O. Sp. 410).

Auch stilistisch ist das Relief von Interesse. Es unterscheidet sich merklich von der weichen und fleischigen Behandlung gleichzeitiger attischer Arbeiten, stellt sich vielmehr durch seine einfache, flächige Ausführung den aus der Peloponnes stammenden Werken zur Seite. Nahe Verwandtschaft aber verbindet es vor Allem mit dem in seiner unmittelbaren Nähe aufgestellten sogenannten Leukothearelief (Helbig[2] 805; Brunn-Bruckmann 228), das Brunn mit grosser Wahrscheinlichkeit ebenfalls dem Bereiche peloponnesischer Kunstübung zugewiesen hat. Nicht nur das gesammte Motiv, sondern auch die Behandlung im Einzelnen, die kantige Arbeit des Stuhles, die Faltengebung des Himations am linken Arm, die feine Fältelung des dünnen Chitons, entsprechen sich in auffallender Weise. Doch ist das hier abgebildete Relief, nach der Art zu urteilen, wie am Himation auf dem Rücken bereits der schüchterne Versuch einer Wiedergabe der Faltenaugen angestrebt wird*), wohl aus einer um ein Geringes jüngeren Zeit.

Am rechten Unterarm trägt die Sitzende, wie es scheint, zwei Armbänder.

*) Vgl. das im Stil ebenfalls verwandte Relief vom Esquilin: Brunn-Bruckmann Taf. 417 Mitte = Helbig[2] I, 607.

Verlagsanstalt F. Bruckmann A.-G.
München 1901.

517. Bärtiger Kopf.

London, British Museum.

Jetzt im dritten graeco-roman room aufgestellt, ohne Nummer. 1873 aus der Sammlung Castellani erworben. Furtwängler, Meisterwerke p. 394, Abb. 58.

Ergänzt sind die Herme und die Kehle. Ein Teil des Schädels war besonders gearbeitet und angestückt. Die Augen waren aus Glasfluss oder Edelstein eingesetzt. Das Vorderteil der Nase und die Ohrenränder sind abgestossen, Haar und Bart mehrfach beschädigt. Die Oberfläche ist im Ganzen verwaschen. Höhe des Antiken 0,37 m; also etwas überlebensgross. Griechischer, wahrscheinlich parischer Marmor (nach Mitteilungen von Arthur H. Smith und W. Amelung).

Es muss unentschieden bleiben, ob der Kopf Porträt ist oder einen Gott darstellt. Sein Hauptwert beruht auf seinem stilistischen Ausdrucke. In der Schädelform und dem Oval des Gesichtes erinnert er (worauf W. Amelung mich zuerst hingewiesen hat) auffallend an den bei Furtwängler, Meisterwerke p. 88 f. besprochnen und abgebildeten weiblichen Typus (Petersburg, Sammlung Barracco, Braccio nuovo); nach der Behandlung des Haares über der Stirn und der Bartlocken hingegen stellt er sich, wie Furtwängler a. a. O. p. 394 bemerkt hat, in die Nähe des Kassler Apoll. Den weiblichen Kopftypus hat Furtwängler auf Grund der Athene Lemnia dem Phidias zugewiesen; im Kassler Apoll möchte ich, in Übereinstimmung mit Anderen, ebenfalls eine Schöpfung des Phidias sehen. Die Möglichkeit liegt deshalb nahe, dass wir es auch in dem Londoner Kopfe mit einem Werke dieses Meisters zu thun haben. Der Kopf würde dann, nach der altertümlichen Haartracht des Nackenzopfes zu urteilen, zu den älteren Schöpfungen des Phidias gehören. — Durch das Haar läuft eine Schnur.

Die Arbeit des Kopfes ist sorgfältig, aber nicht sehr eingehend. Störend wirken die nicht retouchierten Bohrlöcher in den Lockenenden. Das Original war vermutlich in Bronze ausgeführt; darauf scheinen auch die einzelnen Löckchen im Nacken zu weisen.

Furtwängler nennt als verwandtes Stück den bei Cavaceppi, raccolta III, 23 abgebildeten Kopf, dessen jetziger Aufbewahrungsort unbekannt ist; wie mir P. Herrmann mitteilt — in München ist mir die Cavaceppische Publication nicht zugänglich —, handelt es sich aber anscheinend eher um eine Wiederholung des neuerdings geformten, dem Kassler Apoll verwandten bärtigen Götterkopfes aus Villa Borghese (Matz-Duhn 78).

Verlagsanstalt F. Bruckmann A.-G.
München 1901.

518. Attisches Grabrelief.

Athen, Nationalmuseum.

Kavvadias 737. Conze, griech. Grabreliefs, Taf. CXLI, Nr. 718. Bei Beiden die ältere Litteratur. Abguss in Berlin: Friederichs-Wolters 1050. Einzelaufnahmen der Köpfe in Arndt-Amelungs „Einzelaufnahmen" Nr. 681—685 (hier auch neuere Litteratur), bei Winter, Kunstgeschichte in Bildern I, Taf. 61, Nr. 4 und 5, und in Winters Aufsatz über griech. Portraits des 4. Jahrh. in W. Spemanns „Museum".

1861 am Dipylon gefunden. Bei der Auffindung bemerkte man Spuren roter Färbung am Grunde des Reliefs, blauer im Gewande des sitzenden Greises. Pentelischer Marmor; der der Basis hymettisch. Höhe des Ganzen einschliesslich der 0,44 m hohen Basis 2,64 m; Breite der Basis 2,25 m, des nach oben zu sich etwas verjüngenden Reliefs selbst 1,57 m — 1,49 m; Tiefe der Basis 1 m, der Seitenwände 0,60 m. Das Relief besteht aus fünf Teilen: der Basis (die auf unserer Tafel weggelassen ist), dem Relief selbst, das mit Blei in die Basis eingegossen ist, den beiden vorn in Parastaden endigenden Seitenwänden, von denen nur die unteren Teile alt sind, der Rest aber aus Gips besteht, und aus dem vom Giebel bekrönten Architravblocke, der die Inschrift trägt. Der linke Teil von Architrav und Giebel ist Ergänzung. Das Grabmal wurde in seine einzelnen Teile gebrochen aufgefunden; das Relief selbst war von oben nach unten in zwei Teile zersplittert, verschiedene einzelne Stücke abgebrochen. Am sitzenden Greis ist die rechte Hand mit einem Teile des Unterarms ergänzt; der dem Beschauer zugewandte Teil der Stuhllehne war besonders angestückt. Am stehenden Krieger ist der rechte Unterarm vom Ellenbogen ab und das linke Unterbein bis zur Mitte des Fusses neu. Sein Schwertgriff war besonders angesetzt. Der obere Teil der Vorderseite der Basis ist ungefähr in der Breite des Reliefs abgeschrägt, wahrscheinlich, wie Kavvadias bemerkt, damit das Wasser leichter ablaufen konnte (s. die Textabbildung). „Auf dem Epistyl stehen die Inschriften, links über dem Sitzenden sein Name, von dem uns nur der Schluss des Vaternamens . . . . άτου erhalten ist, getrennt durch dreipunktiges Zeichen von dem folgenden Namen der Frau: Ἀρχίππη Μειξιάδου | Αἰγιλιόθεν. Rechts über dem Krieger: Προκλῆς Προκλείδου | Αἰγιλιεύς. In dem leeren Raum unter dem Worte Μειξιάδου ist mit kleineren und unregelmässigen

Verlagsanstalt F. Bruckmann A.-G.
München 1901.

Schriftzügen, sichtlich später, als das Grabmal schon stand, der Name, vermutlich eines Enkels des sitzenden Alten, Neffen des Prokles, hinzugefügt: Προκλείδης | Πανφίλου | Αἰγιλιε[ύ]ς. Zu demselben Familiengrabe wird Conze 213 gehören, eine Lekythos (im britischen Museum) mit den Figuren wahrscheinlich derselben hier dargestellten Archippe und ihres Bruders Pamphilos" (Conze).

Der sitzende Alte, den wir aller Wahrscheinlichkeit nach Prokleides nennen dürfen, trägt Himation und Schuhe; in seiner scheinbar etwas gezwungenen und ungeschickten Haltung offenbart sich die Hinfälligkeit und Gebrechlichkeit des Alters. Prokles, der Krieger, trägt unter dem Panzer den Chiton, der unten und an den Oberarmen sichtbar wird; über den Panzer hat er den Chiton geworfen. Beine und Füsse sind nackt. Archippe, die Gattin des Prokleides und Mutter des Prokles, in voller Gewandung, die Füsse beschuht, fasst mit der Linken in Schulterhöhe das über den Kopf gezogene Himation; die Rechte stützt den linken Ellenbogen. Diese Figur erinnert sehr an Typen vom sog. sarcophage des pleureuses aus Sidon in Konstantinopel.

Die Entstehungszeit des Reliefs ist ungefähr die Mitte des 4. Jahrhunderts. Bemerkenswert sind die individuellen, lebenswahren Köpfe der beiden männlichen Figuren. Die Arbeit ist nicht sonderlich fein, aber sicher und attisch flott. Nach seinen Dimensionen gehört das Grabmal zu den hervorragendesten des 4. Jahrhunderts, die uns erhalten sind.

---

519. Statue eines Jünglings.

Athen, Nationalmuseum.

Kavvadias 244; dort Litteratur. Arndt-Amelung, Einzelaufnahmen 624. Gazette des beaux-arts 1900, p. 259 ff. Reinach, répertoire II, 2, 613, 3. 1885 in Eretria gefunden; der obere Basisblock, in welchen die Plinthe eingelassen ist, ist erst 1889 zur Statue gefügt worden. Höhe der Statue (nach Kavvadias) 1,90. Pentelischer Marmor. Der Kopf war abgebrochen, Zweifel an der Zugehörigkeit sind aber unbegründet. Das Ganze ohne Ergänzungen. Auf dem Stamm zur Linken der Figur unten liegt (nach Kavvadias; mir fehlen Notizen) „ein zusammengefalteter Gegenstand, vielleicht ein Waffenstück (Beinschienen? Panzer?)."

Die Gewandmotive der Figur haben sich, vom dritten Viertel des 4. Jahrhunderts ab, ausserordentlicher Beliebtheit erfreut. Sie werden von einer grossen Reihe von Statuen, mit grösseren oder geringeren Abweichungen, wiederholt.*) Ja, wir dürfen wohl sagen, dass sie in der späteren Zeit der griechischen Kunst gewissermassen vorbildliche, kanonische Geltung bei der Darstellung der männlichen, ruhig stehenden Himationfigur gewonnen haben. Ihre Erfindung fällt in den Zeit-

*) Zwei Gruppen lassen sich unter diesen Wiederholungen und Umwandlungen scheiden: die eine, bei der der linke Arm, wie bei der eretrischen Statue, gesenkt ist; die andere, bei der er in die Hüfte gestemmt ist. Als Vertreter der letzteren Gruppe seien u. a. genannt: der Neapler Aeschines (Brunn-Bruckmann 428); eine Statue an der Fassade des Uhrturms im Hofe des Dogenpalastes in Venedig, in der untersten Nische links (Reinach, répertoire II, 2, 618, 2); eine Statue des Museo civico in Verona (Arndt-Amelung, Einzelaufnahmen 5 = Reinach 618, 4); eine Statue in einer Villa im Venezianischen, mir nur aus Photographie bekannt. Der Statue von Eretria in der Haltung des linken Armes entsprechend: am Uhrturm des Dogenpalastes, oberste Nische links; in der Glyptothek Ny-Carlsberg, bis 1900 im Pal. Grimani bei S. Maria Formosa in Venedig (Dütschke 387; der Kopf nicht zugehörig); in Konstantinopel (Gaz. arch. 1884, pl. 28, 2); in London (A. H. Smith, catalogue II, Nr. 1381); im Nationalmuseum in Athen (Phot. Moraïtis); im Salone des Capitol Nr. 14; im Louvre, mit aufgesetztem Kopfe des „Seneca" (Phot. Giraudon 1383); in Antiochia (Arch. Jahrb. 1898, p. 184); an einem altchristlichen Sarkophage aus Konstantinopel in Berlin (Strzygowski, Orient oder Rom, Taf. II. p. 58); ferner Reinach, répertoire 613, 4; 615, 4 und 5; 618, 3; 624, 6; 625, 8; 628, 3 und 6. Diese Beispiele lassen sich natürlich unschwer vermehren. Auch auf Terracotten: Auctionskatalog der Sammlung Margaritis 1897 (München, Hugo Helbing), Nr. 125; aus Theben.

Verlagsanstalt F. Bruckmann A.-G.
München 1901.

raum zwischen 350 und 320: die nahe Verwandtschaft mit der sog. kleinen Herculanenserin in Dresden*) und der lateranensischen Statue des Sophokles, einer, wie es scheint, (nicht der Arbeit, aber der Erfindung nach) wirklich originalen Schöpfung, dann Einzelnheiten der Faltengebung, die an Praxitelisches erinnern,**) sowie das Vorkommen der Motive auf böotischen Terracotten bestimmen die Entstehungszeit.***) Das Original aller dieser Figuren, ein Werk, das man gern zum Kreise des Praxiteles in Beziehung setzen möchte, ist uns nicht erhalten, und wir sind auch nicht im Stande, anzugeben, wen es darstellte, nicht einmal, ob es eine Idealfigur oder ein Porträt war.

Der Kopf, der auf der eretrischen Statue sitzt†), passt im Stil vortrefflich zu den Motiven der Gewandung. Denn auch er reproduciert einen Typus der späteren praxitelischen Zeit; mit den Köpfen des Hermes von Olympia und des Hermes von Andros steht er in Zusammenhange. Man könnte deshalb wohl auf den Gedanken kommen, ob die Statue von Eretria nicht selbst das gesuchte Original der ganzen Replikenreihe sei. Aber die harte und oberflächliche Arbeit der Figur — der Kopf ist bei weitem besser und sorgfältiger ausgeführt. — Dazu kommen die unten mitgeteilten Beobachtungen H. Bulles über die Entstehungszeit der Basis, nach welchen die Figur im 2. Jahrh. v. Chr. entstanden ist. Sie stellt sich somit als eine Genossin der Statue des C. Ofellius Ferus in Delos††) dar, als ein Werk jener attischen Renaissance, die durch Zurückgreifen auf strengere Vorbilder der zunehmenden Verwilderung der zeitgenössischen Plastik Einhalt zu gebieten suchte. Ob sie in Kopf und Körper die genaue Wiederholung einer einheitlichen älteren Vorlage ist oder ob sie mit Geschick und Stilkenntnis beide zu einem neuen Ganzen combiniert hat, entzieht sich zunächst noch unsrem Wissen. Mit ziemlicher Sicherheit lässt sich annehmen, dass sie zum Schmucke eines Grabes diente; Idealköpfe auf Grabstatuen finden sich auch sonst.*)

P. A.

*) Amelung, die Basis des Praxiteles in Mantinea p. 30 f.

**) Vgl. Arndt zu Einzelaufnahmen Nr. 624.

***) Den Neapler Aeschines zur Datierung zu verwenden, wie ich früher gethan habe, halte ich für verkehrt. Denn diese Statue ist, wie aus Obigem hervorgeht, wahrscheinlich nur die Combination eines beliebten Gewandtypus mit dem Porträt des Dichters, in späterer Zeit zu decorativen Zwecken geschaffen, kein zeitgenössisches Werk. In Originalität der Erfindung kann sie sich dem Sophokles nicht zur Seite stellen. Ein anderes Beispiel derartiger späterer Verwendung statuarischer Motive für Porträtfiguren hat Amelung (bei Helbig, Führer² II, 984) aufgezeigt: der sog. Periander der Villa Borghese und der sog. Menander der Galleria delle statue im Vatican.

†) S. die Textabbildungen, nach Photographieen des deutschen athenischen Instituts: NM 40 und 41.

††) Collignon, hist. de la sculpt. gr., II, p. 624, fig. 328.

*) Z. B. beim Hermes von Aegion: Arndt-Amelung, Einzelaufnahmen 631/32.

Über die Zusammengehörigkeit der Statue mit dem antiken Basisoberblock, auf welchem sie steht, kann keinerlei Zweifel bestehen, da die Plinthe der Figur das Einsetzloch im Postamente vollkommen ausfüllt. Jedoch erscheint die Tiefe des Postamentes reichlich gross; hinten bleibt auf der quadratischen Oberfläche ein unnötig breiter Raum von 37 cm Tiefe leer. Dies erklärt sich jedoch leicht daraus, dass das Postament nicht besonders für diese Statue, sondern, wie in jüngerer Zeit gewöhnlich, auf Vorrat gearbeitet war.

Der antike Oberblock besteht aus einer Deckplatte, unter der ein stark unterkehltes, grossgeschwungnes Profil mit einem feinen Rundstab am untern Ende sitzt. Nicht erhalten ist der unter diesen Deckblock gehörende gerade Mittelteil, der sich in der Regel etwas nach oben verjüngt, und endlich fehlt unten die Fussplatte, die durch ein Unterprofil mit dem Mittelblock verbunden zu sein pflegt. Beide Stücke lassen sich jedoch mit ziemlicher Sicherheit ergänzen. Das Bathron des Kallikrates in Olympia (Olympia, Bd. II, Taf. 94, Nr. 17; V, Nr. 300), sodann die halbkreisförmigen Bathren vor der Ostfront des Zeustempels ebenda (Olympia, Bd. V. Nr. 408 bis 411), endlich eine Basis in Thermon, auf der der einzige Ptolemaeer Namens Alexandros (107—90 v. Chr.) genannt wird, haben alle so eng verwandte Profile, dass wir danach die fehlenden Teile unserer Basis reconstruieren können. Zur Veranschaulichung der Gesamtwirkung ist nach meiner Skizze in der beistehenden Zeichnung K. Reichholds die Statue mit der wiederhergestellten Basis (Höhe etwa 1,35 m) vereinigt, wobei also das ganze untere Stück bis zu dem feinen Rundstab unter dem Oberprofil als Ergänzung zu verstehen ist.

Durch die Form der Basis lässt sich die Zeit der Statue annähernd erschliessen. Ausser den schon genannten Postamenten bieten noch andere Basisoberblöcke in Olympia zu dem Oberprofil unserer Basis schlagende Analogien, da bei hnen die grosse hohe Schwingung ganz entsprechend wiederkehrt. Es sind die Steine, deren Inschriften in Band V des Olympiawerkes unter Nr. 190; 198—204; 398; 402; 413 veröffentlicht sind. Auch die Basis, die für Mummius und seine zehn Legaten in der Altis errichtet worden ist (Olympia II, Taf. 94, Nr. 19; V, 320—324), ist zu vergleichen, da die Oberprofile im Charakter übereinstimmen, obwohl sie an der Mummiusbasis reicher gegliedert sind. Von diesen Denkmälern ist das älteste sicher datierte, die Basis des Kallikrates, (Olympia II, Taf. 94, Nr. 17; V, Nr. 300) kurz nach 179 v. Chr. errichtet worden; die übrigen werden rund in das II. Jahrhundert oder in die erste Hälfte des I. Jahrh. v. Chr. gesetzt. Aus späterer Zeit ist mir kein Beispiel von solchen hohen grossgeschwungenen Oberprofilen bekannt. Andererseits zeigen die sicher ins III. Jahrhundert gehörigen Postamente einen ganz andern Grundcharakter, eine reichere, aber kleinlichere Gliederung. Ich glaube daher mit Sicherheit den Jüngling von Eretria wegen der Basis ins II. Jahrhundert oder die erste Hälfte des I. Jahrh. v. Chr. datieren zu können.

Heinrich Bulle.

520. Sog. Knöchelspielerin.

Rom, Palazzo Colonna.

Matz-Duhn 1170. Heydemann, die Knöchelspielerin im Pal. Colonna (2. hallisches Winckelmannsprogramm, 1877); dort die ältere Litteratur. Reinach, répertoire I, 2, 454, 2.

Unbekannter Herkunft.*) Ergänzt (nach Mitteilung von W. Amelung) aus Gips: Nase, Teil der Lippen, Kinn; aus Marmor der r. Arm fast ganz, der l. Unterarm **), das Vorderteil des r. Fusses.***) Der Felsen gänzlich überarbeitet †). Den Kopf hält Amelung für zweifellos zugehörig.††) Der Marmor sei der nämliche, grosskörnige gelbliche, wie an der Statue. Der Kopf sitzt mit Bruch auf; im Nacken setzen sich die Haarsträhnen vom Kopf direct auf dem Körper fort. Die Höhe der Statue beträgt (nach Heydemann) 0,64 m.

Der Typus ist uns in zahlreichen Wiederholungen erhalten. Ausser dem Colonnaschen Exemplare kenne ich die folgenden: 2. Berlin 494 (Phot.; Winter, Kunstgeschichte in Bildern, Taf. 76, 4; mit zugehörigem Porträtkopf des 2. Jahrhunderts; auf der Plinthe Knöchel); 3. Dresden (Hettner^4 Nr. 42; Phot. Krone [53] 726; ebenfalls mit zugehörigem Porträtkopf des 2. Jahrhunderts; fast die ganze Plinthe modern); 4. Hannover (Arndt-Amelung, Einzelaufnahmen 1073; Kopf ergänzt; auf der Plinthe keine Knöchel, sondern unter der l. Hand ein Bogen); 5. London (Phot.; mit dem Hannoveraner Exemplar zusammengefunden; Kopf [nach Heydemann p. 26, Anm. 97] modern; unter der l. Hand ebenfalls der Bogen); 6. Paris (Friederichs-Wolters 1594; Phot. Giraudon 1261; Kopf „aufgesetzt"; ob zugehörig? auf der Plinthe mehrere Muscheln); 7. ehemals Neapel, im Besitz des kgl. Architekten D. Ciro Cucinielio, jetzt verschollen (aus Tyndaris auf Sicilien; Heydemann p. 24, Anm. 90; dort die ältere Litteratur, und p. 3 eine Abbildung; Reinach, répertoire I, 2, 454, 1; Angaben über Ergänzungen fehlen; auf der Plinthe Knöchel; der Kopf scheint von idealem Typus). Das Exemplar in Marbury Hall ist modern (Michaelis, ancient marbles p. 503, Nr. 5). — Wie diese Zusammenstellung zeigt, wechseln die Attribute: neben den Knöcheln (Berlin und Neapel [?]) der Bogen (Hannover und London) oder Muscheln (Paris). Der Typus ist also auch für Gestalten aus dem Kreise der Artemis und für Nymphen verwendet worden. Wie die Attribute verschieden, so auch die Bewegung des rechten Armes: an der Colonnaschen Replik kann derselbe entschieden nicht so eng am Körper angelegen haben, wie an den andern Exemplaren. Vielleicht war er wirklich nach oben ausgestreckt, wie ihn die jetzige Ergänzung zeigt.*) Mit dem Pariser Exemplar ist ihm die Entblössung gemeinsam, während er an den übrigen Wiederholungen von einem geknüpften Halbärmel bedeckt ist. Ausserdem ist an den Repliken Paris und Colonna auch das rechte Bein weniger vom Gewand verhüllt, als an den Exemplaren London, Berlin, Hannover, Neapel [?]**).

Was ist das Ursprüngliche? und mit welchen Attributen war das Original aller dieser Kopieen ausgestattet? Für eine Gefährtin der Artemis ist das Mädchen eigentlich zu jung. Die Höhe der erhaltenen Repliken schwankt zwischen 0,55 m und 0,70 m***): das Mädchen wird kaum älter als 12 Jahre sein. Das Motiv, das in der Pariser Wiederholung vorliegt, ist auch gewiss nicht dasjenige der originalen Erfindung. Denn für eine Quell- oder Wassernymphe ist die Figur ebenfalls zu jugendlich, und ihre ganze Bewegung ist nichtssagend und kaum verständlich. Durchaus prägnant und passend ist sie

---

*) Identität mit der Documenti inediti IV, p. 386 in den Inventaren Colonna aufgeführten „statua rappresentante una Niobe antica, con mezze braccia, mezza colca (s. v. a. coricata, liegend), di pal. 6½", ist wegen der verschiedenen Höhe (6½ römische Palm = 1,45 m, neapolitanische = 1,72) ausgeschlossen.

**) von Duhn: mit der Hand.

***) Heydemann und von Duhn: die beiden Fussspitzen.

†) Heydemann: die ganze Basis mit den Blumen und Gräsern ist neu. von Duhn: ergänzt ist die Basis zum grösseren Teile.

††) So auch Heydemann und von Duhn. Er scheint allerdings merkwürdig gross für die Figur. Die Haare sind von einem breiten Band umzogen; unterhalb dieses sind sie im Nacken zusammengebunden, so dass auf dem Rücken einige lose Strähne aufliegen.

*) Vergl. Heydemann a. a. O. p. 4.

**) An der Dresdner Replik sind (nach Mitteilung P. Herrmanns) beide Beine von der Mitte der Oberschenkel an ergänzt.

***) Dresden 0,555; Paris 0,60; Colonna 0,64; Berlin und Hannover 0,70. Die Maasse der Londoner und der verschollenen Neapler Replik sind mir nicht bekannt.

Verlagsanstalt F. Bruckmann A.-G.
München 1901.

hingegen für ein Kind, das sich auf den Boden gekauert hat und spielt. Eine weitere Frage ist, ob die Statue als Einzelfigur erfunden oder als Teil einer Gruppe zu denken ist. Zum Astragalenspiele gehören eigentlich zwei, »da man zugleich mit den Knöcheln und um dieselben zu spielen pflegte; aber es ist doch auch weder unnatürlich noch ungewöhnlich, dass Kinder Gewinnspiele zu ihrer Unterhaltung für sich allein und gewissermassen mit sich selbst spielen« (Friederichs-Wolters). Das Berliner und das Neapler Exemplar, die als Knöchelspielerinnen gesichert sind, sind denn auch zweifellos, wie schon aus der Kopfhaltung hervorgeht, als Einzelfiguren zu denken.*) Anders liegt die Sache bei der Colonnaschen Replik. Hier ist schon durch die Kopfwendung und den erregten Ausdruck des Gesichtes, den zum Schreien geöffneten Mund, vielleicht (falls die Ergänzung richtig) auch durch die Haltung des rechten Armes, die Beziehung zu einer zweiten Figur gegeben. Freilich ist es ungewiss, ob wir es hier überhaupt mit knöchelspielenden Kindern zu thun haben. Die erhaltene Figur hält keine; man müsste also annehmen, dass sie ihr von ihrer Gefährtin entrissen worden sind. Auffallend ist, dass diese zweite Figur dann auf getrennter Basis aufgestellt war. Aber eine andere Möglichkeit ist nicht denkbar; denn allein für sich ist die Colonnasche Figur in der That nicht völlig verständlich. Aber es kann wohl sein, dass wir es hier überhaupt gar nicht mit einem Streit um Astragalen, sondern einfach mit zwei sich zankenden Gassenkindern zu thun haben. Dass das Mädchen den unteren Volksschichten angehört, zeigt der gewöhnliche Ausdruck ihres Gesichtes (s. die Textabbildungen). Es liegt etwas Murillosche Bettelbubenpoesie in der Figur; man wird an den Castellanischen Dornauszieher in London**), die sich balgenden Astragalizonten ebenda**) erinnert. Es scheint, dass wir es in der Colonnaschen Figur mit einer Umbildung des Motives aus hellenistischer, etwa früh-pergamenischer Zeit zu thun haben.***) — Eine genauere Datierung der ursprünglichen Erfindung würde leichter möglich sein, wenn wir den zugehörigen Kopftypus sicher kennten. Das Bewegungsmotiv ist jedenfalls nicht vor der zweiten Hälfte des vierten Jahrhunderts denkbar. — In römischer Zeit hat man, wie wir aus der Dresdner und Berliner Replik schliessen dürfen, den Typus für Porträtzwecke verwendet, wahrscheinlich für Grabstatuen, »als Schilderung kindlichen Nichtsthuns« (Friederichs-Wolters). Heydemann (p. 27) meint, dass hierdurch die stärkere Verhüllung von Arm und Bein an einigen der Wiederholungen zu erklären sei.

*) Beim Neapler Exemplar immer vorausgesetzt, dass Kopf und Knöchel antik.

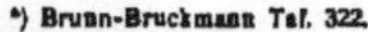

*) Brunn-Bruckmann Taf. 322.

**) Ebenda Taf. 54.

***) Dies hat bereits Heydemann a. a. O. p. 27 f. richtig erkannt.

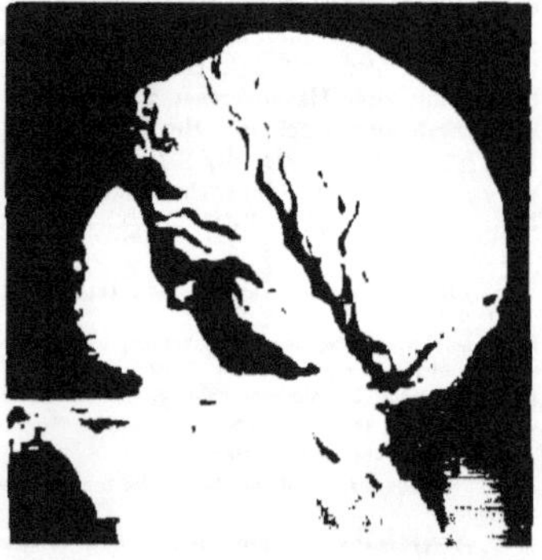

521. Statue einer Wettläuferin.

Rom, Vatican.

Galleria de' candelabri 222. Helbig, Führer[2] 384; dort die Litteratur. Springer-Michaelis, Handbuch der Kunstgeschichte[6] I, p. 201, Fig. 355.

„Vormals im Besitze der Barberini, unter Clemens XIV. erworben. Ergänzt die Nasenspitze, beide Arme, abgesehen von den den Schultern benachbarten Teilen, das hintere Drittel des ovalen Plättchens, auf welches der rechte Fuss tritt, Stücke an der Plinthe" (Helbig). Nach Ausweis des Lichtdruckes war auch der rechte Unterschenkel mehrfach gebrochen. Hoch, einschliesslich der 0,11 m hohen Plinthe, 1,673 m.*)

Ein junges Mädchen, von kräftigen, sehnigen Formen, ist im Begriff, zum Laufe abzustossen. Noch erwartet sie das Zeichen zum Beginn. Ihr Oberkörper ist bereits etwas vorgeneigt. Der rechte Fuss ruht auf einer kleinen Erhöhung, die dem schwankenden, momentanen Stande Sicherheit und Halt verleiht: ohne eine solche Stütze würde sie vielleicht schon vor dem Signale aus dem Gleichgewicht kommen. Der linke Fuss ist bereits zum Laufe vorgesetzt. Der Kopf wendet sich leicht zur Seite: er lauscht gespannt auf den ersten Ton des Zeichens zum Ablauf. Der linke Vorderarm lag, wie eine weggemeisselte Stütze am Gurt beweist, näher am Körper an als in der jetzigen Ergänzung. Beide Arme waren jedenfalls fest abwärts gestreckt, alle Muskeln gespannt, die Fäuste vielleicht geballt. So sind mit grosser Meisterschaft alle Kräfte der Figur auf einen Punkt concentriert. Der letzte Augenblick vor dem Beginne. Das Signal ertönt, die Läuferin fliegt dahin. Es ist ganz myronischer Geist, der in solcher Anspannung der Motive sich bekundet. Der Diskobol und die Wettläuferin sind Geschwister.*)

Man hat geglaubt, den Wettlauf, der Anlass zur Weihung des Originales dieser Statue ge-

*) Weitere Maasse bei Kalkmann, Proportionen des Gesichtes, pp. 25, 92, 104.

*) Aus dem Gesagten geht hervor, dass ich die von Studniczka vorgebrachte Ansicht („Myron's Ladas"; sächs. Ber. 1898, p. 349), die Stütze unter dem rechten Fuss sei Kopistenzuthat, die Figur sei laufend zu denken, für unrichtig halte. Beim Laufe müsste der rechte Fuss höher gehoben, der Blick geradeaus auf die zu durchmessende Strecke gerichtet sein.

Verlagsanstalt F. Bruckmann A.-G.
München 1901.

geben hat, mit einem aus dem Altertum uns überlieferten identificieren zu können. Pausanias (V, 16, 1 ff.) berichtet, dass alle 5 Jahre in Olympia zu Ehren der Hera ein Wettlauf für Jungfrauen stattfand. Die Mädchen trugen dabei einen bis etwas unter das Knie reichenden Chiton, der die rechte Schulter bis zur Brust frei liess. Das Haar fiel ihnen im Nacken lang herab. Die Siegerin erhielt u. A. einen Ölkranz; auch durfte sie sich malen lassen und ihr Bild der Hera weihen. Wie schon Reisch*) bemerkt hat, sprechen mehrere Gründe gegen diese Identification. Dass Pausanias den breiten Gurt nicht erwähnt, den das Mädchen unterhalb des Busens trägt und der dazu diente, „die Brust vor Ausweitungen, Blutüberfüllungen, Seitenstechen und ähnlichen Nachteilen einer allzuheftigen Anstrengung der Athemwerkzeuge zu schützen“ (E. Braun, Ruinen und Museen Roms, p. 504), würde schliesslich nicht allzuviel besagen. Auch darf man nicht**) daran Anstoss nehmen, dass am Stamme der Palmzweig statt des von Pausanias überlieferten Olivenkranzes als Siegeszeichen angebracht ist. Denn das Original, das zweifellos aus Bronze gefertigt war, entbehrte des Stammes überhaupt und trug, da es ja erst den Beginn des Laufes darstellt, auch sonst kaum ein Zeichen des künftigen Sieges. Der Kopist aber wusste schwerlich mehr etwas von den besonderen Siegespreisen jener olympischen Agone. Entschieden abweichend aber ist die Kürze des Chitons, der an der vaticanischen Statue nicht bis unter das Knie, sondern kaum bis zur Mitte der Oberschenkel reicht. Und ferner ist zu beachten, dass, nach der genauen Angabe des Periegeten, die Siegerinnen zwar ihr gemaltes Porträt, offenbar einen ikonischen Pinax***), weihen durften, dass aber von statuarischer Ehrung nicht die Rede ist. Übereinstimmend ist also eigentlich nur die Entblössung des rechten Busens, die aber bei starker körperlicher Bewegung ganz natürlich, und die Länge des nicht aufgebundenen Haares. Diese allerdings konnte bei einem Wettlaufe eigentlich nur hinderlich sein, und sie ist meines Erachtens das einzige Merkmal, das einer Combination der Statue mit der Notiz des Pausanias günstig ist. Agone von Wettläuferinnen fanden übrigens auch noch anderwärts, wie an den Dionysien in Sparta und in Kyrene, statt.†) Dabei bleibt zu beachten, dass uns diese

*) Griechische Weihgeschenke p. 46, Anm. 4.

**) Mit Kekulé, die Gruppe des Künstlers Menelaos p. 30.

***) Vgl. Reisch a. a. O. p. 39.

†) Pauly-Wissowa s. v. Agones, Sp. 847, und Reisch a. a. O. p 46, Anm. 4.

Sitte nur aus dem Kreise dorischer Cultur überliefert ist. In jedem Falle also ist es höchst wahrscheinlich, dass die Statue einen auf dorischem Boden errungnen Sieg verherrlicht, dass die Dargestellte selbst Dorerin war. Auch ihre Tracht, der nur an einer Seite geschlossene Chiton, war, wie es scheint, eine Eigentümlichkeit dieses Volksstammes, und zwar speciell der Spartanerinnen*). Der für gewöhnlich getragene Chiton der spartanischen Mädchen wird natürlich länger gewesen sein.

Anders liegt die Frage nach der Heimat des Verfertigers der Statue. In der Periode, der sie angehört, war „Freizügigkeit“ der Künstler durchaus nichts Ungewöhnliches mehr. So arbeiten der Athener Kalamis, der Aeginete Onatas auf Bestellung eines Siciliers, der in Athen ansässige Böoter Myron für Sparta. Der Meister der Statue selbst braucht also durchaus kein Peloponnesier oder überhaupt Dorer gewesen zu sein. Wie sehr die Motive der Statue der Art des Myron nahestehen, haben wir oben gesehen, und in seine Zeit, d. h. rund in die Mitte des 5. Jahrhunderts, gehört auch die Erfindung der Figur. Es fehlt zunächst aber noch jegliche Möglichkeit, die Statue etwa mit Myron selbst in Verbindung zu setzen. Schlagende stilistische Analogieen zu dem Typus des Kopfes**) haben sich bisher überhaupt noch nicht aufweisen lassen. Seine Zusammenstellung mit den Köpfen des Omphalosapoll, der esquilinischen Venus, der Berliner Penelope, der Hestia Giustiniani***) hat nichts unbedingt Überzeugendes. Mit dem gleichen Rechte könnte man an den beim „Pylades“ des Louvre****) oder bei der „Elektra“ in Neapel†) verwendeten Kopftypus erinnern††). Im Verhältnis zum Körper scheint der Kopf etwas klein zu sein. Von vorzüglicher Schönheit sind die vollen, kräftigen Beine des Mädchens und die gewölbte Brust. — Die Arbeit der Kopie ist ordentlich, aber etwas leblos. Zu einer ähnlichen Statue gehörte vielleicht, wie bereits Kekulé†††) vermutet hat, der Torso Nr. 229 des Berliner Museums.

*) Vgl. Friederichs-Wolters 213 und Amelung bei Pauly-Wissowa s. v. χιτών, Sp. 2314.

**) S. die Textabbildungen, nach Aufnahmen des Dresdner Abgusses, die P. Herrmann für uns herzustellen die Freundlichkeit gehabt hat.

***) Arndt-Amelung, Einzelaufnahmen 481/82.

****) Brunn-Bruckmann 307.

†) Ebenda 306.

††) Vergl. Paul Herrmann im Arch. Anz. d. Jahrb. 1894, p. 1, Nr. 2.

†††) Annali d. J. 1865, p. 66.

522 oben. Relief vom Westfriese des Parthenon.

Athen, noch am Parthenon befindlich.

Michaelis 9, III, 4—6; p. 230. Lüders, Arch. Zeit. 1872, p. 31 ff. Petersen, die Kunst des Pheidias p. 285 f. Friederichs-Wolters p. 267 ff. Passow, Jahrb. d. J. 1900, p. 42 ff.

Michaelis: „Der (am linken Ende der Platte stehende) Reiter, mit der blossen Chlamys angethan und mit Sohlen unter den Füssen, ist noch mit dem Anschirren seines Rosses beschäftigt, dessen Unruhe und leiser Widerstand sich in der Bewegung des Thieres, namentlich des Kopfes und des linken Hinterbeines, trefflich malen (der Schwanz ganz glatt). Der Blick des Mannes wendet sich den vorauseilenden Gefährten zu. Offenbar hat der (am rechten Ende der Platte stehende) Bursche (παῖς, ἱπποκόμος), der den Zügel in den Händen gehalten zu haben scheint, sein Amt lässig versehen und wird dafür von dem vorbeieilenden bärtigen Festordner (der jenseits des Pferdes erscheint) mit strengem Blick angelassen. Letzterer trägt ausser einem weiten Mantel Schuhe, von denen die Sohlen, das Riemenwerk über den Zehen und die über den oberen Rand überfallenden zwei Lederstückchen im Relief ausgedrückt sind; die übrigen Riemen mögen durch Farben angedeutet gewesen sein."

Lüders: „Über der linken Schulter des links stehenden Jünglings ragt rechts, vom oberen Ende des Nackens bis da, wo der rechte Arm über die Schulter hinausgeht, der halbrunde Rand eines Petasos hervor. Die unter den beiden Händen derselben Figur zwischen den Unterarmen befindliche Lücke ist von regelmässig bearbeiteter dreieckiger Form und trug wohl ein Metallstück, das zu dem mit den beiden Händen gefassten Geschirr des Pferdes gehörte. Der Jüngling hat ausserdem unmittelbar auf der rechten Fussbeuge ein Loch, an beiden Schienbeinen Stiefelansätze und endlich zwei Löcher übereinander an der linken Hüfte. Dass die Zügel bereits angelegt waren, zeigen die Bronzelöcher am Kopf des Pferdes, von denen sich zwei nebeneinander im Maul, zwei an der Backe, eines ganz oben auf der Stirn, zwei an der jetzt zerstörten Mähne je oben und unten befinden. Der rechts stehende Knabe — vielleicht eine der vollendetsten Gestalten der ganzen Reihe — hielt in der linken Hand wohl die Zügel, in der Rechten aber zeigt eine schmale, genau verticale Rinne, dass hier die Peitsche von Metall eingelassen war. Der ruhige abwartende Stand des Burschen lässt schwerlich die Erklärung zu, dass er ›von dem vorbeieilenden Festordner mit strengem Blicke angelassen werde‹."

Petersen: „Der Zugordner kommt von hinten her zu dem noch stehenden Jüngling (links), der seinem Rosse das Gebiss ins Maul geschoben hat und ihm eben den Zügel mit dem Geschirr über den Kopf schieben will, und dabei zwei eben an ihm vorbeisprengenden Reitern nachsieht. Diesen Säumigen*), der sein Geschäft mit aller Ruhe besorgt, und dessen Ruhe in dem Burschen sich abspiegelt, welcher hinter dem Rosse mit gekreuzten Beinen steht**), will der eilige Zugordner antreiben, und weshalb, zeigt er durch das Zurückblicken nach den schon fertig dahergaloppierenden Reitern. Was aber der Bursche in oder zwischen den Händen gehalten hat, ist nicht ganz klar***). Unzweifelhaft gehört es zur Ausrüstung des Herrn, für Kopfbedeckung oder Schuhe will die Haltung der Arme nicht recht passen; der noch nicht zusammengebundene Kranz könnte es sein, dessen eines Ende unten in der hohlen Hand ruhte, während das andere Ende oben gleichfalls durch die Hand ginge — ähnlich wie ja Binden oft gehalten werden, nicht blos mit den Fingerspitzen, sondern auch mit der vollen Hand. Anders dürfte man vielleicht an die Peitsche denken; denn Speere kommen ja bei den Reitern des Frieses nicht vor, sonst möchte ein zweiter Stützpunkt bei der Stellung passend scheinen."

Passow: zwischen dem links stehenden Jüngling und dem Pferde ist keinerlei Verbindung anzunehmen. Dass er nicht das Gebiss einlegt und das Kopfgestell überstreift, geht aus den fünf Bohrlöchern am Kopfe des Pferdes hervor, welche beweisen, dass der Zaum bereits anlag. Mit den Zügeln machte er sich nichts zu schaffen, da dann die Hände unter dem Kinn des Pferdes sein müssten, und nicht eine Handbreit vor der Schnauze; ferner zeigt das Bohr-

*) „nicht den Burschen, über den sein Blick hin zu den Nachfolgenden geht."

**) „Es liegt fast Humor in dem Gegensatz des eilenden Zugordners und des ruhigen Burschen."

***) „Den Zügel kann er nicht gehalten haben: er hält noch."

Verlagsanstalt F. Bruckmann A.-G.
München 1901.

loch am Widerrist, dass der Zügel anders verlief. Befremdend wäre auch der der Thätigkeit seiner Hände abgewandte Kopf des Jünglings. Beide Hände waren, wie die Vergleichung des Gipsabgusses lehrt (der genommen wurde, als sich das Original noch in besserem Erhaltungszustande befand), vom Pferde ab- und dem Jüngling zugewendet. Ihre Bewegung kann man nur so erklären, dass sich der Jüngling eine (gemalte) Tänie um den Kopf wand; „er legt eben die langgefasste Tänie, deren Mitte genau über der Mitte der Stirn sein musste, messend an, um dann die gleichgemachten Enden nach abermaliger Umführung zum Knoten zu verschlingen. Die Enden fielen lang herunter, wie die Löcher am linken Arm beweisen; ob die an der Hüfte etwa auch noch damit zu thun haben, möge offen bleiben". Der Festordner eilt an der stehenden Gruppe vorbei; sein ausgestreckter rechter Arm giebt die Richtung des Zuges an. Das Pferd wird von dem am rechten Ende der Platte stehenden Knaben gehalten. Seine Linke hielt den Zügel; das Bohrloch am Widerrist giebt diese Richtung an. In der Rechten hielt er die Peitsche, deren oberes Ende durch Farbe angegeben war. Die zunächst ungewöhnlich scheinende Länge der Zügel entspricht griechischer Sitte. Das unruhige Pferd wird vom Zügel zurückgezogen und erhebt unmutig den Kopf.

Eine genauere Prüfung der Passowschen Ansichten ist mir zur Zeit nicht möglich, da sich in München kein Exemplar des erwähnten besser erhaltnen Elginschen Abgusses befindet. Immerhin seien zwei Bedenken vorgebracht. Steht man mit gekreuzten Beinen, ruhig, ohne weitere Stütze, wenn man ein unruhiges Pferd zügelt? und trägt man Petasos und Tänie zugleich?

Entschieden Recht scheint Passow hingegen zu haben, wenn er eine Verbindung zwischen dem links stehenden Jüngling und dem Pferde ablehnt. Es ist auch auf unserer Abbildung deutlich, dass die Hände mit dem Pferdekopfe nichts zu thun haben.

Der Festordner ist ganz offenbar als vorbeieilend gedacht. Sein rechtes Knie ist in hastigem Laufe eingebogen, der rechte Fuss berührt nicht den Erdboden.

Bemerkenswert sind die polykletischen Züge im Kopfe dieser Figur*).

*) Vgl. dazu meine Bemerkungen in „Arndt-Amelungs Einzelaufnahmen" zu Nr. 585/586.

522 unten. Relief vom Westfriese des Parthenon.

Athen, noch am Parthenon befindlich.

Michaelis 9, IV, 7 und 8; p. 230. Lüders, Arch. Zeit. 1872, p. 32. Petersen, die Kunst des Pheidias p. 286. Friederichs-Wolters p. 267 ff.

Michaelis: „Der erste Reiter, in Panzer und Chiton, hemmt sein Pferd wegen des vor ihm (s. Tafel 522 oben) noch obwaltenden Hindernisses; der nächste beruhigt sein sprengendes Ross, indem er es mit der Rechten oben am Kopfe streichelt. Er ist ausnahmsweise bärtig und trägt ausser einem leichten Chiton und der wallenden Chlamys hohe Stiefel mit überfallenden Laschen und eine Lederkappe, deren Backenstücke über dem Kopfe zusammengebunden scheinen. Das zum Schutze des Nackens bestimmte καταβλημα ist, wie es scheint, zusammengerollt und sieht dadurch einem Zopfe nicht unähnlich."

Lüders: „Das Pferd des ersten Reiters hat Bronzelöcher für das eingefügt gewesene Geschirr: zwei oberhalb der Schnauze, zwei auf der Backe, zwei unterm Halse gerade an der Biegung, eines oben, eines unten an der Mähne. Der Reiter hat die Zügel in den Händen gehabt; denn die linke sowohl wie die rechte Hand sind regelmässig durchbohrt. — Das Pferd des zweiten Reiters hat zwei Bronzelöcher nebeneinander im Maul, zwei auf der Backe, eines unterm Halse; die Hand des Reiters ist durchbohrt. Merkwürdig ist seine Kappe; rätselhaft das »zopfähnliche« Ding im Nacken".

Verlagsanstalt F. Bruckmann A.-G.
München 1901.

523 und 524. Statue eines Apoxyomenos.

Florenz, Uffizien.

Dütschke 72. Amelung 25. Röm. Mitt. 1892, p. 81 ff., Taf. III (Bloch); hier die gesammte ältere Litteratur. Furtwängler, Meisterwerke p. 469 ff. Derselbe in den Jahrb. d. Ver. v. Altertumsfr. im Rheinlande, CIII, p. 10 f., und: Antike Gemmen II, p. 212, Nr. 17. Berliner philol. Wochenschrift vom 2. Januar 1897, Sp. 30 ff. (Hartwig). Oesterreichische Jahreshefte 1898, Beiblatt, Spalte 66 f. (Benndorf). Helbig, Führer[2] I, 46. Klein, Praxiteles p. 51 f.

Die Statue stand bereits in der Mitte des 16. Jahrhunderts im Palazzo Pitti. Ergänzt sind (nach Amelung) beide Unterarme mit Händen, Vase und deren Stütze; die Ellenbogen sind antik. Nach Bloch sind auch Plinthe und Penis neu; obwohl das Erstere auch von Dütschke behauptet wird, muss ich es nach Ausweis des Lichtdruckes bezweifeln. Der linke Oberarm war gebrochen, ist aber antik. Den rechten Arm nebst Schulter hält Furtwängler für modern; nach Amelung ist der Marmor an dieser Stelle nur geplatzt. „An der Aussenseite der linken Hüfte (ziemlich tief) befindet sich eine längliche Abarbeitung.*) Auf dem Oberkopf befindet sich ein eigentümliches längliches Loch, etwa von der Form einer Pfeilspitze.**) Dasselbe ist zu schmal, als dass man es bei der vorzüglichen Erhaltung des übrigen Kopfes Zufall oder Barbarei zuschreiben könnte. Sehr wohl aber kann hier einst ein Metallkranz befestigt gewesen sein, wofür auch zu sprechen scheint, dass sich das Loch auf der Grenze zwischen dem wohlausgeführten Vorderhaar und dem nur angegebenen Haar des Oberschädels befindet. Einzelne moderne Flicken im linken Oberschenkel" (Amelung). Die Figur scheint, nach den Abbildungen zu urteilen, in der Schamgegend und oberhalb der Knöchel durchgebrochen gewesen zu sein; auch der linke Oberschenkel war anscheinend in der Mitte gebrochen. Genauere Angaben hierüber fehlen. „Die Oberfläche zeigt eine an der ganzen Figur ziemlich gleichförmige Verwitterung, die jedoch nicht zu weit vorgeschritten ist. An einigen Stellen ist die Oberfläche leise übergangen, so ein wenig auf der rechten Schläfe, im innern rechten Augenwinkel und auf dem Bauche. Das Material ist ein weisser griechischer Marmor mit zahlreichen in die Grundmasse eingesprengten Krystallen" (Bloch). Höhe (nach Dütschke) 1,93 m. Genauere Maasse im Détail bei Kalkmann, Proportionen des Gesichts p. 90, Nr. 37; p. 103, Nr. 37.

Die richtige Ergänzung der Statue ist durch Untersuchungen und Funde der jüngsten Zeit sicher gestellt worden. Der Jüngling umfasst mit der Rechten den Griff einer Strigilis, während der Daumen seiner Linken in die gehöhlte Schneide des Gerätes greift, um den Schmutz aus derselben zu entfernen. Er ist mit gespannter Aufmerksamkeit ganz in seine Thätigkeit versunken. Er steht fest auf dem rechten Beine; das linke ist im Knie gebogen und mit gehobner Ferse leicht zur Seite gesetzt. Der Oberkörper folgt der Bewegung des gesenkten, nach der Thätigkeit der Hände hin blickenden Kopfes und neigt sich nach vorn, zur linken Seite hin; die Schultern sind zusammengeschoben, der Bauch eingezogen. Diese Concentration „aller Lebenskräfte auf einen einzigen Punkt" (Brunn) mag zunächst wohl an die ältere Kunst des Myron erinnern. Aber im Marsyas sowohl wie im Diskobolen ist das Motiv ein momentanes, die gewählte Bewegung nur einen Augenblick denkbar, um sich im nächsten zu ändern. Der Florentiner Athlet hingegen, ebenso wie die noch zu besprechende stilverwandte Münchner Figur eines Öleingiessers, können in ihrer Stellung längere Zeit verharren: concentriert sind in ihnen nicht so sehr die Kräfte des Körpers, als die des Geistes, des Willens*). Und weiter: während in den beiden sicheren Werken des Myron die Motive der Bewegung, ohne Rücksicht auf äussere Eleganz, so einfach und natürlich wie möglich sind, notwendig so sein müssen, nicht anders sein können, ist die Stellung des Münchner wie des Florentiner Athleten bereits etwas gesucht, posiert, ist ein Übermaass von Kraft und körperlicher Anstrengung für eine im Verhältnis einfache Handlung verwendet. Die beiden Jünglinge wissen, dass sie gesehen werden, und haben sich in Positur gesetzt. Das ist der Geist einer

*) Genaues über dieselbe bei Bloch, p. 86.

**) Nach Bloch von ungefähr dieser [Figur] Form; grösste Länge 0,035 m, grösste Breite 0,021 m. Er hält das Loch für nachträglich eingearbeitet.

*) Vgl. Amelung a. a. O.

Verlagsanstalt F. Bruckmann A.-G.
München 1901.

jüngeren, von myronischer Einfachheit und Naivetät entfernten Zeit. So hat die Vermutung, dass wir es mit Werken aus der Schule des Myron, Arbeiten der ihm folgenden Generation zu thun haben, viel Bestechendes. Einen bestimmten Künstlernamen sind wir aber nicht im Stande zu nennen. Attischer Kunst scheint die Statue jedenfalls anzugehören. Darauf weist vor Allem ihre (schon oben berührte) Verwandtschaft in Motiv wie formaler Stilistik mit der Münchner Figur eines öleingiessenden Athleten*), deren attischer Ursprung von Niemandem bezweifelt wird, wenn auch ihre Zurückführung auf ein litterarisch überliefertes Werk des Alkamenes Bedenken unterliegt. Die Ähnlichkeit beider Statuen, namentlich in den Köpfen, ist so gross, dass wir sie wohl e i n e m Meister zuzuschreiben berechtigt sind. Doch dürfte der Florentiner Athlet das jüngere Werk sein, da eine gewisse Knappheit und herbe Sprödigkeit, die der Münchner Statue zu eigen sind, an ihm bereits überwunden scheinen. Sie wird an der Wende vom 5. zum 4. Jahrhundert entstanden sein. Das Original war aus Bronze gefertigt; die für die Marmorkopie notwendige Stütze am rechten Beine fehlte natürlich bei ihm. Dass das Werk bereits im Altertume berühmt war, bezeugen die zahlreichen erhaltenen Wiederholungen*). Das gesträubte Vorderhaar, das bei sämmtlichen Repliken wiederkehrt, war sicherlich dem Dargestellten selbst zu eigen und verleiht den im Übrigen ideal gebildeten Zügen etwas Individuelles, Porträthaftes.

*) Brunn-Bruckmann Taff. 132, 134, 135.

Die Florentiner Statue ist ebenso vortrefflich gearbeitet als erhalten; auch die Durchführung des Rückens, von welchem wir leider keine Abbildung vorlegen können, wird besonders gerühmt. Die Bildung des Schamhaares an der Florentiner Kopie ist infolge der störenden Ergänzung mit der Kanne auf dem Lichtdrucke nicht kenntlich; vor dem Originale habe ich versäumt, mir darüber das Erforderliche zu bemerken. In der Behandlung des Haupthaares ist eine gewisse Umstilisierung, aus Rücksicht auf das abweichende Material der Kopie, nicht zu verkennen. Es ist zu wünschen, dass die ganze Statue geformt wird.

*) Zur Liste derselben bei Furtwängler, Meisterwerke p. 470, Anm. 5, füge hinzu: die in Ephesos ausgegrabne Wiener Bronzestatue und eine Marmorstatuette aus Frascati, beide etwas umstilisiert (ich verdanke Photographieen dieser Exemplare der Liebenswürdigkeit O. Benndorfs und P. Hartwigs), ferner (nach Mitteilung P. Hartwigs) eine überarbeitete Kopie des Kopfes im römischen Kunsthandel (Februar 1899), wo gleichzeitig auch eine gefälschte Wiederholung des Typus aufgetaucht sein soll.

525 oben. Weiblicher Kopf.

Athen, Nationalmuseum.

Athenische Mitteilungen 1885, Taf. 9, p. 266 (Koepp); dort weitere Litteratur. Kavvadias 191.

Der genaue Fundort ist unbekannt; die Herkunft wahrscheinlich Athen. Gesichtslänge (nach Sybel 640) 0,16 m. Pentelischer Marmor. Zum Einsetzen in eine Gewandstatue; am Hals hinten der Rest des Gewandes. Das Fleisch zeigt leichte (antike) Glättung. Löcher für Ohrringe.

Man hat diesem anmutigen Kopfe den Namen Hygieia gegeben, weil ihn eine gewisse Ähnlichkeit mit dem auf der gleichen Tafel abgebildeten verbindet, der ebenfalls jetzt den Namen dieser Göttin trägt, und weil er in der That an Typen der Hygieia, die wir von attischen Weihreliefs kennen, erinnert. Doch kann diese Benennung nur auf den Namen einer nicht ganz unwahrscheinlichen Vermutung Anspruch erheben, und mit gleicher Berechtigung könnte man den Kopf z. B. auf Kora, Artemis, eine der Musen, eine sterbliche Jungfrau, deuten. Jedenfalls stellt er ein Mädchen, nicht eine Frau dar.

Die Frage nach der Benennung, die sich nur lösen liesse, wenn wir den zugehörigen Körper kennten, tritt zurück hinter dem Interesse, das der Kopf in stilistischer Hinsicht gewährt. Er ist eine schöne, originale Schöpfung aus der Mitte oder dem dritten Viertel des 4. Jahrhunderts, aus dem Kreise des Praxiteles. Der Kopf der Wiener Korastatue*), die zu diesem Meister selbst oder einem seiner Schüler entschieden in Beziehung steht, sei als nahe verwandtes Stück genannt. Doch fehlt dem Athener Kopfe, so reizvoll er ist, ein letzter Hauch genialer Frische, um als Werk eines Künstlers allerersten Ranges gelten zu können. Ich empfinde in der Arbeit der Gesichtszüge und des Haares vorn eine Spur von Ängstlichkeit und Kleinlichkeit, einen Mangel an freier und kecker Sorglosigkeit, wie sie die Schöpfungen der wirklich grossen Bildhauer jener Zeit auszeichnete. Ein Vergleich z. B. mit dem Kopfe vom Südabhang der Akropolis (Brunn-Bruckmann Taf. 174a) wird besser, als Worte, veranschaulichen, was ich meine. Auf der anderen Seite ist die Zusammenstellung mit einer sorgfältig ausgeführten römischen Kopie gleichen Stilcharakters, wie dem Barraccoschen Kopfe pl. LXIX der Publication, besonders geeignet, die Vorzüge originaler griechischer Arbeit auch vor guten Nachbildungen römischen Meissels in helles Licht zu setzen.

*) R. v. Schneider, Jahrb. d. Kunstsamml. d. allerh. Kaiserhauses 1894, Taf. X und XI, pp. 135 ff. Klein, Praxiteles, p 363.

Verlagsanstalt F. Bruckmann A.-G.
München 1901.

525 unten. Weiblicher Kopf.

Athen, Nationalmuseum.

Athenische Mitteilungen 1885, Taf. VIII, p. 265 (Koepp). Kavvadias 190; dort weitere Litteratur.

Im Asklepieion in Athen gefunden. Pentelischer Marmor. „Um den Kopf geht eine 0,01 m breite Bandbettung, die vorn vor dem Schopf sich verläuft: das Metallband, welches wohl vermittelst eines hinten in der Bandbettung befindlichen Loches befestigt war, schien unter dem Haar zu verschwinden. Wozu ein zweites rundes Loch mitten auf dem Kopf gedient haben könnte, weiss ich nicht zu sagen. Im linken Ohr sind zwei Ringlöcher, im rechten eines. Hinten und oben ist das Haar nur ganz oberflächlich behandelt, so dass sich nicht erkennen lässt, dass das Haar, wie man annehmen muss, hinten aufwärts gestrichen ist. Gesichtshöhe vom Kinn bis zum Haar 0,17 m, mit dem Haar 0,23 m" (Koepp).

Die Ähnlichkeit in Frisur und Kopfneigung mit Typen der Hygieia, die auf attischen Votiven begegnen, sowie der Fundort des Kopfes sind Veranlassung gewesen, ihm den Namen Hygieia zu geben. Er mag ihn mit etwas grösserem Rechte tragen, als der auf der gleichen Tafel oben abgebildete Mädchenkopf. Was die Güte seiner Arbeit anbelangt, so steht er, obwohl im Einzelnen weniger ausgeführt, meines Erachtens auf einer höheren Stufe als jener. Nur eine Skizze. Aber mit welch wunderbarer Meisterschaft ist durch wenige sichere Striche das lebendige Bild des Ganzen gegeben!

Verlagsanstalt F. Bruckmann A.-G.
München 1901.

526 links. Archaische Statue der Nike.

Athen, Akropolismuseum.

Katalog von Kastriotis (1895), n° 690. Ath. Mitt. 1886, Taf. XI, C; p. 380 ff. (Petersen); vgl. ebenda p. 356, Anm. 1 (Studniczka), wo auch ältere Litteratur angegeben ist. Studniczka, die Siegesgöttin (1898), p. 10 f., Taf. II, Fig. 10. Roschers mythol. Lexikon s. v. Nike, Sp. 334 (Bulle). S. Reinach, répertoire de la statuaire 380, 1. *)

*) Das Buch von A. Pawlowsky, die Sculptur in Antike vor dem Persereinfall, Petersburg 1896 (russisch), in dem die Statue ebenfalls (Figur 181) abgebildet ist, ist mir hier nicht zugänglich.

Im Anfang des Jahres 1886 auf der Nordseite der Akropolis ausgegraben. Parischer Marmor (nach Lepsius, Marmorstudien p. 70, n° 27). Die grösste Höhe beträgt jetzt (nach Mitteilung von Paul Herrmann, der die Statue auf meine Bitte genau untersucht hat) 1,41 m. Aber die beiden Teile der Figur sind, wie Herrmann bemerkt, falsch zusammengesetzt. Sie müssen einander mehr genähert werden, etwa bis zu dem Abstande, wie ihn die Abbildung bei Studniczka a. a. O. giebt. Diese corrigiert ihrerseits (vgl. p. 10, Anm. 3) einen in der Skizze

Verlagsanstalt F. Bruckmann A.-G.
München 1902.

der Athen. Mitt. begangenen Fehler, wo Ober- und Unterteil einander viel zu sehr genähert sind.

Die Figur haftet nur mit dem untersten Teile ihres Gewandes, das reliefartig als compacte Masse endet, auf der Plinthe. Ihre Unterbeine schwebten frei in der Luft; das linke ging nach unten, das andere war wagerecht im Knie gebogen *). Die rechte Hand fasste vor dem Schoosse einen Zipfel des Gewandes, wie das Zusammenlaufen der Falten sowie die Erhebung der Marmorfläche beweist **). Bekleidet ist die Figur mit einem feinen Chiton, der am Halse in einen Bund gefasst ist ***), und darüber dem schwereren Peplos, der an der rechten Schulter leichte Falten wirft, über dem Busen prall anliegt und in grosszügigen Falten abwärts läuft. Sein rechter Zipfel weht im Winde zurück. Den linken Busen lässt er frei; ein feingefalteter Streif, der sich von der rechten Schulter zur linken Hüfte zieht, bildet dort seinen Abschluss. Auf dem Rücken mächtige Zapfenlöcher für die Flügel, schräg nach unten und inwendig convergierend verlaufend. Ihre Höhe beträgt 17 cm, ihre Breite 4 cm, die Tiefe am rechten Schulterblatt oben 14 cm, unten 11 cm, am linken oben 15 cm, unten 12 cm. Die Flügel waren also nicht, wie bei älteren Statuen der Nike, nach aussen oder oben geschwungen, sondern sie standen schwach divergierend nach hinten, senkrecht zur Rückenfläche. Ein (beistehend in 2 Ansichten abgebildetes) Fragment eines der Flügel hat sich erhalten. Der linke Kopfnicker ist gespannt:

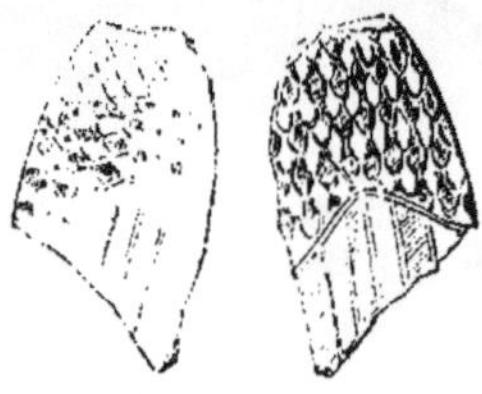

*) Ein von Petersen dieser Statue zugewiesener rechter beschuhter Fuss gehört vielmehr, wie Studniczka, Jahrbuch d. J. 1891, pp. 239 und 248, angiebt, zu dem fälschlich so genannten Standbilde des „Perserreiters" von der Akropolis.

**) Die Einzelheiten gerade dieser Stelle, die für die richtige Zusammensetzung der beiden Stücke der Figur von Wichtigkeit ist, sind auf unserem Lichtdrucke leider nicht mit der nötigen Deutlichkeit zu sehen.

***) Vgl. Amelung bei Pauly-Wissowa s. v. Χιτών, Sp. 2310.

der Kopf war also aus der Frontalansicht heraus nach der rechten Schulter zu gewendet, dem Ausgangspunkte der Bewegung zu. Den Hals zierte ein metallner Schmuck, dessen Einsatzlöcher erhalten sind. Das Haar ist hinten in einen breiten, senkrecht hängenden Schopf zusammengefasst, der mit feinen, verticalen, in einzelne Strähne gegliederten Wellenlinien überzogen ist. Sein unterstes Ende ist durch ein Band von der Hauptmasse abgesetzt.

Die umstehende, von Herrn C. Reichhold ausgeführte Ergänzungsskizze unserer Figur giebt eine Vorstellung ihrer einstigen Gesammterscheinung, die durch reichen Farbenschmuck gehoben wurde. „Über dem roten Chiton mit Mäander auf dem Halsbund, vielleicht auch gemustertem Rand- und Mittelstreif am Rock, der helle Peplos mit blaurotem Saum, das Haar und gewiss auch Augenbrauen und -sterne sammt den Lippen durch Farbe gehoben, die Flügel mit wechselnd grünen und roten, vielleicht goldgesäumten Federn, goldnes Halsband mit Bommeln, Geschmeide wahrscheinlich auch an den Armen und Ohren, auf dem Kopfe gewiss eine Stephane mit vorragendem Blütenschmuck" *). Es ist sehr wahrscheinlich, dass die Statue als Weihgeschenk auf einer hohen Stele oder Säule stand, wie deren zahlreiche bei den Ausgrabungen auf der Akropolis zu Tage gekommen sind**). In die erhobene Linke mag man ihr den Siegespreis, Kranz oder Binde, geben. Aber sie schwebt nicht dem zu Krönenden entgegen, sondern sie eilt, mit der Unbehilflichkeit der altertümlichen Kunst, an ihm im Sprunge vorüber. Erst die folgende Künstlergeneration vermochte den schüchternen Versuch zu wagen, ein wirkliches Heranschweben der Göttin darzustellen ***). So zeigt sich der Meister der athenischen Nike noch in der alten Typik befangen, und wir werden in ihm keinen bahnbrechenden Neuerer, kein wegeweisendes Genie vermuten dürfen. Auch der Widerspruch zwischen eilender Bewegung der Beine und ruhiger Stellung der gesenkten Flügel bekundet einen Mangel an künstlerischer Reflexion. Nur in zwei Punkten geht er über seine Vorgänger hinaus: nämlich dass er die Flügel nicht mehr in die Fläche der Figur legt, sondern sie im Winkel dazu stellt, ihnen also wirkliche Bewegungsfähigkeit verleiht, und dass er die Göttin nicht mehr gradeaus, sondern zur

*) Petersen a. a. O. p. 383.

**) Gegen Studniczkas Versuch (Jahrbuch d. J. 1891, p. 248), die Nike mit dem sog. Perserreiter zu einer Gruppe zusammenzufügen, hat bereits Winter (ebenda, 1893, p. 152), meines Erachtens mit Recht, Stellung genommen.

***) Bulle a. a. O. Sp. 323 und 334 f.

Berichtigung.

Durch ein unliebsames Versehen beim Druck sind im Text zu Tafel 519 (Lieferung 104), zweite Seite Zeile 28 von oben hinter .... ausgeführt, die beiden Worte

— spricht dagegen

ausgefallen.

(Zu Denkm. griech. u. röm. Sculptur, Text Lfg. 104)

Seite blicken lässt. Aber auch in dieser letzteren Neuerung eine Ungeschicklichkeit: denn nicht zum Orte, den sie verlässt, sollte die Göttin schauen, sondern dem Ziele zu, dem sie den Preis entgegenträgt. — Der Künstler wird um die Wende vom 6. zum 5. oder im Beginn des 5. Jahrhunderts das Werk geschaffen haben. Wir haben bis auf Weiteres keinen Grund, ihn nicht für einen Attiker zu halten*).

*) Anders, aber ohne zwingenden Grund, Studniczka, Jahrbuch d. J. 1891, p. 248 (aeginetisch).

526 rechts oben. Fragment einer archaischen Nikestatue.

Athen, Akropolismuseum.

Katalog von Kastriotis (1895), n° 694. S. Reinach, répertoire de la statuaire 391,1. Pawlowsky, die Sculptur in Attika vor dem Persereinfall, Figur 54 (mir nicht zugänglich).

Auf der Akropolis von Athen gefunden, wohl bei den grossen Grabungen vom Ende der achtziger Jahre*). Marmor wahrscheinlich parisch. Hoch 0,785 m**). In den zwei übereinanderliegenden Löchern der Vorderseite sitzt im obern Bleiverguss, im untern ein Bronzezapfen. Die wagerechte Fläche, mit welcher die Figur jetzt unten abschliesst, sowie die rechts (vom Beschauer) senkrecht an sie anstossende Fläche sind für Stückung hergerichtet: der unterste Teil des Gewandes, mit dem die Figur auf der Plinthe haftete, sowie das linke Bein waren also besonders gearbeitet. Mitten in der unteren Stückungsfläche sitzt noch jetzt ein starker Dübel von rechteckigem Querschnitt, der zur Befestigung dieser angestückten Teile, die wohl ein Ganzes bildeten, diente. Der Dübel ragt nach unten aus der Kernmasse des Marmors heraus und ist noch mit dem Bleiverguss umgeben, der nach drei Seiten — vorn, hinten und rechts — freiliegt. Die Ränder dieses Bleimantels berühren jetzt das moderne Postament, in welchem der Torso mit Hilfe des antiken Dübels verzapft ist, so dass die untere Stückungsfläche um die Länge des freiliegenden Teiles des Dübels über die Oberfläche des Postamentes emporgehoben ist. Der Zweck der drei auf der Vorderseite der Figur befindlichen Zapfenlöcher ist unklar. Wenn nicht alle drei, so standen höchst wahrscheinlich doch wenigstens die beiden unteren mit einander in Zusammenhang, und deshalb ist mir eine von H. Bulle mitgeteilte Vermutung, das mittlere (in welchem, wie bemerkt, noch Bleiverguss sitzt) habe zum Vergiessen des Dübels gedient, der die unten angestückten Teile am Torso festhielt, wenig glaubhaft, da sie den Zweck des untersten Loches, in welchem noch der Bronzezapfen sitzt, unerklärt lässt. Für gewöhnliche Stiftlöcher, etwa zum Ansatz von Bronzezierrat, sind alle drei zu gross. Das lehrt deutlich der Vergleich mit den beiden auf den Schultern befindlichen kleinen Stiftlöchern, in denen ursprünglich Bronzeknöpfe steckten, die den Chiton zusammenhielten. Die Flügel waren nicht, wie bei dem auf der gleichen Tafel abgebildeten Torso, besonders angestückt, sondern aus dem nämlichen Blocke Marmor angearbeitet. Sie liegen in der Richtung der Rückenfläche, als unbewegliche Glieder, ohne Gelenke. In der Mittellinie des Rückens stossen sie aneinander; in den oben dadurch entstehenden Zwickel schmiegt sich der breite Haarschopf. Dieser verläuft unten in gleichmässig gekrümmtem, geschlossenem Contur und wird durch gerade Linien in einfache horizontale Wülste geteilt. Die Fläche der Flügel ist ganz glatt, die Federn waren also (wie z. B. auch an der Nike der Akropolis, Katalog n° 691) aufgemalt. Doch lassen sich sichere Spuren von Bemalung weder hier noch sonst auf der Figur constatieren. Die Kopfnicker scheinen gleichmässig gespannt gewesen zu sein, der Kopf blickte also wohl geradeaus nach vorn. Am linken Oberarm ist an der unteren Bruchstelle der abgesetzte Rand eines kurzen Ärmels angegeben, wie am rechten Arm; derselbe setzt sich aber nach oben nicht weiter fort, war also vermutlich durch Farbe weiter ausgeführt. Die Gewandung scheint der blosse Chiton gewesen zu sein. Die Bewegung der Arme werden wir uns ähnlich wie an der kleinen bronzenen Nike der Akropolis zu denken haben, die wir umstehend abbilden*): die Rechte fasste den abstehenden Zipfel des Gewandes, die Linke, wohl ebenfalls gesenkt, lag an der Hüfte an. Die Beine scheinen — nach der höheren Erhebung des rechten Oberschenkels zu schliessen, heftiger als an der auf der gleichen Tafel abgebildeten Marmorstatue — noch im alten Sprungschritt bewegt gewesen zu sein.

In der Gewandung hingegen geht die Figur beträchtlich über ihre eben genannte Genossin hinaus. Das Steife und Schematische der gelegten Falten hat sich hier zu grösserer Natur-

*) Ob identisch mit dem in den Athen. Mitt. XIII, p. 227 erwähnten, ca. 0,60 m hohen Niketorso?

**) Diese wie die folgenden Angaben nach Mitteilungen von Paul Herrmann.

*) Ath. Mitt. 1886, Taf. XI, c; Studniczka, die Siegesgöttin, Taf. II, fig. 9; Collignon, hist. de la sculpture grecque I, p. 140, fig. 70; de Ridder, catalogue des bronzes trouvés sur l'Acropole II, p. 323, n° 808, fig. 314; Seemann-Winter, Kunstgeschichte in Bildern I, 34, 4; Reinach, répertoire 391, 6.

Verlagsanstalt F. Bruckmann A.-G.
München 1902.

wahrheit und Lebendigkeit entwickelt. Es ist nur noch ein kleiner Schritt zu dem Gewandstil, wie er uns etwa durch die olympischen Giebel vergegenwärtigt wird. Um so mehr befremden altertümliche Züge im Einzelnen, wie die unbewegte Stellung der Flügel, der Blick des Gesichtes gradeaus, das Festhalten am alten Sprungschema.

526 rechts unten. Archaische Bronzestatuette der Nike.

London, British Museum.

H. B. Walters, catalogue of the Bronzes (1899), p. 67, n° 491, pl. XIV. A. S. Murray, greek bronzes (the Portfolio, n° 36; April, 1898), p. 15 ff., Fig. 4. Athen. Mitt. XI (1886), p. 373 (Petersen). Studniczka, die Siegesgöttin, p. 7, Anm. 2; p. 8, Anm. 2. Berliner philol. Wochenschrift, 23. März 1901, Sp. 374 (Furtwängler).

Aus Sammlung Payne Knight; die genauere Herkunft ist nicht bekannt. Hoch 6¼ inches ca. 16 cm*). Auf der Rückseite ist die Figur ganz flach, wie ein Relief. Die Linke fasst einen Zipfel des Gewandes, die Finger der erhobnen Rechten einen kleinen, bisher unerklärten Gegenstand**), dessen Gestalt auf unsrer Abbildung deutlich wird. Hinten fällt das Haar, in welchem ein Diadem mit eingravierter Verzierung, als dichte Masse herab, während seitlich losgelöste lange Locken auf die Schultern flattern. Armbänder an beiden Handgelenken. Die Flügel stehen, noch ohne Glieder und Gelenke, in der Ebene der Figur. Kopf und Oberkörper sind dem Beschauer zugekehrt, während die Beine im Profil gesehen werden. Der Untersatz der Füsse scheint das Oberteil eines Schiffes darstellen zu sollen: rechts v. B. den Hintersteven des Achterschiffes (puppis), links den Sporn am Vorderteil (Bug, Prora), den eine Volute mit dem Fusse der Göttin verbindet. Also derselbe Gedanke bereits wie bei der Nike von Samothrake*). Die stürmische Bewegung treibt die Locken und das über die Schultern geworfene Gewandstück zurück. Hierin und in der Neuheit des Motives offenbart sich eine gewisse Frische und Unbefangenheit der Beobachtung, während im Übrigen die Figur der alten schematischen Typik folgt. Der Katalog des British Museum reiht sie unter den etruskischen Bronzen ein, wogegen bereits Murray und Furtwängler sich ausgesprochen haben: sie scheint eher von griechischer Arbeit zu sein. Eine gewisse Freiheit in Einzelheiten der Gewandbehandlung, wie das Überschlagen des Gewandrandes in der linken Kniebeuge, die reiche Bewegung der Chitonmasse unterhalb des linken Oberschenkels, verweist die Figur bereits in das 5. Jahrhundert. Ob die Benennung Nike unbedingt das Richtige trifft, muss in Hinblick auf den unerklärten Gegenstand in der Rechten zunächst noch unentschieden bleiben.

*) Nach Walters; ich selbst habe die Figur nicht untersucht.

**) Vgl. die archaische Nike-Bronze der Akropolis, de Ridder II, 814: „la main droite élève entre le pouce et les autres doigts un bouton allongé".

*) Brunn-Bruckmann, Taf. 85.

Verlagsanstalt F. Bruckmann A.-G.
München 1902.

527. Kopf eines Athleten.
Rom, Capitol.

Helbig, Führer[2] I, 426. Furtwängler, Meisterwerke p. 392. Nuova descrizione del Museo Capitolino (1888), p. 69, n° 19. Photographieen des Kopfes sind beim deutschen archaeologischen Institut in Rom käuflich (im Verzeichnis derselben im Jahrbuch 1897, p. 138 nicht erwähnt).

„Ergänzt: der untere Teil des Halses und die Büste. Die Nase und die Oberlippe scheinen von moderner Hand überarbeitet worden zu sein und hierdurch ihre sonderbare Bildung

Fig. 1.

erhalten zu haben" (Helbig). Nach Amelung scheint die Überarbeitung der Nase schon im Altertum stattgefunden zu haben, da auf den abgeplatteten Stellen Sinter sitze. Doch sei Genaueres bei der jetzigen Aufstellung des Stückes nicht zu constatieren. Höhe von Haaransatz-Kinnspitze 0,195 m.

Die frühere, völlig haltlose Deutung des Kopfes auf Juba II. von Mauretanien ist jetzt mit Recht aufgegeben worden. Es liegt zweifellos ein Athletentypus des 5. Jahrhunderts vor. Das fremde, „barbarische" Element in den Gesichtszügen, das, neben Anderem, zu der falschen Deutung auf Juba verführt hat, scheint vielmehr als eine stilistische Eigentümlichkeit des erfindenden Künstlers sich zu erklären; durch die Überarbeitung mag es noch etwas gesteigert worden sein. Wir werden es besser als den Ausdruck mürrischer Verdrossenheit bezeichnen und uns

Fig. 2.

dabei verwandter Erscheinungen aus der neueren Kunstgeschichte entsinnen. Es findet sich in entsprechender Weise an einem der gleichen Stilstufe angehörigen Jünglingskopfe des athenischen Nationalmuseums wieder*). Beide Werke hat man mit Recht in den weiteren Kreis der später-myronischen Kunst eingereiht.

Auf dem Schädel des römischen Kopfes liegt ein Gefüge von riemenartigen, offenbar aus Leder zu denkenden Binden auf. Der Zweck dieser Vorrichtung ist nicht bekannt; vermutlich diente sie zum Schutze des Hauptes beim Faust- oder Ringkampf, ähnlich wie die ledernen Kappen, die

*) Arndt-Amelung, Einzelaufnahmen, n° 644—646.

Verlagsanstalt F. Bruckmann A.-G.
München 1902.

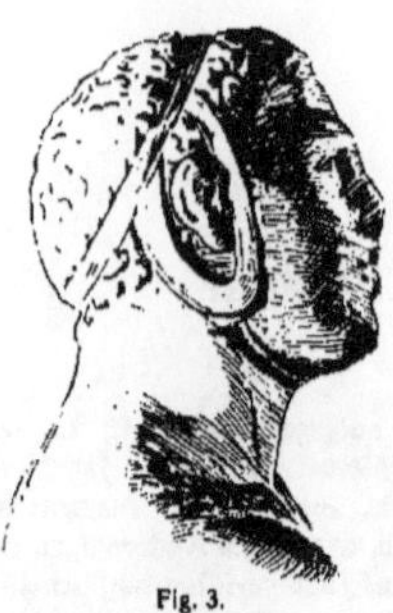

Fig. 3.

wir öfters bei Athleten finden*). Die beistehend (Figg. 1, 2 und 3) abgebildete Statuette, in englischem Privatbesitze**), stellt einen Athleten dar, der im Begriffe ist, sich einen ähnlichen Kopfschutz anzulegen. Beide Hände machten sich offenbar am linken Ohre zu thun***) und zogen dort die Riemen stark an, so dass sich der Kopf zur linken Schulter senkt und der Oberkörper dieser Bewegung folgt. Einer der Riemen läuft bindenartig rund um den Schädel; das rechte

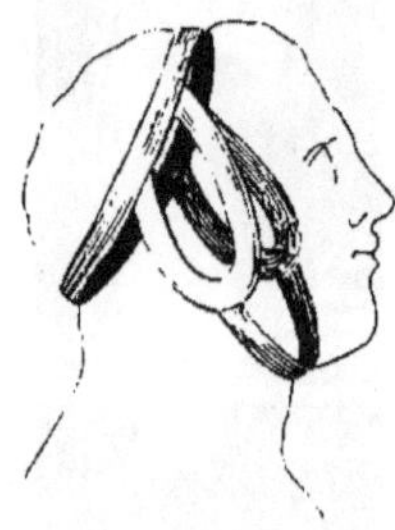

Fig. 4.

(geschwollene) Ohr ist von einer Abzweigung dieses Riemens umgeben. Am untern Ende dieser halbellipsenförmigen Abzweigung ist ein Riemen befestigt, der, wie das Sturmband eines Helmes, vorn am Halse unter dem Kinn von einem Ohre zum andern läuft und vermutlich (diese Partie ist sehr zerstört) rechts ebenfalls in einer solchen das Ohr umgebenden halben Ellipse endigt. Die Hände scheinen damit beschäftigt gewesen zu sein, diese letztere an der Kopftänie zu befestigen. Es würde sich so ein ziemlich einfaches System von Riemen ergeben — einer um den Schädel, von ihm ausgehend zwei Riemen um die Ohren, und diese durch einen Halsriemen verbunden —, das ganz direct an die „Bandagen" erinnert, die wir auf unsern studentischen Mensuren den am meisten gefähr-

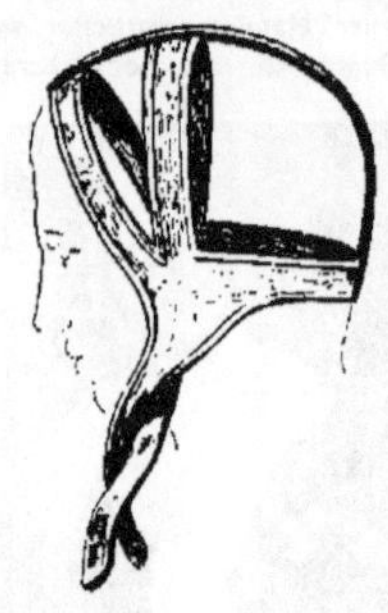

Fig. 5.

deten Adern umzulegen pflegen (vgl. die beistehende Skizze von K. Reichhold, Fig. 4).

Die Statue, zu der der capitolinische Kopf gehört, giebt den Athleten, wie es scheint, in einem etwas früheren Augenblicke wieder. Er scheint sich das Riemensystem zunächst nur über den Kopf, der sich zur rechten Schulter neigt, geworfen und, wie ein Diadumenos, die Enden der Riemen in einiger Entfernung vom Kopfe gepackt zu haben. Auch ist die Anordnung der Kopfriemen im Einzelnen eine andere, als an der englischen Statuette (vgl. K. Reichholds beistehende Ergänzungsskizze, Fig. 5). Quer über den Schädel laufen drei Riemen, die an den Ohren zusammentreffen: einer vorn herum, einer über den Scheitel und einer um den Hinterkopf. Sie sind durch einen von vorn nach hinten gehenden Längsriemen mit einander verbunden. Diese kappenähnliche Bedeckung wurde vermutlich unter dem Kinn zusammengebunden: der Athlet hält diese End-

*) Vgl. Helbig, Führer² I, 613; Amelung, Führer durch die Antiken in Florenz p. 269, nº 283. Arndt-Amelung, Einzelaufnahmen, nº 1207—9 (sog. Juba im athenischen Nationalmuseum).

**) Hoch 0,45 m. Ehemals in der Sammlung Stroganoff in Rom, aus welcher sie versteigert wurde. Vente Tavazzi, Rome 1898, Taf. 15, nº 202. Die rechte Gesichtshälfte corrodiert; sonst ist die Oberfläche gut erhalten. Von feiner und delicater Arbeit. Etwa „skopasischen" Stiles. Ich verdanke Fr. Hauser eine Revision meiner vor dem Originale gemachten Angaben.

***) Spuren der rechten Hand auf der linken Brust. Reste der linken Hand am linken Ohr, im Einzelnen nicht mehr genau zu erkennen.

riemen zur Zeit noch in der Hand, um sie nachher fester anzuziehen. Amelung vermutet, dass die Riemen an der Stelle der Ohren sich zu einem grösseren Lappen verbreitert haben und dass die ganze Vorrichtung überhaupt zum Schutze der Ohren gedient habe. Doch scheint mir auch hier eher ein Schutz der Schlagadern beabsichtigt zu sein, da die Ohren voll ausgearbeitet sind und auf diesen Körperteil, wie uns die Monumente lehren, von den Athleten überhaupt wenig Rücksicht genommen zu werden pflegte.

Im Stockholmer Nationalmuseum befindet sich der Figg. 7, 8 und 9 abgebildete Kopf*), der trotz kleiner Abweichungen als Wiederholung des capitolinischen zu gelten hat. Der verbindende Längsriemen, der bei letzterem gerade über der Nase ansetzt, liegt beim Stockholmer Exemplar mehr über dem linken Auge; der vordere Riemen, der zur linken Schläfe abwärts führt, bedeckt am capitolinischen Kopfe die Haargrenze, am andern nicht. Da aber Kopfform und -wendung, in den Haaren der linken Seite, wie mir Amelung Angesichts des capitolinischen Kopfes versichert, sogar Locke für Locke übereinstimmt, kann es nicht zweifelhaft sein, dass Repliken des nämlichen Typus vorliegen. Es ist lehrreich, zu sehen, wie durch Copisten-

*) Philologus 1868, p. 233, n° 209 (Wieseler). Arndt-Amelung, Einzelaufnahmen, zu n° 644—646. Phot. Lagrelius 59; die Autotypie des r. Profiles nach einer neuen Aufnahme, die ich der Freundlichkeit von L. Kjellberg verdanke. — Sehr krystallinischer weisser Marmor. Neu: Unterteil der Nase. R. Ohr mit Gips verschmiert. Das l. geschwollen. Der Kopf ist sehr stark geputzt.

Fig. 6.

Profil des Kopfes im Capitol (Tafel 527).

ungenauigkeit und durch Überarbeitung ein Original entstellt werden kann. Das römische Exemplar verdient, schon seiner stilgetreuen Arbeit halber, auf alle Fälle das grössere Zutrauen. Bei Marchese Chigi in Siena soll sich, nach Angabe von Amelung, eine dritte Wiederholung befinden*).

*) Von Petersen in seinem Berichte über diese Sammlung, röm. Mitt. d. J. 1893, p. 347 ff., noch nicht erwähnt.

Fig. 7.

Fig. 8.

Fig. 9.

528 links. Griechisches Grabrelief.

Rom, Palazzo Barberini.

Matz-Duhn 3729. Arch. Zeit. XXIX (1871), Taf. 53,2; p. 138 ff. (Michaelis). Bei Beiden ältere Litteratur. Annali d. J. 1871, p. 210 (Matz). Pauly-Wissowa, s. v. Χιτών, Sp. 2320 (Amelung).

Von unbekannter Herkunft. Hoch (von unten bis zur wagerechten Fuge über den Köpfen) 1,43 m, breit 1,175 m. Ergänzt sind: das ganze Oberteil des Reliefs von oberhalb des Kopfes der sitzenden Frau an, mit Kopf und linker Hand der stehenden, der ganze Baum*) und die untere rechte Ecke des Reliefs. Der Kopf der sitzenden Frau ist alt und zugehörig. Das Relief war einmal mitten durch in drei Teile gebrochen.

Zwei vollbekleidete Frauen, die eine stehend, die andere sitzend, sind einander gegenübergestellt. Ob Beide als Verstorbene zu denken sind oder nur die Eine, ging aus der jetzt fehlenden Inschrift des Reliefs hervor. In der Darstellung selbst erinnert Nichts an Tod und Jenseits: eine einfache Scene freundschaftlicher Unterhaltung. Schwierigkeit bereitet die Deutung des Gegenstandes in den Händen der Sitzenden. Es scheint die Spindel gemeint zu sein, die in der Linken gehalten wird, während die Rechte den Faden zieht.

Das Relief steht seinem Stile nach dem Friese des Parthenon nicht fern. Grabreliefs aus dieser Zeit, von solchen Dimensionen und von solcher Güte der Ausführung, sind nur wenige auf uns gekommen. Der Kunstsammler, der die Platte im Altertum nach Rom entführt haben wird, war offenbar ein Kenner von feinem Geschmack. Auch heute noch gehört das Relief zu den edelsten Werken griechischen Meissels, die in Rom erhalten sind.

*) „Die Grenze des Ergänzten läuft unmittelbar an Kopf und Rücken der sitzenden Figur hin" (Michaelis). „Ein kleines Stück dicht am Sitz ist antik, aber modern überarbeitet" (Amelung).

Verlagsanstalt F. Bruckmann A.-G.
München 1902.

528 rechts. Grabrelief der Demetria und Pamphile.

Athen, Dipylon.

Conze, die attischen Grabreliefs Taf. XL; n° 109; dort die ältere Litteratur. Friederichs-Wolters 1051.

„Gefunden 1870. Pentelischer Marmor. Hoch 2,15. Breit jetzt 1,45. Die Seitenwände sind neu, der Giebel ist beschädigt, die Verletzung des Bildwerkes gering; die Nase der stehenden, eine grosse Zehe und einzelne Finger der sitzenden Figur sind bestossen, auch fehlen ein Stuhlbein [das jetzt ergänzt ist] und Teile der Stuhllehnen. Über dem Sockel aus Porosstein war das Grabmal aus vier Marmortellen aufgebaut, dem Giebel, der Reliefplatte und den beiden Seitenwänden. Innerhalb der jetzt 0,40 tiefen Nische tritt das Relief bis zur völligen Freiheit einzelner Teile über die Hintergrundplatte vor" (Conze).

In welchem persönlichen Verhältnisse die beiden Frauen zu einander gestanden haben, ob Verwandte oder nur Freundinnen, können wir nicht mehr sagen. Die stehende, Demetria, ist durch Gesichtszüge und Haartracht als die ältere charakterisiert. Sie trägt ausser dem Mantel zwei Chitone, von deren unterem man die geknöpften Halbärmel sieht.

Das Grabmal gehört durch seine Grösse und die Höhe des Reliefs zu den hervorragendesten des 4. Jahrhunderts. Die Arbeit ist nicht sonderlich fein und empfunden, aber sie verdient auch nicht den Tadel der Aeusserlichkeit und Plumpheit, den man ihr gespendet hat. Ungefähr die Mitte des 4. Jahrhunderts wird die Entstehungszeit sein.

Wir haben das Relief mit Absicht auf die gleiche Tafel wie das barberinische gesetzt, zur Vergegenwärtigung der stilistischen Unterschiede der sepulcralen Reliefplastik im 5. und im 4. Jahrhundert. Die Gestalten der phidiasischen Epoche leben für sich, glauben sich unbeobachtet, sind in gemeinsamer Handlung begriffen. Die Figuren des 4. Jahrhunderts hingegen haben sich in schöner Pose zurechtgesetzt, actionslos, nur durch das Bestreben, dem Beschauer Eindruck zu machen, mit einander verbunden. Auf den Grabreliefs der hellenistischen Zeit endlich stehen die Figuren oft wie statuarische Typen völlig unverbunden und zusammenhanglos nebeneinander.

Verlagsanstalt F. Bruckmann A.-G
München 1902.

529. Statue des Hypnos.
Madrid, Prado.

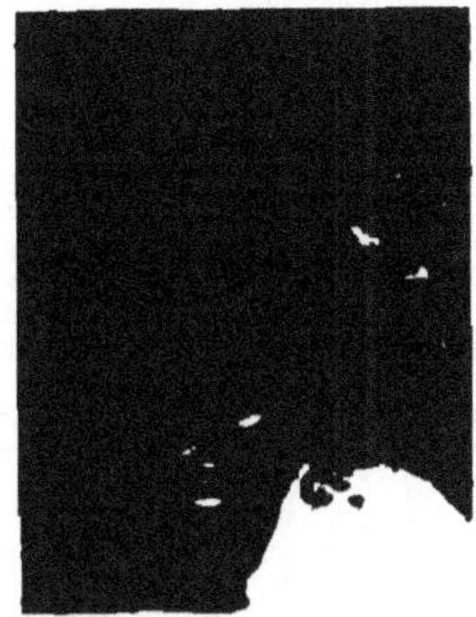

Kopf der Madrider Hypnos-Statue.

Inventar 530. Hübner 39; hier und bei Friederichs-Wolters 1287 die ältere Litteratur. Winnefeld, Hypnos (1886), p. 7 ff. Roscher, myth. Lexikon s. v. Hypnos, Sp. 2849 f. (Sauer). Brunn, griech. Götterideale p. 26 ff. Furtwängler, Meisterwerke p. 648 ff. Collignon, hist. de la sculpt. gr. II, p. 357 f. Bulle-Hirth, der schöne Mensch, Taf. 160. Klein, Praxiteles, p. 133 ff. Amelung, Führer durch die Antiken in Florenz, n° 260.

Hoch 1,50 m (nach Hübner), also etwas unterlebensgross. Der Fundort der Statue ist unbekannt. Ihre Erhaltung ist selten vorzüglich; es ist nichts an ihr ergänzt. Die Oberfläche ist durch Putzen verdorben. Der untere Teil der Rückseite des Stammes ist glatt gearbeitet: offenbar stand mit dieser Seite die Statue vor einem Hintergrunde. Daraus ergiebt sich, dass der Gesichtspunkt, von welchem aus diese Kopie betrachtet werden sollte, derjenige der auf unsrer Tafel links befindlichen Aufnahme ist. Dabei muss allerdings ursprünglich der grösste Teil des schönen Kopfes von dem erhobnen rechten Arme verdeckt worden sein. Die Arbeit der Kopie ist ziemlich langweilig und leblos.

Zahlreiche Wiederholungen des Typus*) in kleinen Bronzen, an welchen die Arme zum Teil erhalten sind, lehren, dass dem Gott in die erhobene Rechte ein Horn zu geben ist, aus dem er den Schlummer auf die Ruhenden herniedergiesst, in die Linke ein Mohnzweig. Leichten Schrittes und unhörbar, den Boden kaum mit den Füssen berührend, wandelt er über die Erde. Frieden und Erquickung bringt er den Müden. An den Schläfen spriessen ihm Flügel, nicht zu kräftiger Bewegung gespannt, sondern matt gesenkt, wie die Schwingen eines Nachtvogels, der still durch die Büsche streicht. Es ist, als solle ihr leises Fächeln den Schlummer auf die Augen des Träumenden niederwehen. Der Blick des Gottes ist ohne festes Ziel; denn er wechselt mit jedem Schritte, den der Gott vom einen Schläfer zum andern thut.

*) Zu den bisher bekannten ist die kopf- und armlose Bronzestatue im Besitze der Wittwe des bekannten Staatsmannes Antonio Cánovas del Castillo in Madrid hinzuzufügen: publiciert von D. Juan de Dios de la Rada y Delgado in „Historia y Arte“ (Madrid, 1895), I, p. 186 und Tafel. Als Tanzender aufgestellt; von den Beamten des Dresdner Museums nach dem dort befindlichen Abgusse als Replik des Hypnos erkannt. Gefunden in Jumilla (Murcia). Hoch 0,71 m.

Verlagsanstalt F. Bruckmann A.-G.
München 1902.

Es kann nur einer der wahrhaft grossen Künstler sein, dem wir diese herrliche Erfindung verdanken. Sie ist eine der reinsten und deutlichsten Offenbarungen griechischen Kunstgeistes. Alles an ihr ist Leben, unmittelbare, aus der Empfindung herausgeborene Natur, keine reflectierte Abstraction. Das wird besonders deutlich, wenn wir Darstellungen des Schlafgottes daneben halten, die die nüchterne, verstandesmässig arbeitende römische Kunst geschaffen hat. Da hat sich die zarte und milde Gestalt des jugendlichen Hypnos in einen bärtigen, struppigen Alten verwandelt, der müde auf einen Stab gelehnt steht und schläft. Die Wirkung seiner Gabe hat ihn selbst gepackt. Das ist kalt realistische Deutlichkeit, keine Poesie mehr. Ein verstandesmässiger Begriff an Stelle einer lebendig handelnden Individualität. Aber auch gegenüber seinen unmittelbaren Vorgängern hat der Meister der Hypnosstatue einen grossen Schritt vorwärts gethan. Das Bild eines schönen, sanften Jünglings, der, mit mächtigen Schulterflügeln geschmückt, seinem älteren Gefährten, dem Todesgotte, bei der Bestattung der Verstorbnen zur Hand geht, fand er bereits von der Kunst ausgestaltet vor. Aber diese Figur hat noch wenig Persönliches, Individuelles; ohne die Namensbeischrift und ohne Kenntnis der Typik würden wir sie kaum richtig zu deuten vermögen. Die scharfe und präcise Charakteristik des Hypnos als Dämons des Schlafes, die formale Wiedergabe des eigentlichen, innersten Gehaltes in seinem Wesen, kurz die Schaffung des Ideales dieser Gottheit, das scheint, soweit wir heute zu sehen vermögen, das Werk dieses Künstlers allein zu sein. In der Gestaltung der äussern Erscheinung des Gottes verzichtete er dabei auf die grossen Rückenflügel und ersetzte sie durch die kleineren, die aus den Schläfen wachsen. Sicherlich mit tieferer Absicht; denn ohne Not hätte er sich nicht dieses so wirkungsvollen Schmuckes begeben. Eines der Attribute, die er dem Gott verliehen hat, giebt, glaube ich, die Erklärung. Hypnos giesst nicht nur aus dem Horne in seiner Rechten die einschläfernden Säfte auf die Müden herab, sondern er berührt auch ihre Schläfen mit dem Mohnzweige, der, „von lethaeischem Taue feucht“ *), ihnen Vergessenheit bringt. Der Gott schwebt also nicht in den Lüften, sondern er wandelt über das feste Erdreich dahin, durch die Reihen der Schlafenden hindurch. Aber wie dem auch sei, in jedem Falle hat der Künstler seine Absicht, den Gott des Schlafes zu verkörpern, in klarster und idealer Weise erreicht. Hauptmittel des Ausdrucks ist natürlich der Kopf, dessen Einzelbildung wir an der bei Perugia gefundenen Bronzereplik des British Museum *), einer vorzüglichen Arbeit, besser verfolgen können. Brunn hat ihm eine seiner tiefsinnigsten und scharfsichtigsten Untersuchungen gewidmet **), auf deren Lectüre hier verwiesen sei. Er weist darin nach, wie die Bildung der Einzelzüge des Gesichtes durch die aus den Schläfen herauswachsenden Flügel bedingt wird und wie jede Form mit weiser Berechnung nach dem Vorbilde, das die Kopfstructur nächtlicher Vögel bietet, aufgebaut ist. Von nicht geringerem Reize ist der zarte, schwellend weiche Körper, der ausgesprochne Chiasmus der Glieder, durch den aber die Schönheit des Gesammtconturs nicht beeinträchtigt wird, das Momentane der ganzen Stellung.

Sind wir im Stande, den Namen des Meisters zu nennen, der dieses eigenartig anziehende Werk geschaffen hat? Man brachte es früher mit Praxiteles in Verbindung, da die weiche Behandlung der Form an die Werke dieses Künstlers erinnert, ein Détail, wie die seitlich unter die Kopfbinde durchgesteckten Haarbüschel, sehr ähnlich am Kopfe des Sauroktonos wiederkehrt. Von anderer Seite ist dann, meines Erachtens mit unzulänglichen Mitteln, der Versuch gemacht worden, die Erfindung der Statue dem Feuergeiste des Skopas zuzuweisen. Soll es uns mit dem Hypnos ergehen wie mit den Niobiden, bei denen schon das Altertum zwischen Skopas und Praxiteles schwankte und die auch heute noch nach ihrem Meister suchen? oder haben wir es, wie wahrscheinlich bei den Niobiden und bei der Demeter von Knidos, mit einer dritten Künstlerpersönlichkeit zu thun, die vom Einen wie vom Andern formale Elemente in sich aufnahm und zu einem neuen Ganzen verarbeitete? Mir will scheinen, dass es falsch war, den Gedanken an Praxiteles gänzlich aufzugeben ***). Die Ähnlichkeit in der Bildung von Stirn und Haar und Gesichtsoval mit dem Sauroktonos ist auffallend stark; die abweichende Bildung einzelner Formen ist bedingt durch das besondere Wesen der darzustellenden Persönlichkeit. Und in der Körperbildung ist Nichts, was den Stileigentümlichkeiten des Praxiteles widerspräche. Einem andern aber, als einem Meister ersten Ranges, können wir kaum eine so tiefe Erfindung zutrauen. Zur völligen Sicherheit freilich lässt sich Mangels positiver

*) Vergil, Aeneis, V, 854.

*) Brunn-Bruckmann Taf. 235.

**) Annali d. J. 1868, p. 351 ff. Griechische Götterideale p. 26 ff.

***) So urteilt auch Klein a. a. O.

Zeugnisse die Urheberschaft des Praxiteles nicht erheben.

Das Original war zweifellos, wie schon das Vorhandensein einer grossen Wiederholung in diesem Material beweist, aus Bronze. Ihm fehlte natürlich der Stamm am linken Bein, der bei der Marmorcopie zur Stütze erforderlich war. Zwei Eidechsen klettern an ihm empor; vielleicht wollte, wie man gemeint hat, der Copist mit ihrer Anbringung das leise, unhörbare Auftreten des Gottes andeuten, das selbst diese scheuen Tierchen nicht in ihrem Spiele zu stören vermag.

530. Zwei Reliefs aus der Zeit des Marc Aurel.

Rom, am Constantinsbogen.

Über die Zusammensetzung des Reliefschmuckes des Constantinsbogens im Allgemeinen s. Petersen, vom alten Rom, p. 40 ff.

Die beiden hier abgebildeten Reliefs sind in die rechte Hälfte der Attika der Südseite des Bogens eingelassen (s. die Gesammtvedute bei Petersen, a. a. O., p. 39, Abb. 29). Sie bilden eine Serie mit den sechs andern Reliefs der Attika beider Langseiten; drei weitere Bestandteile dieser Reihe (Brunn-Bruckmann Taf. 268b und 269; Helbig, Führer² I, 559—561) sind in den Conservatorenpalast gelangt. Da die letzteren ehemals in der Kirche Santa Martina e San Luca sich befanden, die auf den Resten der von Caesar am Forum errichteten Curia Julia sich erhebt, so vermutet man, dass die ganze Reliefreihe ehemals zu einer späteren Decoration dieses Gebäudes gehört habe.

Gegenstand der Darstellungen waren Scenen aus dem Leben, nicht, wie man früher glaubte, des Traian, sondern, wie Petersen (Röm. Mitt. d. J. 1889, p. 317; 1890, p. 73 f.) nachgewiesen hat, des Marc Aurel.

Das Relief links:

Abg. bei Bellori, veteres arcus, Taf. 27, bei Rossini, gli archi trionfali (Roma 1836), tav. 71, bei Canina, edifizj di Roma IV, tav. 249, Fig. 2 und bei Guhl und Koner, Leben der Griechen und Römer⁶ p. 804, Abb. 1002. Modern ergänzt*) ist der oberste Teil des Reliefs sowie Einiges an den Rändern — im Einzelnen auf dem Lichtdrucke deutlich sichtbar —, ferner der Kopf des Kaisers**).

Dargestellt ist das Opfer der suovetaurilia, das der Kaiser — wie man aus seiner militärischen Umgebung schliessen darf, bei Gelegenheit eines Triumphes — dem capitolinischen Juppiter und den anderen Gottheiten des Krieges darbringt. In der Mitte Marc Aurel selbst, in der feierlichen Toga, eine Rolle in der Linken, mit der Rechten in die Flamme des vor ihm stehenden Dreifusses Weihrauch streuend. Er hat denselben dem Kästchen entnommen, das der Camillus, der lockige, bekränzte Opferknabe, ihm entgegenreicht. Der Ton der Doppelflöte, die der Bärtige rechts vom Kaiser bläst, begleitet die heilige Handlung. Diener führen die Opfertiere herbei: links, das Doppelbeil über der Schulter, der jugendliche Popa, mit dem Stier, den er mit der Rechten am rechten Horne packt; zu beiden Seiten des Kaisers kleiner gebildete bärtige victimarii mit Widder und Eber, deren Leiber mit Kränzen oder Binden umwunden sind. Der Hintergrund des Reliefs ist durch Gestalten der militärischen Begleitung des Kaisers gefüllt. Rechts vom Camillus zwei Tubabläser, deren Fanfaren dem Heere den Vollzug des Opfers verkünden. Jenseits von diesen eine grössere Zahl behelmter Krieger mit Reiterfahnen (vexilla)*), und links sich anschliessend Träger von Feldzeichen**), nach Barbarensitte mit Tier-

*) Nach Mitteilung von E. Petersen, dem ich auch verschiedene Hinweise zur Deutung der einzelnen Figuren verdanke.

**) S. hierüber Petersen, röm. Mitt. 1890, p. 74, und Bernoulli, röm. Ikonographie III, p. 222 f.

*) Unklar bleibt Zweck und Anbringung der beiden grossen täniengeschmückten Kränze jenseits dieser vexilla. Ob besondere dona militaria gemeint sind (vgl. z. B. v. Domaszewski, Fahnen, p. 31, n° 3, Fig. 5)?

**) Zu den Einzelheiten dieser Feldzeichen vgl. v. Domaszewski, die Fahnen im römischen Heere (Abh. d. arch.-epigr. Seminars d. Universität Wien, V, 1885).

Links ein Praetorianersignum, aus Gold zu denken. Zu unterst an der Fahnenstange drei geschuppte, wohl aus Metall bestehende, umgekehrte Becken (offenbar keine „Quasten", wie Domaszewski auf anderen Monumenten diese Gegenstände bezeichnet), darüber eine corona muralis, ihr folgend eine imago mit dem (verstümmelten) Bilde des regierenden Kaisers, und zu oberst ein Querholz, von dem ein vexillum und an den Seiten Bänder herabhängen. Die (jetzt fehlende) Spitze war vermutlich von einem Adler gekrönt. Die für die Signa der Prätorianer, der kaiserlichen Leibgarde, sonst charakteristischen Blätterkränze (coronae aureae) fehlen.

In der Mitte der Legionsadler. Er steht auf einem capitellartigen Postamente, das auf der Fahnenstange befestigt ist. In den Krallen hält er das Blitzbündel, im Schnabel einen undeutlichen Gegenstand (kaum eine Eichel, wie bei Domaszewski a. a. O. p. 29, Fig. 3). Um seine aufgerichteten Flügel scheint eine corona (muralis? vgl. Domaszewski p. 33, Fig. 9) als Ehrenzeichen geschoben zu sein.

Rechts ein Legionssignum, mit silbernen Ordensauszeichnungen geschmückt. Über dem Schuppenbecken ein Halbmond, wohl apotropäischer Bedeutung, und darüber vier phalerae. Die Ergänzung des obersten Teiles wird im Wesentlichen das Richtige treffen: auf einem Querholze, das mit purpurnen Bändern an seinen Enden geschmückt und mit einer vertieften Fläche versehen ist, die die inschriftliche Angabe des Truppenkörpers trägt, das krönende Zeichen — hier als Adler mit gesenkten Flügeln ergänzt, sonst wohl auch in der Gestalt einer Hand oder eines der Tierbilder, oder ein einfacher Kranz.

Verlagsanstalt F. Bruckmann A.-G.
München 1902.

fellen auf dem Haupte. Unter ihnen, aber nicht zu ihnen gehörig, offenbar aus dem nächsten Gefolge des Kaisers, die vornehme Physiognomie eines unbedeckten Bärtigen, der wir auch sonst häufig in der Umgebung des Marc Aurel begegnen*). Es ist der Schwiegersohn und Generalstabschef des Kaisers, Claudius Pompeianus.

Von Triumphen des Marc Aurel sind uns zwei besonders überliefert: 166 über die Parther, 176 über die Germanen und Sarmaten. Da er den ersteren mit L. Verus, seinem Adoptivbruder und Mitregenten, gemeinsam feierte, derselbe aber auf den Reliefs nirgends mit dargestellt ist, auch das Praetorianersignum links nur ein Kaiserbild enthält, so handelt es sich offenbar um eine Feier nach dem Tode des Lucius Verus († 169), vermutlich also um den germanischen Triumph.

Das Relief rechts.

Abgebildet bei Bellori a. a. O. Taf. 26, bei Rossini a. a. O. tav. 71 und bei Canina a. a. O. tav. 249, fig. 2.

Ergänzt sind auch hier Teile des Reliefrandes und das obere Stück der Platte, sowie der Kopf des Kaisers.

Dargestellt ist die allocutio, die Anrede des Herrschers an sein versammeltes Heer. Er steht auf einer Estrade, dem Tribunal, mit Tunica und Paludamentum und, wie es scheint, auch kurzen Hosen bekleidet, und erhebt die Rechte zur Ansprache. Hinter ihm, ebenfalls auf dem Tribunal, sein General und Verwandter Claudius Pompeianus, dem wir bereits auf dem eben besprochenen Relief begegneten. Als Vertreter des Heeres erscheinen Soldaten verschiedener Waffengattungen: in der Mitte Legionare mit dem Schienenpanzer*), ihnen zur Seite Krieger in Schuppen- und Plättchenpanzern**), im Mittelgrunde zwei durch das Tierfell charakterisierte Fahnenträger.

Die ganze Serie der Reliefs beweist, wie Vortreffliches die Kunst in dieser Periode auf dem Gebiete historischer Darstellung zu leisten noch im Stande war. Auf dem Opferrelief zwar ist die Composition etwas gedrängt und unbeholfen, die Figuren des letzten Grundes, um noch gesehen zu werden, unnatürlich in die Höhe geschoben, die Gestalten der beiden victimarii, bärtiger Männer, aus Raumzwang in Kindergrösse gebildet. Aber einzelne Figuren, wie der tubablasende Legionar am rechten Ende des Reliefs, der opfernde Kaiser, sind vorzüglich gedacht. Bedeutend höher an Kunstwert steht das Relief der Allocutio, auf welchem sowohl die Figur des Marc Aurel als vor Allem die trotzigen und wetterfesten Gestalten seiner Krieger von hoher Schönheit sind. Die Gesammtanordnung der Figuren ist einfach und übersichtlich, und mit Aufwand von geringen Mitteln ist ein lebendiges Bild des an sich wenig bedeutungsvollen Vorganges gegeben.

*) Petersen, röm. Mitt. d. J. 1890, p. 74. v. Domaszewski, die Religion des römischen Heeres (Westdeutsche Zeitschrift für Geschichte und Kunst, 1895), p. 6. Petersen, v. Domaszewski, Calderini, die Marcussäule. Text, pag. 43 f.

*) Petersen etc., die Marcussäule, p. 44.

**) Der Panzer scheint aus kleinen, quadraten, in der Mitte durchbohrten Metallplatten zu bestehen, die auf den Ledergrund aufgeheftet sind.

531. Drei nordgriechische Reliefs.

Athen, Nationalmuseum.

Mitte: Oberteil einer Grabstele aus Abdera in Thrakien.

Kavvadias 40; dort weitere Litteratur, aus welcher hervorzuheben: Friederichs-Wolters 35. Sitz.-Ber. d. bayr. Akad. 1876, p. 327 f. (Brunn). Bull. de corr. hell. IV (1880), pl. 8, p. 256 ff. (Pottier). Athen. Mitt. VIII (1883), Taf. VI, 3, p. 91 f. (Brunn). — Collignon, hist. de la sculpture grecque I, p. 273 f. Ath. Mitt. 1890, p. 215 (Heberdey). Brunn, Kunstgeschichte II, p. 212 f.

Thessalischer Marmor (nach Lepsius, Marmorstudien p. 89, n° 230). Hoch 0,48 m, breit 0,39 m bis 0,46 m, tief 0,15 m. Über dem oberen, aus Kymation und Abacus bestehenden Abschlusse der Stele erhob sich ehemals eine Palmette als Krönung, von der jetzt nur noch Spuren vorhanden sind. Von der ursprünglich nicht ganz lebensgrossen Figur selbst ist nichts als der Kopf und ein Stück der rechten, gewandbedeckten Schulter erhalten. Die Körperhaltung mag ähnlich wie auf der Alxenor-Stele (Brunn-Bruckmann Taf. 41b) oder dem Neapler archaischen Grabrelief (ebenda Taf. 416) gewesen sein. Das sorgfältig ausgeführte Haar ist von einer Schnur zusammengehalten; drei Löcher in derselben, in deren oberstem noch Reste von Bronze stecken, dienten zur Befestigung metallnen Schmuckes.

Das Relief gehört zu denjenigen Sculpturen nordgriechischen Fundorts, aus deren damals noch geringer Reihe Brunns scharfer und sicherer Blick die Exsistenz einer eigenartigen Kunstübung jener Gegenden in der archaischen Periode zuerst erkannt hat. In der Zwischenzeit hat sich das Material beträchtlich vermehrt, und es ist gelungen, aus der grossen Gesammtgruppe einer „nordgriechischen" Plastik die Werke wenigstens einer Kunstprovinz, Thessaliens, als durch ganz besondere Stilmerkmale geeint, bestimmt herauszuheben*). Für die anderen Gegenden Nordgriechenlands, Thrakien und Makedonien einerseits, die Inseln andererseits, fliessen die Quellen der Anschauung auch heute noch spärlich, und es ist wohl hauptsächlich deshalb noch nicht in überzeugender Weise gelungen, für ihre Kunstproducte, die in einzelnen Erscheinungen allerdings eine gewisse Verwandtschaft zeigen, einen einheitlichen Gesammtstil nachzuweisen. Auf der andern Seite muss man allerdings zugestehen, dass die Kunstart keines dieser Werke sich mit einer aus andern Landschaften Griechenlands uns bekannten vollkommen deckt. Diese Beobachtung gilt auch für das vorliegende Relief von Abdera. Denn sein „pastoser" Stil ist ebensoweit von der streng linearen Zeichnung spartanischer Reliefs, von dem anatomischen Verständnis aeginetischer Arbeiten, als von der quellend üppigen und dabei doch formensicheren Art attischer Kunstwerke entfernt. Sehr treffend hat Brunn gesagt, dass die Weichheit der Oberfläche an dem Relief das innere Wesen der Form vielmehr verhülle als erkennen lasse. Die Arbeit ist, bei aller Sorgfalt, etwas auf gefälligen Schein berechnet, mehr malerisch wirkungsvoll, als formal bewusst. In mancher Beziehung hierin verwandt erweist sich hingegen der Stil der archaischen Bildhauerarbeiten von der kleinasiatischen Küste, bei denen der äusserlichen Geschicklichkeit, der technischen Routine, der wirkungsvollen Gesammtanordnung ein in gleichem Masse ausgebildetes inneres Verständnis der Form nicht entspricht.

*) Heberdey a. a. O.

Links: Grabstele eines Jünglings aus Larissa in Thessalien.

Kavvadias 741. Athen. Mitt. XII (1887), p. 72 ff. (Wolters). Bull. de corr. hell. 1888, pl. VI, p. 179 ff. (Fougères).

Die beiden Stücke, in die die Stele zerbrochen war und die genau aneinanderpassen, wurden zu verschiedenen Zeiten und an verschiedenen Orten gefunden: das Unterteil im Jahre 1881 im jüdischen Friedhof von Larissa, das Oberteil sechs Jahre später in dem drei Stunden nördlich von Larissa gelegenen Dorfe Satomwási. Wahrscheinlich war die Stele im Altertum in der Nähe der Stadt Elatiae aufgestellt. Sie kam aus der Schule von Larissa in das athenische Nationalmuseum. Ihre Höhe beträgt 2,46 m, die Tiefe 0,15—0,25 m; in der Mitte ist sie 0,65 m breit. Das Relief selbst ist 1,56 m hoch. Thessalischer Marmor (nach Lepsius, Marmorstudien, p. 89, n° 229).

Der Jüngling ist mit einem kurzärmligen, bis

Verlagsanstalt F. Bruckmann A.-G.
München 1902.

zu den Knieen reichenden, in der Mitte gegürteten Chiton und darüber einer langen Chlamys bekleidet. Beide sind, wie es scheint, aus dickem Wollstoff gefertigt zu denken. An den Füssen trägt er Sandalen, von denen nur die Sohlen plastisch ausgeführt sind, während das Riemenwerk durch Farbe angegeben war. Farbe belebte ehemals offenbar auch das Haar, das jetzt nur als glatte, anliegende Masse erscheint. Das Haupt ist vom Petasos bedeckt, dessen Riemen das Haar durchschneidet. Die in Schulterhöhe erhobne Linke hält einen Apfel, in der Rechten ruht ein Hase*). Beide Attribute waren ursprünglich Liebessymbole; es ist ungewiss, ob sich auch noch in der Zeit, der unser Relief angehört, der tiefere Sinn dieser Beigaben im Bewusstsein lebendig erhalten hatte. Der leere Raum auf der rechten Seite der Reliefplatte, von der linken Hand abwärts bis zu den Füssen, war vielleicht, wie auf der gleichfalls thessalischen Grabstele des Vekedamos**), durch eine Inschrift gefüllt. Die schöne krönende Palmette entbehrt noch des Akanthos.

Das Relief ist ein höchst charakteristischer Repräsentant der älteren thessalischen Kunst***). Typisch ist vor Allem die plumpe Art, wie die Figur steht, mit der Sohle ganz auf dem Boden, ohne Unterscheidung von Stand- und Spielbein. Der um ein Beträchtliches älteren Aristionstele†) gegenüber kein Fortschritt zu grösserer Naturwahrheit. Der Oberkörper, im Gegensatz zu den im Profil gesehenen Beinen, etwas nach vorn gedreht, der untere Teil der Chlamys vorn sogar fast in völliger Vorderansicht; der Kopf hingegen wieder in strengem Profil. Die Verfertiger dieser thessalischen Stelen hatten, wie Heberdey treffend hervorgehoben hat, das Bestreben, möglichst viele Teile von der menschlichen Gestalt zu zeigen, und so kamen sie zu derartigen anatomischen Unmöglichkeiten. Das ist nicht Ungeschick des Einzelnen, sondern, wie die Betrachtung der Gesammtmasse des Erhaltenen lehrt, bewusstes Schulprincip. Auch die Faltengebung der Gewandung, die Bestandteile der Tracht selbst und ihre Anordnung, die Art, wie die Finger einen Gegenstand fassen, die Bildung der Einzelformen des Gesichtes, die Wiedergabe des Haares, die Proportionierung der ganzen Figur: all das hat seine typisch, traditionell wiederholten Züge. In der Behandlung des Détails herrscht dabei eine grosse Zurückhaltung und Einfachheit, die von der Freude der Attiker an reicher und zierlicher Ausgestaltung der Einzelheiten lebhaft absticht. Sparsamkeit in der Modellierung geht damit Hand in Hand. Es ist ganz lehrreich, etwa die Unterschenkel unserer Figur mit denen des Aristion zu vergleichen. Während man am letzteren erkennt, dass Aristokles recht wohl wusste, wie es unter der Haut aussieht, wie Knochen und Muskeln ineinandergreifen, machen die Beine des thessalischen Jünglings den Eindruck ausgestopfter Tricots. Es sei hier wiederum an die Worte Brunns erinnert, die oben bei Gelegenheit des Reliefs von Abdera citiert wurden: dass die Weichheit der Oberfläche das innere Wesen der Form mehr verhülle als erkennen lasse. Offenbar half die bereits erwähnte reichliche Verwendung von Farbe, den Mangel an plastischer Ausarbeitung einigermaassen zu ersetzen.

Das Relief mag kurz vor der Mitte des 5. Jahrhunderts entstanden sein.

*) Das Zeichen ✱ auf dessen Schulter rührt von Benutzung der Reliefplatte in christlicher Zeit her und scheint die Anfangsbuchstaben des Namens Jesus Christus zu enthalten.

**) Brunn-Bruckmann 233b.

***) Vgl. Heberdey in den Athen. Mitt. 1890, p. 207 ff.

†) Brunn-Bruckmann Taf. 41a.

Rechts: Unterteil der Grabstele einer Frau, im Jahre 1883 in einem 2½ Stunden vom thessalischen Larissa entfernten Dorfe, wo sie als Brunneneinfassung diente, gefunden. Aus dem Museum von Larissa in das Nationalmuseum überführt. Höhe 1,25 m, untere Breite 0,62 m, Tiefe 0,15 m. Thessalischer Marmor (nach Lepsius, Marmorstudien, p. 89, nº 228).

Kavvadias 740. Ath. Mitt. d. J. XII (1887), p. 72 ff. (Wolters).

Die Frau trägt den im 5. Jahrhundert üblichen langen gegürteten Chiton mit Überschlag und darüber das Himation, das von den Schultern herabfällt. Die erhobne Rechte kann nicht, wie Kavvadias vermutet, einen Zipfel desselben gefasst haben, da dies durch die Lage der Falten ausgeschlossen wird, sondern sie hielt vermutlich eine Blume oder eine Frucht. Auf dem linken Unterarm ruht ein Hase oder Kaninchen*). Links unten, neben dem rechten Fusse, ein Gegenstand, den man als das vordere Bein eines Stuhles oder einer Kline erklärt; das hintere sei dann in Farbe angegeben gewesen**).

Ebensowenig wie die Grabsteine der Polyxena und des Vekedamos von Larissa***) bei grosser äusserlicher Ähnlichkeit ein Paar bilden, sind die beiden auf unserer Tafel vereinten und aus der gleichen Gegend stammenden Stelen Pendants.

*) Über dieses Attribut vgl. das im Text zur Jünglingsstele von Larissa oben Bemerkte.

**) Heberdey, ath. Mitt 1890, p. 214.

***) Brunn-Bruckmann Taf. 233.

Es ist ohne Weiteres klar, dass der Grabstein der Frau einer jüngeren Periode angehört. Die Gewandung ist die in der Zeit des Phidias und seiner Nachfolger gewöhnliche. Der Stand der Beine ist dadurch etwas naturgemässer, dass das rechte durch Einknicken im Knie als Spielbein charakterisiert ist. Aber das Auftreten mit vollen Sohlen hat das Relief noch mit den älteren Stücken gemein, und auch der Wendung des Oberkörpers nach vorn — die linke Brust ist ganz in Vorderansicht gezeichnet — sind wir bei jenen bereits begegnet. Die geschwungnen, wie mit dem Zirkel geschlagnen Falten am linken Ärmel*) erinnern direct noch an die altertümliche Kunstart des in den Ath. Mitt. d. J. 1890, Taf. VII abgebildeten Reliefs aus Tyrnavo. So zeigt sich auch hier, im Fortschreiten zu einer jüngeren Epoche, die feste, schwer zu durchbrechende traditionelle Typik der alten Handwerkerzunft.

Nahe Verwandtschaft verbindet unser Relief, nicht nur in der allgemeinen Stellung und Anordnung, mit der Stele der Polyxena, der es ungefähr gleichzeitig sein mag. So sei noch auf die zwischen den Beinen sich abwärts ziehenden Längsfalten als ein besonders charakteristisches Motiv des thessalischen Typenschatzes hingewiesen. Doch zeigt die Polyxena, wenn vielleicht auch weniger sorgfältig in der Durchbildung des Einzelnen, einen Fortschritt in der richtigen Profilbildung des Oberkörpers.

*) Die Trennung von Chitonärmel und Chitonüberschlag, die jetzt unklar erscheint, wurde wahrscheinlich durch die Bemalung deutlicher hervorgehoben.

532. Weibliche Herme.

Rom, Villa Albani.

Nº 63 des Kataloges von Morcelli, Fea, Visconti (1869). — 50. Berliner Winckelmannsprogramm p. 130 (Furtwängler). — Furtwängler, Meisterwerke p. 90.

Der Kopf ist mit dem Hermenbruststück erhalten und ungebrochen. Ergänzt ist nur die Nase, der Rand des linken Ohres und eine Haarpartie über der linken Stirnhälfte. Ungeputzt. Die Gesichtslänge soll 0,175 m betragen.

Die Tracht des vorn aus der Stirn gestrichnen und in der Mitte gescheitelten, hinten aufgenommenen, vom Wirbel aus in gleichmässigen Wellen über den Schädel sich verteilenden Haares stimmt, wenn auch nicht in der viel einfacheren Ausführung, so doch in der Anlage, im Wesentlichen mit der Frisur des von Furtwängler auf die Athene Lemnia des Phidias bezognen Bologneser Kopfes*) überein, und auch die Bildung der Gesichtsformen trägt durchaus den Charakter attischer Werke aus der Mitte des 5. Jahrhunderts. Wir haben es danach höchst wahrscheinlich mit einer Schöpfung desselben Künstlers oder wenigstens desselben Kunstkreises zu thun, dem jener schöne Kopf entstammt — wenn Furtwängler Recht behält, also des Phidias oder seiner Schule.

Wen der Kopf darstellt, vermögen wir nicht mehr mit Sicherheit zu sagen. In der Villa Albani trägt er ohne jeden Grund die Bezeichnung Erinna. Die Haartracht und das schlanke, jungfräuliche Aeussere könnten an eine Amazone denken lassen, die ja auch von Phidias dargestellt worden war*). Zum Matteischen Amazonentypus, den man mit Wahrscheinlichkeit auf diesen Künstler zurückführt und der noch des sicheren Kopfes entbehrt, würde die Wendung der Albanischen Herme zur l. Schulter**) passen. Doch wird man hier über Vermutungen nicht hinauskommen. Repliken des schönen Typus sind mir nicht bekannt. Die Arbeit der Copie ist von mässiger Güte, aber in den Hauptsachen wohl getreu.

*) Furtwängler, Meisterwerke, Taf. III.

*) Furtwängler, Meisterwerke p. 296 ff.

**) Auf unsrer Aufnahme, die das Gesicht selbst direct von vorn zeigt, leider nicht gut ersichtlich.

— — —

Verlagsanstalt F. Bruckmann A.-G.
München 1902.

533. Attische Urkundenreliefs.

Athen, Nationalmuseum.

Links.

Gefunden 1891 beim Bahnbau Athen-Piraeus. Die Platte war im Altertum zur Bedeckung einer Wasserleitung verwendet worden, wodurch ihre Oberfläche beträchtlich gelitten hat. Parischer Marmor. Höhe der gesammten Stele 2,35 m, des (nicht mit abgebildeten) Schaftes, der die Inschrift trägt, 1,78 m, Breite des Reliefs selbst 0,67 m, Tiefe 0,31 m. — Deltion 1892, p. 56 ff. (Lolling).

Ein Bärtiger, in kurzem, gegürteten Chiton, das Himation über die linke Schulter geworfen, tritt von rechts her mit erhobner Rechten einem Götterpaare entgegen. Hinter ihm bemüht sich sein kleiner Diener, das Streitross zu zügeln. Von den Gottheiten ist die am linken Ende des Reliefs stehende Athena durch das helmbedeckte Haupt deutlich charakterisiert. Sie trägt den langen Chiton mit gegürtetem Überschlage; über die Arme hat sie eine Art von Chlaina geworfen. Auf der Mitte der Brust ist, wie es scheint, eine kleine Medusenmaske, die die Stelle der Aegis vertritt, angebracht. Die erhobne Linke fasste die, ursprünglich durch Farbe wiedergegebne, Lanze. Der Göttin zur Seite, dem Adoranten zunächst, steht ein älterer Gott, mit langem Haar und Bart, von ehrwürdigem Aussehen, in das Himation gehüllt, das Brust und rechten Arm freilässt. Seine Rechte ist nach vorn gestreckt: ob sie ebenfalls ein ehemals gemaltes Attribut hielt oder ob sie eine Gabe empfing, die der Adorant ihr mit der Rechten reichte, lässt sich infolge der Zerstörung dieser Teile nicht entscheiden.

Die auf dem Schafte angebrachte Inschrift besteht aus zwei zu verschiedenen Zeiten erlassenen Psephismata, die sich aber auf den nämlichen zu Ehrenden beziehen. Das obere, unter dem Archontate des Kephisodoros 323/2 gegeben, enthält den Volksbeschluss, den Euphron, den Sohn des Adeas aus Sikyon, wegen seiner Verdienste um Athen zu beloben, und die gleiche Ehrung solle der Heimat des Adeas, dem Demos der Sikyonier, widerfahren und ein goldner Kranz ihr gestiftet werden. Die untere, 5 Jahre später, 318/17, unter dem Archontate des Archippos eingemeisselte Inschrift berichtet den Beschluss einer weiteren Ehrung des Euphron wegen seiner und seiner Vorfahren Verdienste*). Das Relief ist natürlich der älteren Inschrift gleichzeitig.

Die Inschriften geben uns auch die Mittel zur genaueren Benennung des bärtigen Gottes an die Hand. Die Ehrenurkunde, so sagen sie, solle in zwei Exemplaren ausgefertigt werden, deren eines auf der Akropolis, das andere „beim Zeus Soter“ aufzustellen sei. Eine Statue des Zeus Soter oder Eleutherios befand sich in Athen auf dem Markte, vor der Halle, die man ihm, dem Retter und Befreier, vermutlich nach den Perserkriegen zum Danke geweiht hatte. Ein zweites Heiligtum hatte er im Piraeus, zusammen mit der hier Soteira, die Retterin, genannten Athene. Die Annahme liegt nahe, dass unser Relief die Cultstatuen dieses Temenos im Piraeus wiedergiebt**) und dass es ursprünglich an diesem Platze aufgestellt war, von dem es dann bereits im Altertum verschleppt wurde. Der Zeus Soter im Piraeus hielt, wie berichtet wird, allerdings Scepter und Nike; doch bildet der Mangel dieser Attribute auf dem Relief keinen zwingenden Beweis gegen die vorgeschlagne Identification, da die Götterfiguren auf den Kopfleisten der Urkundenreliefs ja nicht als exacte Copieen statuarischer Vorlagen, sondern wie lebendig gewordne Cultbilder anzusehen sind, die, nur in den Hauptzügen getreu, nichts als ein allgemeines Erinnerungsbild hervorrufen sollen. Aber es ist ebensogut möglich, dass der Zeus des Reliefs vielmehr auf die vor seiner athenischen Halle aufgestellte Statue zurückgeht und dass das Relief von dort her an seine spätere Fundstelle verbracht worden ist. Die Figur des Zeus hat jedenfalls einen Stilcharakter, der der Entstehungszeit des Reliefs selbst beträchtlich vorausliegt: der Kopftypus sowohl***) als die Anordnung des Himations†) weisen auf die zweite

*) Über die, historisch wichtigen, Einzelheiten dieser Inschriften s. Lolling a. a. O. p. 65 ff.

**) Dass dieselben von Kephisodot gefertigt gewesen seien, ist eine grundlose Behauptung Overbecks; vgl. Hitzig-Blümner, Pausaniae Graeciae descriptio I, 1, p. 121.

***) Vgl. das Zeusköpfchen der Sammlung Somzée: Furtwängler pl. XLI.

†) Vgl. z. B. die Ammonstatue aus Pergamon in Konstantinopel: Joubin 68; Phot. Sébah & Joaillier 23; Reinach, répertoire 12, 9.

Verlagsanstalt F. Bruckmann A.-G.
München 1902.

Hälfte des fünften Jahrhunderts. Der Figur der Athene liegen ebenfalls strenge Vorbilder jener Zeit zu Grunde; doch sind die Einzelheiten der Gewandung in den unruhig-kleinlichen Stil einer späteren Periode umgesetzt. Der Geist einer innerlich leer gewordnen Kunst verrät sich übrigens auch in der Gruppe des Knaben mit dem Pferde, das ruhig steht, während der Knabe mit Aufbietung vieler Kraft in schöner Pose es zu bändigen sich abmüht.

Rechts.

Museumsnummer 1467. Friederichs-Wolters 1161; dort die ältere Litteratur. Gefunden 1876 am Südabhange der Akropolis. Pentelischer Marmor. Gesammthöhe des Erhaltnen — das Unterteil des Schaftes ist gebrochen — 0,98 m; Höhe des Reliefbildes 0,37 m, Breite 0,47 m (nach Sybel 3999). Die Urkunde stammt aus dem Jahre 375, als Hippodamas Archon war. Sie handelt von einem Bündnisvertrage zwischen Athen und Kerkyra (Corfù). Die Vertreterin dieser Insel haben wir offenbar in der in der Mitte des Reliefs stehenden vollbekleideten Frauenfigur zu erkennen, die die Linke in die Hüfte stemmt, mit der Rechten in Schulterhöhe den Kopfschleier fasst. Sie wendet den Blick zu einem am linken Ende des Reliefs ihr gegenübersitzenden Bärtigen. Dieser hat das Himation um den Unterleib geworfen; die Linke ruht im Schooss, die Rechte geht abwärts. Sein Sitz ist nicht näher charakterisiert. Von dieser geschlossnen Gruppe etwas getrennt steht, ihr zugewandt, am rechten Ende des Reliefs Athene, das vom korinthischen Helme bedeckte Haupt geneigt, in der erhobnen Linken offenbar die einst gemalte Lanze aufstützend, die Rechte mit abgestrecktem Zeigefinger gesenkt*). Sie ist mit einem langen ärmellosen Chiton bekleidet und darüber dem Mantel, der über die linke Schulter geworfen ist und bis zu den Knöcheln hinabreicht. Die Aegis fehlt.

Wie der sitzende Bärtige zu benennen ist, ist zweifelhaft. Man schwankt zwischen Zeus und Demos. Aber für Zeus will der anspruchslose Sitz, die gezwungne Haltung, das Fehlen von Scepter und Blitz, die man sich schwerlich aufgemalt denken kann, wenig passen. Gegen Demos andrerseits hat man eingewendet, dass seine Anwesenheit hier eigentlich überflüssig, da ja Athene selbst erschienen sei, um als Vertreterin des attischen Volkes den Vertrag abzuschliessen. Immerhin könnte man annehmen, dass sie sich hier nur als oberste Vertreterin des Staates zeige, unter deren Schutze der Vertrag geschlossen wird, und dazu würde stimmen, dass sie nicht in directe Verbindung mit Kerkyra gesetzt ist, diese sogar ihr abgewandt steht. Auffällig freilich bliebe auch dann, dass Demos in Gegenwart der stehenden Athene sitzt.

Die Figur der Kerkyra zeigt die in der zweiten Hälfte des 5. Jahrhunderts, in der Schule des Phidias, übliche Gewandanordnung. Die flatternden Linien des Schleiers, bei ruhigem Stande der Figur selbst, sind eine Stileigentümlichkeit, die sich besonders ausgeprägt an der Basis der rhamnuntischen Nemesis des Agorakritos findet*). Die Gestalt der Athene reproduciert vermutlich in freier Weise einen gegen Ende des 5. Jahrhunderts in Athen geschaffnen statuarischen Typus der Göttin**).

Mitte.

Friederichs-Wolters 1162; dort die ältere Litteratur. Gefunden 1876 am Südabhange der Akropolis. Pentelischer Marmor. Breite des Erhaltenen 0,47 m, Höhe 0,49 m (nach Sybel 3989). Die Urkunde wurde unter dem Archontate des Molon, im Jahre 362/1, erlassen. Sie betrifft einen Vertrag, den Athen für sich und im Namen des Seebundes mit mehreren peloponnesischen Staaten, vor Allen den Arkadern, abschloss***). Als Vertreterin des einen Vertragteiles erscheint auf der linken Seite des Reliefs Athene, im Typus der phidiasischen Zeit, behelmt, ohne Aegis, die Rechte in die Hüfte gestemmt, mit der Anderen in Kopfhöhe die Lanze fassend, zu ihrer Linken unten den Schild. Sie wendet sich zu ihrer neuen Verbündeten, die, von vorn gesehen, die Mitte des Reliefs einnimmt. Vom Kopfe dieser Figur sind nur noch die Reste der Schulterlocken erhalten. Sie trägt die volle Gewandung der zweiten Hälfte des 5. Jahrhunderts, den Peplos mit Bausch und Überschlag, eine Tracht, die sich noch weit bis ins vierte Jahrhundert hinein gehalten hat†). Ihre Rechte greift in der Höhe der Schulter einen Zipfel des von den Achseln herabfallenden Rückenmantels. Die gesenkte Linke fasst das Scepter (?), dessen oberes Ende wohl durch Farbe

*) Wolters vermutet, dass die Rechte den, ebenfalls einst gemalten, Schild hielt. Doch ist die Bewegung der Finger diesem Vorschlage nicht günstig.

*) Vgl. röm. Mitt. 1901, p. 29 f. und Einzelaufnahmen, Text zu n° 1169 (Amelung).

**) Vgl. z. B. Reinach, répertoire 277,6; 280,4; 292,6.

***) Über die historischen Einzelheiten s. Pauly-Wissowa s. v. Arkadia, Sp. 1130 (Hiller v. Gärtringen) und Ulrich Köhler in den Athen. Mitt. 1876, p. 197 ff.

†) Furtwängler, Originalstatuen in Venedig, p. 309, Anm. 1.

gegeben war. Das Gegengewicht zur Athene bildet auf der rechten Seite des Reliefs die stark zerstörte Figur des nach links hin thronenden, unterwärts bekleideten Zeus, der durch den in der Linken gehaltnen Blitz unzweideutig charakterisiert ist. Wie die weibliche Gestalt in der Mitte des Reliefs zu benennen ist, ist fraglich, da eine Inschrift oder nähere Charakteristica fehlen. Vielleicht trifft die vorgeschlagne Bezeichnung als Peloponnesos das Richtige. Die Scene wäre dann so zu verstehen, dass Zeus als Hüter der Eide bei dem Vertrage zwischen Athen und den peloponnesischen Staaten gegenwärtig ist. Auffällig ist die ganz flache Behandlung des Reliefs, die aber in gleichzeitigen attischen Grabreliefs ihre Analogien hat.

Der hauptsächliche Wert der Urkundenreliefs für die Geschichte der griechischen Plastik besteht darin, dass sie auf das Jahr genau datierbar sind und dadurch sichere Anhaltspunkte für Studien z. B. über die Entwicklung des Reliefstils, über die Geschichte der griechischen Tracht, bieten. Doch darf man für letztere Untersuchungen die Urkundenreliefs nur mit Vorsicht verwenden, da die Götterfiguren dieser Kopfleisten häufig ältere berühmte Typen, in mehr oder weniger freier Abwandlung, wiedergeben.

534. Sclavinnen, attische Grabstatuen.

Berlin, k. Museen und München, k. Residenz.

Links: Sitzende Sclavin, den Kopf auf die linke Hand gestützt. Berlin, k. Museum, n° 498. Furtwängler, Sammlung Saburoff, Taf. XVII. Hoch 0,98 m: lebensgross. Pentelischer Marmor. Abgebrochen: die grosse Zehe des linken Fusses; sonst vortrefflich erhalten und ohne Ergänzungen.

Rechts: Sitzende Sclavin, den Kopf auf die rechte Hand gestützt. Berlin, k. Museum, n° 499. Furtwängler, Sammlung Saburoff, Taff. XV und XVI. Reinach, répertoire 684,4. Hoch 0,99 m. Pentelischer Marmor. Gebrochen waren Hals und rechter Arm; der linke Zeigefinger fehlt.

Beide Statuen wurden in der Gegend des Dorfes Menidi in Attika, auf der Stelle des alten Demos Acharnae, gefunden. Sie waren, wie aus Stellung und Armhaltung hervorgeht, als Gegenstücke*) aufgestellt, etwa zu beiden Seiten eines Grabeinganges. Genauere Angaben über die Anlage, von der sie stammen, sind leider nicht vorhanden.

Mitte: Stehende Sclavin. München, k. Residenz. Arndt-Amelung, Einzelaufnahmen, n° 908—912. Zeitschrift des Münchner Altertumsvereines 1898, p. 14. „Hoch 0,99 m. Pentelischer, stark gebräunter Marmor. Neu: die unterste Spitze der Nase und der rechte Unterarm vom Ellenbogen bis zur Handwurzel (die Hand antik). Viele nicht verglättete Raspelstriche.“ Unbekannten Fundorts, aber nach Stil, Material und äusserem Aussehen offenbar attischer Herkunft und zweifellos ebenfalls von einem Grabe stammend**).

Die Tracht der beiden Berliner Statuen, der grobwollige, gegürtete Chiton mit langen Ärmeln, ist die für Sclavinnen übliche Gewandung, die von freien Frauen nicht getragen wurde. Das über die Beine geworfne Himation, sonst der Sclavinnentracht fremd, ist hier offenbar aus künstlerischen Gründen, um für die unteren Partieen des Körpers einen volleren Abschluss zu gewinnen, hinzugefügt. Um die Achseln geschlungne, hinten gekreuzte Bänder halten den Chiton am Körper fest. Das kurzgeschnittne, ins Gesicht gekämmte Haar ist ein Zeichen der Trauer. An der Münchner Statue ist der Chiton zwar ärmellos*); doch lassen das kurze Haar und die trauernde Stellung keinen Zweifel, dass wir es mit einer Klagenden, der etwas ungriechische Gesichtsausdruck, dass wir es mit einer Sclavin zu thun haben. In dem Kopftypus der beiden Berliner Statuen tritt das barbarische Element weniger deutlich hervor: wurden doch nicht blos Ausländerinnen, sondern auch kriegsgefangne Töchter des Mutterlandes auf den Markt gebracht. Wie die Mädchen treue Dienerinnen ihrer Herrschaft zu deren Lebzeiten waren, so sind sie hier, auf felsigem Sitze, als Wächterinnen der Grabstätte gedacht, „ausdrucksvolle Bilder wehmütiger Hingebung“.

Die Entstehung der drei Statuen fällt ungefähr in die Mitte des 4. Jahrhunderts; alle drei haben in den Motiven der Stellung und Gewandung Bezüge zu praxitelischen Werken. Die Berliner sitzenden Sclavinnen erinern auf das Lebhafteste an Figuren aus dem von Praxiteles geschaffnen Statuencyclus der neun Musen (die sog. Thespiaden**)), und die Münchner Statuette ist untrennbar von jener schönen Artemis- oder Tyche-Figur, die man nach dem Typus des in einer Dresdner Wiederholung erhaltnen Kopfes mit grösster Wahrscheinlichkeit auf den nämlichen Meister zurückführt***).

Die Ausführung aller drei Figuren ist echt attisch flott und sicher, wie die der guten Grabreliefs jener Periode. Nur die wesentlichen Hauptzüge werden gegeben, die Ausführung im Détail tritt zurück. Daher die unerreichte Frische und Lebendigkeit, mit der attische Arbeiten dieser Art wirken. Die Statuen sind auch auf der Rückseite ausgeführt. Von den beiden Berliner Stücken verdient das auf der linken Seite unserer Tafel abgebildete (Kopf auf die rechte Hand gestützt) das Lob sorgfältigerer Ausführung.

*) Unsere Aufnahmen konnten, aus räumlichen Gründen, nicht von ganz entsprechenden Standpunkten aus hergestellt werden.

**) Im Motive verwandt und der Ausführung nach wohl ebenfalls griechisches Original, wenn auch geringerer Qualität, ist die weibliche Statue des Louvre: Phot. Giraudon 1174; Furtwängler, Sammlung Saburoff, Text zu Taff. 15—17; Overbeck, sächs Ber. 1861, Taf. V, b und c, p. 265; Reinach, répertoire, 669, 12, die zwar keine Sclavin darstellt, aber offenbar ebenfalls sepulcralen Charakters ist.

*) So auch an dem den Berliner Statuen im Motiv analogen Exemplare in Athen: Arndt-Amelung, Einzelaufnahmen 621 · Reinach, répertoire, 687, 3, das aber kaum deshalb, wie man gemeint hat, die Verstorbene selbst darstellt.

**) Vgl. Amelung, die Basis des Praxiteles aus Mantinea, p. 31 ff.

***) Furtwängler, Meisterwerke, Taf. XXIX.

Verlagsanstalt F. Bruckmann A.-G.
München 1902.

535. Kopf eines Kentauren (?).

Rom, Conservatorenpalast.

Helbig, Führer[2] I, 589. Mon. d. J. XII, 1; Annali d. J. 1884, p. 50 ff. (Kroker); hier ältere Besprechungen. Roscher, myth. Lexikon s. v. Kentauren, Sp. 1083. Winter-Seemann, Kunstgeschichte in Bildern I, 69, 3. Springer-Michaelis, Handbuch der Kunstgeschichte[6] p. 270.

Gefunden 1874 auf dem Esquilin, auf Piazza Vittorio Emmanuele. „Ergänzt der untere Teil der Nase und die Spitze des linken Ohres." Hoch 0,40 m; also überlebensgross. „Griechischer Marmor." „Der Kopf ist gegenwärtig falsch aufgestellt. Eine Hautfalte, welche den Hals auf der linken Seite in schräger Linie durchzieht, beweist, dass er etwas nach links geneigt war." Dementsprechend ist auch die rechte Stirnseite, die gesehen wurde, besser gearbeitet. „Dass er einen aus Metall gearbeiteten Kranz trug, ergiebt sich aus dem leichten kreisartigen Einschnitte, welcher von den über der Stirn befindlichen Haarmassen längs der äusseren Ohrränder nach dem Hinterkopfe herabreicht" (Helbig). Er ist nicht vom Körper gebrochen, sondern war bestimmt, in ein Gewandstück eingelassen zu werden (Kroker p. 61 f.).

Die spitzen Ohren, das ungepflegte Haar, der wilde Ausdruck der Züge bestimmen den Kreis von Wesen, die dieser Kopf darstellen kann. Man hat geglaubt, ihn mit Sicherheit auf einen Kentauren deuten zu dürfen, ja man hat ihm sogar, seines „würdevollen und vornehmen" Ausdrucks halber, den Namen des Chiron, des gerechten, heilkundigen Freundes der Götter und Heroen, beigelegt und die Wiederholung aus einer berühmten, in den Saepta zu Rom ehemals aufgestellten und in mannigfachen Nachbildungen auf uns gekommnen Gruppe, die Chiron darstellte, wie er Achill im Leierspiel unterrichtet, in ihm erkennen wollen. Aber man ist mit diesen Vermutungen wohl zu rasch vorgegangen. Muss der Kopf einen Kentauren darstellen? Kann nicht z. B. auch ein Silen — man erinnere sich des Kopfes der bekannten borgheseschen Statue*)! —, kann nicht Marsyas gemeint sein? darüber wird sich bis auf Weiteres keine sichere Entscheidung fällen lassen. Und selbst wenn der Kopf der eines Kentauren ist: passt der düster unwirsche Ausdruck der Züge für den freundlich milden Erzieher eines jugendlichen Helden? Kommt nicht im Gegenteil das Mürrische, Gedrückte, Unfreie eines halbthierisch wilden Wesens in dem Antlitz deutlich zur Wiedergabe? in der Gruppe eines Nymphenraubes**) wäre ein solcher Kopf eher am Platze als in der anmutigen Composition einer Unterweisung in den musischen Künsten.

Die Arbeit des Stückes ist gut, aber nicht fein genug, um als original gelten zu können. In der Behandlung der Form erkennen wir manche Bezüge zu den Altarsculpturen von Pergamon***), und in ihrer Zeit, im Beginne des 2. Jahrhunderts vor Chr., wird das Vorbild des Kopfes geschaffen worden sein.

---

*) Brunn-Bruckmann Taf. 435. Helbig, Führer[2] II, 987.

**) Zu dem schönen Fragmente des Thermenmuseums: Helbig[2] II, 1105 mag z. B. ein ähnlicher Kopf gehört haben.

***) Vgl. Kekulé, Zur Deutung und Zeitbestimmung des Laokoon, Taf. III.

Verlagsanstalt F. Bruckmann, A.-G.
München 1902.

536. Weibliche Statue.

Eleusis, Museum.

Philios: „Éleusis. Ses mystères, ses ruines et son musée" (Athènes 1896), S. 82. Furtwängler, Über Statuencopieen im Altertum I, S. 540 f. Derselbe, Griechische Originalstatuen in Venedig, S. 279 f. (mit Abbildung S. 280).

Parischer Marmor. Höhe des Erhaltenen etwa 1,80 m, also nur etwas überlebensgross. Die antike Plinthe ist ringsum gebrochen und jetzt in einen modernen Sockel eingelassen. Der rechte Fuss war eingezapft. Auf der Mitte des Gürtels vorn dicht neben einander zwei kleine Bohrlöcher, wohl zur Befestigung eines metallenen Schmuckstückes.

Die Figur steht mit stark entlastetem linken Beine, den Fuss zur Seite und rückwärts setzend, hochaufgerichtet da. Sie trägt den einfachen, über dem Überschlag gegürteten Peplos, der über das Standbein in scharf vertical gezogenen, dicht gereihten Faltenmassen herabfällt. Nur beim Auffallen auf den Fussrücken biegen die Falten leicht nach den Seiten aus. Die Faltengrate entwickeln sich oben breit und flach, sodass die Kanäle dazwischen tiefe Unterschneidungen bilden; der flächige Rücken zeigt in der Mitte jedesmal eine leichte Einsenkung als Ansatz eines zweiten Kanals, der nicht zur Entwickelung kommt. Die äusserste Steilfalte rechts weicht, dem Zuge des Spielbeins nachgebend, etwas aus der Verticale und sendet nach dem linken Knöchel und Fussrücken drei scharfmarkierte, geschwungene Faltenausläufer aus. Das Spielbein selbst tritt im Übrigen in deutlicher Zeichnung unter dem Peplos hervor, der sich nur in wenigen, flach angedeuteten Falten von der Fläche abhebt. Reicher und lebendiger ist das Gefältel des Überschlages behandelt, namentlich bekundet der freie Zug der Faltencurven auf der Brust ein feines Gefühl für das Organische des Stoffes und seines Trägers, der Körperformen, welche den Lauf der Faltenzüge bestimmen; man beachte besonders die lockere und wellige Bewegung und Schwingung der Linien von den Schultern zwischen den Brüsten herab. Über den Gewandrest aussen neben dem rechten Fusse, der nicht zum Peplos gehört, wird sogleich zu reden sein.

Der Kopf der Statue war, wie ich am Original aus der Muskellage des Halses constatieren konnte, leicht nach der linken Schulter gewendet, sass aber im Übrigen gerade aufgerichtet auf dem Halse. Von den Armen war der rechte gesenkt, der linke stark erhoben. Dieses Bewegungsmotiv, das in der Vorderansicht bei dem jetzt verstümmelten Zustande der Statue nicht leicht verständlich ist, wird sofort klar, wenn man diese von der Rückseite betrachtet, wie sie die beistehende Textzeichnung giebt*).

Wir sehen den Rücken der Figur von einem Mantel bedeckt, der sich in breiter Fläche entfaltet, in welcher wenige, aber in scharfer Betonung absetzende Faltenzüge die Accente der Bewegung bilden. Die Richtung dieser Bewegung ist an den Faltenlinien klar zu erkennen. Sie laufen links ziemlich steil nach oben, die hoch erhobene linke Hand muss also einen Zipfel des Mantels gefasst haben, dessen oberer, nicht straff gespannter Rand nach aussen mit einigen Faltenzügen überfällt. Rechts laufen die Falten nach einem Punkte zusammen, und zwar dorthin, wo wir uns die rechte Hand liegend zu

*) Ich konnte die Statue im Frühjahr 1901 im Museum von Eleusis untersuchen. Von befreundeter Hand wurde von der Rückseite der Statue eine Photographie aufgenommen, die sich aber zur directen Reproduction nicht geeignet erwies. Sie bildet die Vorlage für obige Zeichnung, die Herr Max Kühnert, Inspector der Dresdener Sculpturensammlung, ausgeführt hat.

Verlagsanstalt F. Bruckmann A.-G.
München 1902.

denken haben. Kein Zweifel also, auch diese griff in den Mantel hinein, der von ihr aus mit einem Teil seiner Masse senkrecht herabwallte. Dazu gehört der Gewandrest, den man auch in der Vorderansicht neben dem rechten Fuss beobachtet und der sich charakterisiert als die Staufalten dieses herabfallenden Mantelzipfels, die sich beim Aufstossen auf dem Boden unter der eigenen Last zusammenschieben. Die Ränder des Mantels sind nur oben und unten, soweit sie in die Conturlinien der Statue fallen, intact erhalten. Links ist fast in der ganzen Verticalausdehnung Bruchkante, der Zustand der rechten Seite ist aus der Zeichnung deutlich erkennbar. Ursprünglich griff der Mantel auf beiden Seiten über die Conturen des Körpers hinaus und bildete einen Hintergrund, von dem sich dieser in seinem Umriss klar abheben konnte. Die Aussenfläche des Mantels bildet fast eine völlige Ebene, aus der nur die Faltengrate in markiertem Relief herausragen; vielleicht stand die Figur mit der Rückseite gedeckt, sodass die flächige Behandlung des Mantels geboten war.

Also beide Hände der Figur waren zu gemeinsamer Action vereinigt, beide waren mit dem Halten des Mantels beschäftigt. Damit ist das Stellungs- und Bewegungsmotiv der Statue klar und erschöpfend ausgedrückt, das künstlerisch in diesen einen Gedanken ausläuft, einen Gedanken von wunderbar plastischer, gesammelter Kraft. Man denke sich die Figur in dem angedeuteten Sinne ergänzt, und der Umriss erhält eine Geschlossenheit und einen rhythmischen Fluss, die in ihrer Wirkung durch die eine mächtige Unterbrechung des erhobenen linken Armes nur noch gesteigert werden.

Das geschilderte Motiv ist in der Plastik des 5. Jahrhunderts, in deren Zusammenhang unsere Statue sich einreiht, an sich nicht neu, doch ist es vorzugsweise bei bewegten Figuren zur Verwendung gekommen. Die Nike des Paionios ist das klassische Beispiel dafür, in etwas weiterer Abwandlung die sog. Iris im Ostgiebel des Parthenon, da hier der wehende Mantel nicht sowohl die Silhouette zusammenhält, als vielmehr mit voller Absicht zerreisst. Die Nereiden von Xanthos stellen sich für den äussern Eindruck näher zur Nike; nur ist hier die Motivierung der Mantelbewegung etwas anders gegeben, denn meist ist nur eine Hand mit dem Halten des Mantels beschäftigt, während sich dessen anderer Zipfel frei fallend um den anderen Arm schlingt.

Bei ruhig stehenden Figuren ist das Motiv in dieser scharfen Durchführung und absichtlich einseitigen Betonung als Ausdruck des ganzen künstlerischen Gedankens neu und, so viel ich sehe, singulär. Ansätze dazu finden sich wohl in älteren und unserer Statue etwa gleichzeitigen Werken. In schüchterner Andeutung klingt es an bei der einen der sog. Herculanischen Tänzerinnen aus Bronze im Museum von Neapel, die mit beiden Händen, die eine erhebend, die andere senkend, die Zipfel ihres Peplosüberschlages anfasst und ausbreitet. Häufiger ist das in Ruhe übersetzte Motiv der Xanthischen Nereiden, dass eine Hand einen Mantelzipfel emporhält. Die Sterope des Ostgiebels von Olympia mutet wie eine Studie an, die voll ausgereift erscheint in der Aphrodite von Fréjus im Louvre und einer ihr nahe verwandten Statue in der Villa Albani*), zu denen sich in etwas weiterer Entfernung eine Mädchenfigur im Dogenpalast von Venedig stellt**). Aber man wird zugeben, dass auch hier die plastische Wirksamkeit und Gestaltungsfähigkeit des „Mantelmotivs" noch nicht zu Ende gedacht ist, und erst der Künstler der eleusinischen Statue hat mit entschlossener Initiative die Ausdrucksmöglichkeit dieses Motives bis zum Grunde ausgeschöpft***).

Wer ist nun dieser Künstler, dessen Schöpfung von einer kraftvoll entwickelten Persönlichkeit ausgeprägter Eigenart kündet? Die künstlerische Atmosphäre, die der Statue Leben und Form gab, ist unschwer zu bestimmen. Es ist jener Kreis von Schülern des Phidias, die sich im Schatten der Parthenon-Giebel schaaren†). Und zwar ist die Statue ohne allen Zweifel ein Originalwerk jener Zeit. Die Frische und Lebendigkeit, das Gefühlte der Meisselführung, die Klarheit und Sicherheit des Vortrages, die Freiheit in der Behandlung des Materiales erweisen das zur Evidenz; es ist derselbe Glanz, der Duft und Schmelz der Oberfläche, die feine Natur, welche die Giebelfiguren ausströmen. Im Aufbau und der geistigen Belebung, in der Originalität und Kühnheit des künstlerischen Gedankens, in der Auffassung und Behandlung des Formalen stellt sich die eleusinische Statue in enge Parallele zu einem andern Monumentalwerk jener Zeit,

*) Arndt-Amelung, E-V nº. 1106.

**) Abb. bei Furtwängler, Originalstat. in Venedig, Taf. IV, 2, der im Text auf das Mantelmotiv und dessen Verwandtschaft mit der Aphrodite des Louvre hinweist. Der hohen Einschätzung des künstlerischen Wertes dieser Figur durch F. (S. 300) kann ich mich freilich nicht anschliessen. Sie ist zwar sicher ein griechisches Originalwerk, aber doch von einem stark barock influenzierten Geiste eingegeben und ausgeführt.

***) Was das vierte Jahrhundert aus dem Motiv gemacht hat, mögen Schöpfungen wie die Säulentrommel von Ephesos mit der Gestalt der Alkestis oder die Artemis von Gabii zeigen.

†) Ebenso urteilt Furtwängler, Statuencopieen, S. 541: „Phidias' Schule und Zeit der Parthenongiebel". Originalstatuen in Venedig, S. 279: „Zeit der Parthenongiebel".

von dem uns römische Nachbildungen in dem sog. Torso Medici der École des Beaux-Arts in Paris und zwei weiteren Copieen in der Casa de Pilatos zu Sevilla erhalten sind*). Man vergleiche namentlich die Anordnung der Falten um das Standbein in ihrer extremen Betonung der Verticale, in den tief unterschnittenen Faltenkanälen und den dicht gereihten, breit entwickelten Faltenrücken mit ihrer mittleren Einsenkung, man vergleiche weiter, wie zu dieser dichten Umhüllung und völligen Verdeckung des Standbeins das wie nackt aus den Gewandmassen heraustretende und in voller Form gezeichnete Spielbein in Gegensatz tritt, wie überhaupt, denkt man sich bei der eleusinischen Statue den jetzt fehlenden Mantel hinzu, mit Gewandmassen und Gewandmotiven operiert ist, die in ihrer Anordnung und Verteilung die Linien und Formen des Körpers so wirkungsvoll zur Erscheinung bringen. Der mächtige Bau des Körpers mit seinen gross und frei entwickelten Formen, die etwas Reckenhaftes haben und doch von Elasticität geschwellt sind, so dass sie sich nach der Höhe zu recken und zu strecken scheinen und jene imponierende Freiheit, Sicherheit und stolze Zuversicht des Auftretens hervorrufen, die sich so unwiderstehlich dem Gefühl aufdrängen, alle diese künstlerischen Eigenschaften und Erscheinungsformen sind für unsere beiden Statuen und einen kleinen Kreis verwandter Werke so charakteristisch, dass sie wohl nur in der Annahme gemeinsamen künstlerischen Ursprunges genügende Erklärung finden. Und wenn ich bei dem Torso Medici an Agorakritos als dessen Schöpfer gedacht habe, so muss derselbe Name im Zusammenhang mit der eleusinischen Statue genannt werden.

Fragen wir zum Schluss, wen diese darstellen könnte, so ist bei dem Fehlen der Attribute eine sichere Antwort nicht zu geben. Ja man kann fragen, ob solche Attribute überhaupt vorhanden waren, da die Hände dafür ja nicht frei, sondern mit dem Halten des Mantels beschäftigt waren. Ob man annehmen kann, dass sie ausserdem noch etwas Anderes hielten, muss eine offene Frage bleiben. Aus dem Aufstellungsort, vielleicht aus einem Kranz im Haare wird man ehemals den Charakter und die Bedeutung der Figur wohl haben erschliessen können; uns heute legt der eleusinische Fundort nahe, in der Statue Demeter zu erkennen.

P. Herrmann.

*) Vgl. meine Ausführungen in den Jahresheften des Oesterreich. archaeol. Inst. II, 1899, S. 155 ff.; dazu B. Gräf, Bursians Jahresber. Bd. CX, S. 39.

537. Weibliche Statue.

Berlin, kgl. Museen.

Kekulé, über eine weibliche Gewandstatue aus der Werkstatt der Parthenongiebelfiguren (Berlin, 1894); hier Abbildungen der Statue von allen Seiten. Jahrbuch d. Inst., 1893, Anzeiger p. 74 f. (Kekulé). Winter-Seemann, Kunstgeschichte in Bildern I, 48, 3. Springer-Michaelis, Handbuch der Kunstgeschichte[6] I, p. 226, Fig. 401. Collignon, hist. de la sculpt. grecque II, p. 135, Fig. 64. Furtwängler, Meisterwerke p. 451 u. p. 653, Anm. 3. Derselbe, Statuencopieen I, p. 530. Bonner Jahrbücher, Heft 101, p. 156 f. (Amelung).

Pentelischer Marmor. Etwas überlebensgross (von der Fusssohle bis zur Schulter 1,58 m). Angeblich im 17. Jahrhundert aus Griechenland nach Venedig gebracht. 1820 aus Palazzo Brazzà (già Belloni-Battaglia) nach Villa Brazzà ai Fornacci bei Dolo (zwischen Venedig und Padua) versetzt. 1892 im Kunsthandel in Venedig erworben. Im Jahre ihrer Überführung nach Dolo wurde die Statue ergänzt, blieb aber von Überarbeitung frei. Diese Ergänzungen sind jetzt zum grössten Teile wieder entfernt worden.

Der r. Arm u. der l. Unterarm waren besonders angesetzt; die Einsatzlöcher sind antik. Ebenso war der Kopf besonders gearbeitet und in eine Vertiefung eingelassen, in welcher jetzt ein moderner Eisendübel steckt. In der Mitte brach die Statue einmal quer auseinander; dabei brach auch am obern Teile ein Stück des Leibes aus, das jetzt ergänzt ist. Neu ist ferner das l. Knie und Allerlei an den Falten. Der r. Fuss war abgebrochen, ist aber ganz antik. Hingegen ist der l. Fuss modern sammt der Schildkröte, auf die er tritt, und dem untern Teile des Unterschenkels. Die Schildkröte ist durchbohrt, als Wasserspeier; die Statue diente sonach als Brunnen- oder Fontänendecoration. Und offenbar hat sie lange im Freien gestanden; denn die Oberfläche ist an vielen Stellen verrieben und verwaschen, am meisten in der Gegend der r. Brust. Intact hingegen und von besonders scharfer und frischer Arbeit sind die Falten, die sich von der l. Brust zur Schulter hinüber und abwärts ziehen. Am Gürtel vorn sind zwei Löcher eingebohrt, die für einen Ansatz in Bronze bestimmt waren. Das Haar des Kopfes scheint hinten aufgebunden gewesen zu sein.

Technische Indicien*) machen es wahrscheinlich, dass der l. Unterarm der Figur auf einem weiblichen Idole archaistischen Stiles**) aufruhte, während der leicht erhobene l. Fuss zur Unterlage vermutlich ein Attribut hatte, das in bedeutungsvoller Beziehung zum Wesen der dargestellten Persönlichkeit stand. Man hat auf Grund verwandter Monumente vermutet, es sei dies ein Wasservogel, etwa eine Gans, gewesen und daraufhin die Figur Aphrodite benannt, in die Linke einen Apfel, in die vorgestreckte Rechte eine Taube, als Attribute dieser Gottheit, ihr gelegt. Es ist möglich, dass diese Combinationen das Richtige treffen; beweisbar sind sie bis auf Weiteres nicht.

In der Anlage der Gewandung, besonders des feinen linnenen Chitons, hat die Figur die grösste Verwandtschaft mit der im Schoosse ihrer Gefährtin ruhenden Frauengestalt aus dem Ostgiebel des Parthenon***); sie ist offenbar ein originales Werk der gleichen Zeit und Schule†). Auch Einzelheiten der Technik stimmen überein††). Nur erreicht die Berliner Statue nach meinem Dafürhalten bei Weitem nicht die Feinheit der Durchbildung und die unübertroffene Frische und Sicherheit der Meisselführung, die die Figuren der Parthenongiebel so unendlich hoch über alles Vergleichbare hinausheben. Die Arbeit des feingefältelten Chitons an der Gegend der linken Schulter ist zwar von hoher Lebendigkeit, bewusst und doch mühelos, und zeugt von einer schneidigen, sicheren Hand. Aber daneben treten unvermittelt Partieen, wie der die Oberschenkel bedeckende Teil des Himations, mit seinen wulstigen, bandartigen Falten†††), dessen Ausführung von beträchtlicher Nüchternheit und Leb-

*) Vgl. Kekulé, über eine weibl. Gewandstatue, p. 8 f.

**) Etwa in der Art desjenigen bei der Gruppe von San Ildefonso: Brunn-Bruckmann Taf. 308.

***) Michaelis 6, 16, M; Brunn-Bruckmann Taf. 190.

†) Furtwängler und Amelung versetzen die Statue in etwas jüngere Zeit wegen der Behandlung des wie durchsichtigen, gleichsam feucht am Körper anliegenden Chitons. Mir scheint, dieser Eindruck wird nur durch die schlechte Erhaltung der oberen Partieen des Körpers hervorgerufen.

††) Kekulé a. a. O. p. 20.

†††) Vgl. besonders die Abbildungen bei Kekulé a. a. O. Taf. I, und im Jahrbuch d. J., a. a. O. p. 74.

Verlagsanstalt F. Bruckmann A.-G.
München 1902.

losigkeit ist. Auch die Durchführung der Rückseite steht hinter derjenigen der Parthenongiebelstatuen zurück. So wird die Berliner Figur das Werk eines Meisters zweiten Ranges aus der weiteren Gefolgschaft des Phidias sein; an eine Schöpfung 'seiner eignen Hand*) oder eines seiner wahrhaft grossen Schüler und Genossen, des Alkamenes oder Agorakritos, ist kaum zu denken. Ihr Hauptwert besteht darin, dass sie eines der wenigen in originaler Arbeit uns erhaltenen Werke jenes Künstlerkreises ist, das nicht in architektonisch-decorativem Zusammenhange stand, sondern von Anbeginn an als Einzelstatue gedacht und gearbeitet war.

*) Im allgemeinen Motive mag sie allerdings mit der elischen Aphrodite Urania dieses Künstlers übereinstimmen: Furtwängler, Meisterwerke p. 451; Amelung a. a. O. p. 157.

538 u. 539. Weibliche Statue.

Rom, Villa Doria-Pamfili.

Nicht bei Matz-Duhn. Röm. Mitt. d. Inst. 1901 (XVI), p. 21 ff., Taf. I und II (Amelung). Revue des études grecques 1901, p. 437 (Lechat). — Ich selbst habe die Figur noch nicht gesehen.

„Die Figur misst mit ihrer Plinthe 2 m; der Marmor ist feinkörnig und gelblich. Ergänzt ist die Nasenspitze, ein Teil am Rande des l. Ohres, ein Stückchen der Unterlippe, die Kehle, beide Unterarme mit den Händen, Flicken im Gewand, ein grösseres Stück im l. Oberschenkel, der r. Unterschenkel mit den allzu unruhig flatternden Falten und dem Fuss, der grosse und kleine Zeh des l. Fusses, fast die ganze Plinthe. Der Kopf war gebrochen, ist aber in der richtigen Neigung wieder aufgesetzt; die Unterarme waren besonders gearbeitet und eingesetzt. An einigen Stellen finden sich unbedeutende Beschädigungen; kleine Ergänzungen sind wieder abgefallen. Die Statue ist durchweg gereinigt, aber nicht überarbeitet; nur die r. Wange scheint etwas zu stark angegriffen."

„Ist die Erhaltung eine aussergewöhnlich gute, so kommt hinzu, dass die Arbeit hervorragend frisch und geschickt ist, ohne eine Spur von Ängstlichkeit, aber auch ohne übertriebnes Haschen nach virtuosenhaften Effecten; sie stammt aus der besten Kaiserzeit. Für ihre Sorgfalt spricht die Thatsache, dass sich beim Ansatz des Scheitels über der Stirn ein Messpunkt erhalten hat. Die Haare auf dem Schädel sind nur oberflächlich angedeutet, woraus wir schliessen können, dass die Figur bestimmt war, hoch zu stehen; die Rückseite ist nicht vollkommen ausgeführt, war also den Blicken verborgen."

„Daran, dass die Figur nicht ganz richtig ponderiert und ihr r. Knie etwas zu stark nach innen geknickt erscheint, dürfte Schuld sein, dass der Ergänzer sie zu stark nach ihrer r. Seite gelehnt hat. Dagegen ist die Stellung der Unterarme bei der Ergänzung im Allgemeinen richtig getroffen; während beide Oberarme abwärts gehen, ist der r. Unterarm emporgehalten, der l. leicht nach aussen vorgestreckt. Der Kopf wendet sich nach der r. Schulter; das Gesicht ist zur r. Hand geneigt, die demnach ein Attribut gehalten haben muss, das die Blicke der Dargestellten auf sich zog. Wegen der in der jetzigen Aufstellung starken Hebung der l. Schulter würde man erwarten, dass die Figur sich auf dieser Seite angelehnt oder aufgestützt habe. Aber von einem pfeilerartigen Gegenstand müssten sich Spuren erhalten haben, und zudem lagen die Schultern, wenn die ganze Gestalt, wie angenommen, mehr nach ihrer l. Seite gelehnt war, fast in gleicher Höhe. Immerhin ist es notwendig, anzunehmen, dass die Linke ein stabartiges Attribut gehalten habe, das im oberen Teil die Schulter berühren und so der Figur einen leichten Halt geben konnte" (Amelung).

Die Statue trägt einen feinen gegürteten Chiton und darüber das schwerere Himation. An den Füssen Sandalen. Beachtenswert ist die Haartracht: „die Haare sind vorn gescheitelt, über ein schmales Band zurückgestrichen und hinten über einen (zweiten) breiteren Reifen aufgerollt."

Die Benennung der Figur muss, da die Attribute der Hände sich nicht erhalten haben, unentschieden bleiben. Es ist möglich, dass Aphrodite gemeint ist.

Um zum richtigen Verständnis der kunstgeschichtlichen Stellung dieser eigenartigen Schöpfung zu gelangen, müssen wir sie mit den andern, im Typus ihr zunächst stehenden weiblichen Gewandfiguren der Epoche des Phidias und seiner Nachfolger vergleichen. Denn dass sie in jener Zeit, also in den letzten Jahrzehnten des 5. Jahrhunderts, entstanden ist, geht sowohl aus der Gesammtanordnung des Gewandes, die ihre nächsten Analogieen an den Giebelfiguren des Parthenon hat, als auch aus den strengen und einfachen Formen des Kopfes klar hervor. Von den drei statuarischen Werken, die in den engsten Beziehungen zu der gelagerten „Thauschwester" aus dem Parthenongiebel stehen — der oben Taf. 537 abgebildeten Statue aus Venedig in Berlin, der aus Corneto stammenden Statuette ebenda*) und dem Typus der sog. Euterpe**), von welcher in Neapel ein Exemplar mit zugehörigem Kopfe sich erhalten hat —, unterscheidet sich die Pamfilische Figur vor Allem dadurch, dass sie die linke Körperseite nicht durch Aufstützen auf eine Figur oder einen Pfeiler entlastet. Verliert die Statue hierdurch bereits

*) No. 586. Furtwängler, Masterpieces, Fig. 24. Bonner Jahrbücher, Heft 101, Taf. VI, 2.

**) Arndt-Amelung, Einzelaufnahmen, Text zu n° 512 13. Bonner Jahrbücher, Heft 101, Taf. VII.

Verlagsanstalt F. Bruckmann A.-G.
München 1902.

an Ruhe und Geschlossenheit, so wird das Momentane, Unsichere der ganzen Stellung noch gesteigert durch das starke Vorsetzen des linken Spielbeines. Bei der Berliner grossen Statue ist dieses auf eine Erhöhung gestellt, an der sog. Euterpe sind die Füsse gekreuzt, an der Berliner Statuette ist das Spielbein zwar ebenfalls vorgesetzt, aber nur wenig, und die ganze Figur hat einen festen Halt durch das Idol unter dem linken Unterarm: die Pamfilische Statue im Stand der Füsse noch ruhiger als die Pamfilische; auch hat sich der linke erhobne Arm, wie es scheint, fester und energischer, als wir es bei jener vermuten dürfen, auf ein Scepter gestützt. An Einzelheiten der Gewandbehandlung ist beiden Statuen der an der rechten Hüfte über die Querfalten des Himations oben herüberfallende Bausch gemeinsam. In derartigen Zufälligkeiten des Faltenarrangements**) verrät sich der gefälligere Sinn einer jüngeren Kunstepoche. Die Pam-

Statue in Smyrna.

befindet sich im Gegensatz zu diesen ruhigen, festgegründeten Gestalten in einer Körperlage, in der sie kaum längere Zeit verharren kann. In nahe Beziehungen tritt sie durch dieses Motiv zu einem andern Typus einer vollbekleideten Göttin, den wir durch Wiederholungen in den Palazzi Valentini, Odescalchi und Lazzeroni in Rom kennen.*) Nur ist diese Figur filische Statue geht aber in der Belebung und Bewegung der Faltenmassen noch einen bedeutenden Schritt weiter. Obwohl sie ruhig steht, in keiner heftigen Action begriffen ist, sind die Falten ihres Himations im unteren Teile, wie vom Winde erfasst, wehend bewegt. Die Statue hat dieses unlogische Motiv gemein mit einer grösseren Reihe von Werken, die alle der nämlichen Zeit angehören.***) Im Grunde geht es auf Paionios und seinen Kreis zurück, der

*) Furtwängler, Meisterwerke, p. 654 f. Arndt-Amelung, Einzelaufnahmen 1169. Eine vierte Replik erwähnt Amelung als im Giardino pubblico von Frascati befindlich; eine fünfte scheint die bei Clarac 981,2519 C abgebildete Statue (›Coll. Pamphili‹) zu sein. Als Schöpfung desselben Kunstkreises ist auch die ›Apollonstatue‹ der Villa Albani n° 612 (Phot. Molins), mit aufgesetztem Kopfe des Lykeios, anzusehen.

**) Man beachte an dem Valentinischen Typus ferner das Faltenbündel, das am l. Oberschenkel unter den horizontalen Zug des Himations untergesteckt ist.

***) Vgl. Röm. Mitt. d. J. 1901, p. 29 f. (Amelung), und oben, Text zu Tafel 533 rechts.

zuerst derartige malerische Elemente in die Plastik einführte. Aber er hielt Maass in ihrer Verwendung und benutzte sie nur, wo sie in der Situation begründet waren. Nirgends jedenfalls ist das Motiv so ausgenutzt, wie an der Pamfilischen Statue, bei der es direct unharmonisch wirkt. Die Figur steht dicht an der Grenze des Barock. Noch ein Schritt, und es droht die Auflösung der festen, plastischen Form. / Wir begegnen auf anderem Gebiete einer ähnlichen Erscheinung in der unmittelbaren Nachfolge des Raffael. Doch der künstlerische Sinn der Griechen hat in jener Periode gesunder Kraft und Schaffensfreudigkeit diese Gefahr noch überwunden.

Wenn wir so auf der einen Seite der Erfindung der Statue nicht unsre volle Anerkennung zollen können, so wäre es doch unbillig, die Schönheiten des Werkes darüber gering zu achten. Es ist bekrönt von einem herrlichen, edlen Haupte, das noch ganz die reine und stille Vornehmheit der Zeit des Phidias atmet. Kein Zug in ihm, der, wie in der Gewandung, auf ein Abirren vom Wege der vernunftgemässen Schönheit wiese. Freilich ist es noch eine kalte, unbelebte, in unsrem Sinne seelenlose Schönheit. Die feineren Regungen des Inneren lesen wir aus dem Kopfe nicht heraus. Kein individueller, charakteristischer Zug sagt uns, welches besondere Wesen der Künstler darstellen wollte. Es wäre falsch, hier von einer im höchsten Sinne idealen Bildung zu sprechen. Denn im Ideal durchdringen sich Form und Geist zu völliger Einheit. Hier aber tritt das geistige Element hinter der äusseren Vollendung der Form noch zurück.

Im Stile am nächsten verwandt ist dem Kopfe unter den gleichzeitigen Werken derjenige der Hera Borghese-Jacobsen in Kopenhagen*), der aber doch schon eine etwas grössere Charakterisierungsfähigkeit seines Schöpfers verrät. In der Behandlung der Körperform haben beide Werke keinerlei nähere Beziehung.

Eine Wiederholung der Statue, ohne Kopf und Arme, wird mir von H. Bulle im Museum der evangelischen Schule in Smyrna (nº 76) nachgewiesen.**) Ich besitze leider nur flüchtige Notizen über das Stück, aus welchen hervorgeht, dass es im Rücken und merkwürdiger Weise auch auf seiner linken Seite vollständig unausgearbeitet ist; aber der Stein ist an beiden Stellen nicht roh gelassen, sondern als glatte Fläche zugehauen. Der Gesammteindruck ist erfreulicher als der des Pamfilischen Exemplares, da die Arbeit schärfer und bestimmter, die Ponderation hier richtig, die Faltengebung im Einzelnen weniger barock als dort ist. Der obere Teil der Brust scheint etwas mehr bedeckt gewesen zu sein, als an der römischen Wiederholung.

*) Arndt, la Glyptothèque Ny-Carlsberg pl. 57 und 58.

**) Die nebenstehenden Abbildungen nach Photographieen, die ich der Liebenswürdigkeit des Herrn Paul Gaudin in Smyrna verdanke.

540. Bronzestatue eines Mädchens.

Rom, Palazzo Grazioli.

Matz-Duhn No. 1167.

Die Angaben von M-D über die Figur, die ich im Original nicht kenne, sind nach Mitteilung Amelungs richtig. Lebensgross (H. 0,76 m). Gefunden um 1864 in Rom, bei S. Maria in Cosmedin, bei Fundamentirung einer Mauer. Ohne Ergänzungen.

Das etwa vierjährige Mädchen, bekleidet mit einem bis zum Boden reichenden ärmellosen Gewand, das, an der Hüfte gegürtet, über diese nicht sichtbare Gürtung in einem tiefen Bausch herabfällt und ganz oben auf der Brust noch einmal gegürtet ist, steht ruhig auf dem r. Fuss, während der linke kaum entlastet zur Seite gesetzt ist. Es neigt vergnügt lächelnd den Kopf und blickt aufmerksam herab auf einen Gegenstand, den es in den beiden halberhobenen Händen hielt und der jetzt, bis auf einen länglichen Ansatz in der r. Hand, verloren ist. Was es war, lässt sich nicht mehr feststellen: vielleicht, wie Matz-Duhn vermuten, ein an einem Faden schwirrendes Rädchen, wozu die Bewegung von Daumen und Zeigefinger der r. Hand gut stimmen würde. Das Haar zeigt die sog. Melonenfrisur, von welcher sich vorn mehrere kleine Löckchen loslösen. Die Ohrläppchen sind durchbohrt zur Aufnahme von Schmuck. Die Augen sind jetzt hohl; sie waren ursprünglich mit edlen Steinen oder farbigem Glasfluss ausgefüllt. Aus dem nämlichen Material bestand vielleicht auch der jetzt fehlende Abschluss in der Mitte des Gürtels.

Sowohl durch das Motiv des harmlos kindlichen Spielens als in ihrer äusseren Erscheinung, dem langen, für die kleine Gestalt fast zu schweren Chiton, dem im Verhältnis zum Körper übergrossen Kopfe, erinnert die Statuette an die häufig wiederkehrenden Figuren kleiner Mädchen auf attischen Grabsteinen des 4. Jahrhunderts. Dort stehen sie bald allein und spielen mit ihren Lieblingstieren, einem Kaninchen, einem Hündchen, einer Taube, einer Gans, oder sie reichen einer Gespielin die Hand oder sie sind mit ihren Eltern in traulichem Gespräche vereint.*) Auch von Einzelfiguren dieser Art, die in ihrer Mehrzahl wohl sepulcraler Bestimmung, zum Teil aber auch als Weihgeschenke aufgestellt waren, ist aus jener Zeit eine ganze Reihe auf uns gekommen.**) Ob auch die Graziolische Figur, wie diese, noch aus vorhellenistischer Zeit stammt, muss indessen fraglich bleiben. Aus der Frisur an sich allerdings lässt sich kein entscheidendes Merkmal zur Datierung gewinnen: sie findet sich vom 5. Jahrhundert ab bis in spät-alexandrinische und römische Zeit hinein.***) Doch wird man ein Détail dieser Haartracht, die einzeln losgelösten Stirnlöckchen, wohl schwerlich schon im 4. Jahrhundert nachweisen können. Auch andere Einzelheiten, wie die ausgesprochen hohe Gürtung des Chiton-Überfalles, die Verbreiterung der Figur von dieser Gürtung abwärts, die Art, wie der Stoff als schwere, vorspringende Masse zwischen den Beinen herabfällt, scheinen dem Geschmack des 4. Jahrhunderts nicht mehr zu entsprechen. Indessen dürfen wir, da diese Neuerungen noch mit Maass und Zurückhaltung durchgeführt sind, die Statue keinesfalls allzuweit in die hellenistische Epoche hinabrücken. Ob sie Original oder Copie ist, getraue ich mir, ohne genauere Untersuchung, nach der Abbildung allein nicht zu entscheiden. Von besonderer Feinheit scheint die Arbeit der Figur allerdings nicht zu sein. Doch lässt die Anmut des Motives, die Lieblichkeit des schelmischen Kinderantlitzes die vereinzelten Härten der Ausführung nirgends in störender Weise hervortreten.

*) Vgl. z. B. Conze, attische Grabreliefs CLVI, 815; CLV, 811; CLVII, 840; CLXI, 827; CLIV, 851; CLXVII, 878; CCXXVI, 1100; CCXXXVIII, 1131.

**) Z. B. die Statue ehemals in Catajo: Arndt-Amelung, Einzelaufnahmen 68; ferner Berlin 500; Journ. of hell. stud. V, p. 159, n° 24 (in Edinburg); dann die vier am Ilissos gefundenen Figuren im National-Museum in Athen (Kavvadias 693—696; Oesterreichische Jahreshefte IV, 1901, p. 211, Figg. 227, 228 und die Schlussvignette), die einer zugleich gefundenen Inschrift zufolge Weihgeschenke für Eileithyia waren; Berlin 505 = Furtwängler, Sammlung Saburoff Taf. XXXV.

***) Vgl. Arndt-Bruckmann, griech. und röm. Porträts, Text zu Taff. 419/20.

Verlagsanstalt F. Bruckmann A.-G.
München 1902.

541. Archaischer Jünglingskopf.

Rom, Vatican, Galleria geografica.

Röm. Mitt. I (1886), Taf. IV, p. 79 ff. (Koepp); dort die ältere Litteratur (hinzuzufügen: Emil Braun, Kunstmythologie, Taf. 98). Röm. Mitt. 1887, p. 106 (Studniczka). Ath. Mitt. 1890, p. 13, Anm. 1 (Graef). Helbig, Führer[2] II, 912. Neue Jahrbücher f. d. klass. Altertum, 1900 (III), Taf. I (Amelung). Sauer, das sog. Theseion, p. 223.

Museumsnummer 23. — Ergänzt: Herme, Nasenspitze, beide Ohrmuscheln. Höhe des Antiken 0,27 m (Haaransatz — Kinn 0,185 m). Feinkörniger weisser Marmor (an der r. Seite eine graue Partie); nach E. Q. Visconti und Studniczka ist es lunensischer. Das Haar war auf der kappenähnlich anschliessenden Marmorunterlage aufgemalt. — Ich habe das Original selbst noch nicht gesehen. —

Der Kopf wiederholt, in besserer Arbeit und Erhaltung, denjenigen einer bekannten ludovisischen Herme*). Ob er ursprünglich zu einer Statue gehörte oder bereits im Altertum als Herme gearbeitet war, lässt sich, wenigstens nach der Photographie, nicht mehr feststellen. Im ersteren Falle war er, wie im ludovisischen Exemplare, das offenkundig einen statuarischen Typus abkürzt, stark zur rechten Schulter und aufwärts gewendet. In welcher Action die vorauszusetzende Statue begriffen war, ist noch nicht sicher festgestellt, da an der ludovisischen Herme nur die Ansätze der Arme erhalten sind. Doch trifft die Ergänzung zu einem Diskoswerfer höchst wahrscheinlich das Richtige. Die Arme sind nach links gestreckt und die Hände packen den Diskos, den sie schleudern wollen, während der Blick über die rechte Schulter hinweggeht, das Ziel auszumessen.

*) Brunn-Bruckmann Taf. 329, Mitte; Helbig, Führer[2] II, 912.

Ebensowenig ist es bisher mit Bestimmtheit gelungen, die Kunstschule zu nennen, der diese kühne und originelle Schöpfung entstammt. Die Behandlung des Torsos an der ludovisischen Herme zeigt grosse Verwandtschaft mit derjenigen der Tyrannenmörder des Kritios und Nesiotes*); auch eine Einzelheit, wie das oben spitz zulaufende Schamhaar (das sich allerdings auch anderwärts, z. B. bei den Aegineten, findet), ist den Werken gemein. Der Kopf hingegen erinnert — nicht nur in der Art, wie das Haar als ungegliederte, zur Unterlage für Bemalung dienende Masse gegeben ist, sondern auch in der Linie der Stirn, der Bildung des Kinnes, der unnatürlich hohen Stellung des Ohres, der Einschnürung am Hinterkopf — lebhaft an den sog. Kladeos des olympischen Ostgiebels.**) Anderes freilich, wie die Bildung der Lider, ist sehr verschieden; ihre scharfe, der Natur widersprechende Wiedergabe am vaticanischen Kopfe wird sich aber dadurch erklären, dass derselbe ein Bronzeoriginal copiert — jedenfalls ist diese Art der Liderbildung eine Eigentümlichkeit des Bronzestiles der strengen Kunst. Ob, wie man behauptet hat, das Übergreifen des oberen Lides über das untere am äusseren Augenwinkel nur eine Freiheit des Copisten ist, die der Kunstart des Originales noch unbekannt gewesen sei — diese Frage bedarf wohl einer nochmaligen Untersuchung mit vermehrtem Materiale. Im Übrigen macht die Copie den Eindruck solider und sorgfältiger Arbeit.

*) Brunn-Bruckmann Taff. 326—328.

**) Von Werken, die bisher nicht fest localisierbar sind, ist am ehesten der sog. Pherekydes in Madrid (Arndt, griech. u. röm. Porträts, Taff. 541/42) zur Vergleichung heranzuziehen.

Verlagsanstalt F. Bruckmann A.-G.
München 1902.

542. Athletenkopf aus Perinthos.

Dresden, Albertinum.

Athen. Mitt. XVI (1891), p. 313 ff., Taf. IV u. V (Paul Herrmann). Furtwängler, Meisterwerke p. 345 ff. Derselbe, Intermezzi p. 10 f. Arndt, la Glyptothèque Ny-Carlsberg, Text zu pl. 36. Sauer, das Theseion, p. 222 ff. Neue Jahrbücher f. d. klass. Altertum III (1900), p. 12 (Amelung). In Konstantinopel aus der Sammlung Aristarchi Bei's erworben. In Eregli am Marmarameer, dem alten Perinthos, gefunden. Der Marmor ist dem pentelischen ähnlich. Höhe des Kopfes von Scheitel — Kinn 0,27 m. Ergänzt sind *) die Lockenenden über dem mittleren Teil der Stirn, der untere Teil der Nase, der hintere Teil der r. Ohrmuschel. Bestossen waren: das l. Ohr, das Kinn, die Ränder der Augenlider, die l. Wange, die Stirn. Das Haar ist in merkwürdig ungleicher Weise behandelt: auf der rechten Seite die einzelnen gedrehten Löckchen des Ober- und Hinterkopfes viel weniger sorgfältig als an den entsprechenden Teilen links; hingegen die Haarpartie im Nacken rechts bei weitem durchgeführter und genauer. Oben auf dem Scheitel ist das Haar auf das Eingehendste ausgearbeitet. „Von Farbresten hat sich etwas Rot auf der Unterlippe erhalten. Auf die Bemalung der Augensterne deutet der ganz schwach eingeritzte Umriss der Iris, der im r. Auge deutlich erhalten ist. Im l. ist er durch die stärkere Verwitterung zerstört." Der l. Kopfnicker ist etwas mehr angespannt als der r.; der Kopf ging also ein wenig zur r. Schulter. „Auf beiden Seiten ist der Übergang der Halsin die Schulterlinie erhalten, der rechts höher sitzt und mehr nach vorn geschoben ist als links. Die r. Schulter war also etwas gehoben und ein wenig nach vorn gewendet. Für die verlorne Statue ergiebt sich daraus, dass sie fest auf dem l. Beine stand und das r. leicht entlastet hatte, also das bekannte strenge Standschema der Figuren aus der ersten Hälfte des 5. Jahrhunderts. Der Kopf stammt, wie die geschwollenen sog. Pankratiastenohren beweisen, von der Statue eines Athleten."

*) Die Abbildung in den Athen. Mitt. und die Gipsabgüsse geben den Kopf vor diesen Ergänzungen, die neuerdings übrigens auch wieder abgenommen worden sind.

Verlagsanstalt F. Bruckmann A.-G.
München 1902.

Aus dem zweiten Viertel des 5. Jahrhunderts, aus der Entstehungszeit des myronischen Diskobolen, stammt eine grössere Reihe männlicher Köpfe — meist von Jünglingen, aber auch zwei bärtige unter ihnen —, die durch gemeinsame Stilmerkmale in Zusammenhang stehen und einer Schulrichtung anzugehören scheinen *). Zu ihnen stellt sich auch der Dresdner Kopf aus Perinth. Als auffallendstes Charakteristicum teilt er mit der Mehrzahl dieser Köpfe die Eigentümlichkeit der in die Stirn hineingekämmten kurzen Löckchen. Die Augen sind schmal, die Oberlider hängen über. Der Schädel steigt nach dem Scheitel zu an; am Hinterkopf über dem Nackenhaare eine scharfe Einziehung. Die seelische Grundstimmung der Dargestellten meist eine dumpfe, blöde Verdrossenheit.

Man hat mit grossem Scharfsinn mehrfach versucht, innerhalb dieser Gruppe von Köpfen feinere Unterscheidungen anzustellen, die einzelnen Stücke auf zwei verschiedene Künstlerindividualitäten zu verteilen. Ich gestehe, dass ich diesen Untersuchungen nicht durchaus folgen kann. Haben wir es doch vor Allem nicht mit originalen Arbeiten, sondern mit Copieen römischer Zeit und zum Teil geringer Qualität zu thun, die in Einzelheiten gewiss nicht getreu ausgeführt sind. Auf so schwankender Basis aber stilistische Gebäude zu errichten, ist ein verfrühtes Beginnen. Zumal da wir zu keinem der Köpfe die zugehörige Statue mit Sicherheit kennen. Die Frage also, ob Werke des Myron oder des Pythagoras, oder ob Werke teils des einen, teils des andern, muss meines Erachtens noch unentschieden bleiben. Dass die Köpfe Myron zugehören können, halte ich, auch nachdem wir jetzt Dank Furtwänglers glücklicher Entdeckung *) den Kopf des Lancelottischen Diskobolen genau kennen, durchaus nicht für unmöglich. Denn wir dürfen die Ausdrucks- und Entwicklungsfähigkeit eines bahnbrechenden Geistes wie Myron nicht in allzuenge Grenzen bannen wollen. Wie weit aber Myrons Kunstweise von der seines grossen Zeitgenossen Pythagoras verschieden war, das ist uns, ehrlich gesprochen, trotz aller Versuche, das Rätsel zu lösen, bisher noch völlig unbekannt. Mit einiger Sicherheit kann nur soviel gesagt werden, dass unter allen hier in Betracht kommenden Künstlernamen die genannten an erster Stelle angeführt zu werden berechtigt sind. Zu Polykletischem steht die Kunstart der Köpfe in starkem Gegensatze.

Das Original des Dresdner Kopfes war, nach der Arbeit der Lider und Locken zu urteilen, höchst wahrscheinlich aus Bronze. In Marmor sind Athletenstatuen in jener Epoche überhaupt kaum ausgeführt worden.

*) Mir sind davon die folgenden Stücke genauer bekannt: 1. Florenz, Palazzo Riccardi. Brunn-Bruckmann 361. Amelung, Führer nº 210. Verwandte Köpfe, vielleicht Repliken dieses Typus, in Berlin (nº 472; Furtwängler, Meisterwerke, Taf. XVIII), im Conservatorenpalast (Arndt-Amelung, Einzelaufnahmen 476/77) und im Vatican (Loggia scoperta; Furtwängler, Meisterwerke, p. 341, Anm. 2). — 2. Ince Blundell Hall (Furtwängler a. a. O. p. 347, Fig. 44). — 3 und 4. Zwei Köpfe der Glyptothek Ny-Carlsberg bei Kopenhagen: der eine publiciert bei Arndt, la Glyptothèque Ny-Carlsberg pl. 38, der andere noch unveröffentlicht (ebenda, Text, p. 60). — 5. Abguss eines verschollenen Originals: nackte Jünglingsstatue. Zugehörigkeit des Kopfes zum Torso ungewiss, aber nicht unwahrscheinlich. Arndt, la Glyptothèque Ny-Carlsberg, p. 61, Figg. 30—32. — 6. Kopf, der Statue des sog. Pollux im Louvre aufgesetzt und vielleicht zugehörig (Furtwängler a. a. O. p. 346, Anm. 1; derselbe, Intermezzi, p. 10). — 7. Bärtiger Kopf in Petersburg (Kieseritzky, Katalog der Ermitage, 1901, p. 27, nº 68; Furtwängler, Meisterwerke, p. 353). — 8. Der sog. Pisistratus der Villa Albani (Furtwängler a. a. O. Taf. XX; Helbig, Führer [2] II, 885).

*) Bayer. Sitz.-Ber. 1900, p. 705 ff.

543. Kopf des Diomedes.

England, Privatbesitz.

Erwähnt von Furtwängler, Beschreibung der Glyptothek (1900), n° 304, am Ende.

Der Kopf soll in früherer Zeit in Italien erworben worden sein. Hoch 0,27 m. Weisser, feinkörniger Marmor. Durch einen Fall oder Schlag ist er einmal in vier Teile gespalten worden. Der eine derselben umfasst den untern Teil des Gesichtes: der Bruch läuft von oberhalb des r. Ohres durch den untern Teil des r. Auges hindurch über den obern Teil der Nase, am Unterlid des l. Auges, das er nicht berührt, vorbei zur l. Schläfe, biegt hier, ohne den Bart zu berühren, senkrecht abwärts, zieht sich unterhalb des Kinnes am Halsansatz entlang und geht dann aufwärts zu seinem Ausgangspunkte hinten oberhalb des r. Ohres. Das zweite Stück begreift den untersten Teil des Hinterkopfes nebst dem ganzen Halse vorn und hinten, soweit er erhalten, und dem Barte der l. Wange; die Bruchlinie läuft hinter dem r. Ohre abwärts unter das Kinn, zieht sich an der Grenzlinie von l. Wange und Backenbart zur l. Schläfe empor, geht unterhalb des l. Ohres vorbei, läuft zuerst der Scheide von Haar und Nacken entlang und zieht sich dann zum r. Ohr aufwärts. Das dritte Stück umfasst den grössten Teil des Hinterschädels. Der Bruch läuft hinter dem r. Ohre in die Höhe, quer nach vorn gehend über den Schädel hinüber und zur l. Schläfe abwärts; von dort zieht er sich, unterhalb des r. Ohres vorbei, zuerst am Halsansatze entlang laufend, zu seinem Ausgangspunkte hinter dem r. Ohre in die Höhe. Der vierte Teil endlich besteht aus der Stirn und dem vorderen und rechten Oberschädel. Der Bruch verläuft von der Stelle hinter dem r. Ohre quer über den Schädel nach vorn zur l. Schläfe, geht unterhalb des l. untern Augenlides vorbei quer über die Nase, durch den untern Teil des r. Auges hindurch, und oberhalb des r. Ohres zu seinem Ausgangspunkt zurück. Diese vier Stücke sind wieder sorgfältig zusammengesetzt und die Fugen verstrichen worden.

Die hauptsächlichsten, jetzt ergänzten Beschädigungen haben also an der l. Schläfe, am Unterteil des r. Auges und an der Bruchstelle hinter dem r. Ohre stattgefunden. Ergänzt ist ferner der unterste Teil der Nase vorn und rechts sowie die oberste Spitze des r. Ohres. Das Haar oberhalb der Stirn hat etwas gelitten, anscheinend durch Feuchtigkeit. Im Übrigen ist der Kopf vorzüglich erhalten, die Oberfläche nicht geputzt.

Er ist neben dem Dresdner Abguss, der ein zur Zeit verschollnes Original reproduciert (Furtwängler, Meisterwerke, Taf. XIV), die bestgearbeitete und treueste unter den erhaltnen Wiederholungen des Diomedes.*) Welches dieser beiden Exemplare den Vorzug verdient, lässt sich schwer sagen, da das eine nur in einem alten und vermutlich stumpf gewordnen Gipse vorliegt, der zudem ausschliesslich durch Abbildungen weiteren Kreisen bekannt ist. Die Haarbehandlung im Détail ist bei beiden Köpfen ganz die nämliche, und offenbar die des Originales: die einzelnen, dicht am Schädel anliegenden Lockensträhnen durch eingezeichnete Linien in Abteilungen gegliedert. Die feineren Linien, die an der Begrenzung der Wange zum Bart und am Nacken zum Haupthaar überleiten, sind eine Eigentümlichkeit des Bronzestiles, die der Dresdner Copist genauer beobachtet zu haben scheint. Andrerseits dürfte die Wiedergabe von Augen und Lippen an dem neuen Exemplare den Vorzug grösserer Schärfe und Bestimmtheit haben. Die vertiefte Rinne zwischen der Oberlippe und der Nase ist eine Einzelheit des bronzenen Vorbildes**), deren Beobachtung für die Exactheit der Copie ein weiteres Zeugnis ablegt.***)

*) Über den Wert der verschiedenen Repliken vgl. Furtwänglers eingehende Analyse: Meisterwerke p. 311 ff. Von den weiteren seither bekannt gewordnen Wiederholungen ist der Kopf im Orto botanico (Arndt-Amelung, Einzelaufnahmen 809 und 810), wie das Münchner Exemplar, keine treue Copie, sondern eine ziemlich flüchtig ausgeführte Umsetzung in den Marmorstil. Der in den röm. Mitt. d. J. 1901, p. 37 f. erwähnte Kopf ist als Copie ebenfalls ungenau und für die Reconstruction des Originales ohne besonderen Wert. Der von Furtwängler p. 316, Anm. 2 angeführte Kopf in Madrid (von welchem Photographieen für die „Einzelaufnahmen" vorliegen) ist ein in Einzelheiten gänzlich verändertes, flau und charakterlos gearbeitetes Stück, das man mit Mühe als Replik erkennt.

**) S. Text zu Taf. 544.

***) Ob auch die Angabe der Zähne bei einem Bronzeoriginale der zweiten Hälfte des 5. Jahrhunderts sich bereits findet, bleibt zu untersuchen.

Verlagsanstalt F. Bruckmann A.-G.
München 1902.

Beide Copieen zusammengehalten aber beweisen, dass das Münchner Exemplar *) in stilistischer Hinsicht mit Recht für eine seinem Materiale entsprechende Übertragung erklärt worden ist; dann aber auch, dass Furtwänglers Versuch **), die starke Individualisierung, die jener Copie in Stirn, Wangen und Mund gegenüber dem mehr zurückhaltenden Dresdner Gipse zu eigen ist, zu einem Teile auch dem Originale zuzuschreiben, keine Berechtigung hat: das englische Stück zeigt die gleiche maassvolle, von pathetischem Ausdrucke noch völlig freie Modellierung der Stirn, dieselben flächigen, wenig bewegten Wangen, den nämlichen einfach gezeichneten Mund wie der Abguss.

Die weiteren Fragen, wie sich der Diomedtypus zu den Köpfen des Perikles verhält und ob beide Schöpfungen mit Recht auf Kresilas zurückgeführt werden, sollen uns im Texte zu Tafel 128 dieser Publication beschäftigen.

*) Brunn-Bruckmann, Taf. 128. Furtwängler, Meisterwerke, Taff. XII und XIII.

**) Meisterwerke p. 315.

544. Kopf eines Athleten.

Liverpool, Sammlung Dr. Philip Nelson.

Journal of hell. studies 1898 (XVIII), pl. XI, p. 141 ff. (Ernest Gardener). Früher in den Sammlungen Maignac und Walton. In Bath erworben. Vermutlich aus Italien. Lebensgross (Kinn — Haaransatz 0,17 m). Parischer Marmor. Ergänzt ist nur die Nasenspitze und ein Teil der Lippen auf der rechten Seite. Neuerdings in Abgüssen verbreitet. Ich kenne das Original noch nicht aus Augenschein.

Der Kopf ist ungewöhnlich stark zur rechten Schulter gewendet, so dass die Vermutung nahe liegt, die Athletenfigur, zu der er gehörte, habe nicht das ruhige Standmotiv etwa der polykletischen Statuen gehabt, sondern sei in lebhafter Action begriffen gewesen.

In stilistischer Beziehung steht der Kopf zunächst noch allein. Es giebt kein zweites Werk, mit dem er in so unmittelbare Verbindung zu setzen wäre, dass man beide dem gleichen Meister zuweisen könnte. In der Anlage der Stirn, mit der starken Mittelfurche, in der Bildung der schmalen Augen mit den scharfgeschnittnen Lidern und der besonders deutlich betonten Thränenkarunkel, erinnert er an den Kopf des Diomedes *), den man mit einer gewissen Wahrscheinlichkeit auf Kresilas zurückführt. Auch der Kopf des sog. capitolinischen, von Furtwängler dem nämlichen Meister zugeschriebenen Amazonentypus **) ist für die Augenbildung zum Vergleich heranzuziehen. Die Anordnung und Durchbildung des Haares hingegen hat eher als an diesen „kresiläischen" Köpfen ihre Analogieen an Werken des polykletischen Kreises, wie z. B. dem Bronzekopf eines Jünglings in Neapel ***); nur würde Polyklet das Vorderhaar, über der Stirn, kaum so individuell, dem Leben entsprechend, sondern regelmässiger, schematischer angeordnet haben.

*) Vgl. Tafel 543.

**) Furtwängler, Meisterwerke, Tafel XI; Text p. 291. Jahrbuch d. J. 1897, Taf. 3 = Phot. röm. Inst. 131 und 132. Arndt-Amelung, Einzelaufnahmen 388—390 = Jahrbuch d. J. 1888, Taf. 4.

***) Brunn-Bruckmann Taf. 339.

Verlagsanstalt F. Bruckmann A.-G.
München 1902.

So stellt sich der Nelson'sche Kopf als die Schöpfung eines Meisters dar, der von den beiden genannten Kunstrichtungen Anregungen empfangen zu haben scheint, dieselben aber selbständig verarbeitet und zu einem eigenartigen Ganzen zu verschmelzen verstanden hat.

Der Kopf ist offenbar Copie eines Erzwerkes. Dies geht aus der scharfen, echt bronzemässigen Behandlung des Haupthaares und der Augen deutlich hervor, und ein Détail, die tiefe Rinne zwischen der Mitte der Oberlippe und der Nase, scheint ebenfalls eine Eigentümlichkeit der Bronzetechnik nachzuahmen*).

Nach dem Gipse und den Abbildungen zu urteilen, ist die Arbeit des Nelson'schen Kopfes von grosser Sorgfalt und Sauberkeit, und die Copie macht durchaus den Eindruck gewissenhafter Treue.

*) Den von Furtwängler, Meisterwerke p. 30, hierfür angeführten Beispielen sind die Köpfe: Brunn-Bruckmann Taf. 543 und La Glyptothèque Ny-Carlsberg, pl. 38, Mitte, anzureihen.

545. Herme des Herakles (?).

Neapel, Museo nazionale.

Fig. 1. Herme in Broadlands.

Inventar 6164. 1753 in der sog. Villa der Pisonen in Herculaneum gefunden. Comparetti e de Petra, la Villa Ercolanese, tav. XXI, 3; p. 274, nº 68. Röm. Mitt. d. J. 1889 (IV), p. 202 und 215 (Graef). Furtwängler, Meisterwerke, p. 429 ff., Fig. 65. Jahrbuch d. J. 1897, p. 81 ff. (Graef). Neue Jahrbücher f. d. klass. Altertum, 1898, p. 57, Taf. II, 6 (O. Rossbach). Helbig, Führer² I, 71. A. Mahler, Polyklet und seine Schule, p. 27 f. — Ergänzt: der unterste Teil des Hermenstückes. Höhe des Ganzen, ohne diesen ergänzten Teil, 0,445 m (nach Comparetti e de Petra). Über dem linken Stirnknochen ist etwas geschmiert.

Die Herme ist Wiederholung eines Typus, von welchem ein nach Arbeit und Erhaltung geringeres Exemplar bereits auf Tafel 338 dieser Publication abgebildet worden ist. Sein polykletischer Ursprung ist zweifellos: der Abschluss des Haares über der Stirn, die Bildung der einzelnen Locken, die grossen, weitgeöffneten Augen sind der Kunstart des Doryphoros aufs Nächste verwandt. Eine genauere Vergleichung der erhaltnen Repliken *) lässt indessen einen gewissen Fortschritt zu grösserer Freiheit in der Haarbehandlung, der Modellierung der Stirn und der Form des Gesichtsovales gegenüber jenem Hauptwerke des Meisters erkennen **).

Die Benennung Herakles hat grosse Wahrscheinlichkeit für sich; denn die gewundne, wulstartige Haarbinde findet sich besonders häufig — wie Furtwängler vermutet, als Zeichen seiner Teilnahme an den Symposien der olympischen Götter — bei Darstellungen dieses Heros. Auch versucht die Neapler Replik, die wir hier abbilden, in Einzelheiten der Züge, wie den geöffneten Lippen, den vollen, etwas brutalen

*) Aufgezählt und in ihrem Werte beurteilt von Furtwängler a. a. O., p. 429, Anm. 1.

**) Beide Typen zu identificieren (und die Hinzufügung der Binde bei allen Repliken des einen dabei als „rein äusserliches, sich aus den Umständen von selbst erklärendes Merkmal" nicht weiter in Betracht zu ziehen), wie Mahler a. a. O. will, ist schon deshalb nicht angängig, weil (nach Furtwängler p. 428 und p. 429, Anm. 1) die Masse des Doryphoros grössere sind.

Verlagsanstalt F. Bruckmann A.-G.
München 1902.

Fig. 2. Kopf in Berlin n° 478.

Fig. 3. Kopf in Berlin n° 478.

Formen, dann durch die Verkürzung des Untergesichts, offenbar eine nähere Charakterisierung des körpergewaltigen Helden*). Damit entfernt sie sich allerdings, nach dem Zeugnis der übrigen Repliken, vom Stile ihres Originales und giebt sich als ein höchst lehrreiches Beispiel für die freie Art zu erkennen, wie im Altertum Copieen bisweilen ausgeführt worden sind. Unter diesem Gesichtspunkt — um an einem Beispiel zu zeigen, wie vorsichtig wir in der Reconstruction der Einzelformen eines Originales sein müssen, wenn sich von demselben nur eine einzige Copie erhalten hat — haben wir der Herme einen Platz in unserer Publication eingeräumt.

Die getreueste und best ausgeführte der Copieen ist anscheinend das Exemplar in Broadlands**), von dem wir leider noch keine neue Aufnahme vorlegen können***). Gegenüber der bäurischen Aufdringlichkeit der Neapler Replik hier eine vornehme, zurückhaltende Ruhe. Alle Formen gemässigter, milder, feiner. Die Ohren nicht verschwollen. Im Haar das Vorbild des bronzenen Originals offenbar treu gewahrt†).

*) Diese individuellen Züge haben anscheinend Rossbach (a. a. O.) veranlasst, in dem Neapler Kopfe das Porträt eines Diadochenfürsten zu erblicken.

**) Furtwängler, Meisterwerke, p. 431, Fig. 66.

***) Figur 1, nach einer von Furtwängler uns freundlichst zur Verfügung gestellten Photographie.

†) Man vergleiche auch für dieses Détail die Neapler Herme, um die Unzuverlässigkeit und Ungenauigkeit ihres Verfertigers zu erkennen. Die Angabe der Augenwimpern dürfte hingegen dem Bronzeoriginale zu eigen gewesen sein (s. die Doryphorosherme des Apollonios, Brunn-Bruckmann, Taf. 336).

Für weitere vergleichende Studien bilden wir hier noch die beiden Exemplare in Berlin (477 und 478) und dasjenige im Lateran (B-S 491) ab*). Die schlecht erhaltne Dresdner Replik schien eine besondere Abbildung nicht zu lohnen. Es wäre erwünscht, alle diese Wiederholungen in Gipsen nebeneinander stellen zu können.

So reizvoll und anziehend auch nach Ausweis der besseren Exemplare diese Schöpfung Polyklets gewesen sein muss, für seine Erfindungskraft legt sie kein glänzendes Zeugnis ab. Denn in formaler Beziehung bietet sie, wie wir bereits hervorgehoben haben, nichts wesentlich Neues gegenüber dem Doryphoros, und in geistiger Hinsicht lässt der Typus jeglichen Versuch einer eingehenden Charakterisierung der dargestellten Gottheit vermissen. „Wir haben einen Kopf von reiner jugendlicher Schönheit vor uns“, sagt Furtwängler sehr richtig, „der (wäre die Binde nicht) ebensogut jeden andern Helden darstellen könnte“. Wie ganz anders, kraftvoller und individueller, hat Myron, Polyklets älterer Zeitgenosse, das innere Wesen des Herakles darzustellen verstanden!

Die Statue, zu der dieser Kopftypus gehört, ist noch nicht bekannt. Es scheint, dass sie ein Löwenfell um die Schultern geknüpft hatte, da zwei von den Repliken (Berlin 478 und Dresden) unten wie zum Einsetzen in Gewand-

*) Die Berliner Köpfe (Figg. 2—5) nach neuen, mit gütiger Erlaubnis der Direction hergestellten Aufnahmen, die lateranensische Replik (Fig. 6) nach einer Photographie, die ich der Freundlichkeit A. Kalkmanns danke.

Fig. 4. Doppelherme in Berlin nº 477.

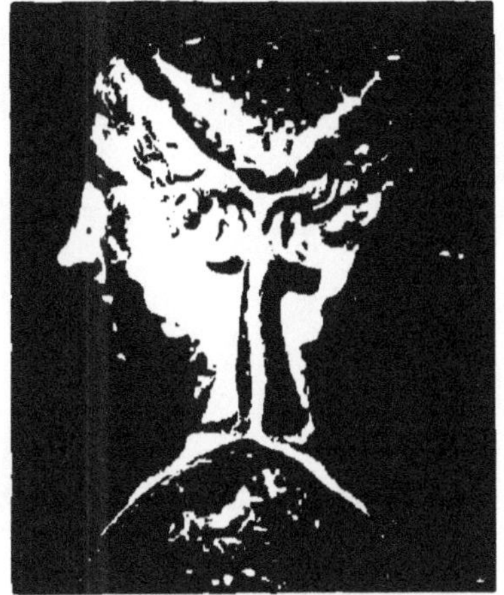

Fig. 5. Doppelherme in Berlin nº 477.

statuen ausgearbeitet sind*). Der Kopf ist in den Wiederholungen bald zur linken, bald zur rechten Seite gewendet. Da die beiden genannten, die nicht von Hermen stammen**), den Kopf zur Rechten gewendet zeigen, so war diese Haltung wohl auch dem Originale zu eigen. Bei Hermen, die decorativen Zwecken dienten, wird bekanntlich häufig die Kopfwendung der Originalfigur den Bedürfnissen der Aufstellung entsprechend geändert.

*) Anders Furtwängler p. 429, Anm. 1.

**) Die Repliken in Neapel, Broadlands, Berlin (477) und im Lateran sind Hermen; die ursprüngliche Verwendung des Chiaramontischen Kopfes ist ungewiss — da er zur Linken schaut, gehörte er nach Obigem wohl zu einer Herme (anders Furtwängler p. 429, Anm. 1).

Fig. 6. Herme im Lateran.

546 links. Torso eines gepanzerten Mannes.

Athen, Akropolismuseum.

Kavvadias, catalogue des Musées d'Athènes, 1895, p. 105, n° 599. Kastriotis, κατάλογος τοῦ μουσείου τῆς Ἀκροπόλεως, 1895, p. 23, n° 599.

Gefunden (nach Kavvadias) „près du mur nord de l'Acropole en 1886". Schöner grosskörniger parischer Marmor.*) Hoch ca. 0,545 m, also kaum lebensgross.

„Die Figur stand fest auf dem r. Beine, während das l. entlastet nach vorn und zur Seite gesetzt war, und zwar ziemlich stark, wie in einer Art Ausfallsstellung. Auch die l. Hüfte nimmt an dieser Bewegung Teil: sie liegt, durch die Energie der Bewegung hinaufgeschoben, höher als die r. Im Oberkörper ist eine Drehung in den Hüften nach der l. Körperseite hin beabsichtigt, aber noch nicht voll zur Anschauung gebracht; sie kommt hauptsächlich in der Biegung der Mittellinie des Körpers und in dem Vorwerfen der r. Schulter zum Ausdruck. Beide Arme nämlich sind erhoben und nach der linken Körperseite hin gestreckt, offenbar zu gemeinsamer Action verbunden. Der r. Arm war in ein grosses viereckiges Loch eingezapft; eine (auf dem Lichtdruck sichtbare) Bohrung durch den oberen Rand, welcher unten ein in den Kern des Marmors getriebenes Loch entspricht, diente wohl zur Aufnahme eines Stiftes, der den Marmorzapfen noch besonders festhielt (ähnlich wie man dies heutzutage an Gipsabgüssen beim Ansetzen getrennt geformter Gliedmassen thut). Auf dem r. Schulterblatt, dicht am obern Rande, sitzt ein schräg nach unten gerichtetes Bohrloch; zwei andere auf dem l. Schulterblatt, in einer Entfernung von 0,015 m übereinander. Ihre Bedeutung ist nicht klar; wenn sie für ein Wehrgehenk oder Köcherband gedient hätten, so würde man wohl auch auf der Brust Befestigungsspuren erwarten müssen. Des Weiteren sitzt ein kleines Bohrloch unmittelbar über dem Gliede; ein anderes, noch mit dem Marmorzapfen darin, vorn auf dem l. Oberschenkel, dicht über der jetzigen Bruchfläche, und ein weiteres, entsprechendes, ungefähr in der nämlichen Höhe, auf dem r. Oberschenkel. Der Kopf war, wie der gespannte r. Kopfnicker beweist, energisch zur l. Schulter hinübergeworfen."

*) Die folgenden thatsächlichen Angaben nach Notizen meines Freundes Paul Herrmann.

„Der Oberkörper der Figur steckt in einem Panzer, von welchem nur der untere Rand plastisch abgesetzt ist. Im Übrigen ist der Oberkörper modelliert, als ob er nackt wäre. Der obere Abschluss des Panzers war vermutlich durch Farbe angegeben. Denn es finden sich noch jetzt deutliche Spuren einer einstmaligen sehr reichen Bemalung, und zwar nicht die Farbspuren selbst, aber die eingravierten, gut erhaltenen Umrisslinien eines Ornamentes. Dieses ist an sehr auffälliger Stelle angebracht gewesen: es bedeckt die ganze Aussenseite des rechten Hinterbackens. Unmittelbar am Panzerrand setzt es an und reicht unten bis zum Bruchrand; auch greift es auf die Aussenseite des Oberschenkels über bis etwa dahin, wo dessen Fläche

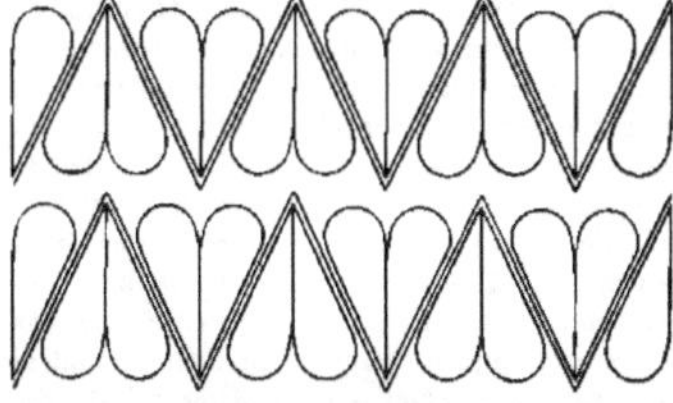

nach vorn umbiegt. Auf der Vorderseite verliert es sich. Das System dieses Ornaments ist noch deutlich zu erkennen (vgl. die beistehende Skizze, nach Originalaufnahme von Paul Herrmann): Zickzacklinien, deren Zwickel mit einem einfachen Herzblatt ausgefüllt sind, reihenweise übereinander. Dasselbe Ornament findet sich auf der Höhe der rechten Schulter und greift zu einem Teil hinten auf das Schulterblatt über, verliert sich dann aber wieder nach allen Seiten und ist namentlich vorn auf der Brust nicht weitergeführt. An den entsprechenden Stellen der linken Körperseite waren derartige Spuren nicht zu constatieren; doch sind am jetzigen Aufstellungsort des Torsos diese Partieen schlecht beleuchtet, die linke Hinterbacke ausserdem sehr verwittert."

Die Zeichnung auf der r. Schulter ist als Vorritzung eines aufgemalten Panzerzierrates leicht verständlich. Grosse Schwierigkeiten hingegen bereitet die Erklärung der Ornamente

Verlagsanstalt F. Bruckmann A.-G.
München 1902.

auf der r. Hinterbacke und dem Oberschenkel. Verzierungen solcher Art auf nackten Körperteilen sind in griechischer Plastik ohne Weiteres nicht denkbar: also sind diese Partieen als bekleidet aufzufassen. Diese Kleidung ist, da die Körperformen unter ihr sichtbar werden, jedenfalls als eine ganz eng anliegende gemeint: dadurch werden sowohl der unter dem Panzer getragene Chiton als die πτέρυγες, die dem unteren Rande des Panzers angehefteten, mit Metallplatten belegten Lederstreifen, ausgeschlossen. An knapp anschliessende Hosen aber zu denken, wie sie die Orientalen und die Bogenschützen trugen, verbietet die freie Ausarbeitung des Geschlechtsteiles, der doch unter diesen Hosen verborgen sein müsste. Seine Wiedergabe legt, im Gegensatz zu den Folgerungen, die wir aus der Ornamentation auf dem Glutaeus ziehen mussten, die Annahme nahe, der Unterleib sei nackt gewesen. Die oben erwähnten drei kleinen Bohrlöcher in dieser Gegend, deren eines noch einen Marmorstift enthält, die danach also einen Ansatz aus Marmor zu halten bestimmt waren, sind ebenfalls der Vermutung, es seien Hosen gemeint, nicht günstig.

Ich gestehe, dass ich aus diesem Dilemma keinen Ausweg weiss. Denn auch die Vermutung, die Ornamente seien eine rein decorative Zuthat, die ganze Statue sei in tektonischem Zusammenhange zu denken, welcher einen derartigen Schmuck erklärlich mache (vgl. Brunn, über tektonischen Stil I, in den bayr. Sitz.-Ber. 1883), bietet keine befriedigende Lösung der Schwierigkeit, da solche Verzierungen sonst durchgängig ornamentale Umschreibungen organischer Formen sind, auf dem Glutaeus aber Angabe von Muskeln nicht am Platze ist und die besondere Form des Ornamentes — Herzblätter in Zwickeln, nicht Ranken o. ä. — sich als Nachbildung einer Körperform nicht verstehen lässt.

Bevor über den Zweck dieser offenbar bedeutungsvollen Verzierung nicht Klarheit geschaffen sein wird, ist es nicht möglich, eine bestimmte Deutung des Torsos in Vorschlag zu bringen. Der Umstand, dass sie sich nur auf der Rückseite befindet, scheint darauf hinzuweisen, dass diese die Hauptseite für den Beschauer war. Die Bewegung der Arme, die nach der linken Körperseite hin gestreckt sind, würde am besten für einen Bogenschützen passen. Die Stellung der Beine und die Richtung des Kopfes sind ebenfalls dieser Ergänzung des Torsos günstig. Doch bleibt dabei auffällig, dass der linke Arm etwas mehr gebogen zu sein scheint, während man dies eigentlich vom rechten Arm, der die Sehne zurückzieht, erwarten müsste. Ob die weitere Deutung der Figur auf historischem oder auf mythologischem Gebiete zu suchen ist, muss dahingestellt bleiben. In der Gegend der Akropolis, wo sie zu Tage gekommen ist, sah Pausanias (I, 27, 6) Darstellungen einer Eberjagd, ungewiss ob der kalydonischen, und des Kampfes zwischen Herakles und Kyknos. Eine Beziehung des Torsos auf eine dieser Gruppen muss indessen Vermutung bleiben, da wir weder wissen, ob sie Rundwerke oder Reliefs waren, noch aus welcher Zeit sie stammten. Der Herakles der Kyknos-Darstellungen pflegt zudem mit dem Schwerte zu kämpfen.

In stilistischer Beziehung gehört der Torso in den Beginn des strengen Stiles und ist vermutlich ein Werk einheimischer Kunst. In welcher Tiefe er bei der Grabung zu Tage kam und ob er noch aus dem sog. Perserschutt stammt, darüber scheinen keine besonderen Nachrichten vorhanden zu sein. Mögen diese Zeilen die Aufmerksamkeit der Fachkreise auf dieses wichtige Stück lenken und die Veranlassung geben, dass durch Abformung in Gips ein genaueres Studium bald ermöglicht werde!

---

546 rechts. Männlicher Torso, Rest einer Gruppe.

Athen, Akropolismuseum.

Kastriotis, Katalog des Akropolismuseums (1895), p. 21, nº 145. 'Εφημ. ἀρχ. 1883, p. 45, nº 26. Ath. Mitt. 1886, p. 193, Anm. 3 (Studniczka). Ebenda 1900, p. 386 ff., Tafel XVI, links (Delbrück).

Jedenfalls auf der Akropolis gefunden. „Parischer Marmor. Die Oberfläche ist an einigen Stellen durch Rauch geschwärzt. Das Schamhaar war durch Rauhen der Marmoroberfläche mit dem Spitzeisen angedeutet und wird gemalt gewesen sein. Stützen scheint die Figur nicht gehabt zu haben. Da kein Schopf in den Nacken herabhängt, trug sie offenbar kurzes Haar. Grösste erhaltene Höhe 0,50 m" (Delbrück).

Die Statuette setzt das linke Bein etwas vor. Der Kopf war, nach der Spannung der Nicker zu schliessen, zur linken Schulter gewendet*). „Der rechte Arm holt hoch nach rückwärts aus, so stark, dass der Oberkörper sich nach rechts hinüberdreht, der linke greift nach vorwärts und abwärts. Auf die linke Schulter greift von hinten und unten her eine schmale rechte Hand mit dünnen, langen Fingern" (Delbrück).

Also das Fragment einer Gruppe. Delbrück ergänzt dieselbe so, dass der Jüngling mit der linken Hand einen stürzenden Feind zu Boden drückt, der sich im Sinken an die Schulter des Gegners klammert**), während die Rechte des Siegers zum tötlichen Streiche ausholt. Auffällig bleibt bei diesem Reconstructionsversuche, dass das linke Bein straff durchgedrückt und nicht im Knie etwas gebogen ist, sowie dass der Kopf seitlich geradeaus blickt und sich nicht senkt, da man doch erwarten müsste, dass der Sieger sich zu dem gestürzten Feinde niederbeugt. Vielleicht wird weiteres Suchen im Akropolismuseum noch Fragmente ausfindig machen, die zu dieser Gruppe gehören. Studniczka erwähnt (a. a. O.) den Kopf eines bedeutend weniger als lebensgrossen Mannes, dem eine linke Hand an die Gurgel greift; diese Hand sei zweifellos die unseres Torsos. Delbrück kennt anscheinend dieses Fragment nicht, das auch Herrmann und mir in Athen nicht zu Gesicht gekommen ist; doch spricht er (p. 387) von „kleinen Resten mindestens dreier ähnlicher Gruppen des gleichen Maassstabes und Stiles unter den Fragmenten aus dem Perserschutt, die jetzt in einem der Schränke des Museums zusammengelegt sind". Es scheine sich um Gigantenkämpfe zu handeln; „leise Stilunterschiede lassen aber ratsam erscheinen, sie nicht in einen Cyclus zusammenzufassen, sondern als vereinzelte Weihungen anzusehen." Es ist zu wünschen, dass alle diese Fragmente von Neuem genau untersucht, photographiert und sammt dem hier behandelten Torso abgegossen werden.

Der letztere zeichnet sich vor der Fülle und Weichheit der älteren attischen Marmorsculpturen durch knappe und strenge Behandlung des muskulösen Körpers aus. Die reizvolle Wiedergabe der weichen Oberfläche der Haut tritt zurück hinter der Darstellung des knochigen Körpergerüstes. Das ist ein Fortschritt gegen die frühere Art attischer Plastik, die durch Einflüsse aus dem Osten bedingt war. Die Figur steht den Tyrannenmördern näher als den Giebelsculpturen des alten Athenetempels. Da sie durch Rauch geschwärzt ist, wird sie noch aus dem Perserschutte stammen. Ich sehe keinen Grund, sie nicht für ein Werk attischer Kunst zu halten. Im Einzelnen sei auf den rechteckigen, der natürlichen Form noch widersprechenden Abschluss des Brustkorbes, die gesenkte Form des Beckens, die Wiedergabe des Nabels mit dem besonders hervorgehobenen Häutchen, das sich über ihm zusammenschiebt, aufmerksam gemacht. Bereits vortrefflich beobachtet ist die Verschiebung der Bauchmuskeln und das Ausweichen der Mittellinie des Körpers aus der Verticalen, die beide durch die Hebung des rechten Armes bedingt werden.

*) So P. Herrmann. Delbrücks Angabe: „der Kopf war nach rechts gedreht" ist wohl vom Standpunkte des Beschauers aus zu verstehen.

**) Etwa wie Penthesilea an Achill auf der schönen Münchner Schale: Furtwängler-Reichhold, griech. Vasenmalerei, Taf. 6.

Verlagsanstalt F. Bruckmann A.-G.
München 1902.

547. Kopf der Hera.

Florenz, Uffizien.

Dütschke 522. Amelung 155. Overbeck, griech. Kunstmythologie, Hera, p. 79 ff.; Atlas Taf. IX, 3. Meyer in den Anmerkungen zu Winckelmanns Kunstgeschichte, ed. Eiselein, IV, p. 155, Anm. 2. Benndorf bei Kekulé, Hebe, p. 66, Anm. 4. Otfried Müller, Handbuch, § 352, Anm. 6. „Ergänzt: die Büste, Teile am Halse, Nase, Ohrenränder, viele Spitzen des Diadems und Kleinigkeiten am Haare" (Amelung). „Der Kopf war im Halse gebrochen, ist aber richtig wieder aufgesetzt worden, wie der Verlauf der Bruchlinien hinten am Halse zeigt. Auf dem Oberkopf vor dem Wirbel sind zwei Messpunkte stehen geblieben. Die Oberfläche ist gereinigt worden. Die Höhe beträgt vom Rand der antiken Brust bis zum mittleren Zacken des Diadems 0,59 m; der Kopf ist also überlebensgross" (Mitteilung von L. Curtius). Nach Dütschke beträgt die Gesichtslänge 0,255 m. Die Ohren trugen metallenen Schmuck.

Der Schmuck des Diadems und die hoheitsvollen, aber herben, abweisenden, unnahbaren Züge des Antlitzes lassen keinen Zweifel, dass Hera, die Königin des Himmels und strenge Hüterin ehelicher Zucht, dargestellt ist. Es giebt kaum ein zweites Bild der Göttin, das ihr inneres Wesen mit solcher Klarheit zum Ausdruck bringt. Es liegt ihm offenbar, wenn auch bisher keine weiteren Wiederholungen nachweisbar sind, die Schöpfung eines bedeutenden Künstlers zu Grunde. Der Stil weist in die Zeit der höchsten Blüte, in die zweite Hälfte des fünften Jahrhunderts. Die Anordnung des Haares über der Stirn ist ähnlich an dem erhaltnen Kopffragmente der Nemesis von Rhamnus, die Agorakritos gebildet hatte *), während die Behandlung der Augen — mit der besonders betonten Thränenkarunkel, den scharfen, unnatürlich hängenden Lidern, der schmalen Öffnung —, dann die Bildung der Stirn und auch die Form des Mundes an den Athletenkopf der Sammlung Nelson in Liverpool **) erinnern. Auch die Athene Velletri, der Diomed, die sog. capitolinische Amazone (mit der Inschrift des Sosikles), alle drei von Furtwängler auf Kresilas zurückgeführt, zeigen in einzelnen Formen mancherlei Verwandtschaft. Diese Vergleichungen führen mit Wahrscheinlichkeit in das Bereich der attischen Kunst, der auch die Florentiner Hera angehören wird. Herabilder sind in jener Zeit in Attika äusserst selten. ***) Es liegt deshalb nahe, bei unserem Kopfe an das Werk des Alkamenes zu denken, das einen Tempel an der Strasse von Athen zum Phaler schmückte.

Wie die scharfe Arbeit von Haar und Lidern und die Umränderung der Lippen beweist, die am Originale mit anderem, kostbaren Metalle eingelegt waren, ist der Kopf Kopie nach Bronze. Er war zum Einsetzen in eine Gewandstatue bestimmt. Die Arbeit ist vortrefflich und anscheinend getreu. Auf der Rückseite ist die Ausführung nachlässiger. Die Form des Diadems wird in der originalen Bronze weniger gefällig und zierlich gewesen sein.

*) Vgl. Helbig, Führer[2] I, 304.

**) Brunn-Bruckmann 544.

***) Vgl. Petersen, röm. Mitt. d. J. 1889, p. 69 ff. „Kaum mehr als eines ist sicher bezeugt, und dass dies kein Zufall ist, beweist der gänzliche Mangel von inschriftlichen Weihungen an Hera. . . . . . . Cultstätten sind für Hera in Attika nur zwei sicher bezeugt."

Verlagsanstalt F. Bruckmann A.-G.
München 1902.

548 oben. Votivrelief an Hermes und die Nymphen.

Berlin, kgl. Museen.

Katalog 709 A. „Pentelischer Marmor. Hoch 0,57 m, breit 0,78 m, tief 0,10 m. Die rechte obere Ecke, scheinbar antik abgeschnitten, fehlt; die Platte ist über dem Kyma leicht abgemeisselt. In Rom auf dem Quirinal gefunden.“ 1889 erworben. Arch. Anz. des Jahrb. 1890, p. 87, n° 1 (mit Abbildung). Roscher, myth. Lexikon, s. v. Nymphen, Sp. 560 und 561 (Bloch).

„Die drei Nymphen, welche mit Chiton und Himation bekleidet sind, schreiten, sich bei den Händen fassend und von Hermes geführt, in ruhigem Tanze nach links.*) Der Gott, den Petasos im Nacken, die über den linken Arm fallende Chlamys auf der rechten Schulter geheftet, hat den rechten Fuss auf den Boden aufgesetzt; den Kopf wendet er ein wenig zurück, so dass das Gesicht von vorn gesehen wird. Die rechte Hand hängt herab und erscheint jetzt leer; ursprünglich war wohl ein Kerykeion in Farbe angegeben. Hinter den Nymphen steht, nur mit dem aus einer Grotte hervorragenden Vorderteil sichtbar, Acheloos in Gestalt eines Stieres mit bärtigem Menschenkopf, über dessen Stirn ein Horn hervorwächst; in dem Haare ist eine dünne Binde angedeutet. Auf dem Rande der Grotte, oberhalb des Acheloos, sind von dem sitzenden Pan nur die Bocksbeine erhalten. Ein bärtiger Adorant in Himation, das die rechte Brust frei lässt, steht mit erhobner Rechten vor Hermes.“

Welchen Sinn hat die Vereinigung dieser Gottheiten, denen der Stifter des Votivs anbetend naht? Die Bezeichnung der drei Mädchen als Nymphen ist durch andere Weihreliefs gesichert. Sie sind die Göttinnen des physischen Wachstumes, des Gedeihens von Feld und Vieh, und darum gesellt sich ihnen Hermes, der Heerdengott, als Führer ihres Reigens. Pan aber, der flinke, ziegenfüssige, bläst dazu auf felsiger Höhe die Schalmei, und Acheloos, ihr Vater, der mächtige Herr der Gewässer, lässt murmelnde Quellen im Haine entspringen.

Was uns hier als reizvolles landschaftliches Bild entgegentritt, das rein der naiven Phantasie des schaffenden Künstlers entsprungen erscheint, hat seinen nüchternen thatsächlichen Untergrund in localen Cultverhältnissen, und es ist ein Beweis für den poetisch gestaltenden Sinn der Griechen, wie sie derartige, ursprünglich durch den Zufall gegebne Beziehungen in sinnvollen Zusammenhang zu bringen verstanden haben. Auf der athenischen Akropolis nämlich lagen die Heiligtümer des Hermes und der Chariten nicht weit entfernt von einer dem Pan geweihten Grotte und der unterhalb dieser befindlichen, Klepsydra genannten Quelle.*) Diese Nachbarschaft der Culte gab den Athenern Veranlassung zu gemeinschaftlichen Weihegaben, und auf derartige Votive an die Gottheiten der Akropolis gehen im Grunde die Darstellungen aller der zahlreichen, von den verschiedensten Orten stammenden Reliefs zurück, die den nämlichen Götterverein zeigen. Die Chariten werden dabei im Laufe der Zeit und im Wechsel der Orte durch die wesensverwandten Nymphen ersetzt, an Stelle des ursprünglichen zufälligen Cultzusammenhanges aber tritt der tiefere Sinn der Zusammengehörigkeit zeugender Naturgottheiten.

Das Berliner Relief ist eines der ältesten und schönsten Beispiele für diese Gattung von Weihreliefs. Ein anderes, an Feinheit der Arbeit ihm noch überlegenes, haben wir in dieser Publication auf Tafel 439 links bereits vorgeführt: das Votiv des Archandros, in Athen. Beiden gemeinsam ist noch die ältere tektonische Form des Votivreliefs, ohne den einfassenden antenförmigen Pilasterabschluss an den Seiten, oder vielmehr, da die Nymphen ja nicht in Tempeln, sondern in Grotten verehrt wurden, ohne die landschaftliche Andeutung einer Grotte, die den späteren Exemplaren dieser Votive zu eigen ist.**) Das Relief des Archandros ist noch etwas strenger als das Berliner Stück, das in das letzte Viertel des fünften Jahrhunderts gehören wird. Des Marmors wegen scheint es attischer Herkunft zu sein; seine Anmut hat offenbar bereits im Altertum einen Kunstfreund veranlasst, es nach Rom zu entführen.

*) Wie noch heute die Mädchen bei griechischen Reigentänzen, langsam und ernst, mit feierlichem Schritte. Man beachte, wie die Figuren sich führen: nicht Hand in Hand, sondern am Handgelenk sich fassend.

*) Furtwängler, ath. Mitt. 1878, p. 198 ff.

**) Vgl. Löwy in Arndt-Amelungs Einzelaufnahmen, zu n° 1242.

Verlagsanstalt F. Bruckmann A.-G.
München 1902.

548 unten. Votivrelief an die eleusinischen Gottheiten.

Eleusis, Museum.

Athen. Mitt. XX (1895), S. 255 ff., Taf. VI (Philios).

Gefunden in 2 Teilen, der eine (vom Beschauer aus rechte) 1885 im sog. Plutoneion zu Eleusis (erw. von Kern, Ath. Mitt. 1892, S. 128), der andere, zum Bau einer Wasserleitung verschleppte, 1894.

Das Relief ist eine Weihung an die grossen eleusinischen Gottheiten. Auf geflügeltem Throne sitzt Triptolemos, bartlos, den Mantel über Unterkörper und l. Oberarm, an den Waden die hohen Fellstiefel, wie sie auch andere Gestalten des eleusinischen Kreises tragen. Sein langes Haar, dessen Lockenfülle an den bekannten Kopf des sog. Eubuleus aus Eleusis*) erinnert, ist mit einer Binde geschmückt. Mit der Linken stützte er ein ursprünglich gemaltes, jetzt nicht mehr sichtbares Scepter auf. Die Rechte liegt auf dem Knie; vielleicht hielt sie ein Bündel Ähren, die ebenfalls durch Malerei angedeutet gewesen sein mögen. Neben dem Thron ringelt sich die heilige Schlange empor, wie so häufig die Begleiterin des Gottes.**) Vor ihm steht in majestätischer Haltung Demeter. Sie trägt den schweren dorischen Peplos mit Bausch und Überfall; über Oberkörper und Kopf hat sie den Mantel geworfen und packt ihn mit der erhobenen Linken, die das Scepter fasste. Dieses bestand aus Bronze und war unten in einem Loche befestigt, das am Reliefboden noch sichtbar ist. Ihre Rechte scheint halb gesenkt und gegen Triptolemos ausgestreckt gewesen zu sein; ob sie Etwas hielt (etwa Ähren), lässt sich nicht mehr feststellen. Das Motiv ihrer Gewandung ist uns aus andern Darstellungen bekannt*), unter welchen eine Statue in Venedig (Furtwängler, a. a. O., Taf. V) besonders hervorzuheben ist. Dieselbe zeigt den Stil der Zeit um 400, als man anfing, auf der Basis phidiasischer Formengebung sich erneutem Naturstudium zu widmen. — Hinter Triptolemos steht Kora, zwei grosse Fackeln in den Händen, bekleidet mit kurzärmligem Chiton und Himation. Dieses ist in ausserordentlich künstlichem Wurfe um den Leib geschlungen**): „von der linken Schulter, wo der eine seiner Zipfel aufliegt, läuft es über den Rücken, unter der rechten Achsel durch, überspannt dann die rechte Brust, schlingt sich unter der linken Achsel durch, abermals um den Rücken, wieder unter der rechten Achsel durch und zieht sich über die linke Brust zur linken Schulter.“ Das Haar des arg verstossenen Kopfes zeigt die sog. Melonenfrisur. Auch der Typus dieser Figur ist uns aus einer statuarischen Wiederholung bekannt: einer Figur in Florenz (Amelung, Führer n° 53; Florentiner Antiken p. 33), die aus praxitelischer Zeit stammt.

So geben die beiden weiblichen Figuren nachweisbar Werke der grossen Plastik wieder. Dass dies aber gerade die Cultbilder von Eleusis gewesen seien, wäre ein voreiliger Schluss, dessen Unrichtigkeit sich aus der Tatsache ergibt, dass auf anderen Votivreliefs aus Eleusis andere statuarische Typen sich finden. Es gab eben im heiligen Bezirke zu Eleusis zahlreiche Statuen der grossen Göttinnen, die den Votivbildnern als Vorlagen dienen konnten. Dass aber andrerseits die hier benützten Statuen überhaupt in Eleusis gestanden haben, dürfte nicht zu bezweifeln sein.

Die rechte Seite des Reliefs nehmen die Adoranten ein: die erste und dritte Figur Männer im Himation, die zweite und vierte Frauen in

*) Brunn Bruckmann Taf. 74.

**) Der Flügel gehört natürlich zum Thron und nicht zur Schlange. Denn es ist ein rechter Flügel; gehörte er zur Schlange, jenseits derselben er erscheint, so müsste es ein linker sein. — Mit Unrecht hat man den Sitz des Triptolemos für einen Wagen erklärt, dessen Rad aus Bronze angesetzt gewesen sei. Überhaupt ist der attischen Kunst der klassischen Zeit die Vorstellung, dass Triptolemos auf einem Wagen gefahren sei, fremd. Sein Sitz, bisweilen einfacher, meist thronartig, ist manches Mal mit Rädern oder Flügeln versehen, manches Mal von Schlangen, geflügelten oder ungeflügelten, begleitet. Vgl. Furtwängler, Gemmen III, S. 208, Anm. 1. Auch die panathenaeischen Amphoren des 4. Jahrh. (z. B. Mon. d. J. X, 47) zeigen deutlich den Thron, während die gleichzeitigen unteritalischen Vasen und die eleusinischen Münzen des jüngsten Typus (z. B. Brit. Mus. Cat., Attika, pl. XX), auf denen Triptolemos als richtiger Wagenlenker aufgefasst ist, einen Wagen darstellen. Bei dem Schaleninnenbild des strengen Stils, das Furtwängler im Arch. Anz. 1891, S. 117, Fig. 12, auf Triptolemos gedeutet hat, fehlt der Anhalt zu solcher Erklärung, da die Figur nicht als Triptolemos charakterisiert ist.

*) Vgl. Furtwängler, griech. Originalstatuen in Venedig, S. 305 ff., Taf. V, und Amelung, Athen. Mitt. XIV (1899), S. 6, Anm. 1.

**) Vgl. Amelung, Florentiner Antiken p. 33.

Verlagsanstalt F. Bruckmann A.-G.
München 1902.

langem Chiton und Mantel. Die erste und zweite Figur führen je ein Kind an der Hand. Wie öfters auf späteren Votivreliefs, ist die letzte der anbetenden Figuren, ihrer Rolle zum Trotz, von vorn gebildet, in einem beinahe statuarischen Motive. Dadurch wird Abwechslung in die einförmige Reihe der Adoranten gebracht, und zugleich für das Relief ein stärkerer Abschluss erreicht, der sonst an dieser Seite wegen der Kleinheit der Figuren fehlen würde.

Das Relief gehört den Gewandmotiven nach nicht vor die Mitte des 4. Jahrhunderts, aber auch kaum in viel spätere Zeit. —

Es ist lehrreich, die beiden auf unserer Tafel vereinigten Votive zu vergleichen. Oben ein flaches Relief, eine für das Relief erfundene, organisch componirte Gruppe, die in einheitlich ruhiger Bewegung sich auf der Fläche ausbreitet und diese ganz füllt, sodass die Figur des einen Adoranten bescheiden zurücktritt und nur wie ein ornamentales Gegenstück zu den Gestalten des Pan und Acheloos erscheint. Unten ein mit starken Schatten wirkendes Hochrelief, die Figuren frei heraustretend, mit grossem Luftraum um sich, jede ihr selbstständiges Dasein führend. Wohl ist die Gruppirung, die Verteilung der Massen eine glückliche, aber doch bleibt nicht verborgen, dass bei der Auswahl der Typen nicht mehr die künstlerische Absicht allein waltete, sondern persönliche Vorliebe des frommen Weihenden für das eine oder andere der im Heiligtum aufgestellten Götterbilder.

Walther Riezler.

549. Sirenen, attische Grabstatuen.

Athen, Nationalmuseum.

Links: Kavvadias 775. Sybel 255. Milchhöfer, die Museen Athens, p. 15. Am Dipylon gefunden. Hoch 1 m. Es fehlt der grösste Teil der Flügel, die linke Hand, die Beine von unterhalb der Kniee ab (bis auf die Füsse jetzt in Gips ergänzt) und ein Teil des Schwanzgefieders. Die Plinthe ist modern. Die Hörner der Leier waren besonders angesetzt.

Die Figur hält in der Linken die Schildkrötenleier, in der Rechten das Plektron.

Rechts: Kavvadias 774. Friederichs-Wolters 1095. Bei Beiden die ältere Litteratur. Kekulé 75. Sybel 254. Milchhöfer, die Museen Athens, p. 15. Baumeister, Denkmäler s. v. Seirenen, Sp. 1644, Fig. 1701. Eine gute Aufnahme dieser Statue, direct von vorn, ist bei Merlin in Athen käuflich. — Am Dipylon gefunden. 0,83 m hoch. Pentelischer Marmor. Es fehlen die rechte Hand, die Finger der linken, die Hörner der Leier, Teile der Flügel, Unterbeine und Füsse. Die Plinthe ist modern. „Die Bohrlöcher auf dem Kopfe zeigen, dass ein Kranz aufgesetzt war. Auch an dem oberen Rande der Flügel sind Löcher; also auch da war ein Schmuck angebracht. Ferner sind auch in den Ohrläppchen Löcher für Ohrschmuck. Endlich ist ein Nagel auf den Kopf (für den Kranz) und ebenso in den linken Vorderarm (für die Leier) eingeschlagen" (Kekulé).

Die Linke greift in die Saiten der Schildkrötenleier, die Rechte hält das Plektron. Durch das Haar geht ein breites Diadem. Jederseits fällt eine lange gedrehte Locke auf die Schultern. Die Federn an Flügeln, Schwanz und Vogelkörper waren jedenfalls durch Bemalung wiedergegeben.

Sirenen nennt der Grieche die holden Zauberwesen, halb Jungfrauen, halb Vögel, die auf hoher Uferklippe stehen und den vorübersegelnden Schiffer mit verführerischer Stimme bethören, dass er der Heimat vergisst und zu ihnen eilt, wo er Tod und Verderben findet. Oder sie sind die Töchter der nächtigen Erde und wohnen im dunklen Hades, an dessen Pforten sie mit lieblich tönendem Gesang und Leierspiel die Seelen der Lebenden in die Unterwelt hinabzulocken suchen.*) Auch mit Persephone spielen sie auf blumiger Wiese, als Hades mit raschem Gespann die Gattin zur Unterwelt entführt. Da irren sie über Meer und Erde und suchen die liebe Genossin, und herzbewegend ertönt ihre Klage nach der Verlorenen.

Aus diesen Vorstellungen heraus erklärt sich das Auftreten der Sirene auf antiken Grabmälern. Sie erscheint auf diesen entweder (wie in den beiden hier abgebildeten Statuen) als die holde Freundin des Abgeschiedenen, die ihn vergessen lassen wird, wovon er sich trennen musste — wie glücklich, wie beneidenswert die Phantasie des Griechen, den nicht das gräuliche Gespenst des Knochenmannes, sondern die liebliche Gestalt eines zarten Mädchens und süsser Gesang und Leierspiel auf dem Wege zum Grabe geleitete! —, oder sie stimmt mit lautem Ruf die Totenklage an, zerrauft ihr Haar und schlägt sich die Brust.

Die beiden athenischen Statuen haben, ähnlich wie die auf Tafel 534 abgebildeten Figuren von Sclavenmädchen, als obere Aufsätze von Grabmälern gedient. Die genauere Art ihrer ehemaligen Aufstellung lässt sich aber, wie auch bei jenen, nicht mehr nachweisen. Auf keinen Fall gehörten sie, als Pendants, zu einem Monumente. Die Figur auf der rechten Seite der Tafel scheint um ein Geringes älter zu sein: ihr Kopf erinnert im Allgemeinen in seinem Aufbau an denjenigen der Eirene des Kephisodot, während der Kopf der anderen Statue, besonders in der Bildung der spitz zulaufenden Stirn, praxitelischen Schöpfungen aus der Mitte des 4. Jahrhunderts nahesteht.

Der Ausdruck der Köpfe ist süss und voll Liebreiz, die schmalgeöffneten Augen mit den emporgezogenen Unterlidern, namentlich an dem älteren der Stücke, erinnern an aphrodisische Bildungen. Dass hier nicht von Verkörperungen der Totenklage die Rede sein kann, ist klar. Die Arbeit beider Statuen ist flott und frisch, nicht weit geführt, aber von sicherer Hand, in jedem Zuge echt attisch.

*) Vgl. zuletzt Bulle in der Strena Helbigiana p. 34 f.

Verlagsanstalt F. Bruckmann A.-G.
München 1902.

550. Statue des Poseidon, aus Melos.

Athen, Nationalmuseum.

Sybel 424. Kavvadias 235. Bull. de corr. hell. 1889, p. 498 ff., pl. III (Collignon). Einzelaufnahmen, Text zu n° 737. Furtwängler, Meisterwerke, S. 615; derselbe, Sitzungsberichte der bair. Akad. 1897, S. 418 f.; 1900, S. 714.

Hoch 2,45 m nach Kavvadias, 2,57 m nach Sybel. Parischer Marmor (Lepsius, Marmorstudien, p. 100, n° 323). 1877 in Melos, im Poseidonheiligtum am Hafen, gefunden, zusammen mit den Statuen Kavvadias 236—38. Mit der antiken Plinthe erhalten, die jetzt in eine moderne Basis eingelassen ist. Aus zwei Blöcken, deren Fuge ungefähr in der Körpermitte deutlich sichtbar ist, zusammengesetzt. Ergänzt sind die Nase, ein Teil des linken Oberschädels, der besonders angesetzt war, das Vorderteil des r. Fusses, der l. Ellenbogen und Kleinigkeiten am Gewand; auch der Dreizack und die Schweifspitze des Delphins sind modern.

Der Gott, neben dem ein Delphin in die Wogen schiesst, hält im raschen Schritte inne. Aus seinem schimmernden Palast in den Tiefen des rauschenden Meeres ist er emporgetaucht. Zürnenden Blickes überschaut er die tosende Brandung, den Dreizack fassend, ihn zu schütteln, und mit gewaltiger Stimme donnert er den empörten Winden sein „Quos ego!“ zu.

Welcher Zeit gehört diese mächtige, lebensvolle Erfindung an?

Die Art der Arbeit, der Contrast der ziemlich nüchternen und leblosen Gewandbehandlung mit der vorzüglichen und sicheren Meisselführung am Kopfe — ein Gegensatz, dem wir auch an der Jünglingsstatue von Eretria Tafel 519 begegnet sind —, dann gewisse technische Indicien, wie die Zusammenfügung der Statue aus zwei Blöcken, deren Fuge den Gewandwulst in der Mitte des Leibes durchschneidet — ein Verfahren, das an der melischen Aphrodite in gleicher Weise wiederkehrt —, machen es wahrscheinlich, dass die Statue des Poseidon in späthellenistischer Zeit, im 2.—1. Jahrh. vor Chr., gearbeitet worden ist.

Aber gehört auch die Erfindung des Typus selbst in so späte Zeit?

Wie für die Gewandmotive der Venus von Milo in überzeugender Weise in der Venus von Capua das ältere Vorbild, aus der zweiten Hälfte des vierten Jahrhunderts, nachgewiesen worden ist, das sie, unter Änderung der Attribute, in den Stil ihrer Zeit umsetzt*): so können wir auch für den Poseidon von Melos mit grosser Wahrscheinlichkeit das Original, auf das sein Meister zurückgriff, wiederherstellen. Ich glaube, es mit Hilfe zweier Augustusbilder zu erkennen: einer Bronzestatue aus Herculaneum in Neapel**) (Fig. 1) und der Figur rechts auf dem Relief mit der sog. Apotheose des Augustus in San Vitale zu Ravenna***) (Fig. 2). Beide Augustusbilder gehen, trotz mehrfacher Abweichungen in Einzelheiten, offenbar auf ein Vorbild zurück. Obwohl an der Neapler Bronze Blitz und Scepter ergänzt sind, an der ravennatischen Figur es unentschieden ist, ob sie Blitz oder Schwert in der Linken hält, kann kaum ein Zweifel bestehen, dass in beiden Fällen Augustus als Juppiter, als Herr des Erdkreises, aufgefasst ist. Die Verwendung des nämlichen Motives an zwei Werken, die, obwohl ungefähr gleichzeitig, doch sicher an verschiedenen Orten gefertigt worden sind (die herculanensische Bronze ist das Erzeugnis einer minderwertigen campanischen Giesserwerkstatt), macht es wahrscheinlich, dass beiden eine in augusteischer Zeit besonders bekannte ältere Statue des Zeus, beziehungsweise ein berühmtes Standbild des Augustus, das auf einen solchen Zeustypus zurückging, zu Grunde liegt. Es ist vielleicht nicht zu kühn, vermutungsweise da an das Cultbild im Tempel des Juppiter tonans in Rom zu denken, den Augustus zur Erinnerung an eine glücklich überstandene Gefahr, in welcher er während eines Gewitters in Cantabrien geschwebt hatte, im Jahre 22 vor Chr. weihte†). Dieses

*) Furtwängler, Meisterwerke, p. 628 ff.

**) Inventar 5595; Phot. Sommer 7513; Overbeck, Gesch. d. griech. Plastik³ II, Fig. 154 e; Bernoulli, röm. Ikonographie II, 1, p. 34, n° 39.

***) Friederichs-Wolters 1923, wo die ältere Litteratur; Phot. Alinari 10251; Bernoulli, röm. Ikonographie II, 1, Taf. 6.

†) Franz Jacobi, Grundzüge einer Museographie der Stadt Rom zur Zeit des Kaisers Augustus, I (Speier 1884, Programm der Kgl. Studienanstalt), p. 92 f. Roscher, myth. Lexikon, s. v. Juppiter, Sp. 747 f. Die Zurückführung einer augusteischen Münze auf dieses Standbild des Leochares (Overbeck, Kunstmythologie des Zeus, p. 55; Münztafel II, n° 42. Furtwängler, Meisterwerke, p. 369, Anm. 3) halte ich für verfehlt. Der Juppiter tonans, d. h. Ζεὺς βρονταῖος, der Donnergott, kann unmöglich eine gänzlich ruhige, actionslose Figur gewesen sein.

Verlagsanstalt F. Bruckmann A.-G.
München 1902.

Fig. 1.

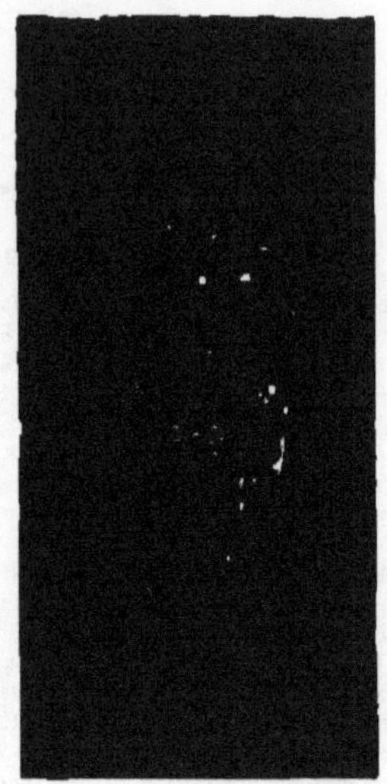

Fig. 2.

Cultbild war ein Werk des Leochares, nach Plinius vor allen andern Statuen des Meisters berühmt. In die Zeit des Leochares, also in die Periode Alexanders des Grossen, passen aber die Gewandmotive beider Augustusbilder gut hinein. Die Venusstatuen von Capua und Arles darf man als die nächsten Parallelen heranziehen. Im ganzen Temperament aber, dem ungestümen, leicht an das Theatralische streifenden Pathos, auch im Bewegungsmotive, dem plötzlichen Einhalten im Schreiten, empfinde ich grosse Verwandtschaft zu der Statue des Apollon vom Belvedere, die man ebenfalls, meines Erachtens freilich mit bisher unzureichenden Gründen, dem Leochares hat zuschreiben wollen.

Zu diesem vorauszusetzenden älteren Zeus(?)-bilde nun, mag im Übrigen sein Künstler sein, wer er wolle, verhält sich der melische Poseidon ebenso, wie die melische Aphrodite zu jener von Capua. Das heisst: das ältere Vorbild ist im grossen Ganzen festgehalten, im Détail aber, dem Stile der jüngeren Zeit und der veränderten Bedeutung entsprechend, umgestaltet worden. Eine derartige Umarbeitung älterer Vorbilder ist in späthellenistischer Zeit auch sonst nichts Seltenes: man denke an den oben erwähnten Jüngling von Eretria (Taf. 519), die Athene vom Eubulidesmonument, den Ofellius von Delos, den borghesischen Fechter!*) Dass aber zwei Werke dieser Art gerade aus Melos stammen, ist natürlich nur Zufall: mit Ausnahme der stilistischen Verwandtschaft ihrer Vorbilder besteht keinerlei Zusammenhang zwischen beiden Statuen.

Die reconstruierende Untersuchung ist beim Poseidon allerdings erschwert, da sein älteres Original uns ja auch nur in römischen Nachbildungen vorliegt (gleich wie wenn der Typus der capuanischen Venus nur in der Victoria von Brescia erhalten wäre): aber die schlankere, rundlichere Körperbildung, das Einstemmen der linken Hand in die Hüfte und die dadurch bedingte Veränderung im Falle des Mantels sind sicher Eigentümlichkeiten des jüngeren Werkes allein. Wie weit beim Typus des Kopfes Modificationen stattgefunden haben, sind wir nicht mehr im Stande zu sagen. Wäre der Kopf der Poseidonstatue vom Körper getrennt auf uns gekommen, so würde man schwanken können, wie er zu benennen sei, ja, man würde ihn

*) Vgl. Furtwängler, Statuencopieen im Altertum I, p. 543.

vielleicht eher auf Zeus als auf Poseidon deuten. Gerade bei diesen beiden Gottheiten ist die unterscheidende Typik in jener Zeit wenig ausgebildet, und diese Unsicherheit darf um so weniger befremden, wenn unsere Vermutung, das Vorbild sei die Statue des Zeus Brontaios gewesen, also einer directen elementaren Gottheit, wie es Poseidon auch ist, das Richtige trifft. Dass aber überhaupt eine Statue des Zeus in eine solche des Poseidon umgewandelt worden ist, hat nichts Verwunderliches: begegnet uns solche Verschiebung der Typen doch auch sonst, z. B. bei Zeus und Asklepios.

Das uns erhaltene Exemplar des Poseidon war jedenfalls auf Melos ein bekanntes und beliebtes Werk. Sein Typus kehrt, mit leichten Variationen, sogar auf einem Grabrelief melischer Herkunft wieder, dessen Verfertiger offenbar von der Poseidonstatue inspiriert worden ist*).

Wenden wir zum Schlusse von diesen nüchternen kritischen Erörterungen hinweg den Blick nochmals zum Standbilde des Gottes selbst und stellen wir ihm eine andere bekannte Poseidonstatue, im Lateran, Copie vermutlich eines lysippischen Werkes**), gegenüber! Dort wildes Sturmestosen und Wogengebraus, frisches, kraftvolles Leben; hier die trübe, bleigraue Schwüle der vom Südwind kaum gestreiften Fläche, das unheimliche Schweigen des Meeres vor dem Sturm. Der landschaftlichen Stimmung, der die neuere Kunst nur durch die materiellere Wiedergabe in Farben nahe zu kommen vermag, verlieh der antike Künstler Leben in abstracter plastischer Form.

---

*) Einzelaufnahmen 737; dazu Furtwängler in den Bayr. Sitz.-Ber. 1897, p. 418, Anm. 1.

**) Brunn-Bruckmann 243.

DENKMÄLER GRIECHISCHER UND RÖMISCHER SCULPTUR

TEXTE UND REGISTER ZU DEN TAFELN 551—600

II. ORTSREGISTER.

III. KUNSTGESCHICHTLICHES REGISTER.

A. DIE ARCHAISCHE KUNST.

ATTIKA.

551. Archaische männliche Statue. Athen, Akropolismuseum.
556. Archaische weibliche Statue. Athen, Akropolismuseum.
552. Archaischer attischer Kopf (Rampin). Paris, Louvre.

KLEINASIEN (?).

561. Archaischer Torso der Aphrodite. Lyon, Museum.

ETRURIEN.

586 und 587. Bronzewagen von Monteleone. New-York, Metropolitan museum of art.
588 und 589. Bronzereliefs aus Perugia. München, Glyptothek.

B. DIE EPOCHE DES MYRON, PHIDIAS, POLYKLET.

AUS DER ÜBERGANGSZEIT VOM ARCHAISCHEN ZUM FREIEN STILE.

581. Weiblicher Kopf. London, Sammlung T. Humphrey Ward.

MYRON UND SEINE SCHULE.

566. Statue des myronischen Diskobolen. Nach dem Abguss (Körper Vatican, Kopf Palazzo Lancelotti).
567. Kopf des myronischen Diskobolen. Nach dem Abguss (Palazzo Lancelotti).
568. Kopf des Herakles. London, British Museum.
569 und 570. Statuette des Herakles. England, Privatbesitz.

ZEITGENOSSEN DES MYRON.

596 und 597. Jünglingsstatue. Kopenhagen, Glyptothek Ny-Carlsberg.
591. Athenekopf. Dresden, Albertinum.

PHIDIAS UND SEINE SCHULE.

553. Zwei Reliefs vom Westfriese des Parthenon. Athen, Parthenon.
571. Zwei Reliefs vom Westfriese des Parthenon. Athen, Parthenon.
576. Herme der Aphrodite. Neapel, Museo nazionale.

AUS DER WENDE VOM 5. ZUM 4. JAHRHUNDERT.

562. Statue der Artemis. München, Glyptothek.
563. Weibliche archaisierende Statue. Eleusis, Museum.
564. Basis aus Epidauros. Athen, Nationalmuseum.
592. Jünglingskopf, sog. Alexander. Rom, Villa Albani.
557. Jünglingskopf (Wiederholung des Münchner Öleingiessers). Boston, Museum of fine arts.
582. Fragment eines Grabreliefs. London, Lansdowne House.

C. DIE EPOCHE DES SKOPAS, PRAXITELES, LYSIPP.

STATUEN.

553. Weibliche Gewandstatue (sog. kleine Herculanenserin). Dresden, Albertinum.
554. Bronzestatuette des Herakles. Rom, Villa Albani.
577. Statue der auf einer Gans reitenden Aphrodite. Boston, Museum of fine arts.

EINZELKÖPFE.

572 und 573. Bärtiger Götterkopf. Boston, Museum of fine arts.
593. Aphroditekopf. Rom, Palazzo Caetani.
574. Büste des Zeus. Neapel, Museo nazionale.

RELIEFS.

598. Zwei Reliefplatten: Aglauriden und Horen (zusammengesetzt aus Fragmenten in Rom, Florenz und München). Nach dem Abguss.
599. Dreiseitige Basis, vom Forum. Rom, Lateran.
600. Zwei Reliefplatten: Tänzerinnen; aus dem Dionysostheater. Athen, Nationalmuseum.

D. DIE HELLENISTISCHE KUNST.

583 und 584. Mädchenstatue. Porto d'Anzio, Villa Sarsina.
594. Bronzestatue eines zurückgelehnten Satyrs. Neapel, Museo nazionale.
585. Bronzestatuette einer Nike. Neapel, Museo nazionale.
578. Statue der Aphrodite Kallipygos. Neapel, Museo nazionale.
579. Relief vom Grabmale eines Lehrers, von Rhodos. Berlin, bei Freiherrn F. Hiller von Gärtringen.

E. DIE RÖMISCHE KUNST.

590. Relieffragment mit Barbarenkampf. La Granja bei Segovia.
595. Fragmente eines römischen Reliefs. München, Privatbesitz.
575. Die Basis von Puteoli. Neapel, Museo nazionale.
580. Zwei traianische Reliefs im mittleren Durchgang des Constantinsbogens. Rom.
555. Zwei Médaillons am Constantinsbogen, Rom.
Links: Opfer an Apollon (Nordseite).
Rechts: Auszug zur Jagd (Südseite).
559. Zwei Médaillons am Constantinsbogen. Rom.
Links: Eberjagd (Nordseite).
Rechts: Opfer an Diana (Südseite).
560. Zwei Médaillons am Constantinsbogen. Rom.
Links: Bärenjagd (Südseite).
Rechts: Opfer an Silvan (Südseite).
565. Zwei Médaillons am Constantinsbogen. Rom.
Links: Das Ende der Löwenjagd (Nordseite).
Rechts: Opfer an Hercules (Nordseite).

551. Archaische männliche Statue.

Athen, Akropolismuseum.

N° 633 des Kataloges von Kastriotis (1895). Collignon, histoire de la sculpture grecque I, p. 258, fig. 127. Lepsius, griechische Marmorstudien, p. 70, n° 19. 1886 auf der Nordseite der Akropolis gefunden. Inselmarmor[1]). Höhe ganz wenig über 1 m; also war die Statue unterlebensgross. Sie steht mit beiden Beinen gleichmässig auf; das linke setzt sie etwas vor. Der rechte Unterarm war horizontal vorgestreckt und besonders eingesetzt; der Marmorzapfen, der ihn hielt, ist zum Teil noch im Oberarm vorhanden. Auch die gesenkte linke Hand war eingezapft. Der Kopf war, nach der stärkeren Anspannung des rechten Kopfnickers zu urteilen, etwas nach der linken Körperseite gewendet. Die Bekleidung besteht, wie mir scheint, aus doppeltem Chiton und Himation. Der Halsstreifen des oberen, schwereren Chitons sowie der untere Rand seines rechten Ärmels und die Streifen beiderseits von der Naht am rechten Oberarm sind mit dem beistehend skizzierten Ornamentmotiv geschmückt.

Die in der Zeichnung schraffierten Teile desselben sind noch jetzt mit pastoser grüner Farbe gefüllt, während die Punkte, das liegende Kreuz und das innere Oblong zur Zeit als einfache Vertiefungen sich darstellen, die aber auch jedenfalls ursprünglich mit Farbe bedeckt waren. Am unteren Teile des rechten Oberarms, unterhalb des Ärmelabschlusses des oberen Chitons, erkennt man das feinere Gefältel des leichteren unteren Chitons. Der Saum des in Zickzack laufenden Mantelrandes, der plastisch abgesetzt ist, scheint einfach gleichmässig mit grüner Farbe gedeckt gewesen zu sein; wenigstens ist ein besonderes Muster jetzt nicht mehr zu erkennen. Auch unter dem rechten Arm und auf dem Rücken ist dieser grüne plastische Streifen des Himations angegeben, und entsprechend kehrt er endlich auch am unteren Abschluss des Obergewandes wieder, wo aber nur ein kleines Stück erhalten ist. Über dem plastischen Streifen ist dort noch eine Reihe nur aufgemalter grüner Tupfen angegeben.

Der Torso, in seiner dichten Verhüllung, macht auf den ersten Blick den Eindruck, als stamme er von einer weiblichen Statue. Aber das Genital, das unter dem Gewande durchscheint, und dazu die flache Brust lassen keinen Zweifel über das Geschlecht des Dargestellten. Die Statue wird ein Weihgeschenk, vielleicht eines Priesters, sein. Das unterlebensgrosse Format ist ihr mit einigen weiblichen Figuren von den Ausgrabungen der Akropolis gemein. Ihr Stil ist der vollsaftige, gesunde, rein attische, vom Ausgange des 6. Jahrhunderts[2]), und noch frei von der gekünstelten, manierierten Überzierlichkeit jener Werke, die attische Künstler in der nämlichen Zeit in Nachahmung ostgriechischer, auf den Inseln gefertigter Statuen geschaffen haben. Schon aus diesem Grunde ist die Vermutung, die ich lange Zeit gehegt habe, der verloren gegangne Kopf unsres Standbildes sei in dem auf Tafel 552 abgebildeten sog. Rampinschen Kopf des Louvre erhalten geblieben, hinfällig. Derselbe gehört offenbar auf einen mit viel grösserem Raffinement und grösserer technischer Bravour gearbeiteten Torso. In dem „Argumentum" von C. Jörgensens Abhandlung „Kvindefigurer i den archaiske graeske Kunst" (Kjöbenhavn 1888), p. 131, Anm. 1, finde ich die anscheinend auf unseren Torso bezügliche Vermutung, sein Kopf sei im Akropolismuseum erhalten in Saal VI, Schrank 1, oberstes Fach n° 323, seine Füsse ebenda, Schrank 4, Fach 3, n° 3. Eine Nachprüfung dieser Combination Seitens der athenischen Fachgenossen ist erwünscht; da der Torso durch seine Darstellung in dem Denkmälervorrate der Akropolis einzig dasteht und auch seine Grössenverhältnisse ungewöhnliche sind, kann überhaupt ja nur eine ganz geringe Zahl von Köpfen für die Frage nach der Zugehörigkeit in Betracht kommen.

[1]) Die folgenden Angaben nach frl. Mitteilung von Paul Herrmann.

[2]) Collignon a. a. O. sieht meines Erachtens ohne Grund in der Statue ein Werk der kleinasiatisch-griechischen Kunstschule.

Verlagsanstalt F. Bruckmann A.-G.
München 1903.

552. Archaischer attischer Kopf.

Paris, Louvre.

Monument et mémoires (Fondation Piot), 1900, VII, p. 143 ff., pl. XIV (Lechat). Dort ist die ältere Litteratur aufgezählt, aus der hervorzuheben: Monuments grecs, 1878, p. 1 ff., pl. I (Dumont). Rayet, monuments de l'art antique I, pl. XVIII. Collignon, histoire de la sculpture grecque I, p. 360, fig. 182. Furtwängler, Sammlung Saburoff, Text, p. 4 f. Philios, Ἐφημ. ἀρχ. 1889, p. 124 ff. Bulle, der schöne Mensch, Taf. 34. Ehemals im Besitze des französischen Diplomaten Herrn Georges Rampin. Seit 1896 im Louvre. 1877 in Athen gefunden[1]), nach den einen Angaben auf der Akropolis, nach andern im Askleieion. Wahrscheinlich sind beide Nachrichten falsch, sicher nur die Herkunft aus Athen. Inselmarmor. 0,29 m hoch; die Statue, zu der der Kopf gehörte, war etwas unterlebensgross. Zahlreiche Farbspuren haben sich erhalten. Haar und Bart waren rot bemalt. Auch der Schnurrbart war durch rote Farbe angedeutet, ohne plastische Unterlage; eine fein eingerissene Linie bezeichnet den Umfang dieser Färbung. In gleicher Weise trennt ein Kreis an den Augäpfeln die schwarze Pupille von der roten Iris, und oberhalb der Augenbrauen deutet eine feine geschwungene Linie die Färbungsgrenze dieser Teile an. Ob sie schwarz oder rot getönt waren, lässt sich nicht mehr feststellen. Die Lippen, heute farblos, waren jedenfalls ursprünglich rot. Die schmückenden Teile des Kopfes prangten also in reichster Farbenzier, deren vorherrschende Nuance rot war. Von einer Färbung oder Tönung des Fleisches selbst haben sich keine Spuren erhalten. Auf dem Scheitel der Rest des eisernen Stachels, der dazu bestimmt war, die Vögel von der Beschmutzung des farbigen Bildwerkes abzuhalten.

Die Statue, zu der der Kopf gehörte, hatte nicht mehr das völlig gleichmässige und unbewegte Schema der ältesten sog. Apollofiguren. Denn der rechte Kopfnicker ist stärker gespannt als der linke, die linke Schulter etwas gehoben, der Kopf war also leicht nach seiner Linken hin gewendet. Für Motiv und Bedeutung der Statue selbst aber lässt sich daraus nichts schliessen[2]). Die Züge wie auch die Haartracht sind ausserordentlich individuell; man wird dem Kopfe zum Mindesten so viel Porträtcharakter zugestehen müssen als der Mehrzahl der κόραι der Akropolis. Der Kranz im Haar, dessen Laub ein französischer Botaniker als das der griechischen Eiche bestimmt hat, war jedenfalls ein für den Träger charakteristisches Attribut. Vielleicht ist der Priester einer Gottheit, der die Eiche heilig war, dargestellt.

Von besonderem Interesse aber ist der Kopf in stilistischer Beziehung. Zwei Kunstweisen treffen unvermittelt in ihm auf einander. Auf der einen Seite, in den einfachen und dabei fleischstrotzenden Formen des Gesichtes, in den quellenden Augen, den üppigen Lippen, den wie mit dem Messer aus Holz geschnittenen flächigen Ohren, die echte attische, aus der Porostechnik hervorgegangene Kunstart des Kalbträgers, der Diskophorenstele. In schroffem Gegensatze zu dieser einfachen und bei aller Fülle zurückhaltenden Formengebung steht die der Natur widersprechende, überzierlich reiche, manierierte Art, wie Bart- und Haupthaar, namentlich die Löckchen an Stirn und Schläfen, wiedergegeben sind. Statt ein lebendiger, organischer Bestandteil der Gesammterscheinung zu sein, ist das Haar auf die Stufe eines toten, stilisierten Ornamentes herabgedrückt. Ja, man fühlt sich thatsächlich mit Rayet an das gefettete Lockengerüst auf dem Haupte eines nubischen oder abyssinischen Häuptlings erinnert. Aber es liegt kein ernstlicher Grund zur Annahme vor, dass hier der Angehörige eines afrikanischen Volksstammes dargestellt sei. Die decorative Erstarrung, das ungriechisch anmutende Stilgemisch in dem Kopfe lässt sich auf anderem Wege leichter erklären. Als in der zweiten Hälfte des sechsten Jahrhunderts die attischen Bildhauer, die von Alters her in der Technik des Schneidens in weichem Stein

[1]) Die thatsächlichen Angaben nach Lechat a. a. O.

[2]) Furtwängler a. a. O.: „der Kopf stammt vermutlich von der Statue eines vom Beschauer nach links schreitenden Mannes in langem Gewande, dessen Körper im Profil gebildet war, dessen Kopf aber den Beschauer ansah".

Verlagsanstalt F. Bruckmann A.-G.
München 1903.

eingeübt waren und auch im einheimischen Marmor, den sie nach dem Poros als Material benutzten, die hergebrachte Einfachheit und Grossflächigkeit der Formengebung nicht verliessen, als diese Bildhauer durch Weihgeschenke, die auf die Akropolis gestiftet wurden, an den Werken ihrer Kunstgenossen aus dem griechischen Osten, von den Inseln, technisches Raffinement und den Reiz decorativer Détaileffecte kennen lernten, da verschlossen sie ihre Augen nicht vor den Vorzügen dieser vorgeschritteneren Kunstweise. Die weiblichen Statuen von der athenischen Akropolis zeigen in ihrer Mehrzahl, in wie durchgreifender Weise die attischen Bildhauer von ihren Collegen aus Paros, Chios, Naxos gelernt haben. Sie zeigen aber auch, dass die Attiker diesen fremden Wortschatz nicht tot und mechanisch zu ihrer Kunstsprache hinzugefügt, sondern dass sie ihn verständnisvoll in den Gesammtorganismus als einen lebendigen Teil eingearbeitet haben, so dass aus dieser Verschmelzung Kunstwerke eines neuen Stiles, aber durchaus einheitlichen Charakters hervorgehen konnten. Dieser einheitliche Charakter nun fehlt im Rampinschen Kopfe durchaus. Die neuen decorativen Elemente sind in ihm fast bis zur Caricatur verzerrt und übertrieben. Sie stehen ohne jede Vermittlung neben den biederen und derben Gesichtsformen der alten Zeit. Wie ein Bauernmädchen in Corset, Stöckelschuhen und Federhut. In dieser stilistischen Disharmonie beruht das hohe Interesse des Rampinschen Kopfes. Man möchte in ihm das Werk eines in der alten Formensprache grau gewordenen Künstlers vermuten, der den Jüngeren einmal zeigen wollte, dass er auch „modern" zu arbeiten verstehe. Das pleinairistische Bild eines Piloty-Schülers.

Man wird bei genauerem Studium der altattischen Sculpturen vielleicht noch mehr Werke finden, die ähnliche Disharmonieen aufweisen, wenn auch wohl keines, an dem dieselben in so ausgeprägter Weise sich zeigen. Dem Pariser Kopfe stilistisch nahe verwandt, wenn auch von gröberer Ausführung, ist ein in Eleusis gefundener Kopf des athenischen Nationalmuseums, auf den auch Lechat hingewiesen hat (a. a. O. p. 151) und den wir oben nach in Athen käuflichen Photographieen abbilden (Kavvadias 61; Ἐφημ. ἀρχ. 1889, πίν. 5 u. 6)[3]. Die wulstige Frisur auf dem Oberschädel macht auch hier eher den Eindruck afrikanischen Wollhaares, die Lockenenden im Nacken sind ornamental stilisiert: neben diesen Merkmalen einer jüngeren, schmuckfreudigen Kunst die Wiedergabe der Gesichtszüge ganz im Sinne der einheimischen, altattischen Bildhauerei.

[3]) Vgl. jetzt auch: Lechat, au musée de l'Acropole p. 388 ff.

553 oben. Relief vom Westfriese des Parthenon.

Athen, noch am Parthenon befindlich.

Michaelis 9, VI, 11 und 12; p. 230 f. Lüders, Arch. Zeit. 1872, p. 32 f. Petersen, die Kunst des Pheidias, p. 287.

Michaelis: „Der Reiter ist die ausgeführteste Figur des ganzen Frieses.... Sein Panzer ist sehr reich verziert. Das Vorderstück schmückt ein breites grinsendes Gorgoneion alten Stiles; die Schulterklappen, welche die beiden Panzerhälften aneinander befestigen, endigen vorn in Löwenköpfe.[1]) Unter dem Arm ist zwischen den beiden festen Metallplatten des Panzers ein biegsameres, schuppenbedecktes Stück eingesetzt. Die Hüften werden durch die ebenfalls ornamentierten πτέρυγες geschützt. Darunter wird der Chiton sichtbar, der auch hinter der Schulter aus dem Armloch des Panzers hervorquillt. Der Helm ist mit dem Relief eines Adlers mit vorgebeugtem Kopfe geschmückt, und auf einen weiteren Metallzierrat weist ein Loch am Schirm, oberhalb des Auges, hin; von dem Helmbügel herab wallt der hohe Busch. — Dem Reiter mit dem Rücken zugewendet steht ein zweiter Jüngling, einen ähnlichen aber einfacheren Helm auf dem Haupte, sonst nur mit der weiten und langen Chlamys, welche wie häufig einen gefältelten Saum hat, angethan und mit Sohlen, deren eine er soeben im Begriffe ist mit (unsichtbaren) Riemen anzulegen; er bedient sich dazu eines Felsblockes als Stütze. Seine Aufmerksamkeit ist aber nicht hierauf gerichtet, sondern auf die heransprengenden Reiter der nächsten Platte, die er entweder zu halten oder an ihm vorbeizureiten auffordern mag."

Lüders: „Das Pferd hat zwei Bronzelöcher in der Schnauze, zwei auf der Backe, eines oben an der Mähne. In dem über dem Auge des Reiters am Helme befindlichen Loche ist noch Bronze; die Hand des Reiters ist durchbohrt. Am stehenden Jüngling deuten zwei Löcher über dem Ohr oberhalb der Stephane auf Metallzierrat."

Petersen macht darauf aufmerksam, dass keiner der Pferdehufe den Boden berührt, das Pferd also im Sprunge dargestellt ist (vgl. den eilenden Festordner 9 III 5 = Tafel 522 oben), und dass das Motiv des sandalenbindenden Jünglings sich auf derselben Friesseite, 9 XV 29, wiederholt.

[1]) Petersen: Pantherköpfe.

— —

Die hier obenstehend nach Zeichnungen Karl Reichholds abgebildete Gemme meines Besitzes, die ich von einem türkischen Händler erworben habe, zeigt das nämliche Motiv des Sandalenbindens in etwa gleichzeitiger Ausführung. Es ist ein, auf der einen Seite abgesplittertes, in der Oberfläche nicht sehr gut erhaltenes, grosses, in der Längsrichtung durchbohrtes Scarabaeoïd aus bläulichem Chalcedon, das auf beiden Seiten mit Darstellungen im sog. persisch-griechischen Stile des 5. Jahrh. (vgl. Furtwängler, antike Gemmen, III, p. 116 ff.) geschmückt ist. Die ebene Fläche zeigt in sorgfältiger Arbeit einen Jüngling im kurzen Panzer, der den rechten Fuss auf eine viereckige Erhöhung gestemmt hat und im Begriffe ist, sich die, nicht dargestellte, Sandale oder, nach der Lage der Hände zu urteilen, eher den hohen Jagdstiefel mit Riemen (die angegeben sind) zuzuschnüren. Der obere Teil seines Oberkörpers ist anscheinend von einem kurzen Mantel verhüllt. Er hat langes Haar; das Haupt scheint eine spitze Haube, wie sie z. B. der Jüngling von Pella (Brunn-Bruckmann 232 b) trägt und wie sie dem thrakischen Costüm besonders zu eigen war (Furtwängler, 50. Berliner Winckelmannsprogramm p. 159 f.), bedeckt zu haben. Dieser rein griechischen Darstellung steht auf der anderen, gewölbten Seite des Steines, in geringerer Arbeit ausgeführt, eine Scene national-persischen Charakters gegenüber: ein Reiter in anliegender Gewandung, den Kopf anscheinend von einer Haube verhüllt, sprengt mit gezückter Lanze gegen einen Hirsch mit mächtigem Schaufelgeweih an. Der Stein wird der zweiten Hälfte des fünften Jahrhunderts angehören.

Verlagsanstalt F. Bruckmann A.-G.
München 1903.

553 unten. Relief vom Westfriese des Parthenon.

Athen, noch am Parthenon befindlich.

Michaelis 9, VII, 13 und 14; p. 231. Lüders, Arch. Zeit. 1872, p. 33. Petersen, die Kunst des Pheidias, p. 287.

Michaelis: „Der stärker verletzte der beiden Reiter trägt Chiton, Chlamys und Sohlen, der zweite einen Chiton und ein Fell als Mantel. Letzteres kommt auf dem ganzen Fries nicht wieder vor, ausser vielleicht Südfries 44."

Lüders: „Das Pferd des Reiters links hat zwei Löcher im Maul, zwei an der Backe; der Oberkörper des Reiters ist bis auf die linke Hand, die für den Zügel durchbohrt ist, verschwunden. Das Pferd des Reiters rechts hat ein Loch im Maul, zwei oben an der Backe, eines neben dem herausgearbeiteten linken Zeigefinger, an dem noch ein Bronzestück."

Petersen: „Der erste Reiter war bärtig."

Auch der zweite, bartlose Reiter macht auf unserer Abbildung den Eindruck eines älteren Mannes mit sehr individuellen Zügen. Wie jedoch der Vergleich mit einer Aufnahme des Gipses und einer älteren Photographie des Originales ergiebt, beruht dieser Eindruck auf einer Täuschung, die durch die scharfen Schatten und durch nicht genaues Einstellen des Objectives auf die Mitte des Reliefs hervorgerufen worden zu sein scheint. Auf den anderen Abbildungen erscheint der Kopf als der eines Jünglings mit idealen Zügen. Die scharfe Furche in der Stirnmitte findet sich auch auf anderen Jünglingsköpfen dieses Frieses (vgl. Furtwängler, Meisterwerke, p. 131).

Verlagsanstalt F. Bruckmann A.-G.
München 1903.

554. Bronzestatuette des Herakles.

Rom, Villa Albani.

Die Statuette war ehemals im Besitze der Giustiniani, von denen sie der Cardinal Albani für 500 scudi kaufte, wie Winckelmann in der Geschichte der Kunst VII, 1, § 21 mitteilt. In der ältesten Publication, der Galeria Giustiniani [Rom 1640], I, Taf. 13, die bei Clarac, Musée de sculpt. pl. 802, n° 2015 nachgestochen ist, trägt die linke Hand einen Apfel, der jetzt fehlt. Vermutlich war er modern ergänzt und konnte deshalb leicht entfernt werden. Die Statuette ist vorzüglich erhalten. Nur die ehemals eingesetzten Augensterne fehlen. Die Beschreibung Roms III, 2, S. 315, n° 3 giebt an, dass Löwenhaut und Keule neu seien, was aber schon an der Abbildung als sicher falsch zu erkennen ist. Ergänzt sind vielmehr nur — dies aber wohl sicher, obzwar Helbig, Führer[2] II, n° 798 ein „vielleicht" dazusetzt — der Felsklotz unter der Keule, der ganz empfindungslos modelliert ist, und die Plinthe. Über die Höhe der Figur finde ich nur die alte Angabe bei Clarac: 2 palmi 9 oncie = 0,615 m. Nach Amelungs Mitteilung ist die Statuette, wie zu erwarten, hohl gegossen. Löwenhaut und Keule sind ohne Zweifel für sich gearbeitet und angesetzt.

Der Held lehnt sich mit der linken Achsel auf seine Keule, über die er das Löwenfell gehängt hat. Mit der Linken hält er einen Gegenstand vor sich hin, den er befriedigt betrachtet; es kann kaum etwas anderes als die Hesperidenäpfel gewesen sein. Wir sehen einen jener Ruhemomente in der Heldenlaufbahn, deren die bildende Kunst verschiedene ausgestaltete, ohne dass die Sage sie vorgebildet hatte. Schon das frühe fünfte Jahrhundert schafft Derartiges (vgl. Furtwängler in Roschers Lexikon der Mythol. I, Sp. 2160). Am bekanntesten ist die Metope des olympischen Zeustempels, wo der Held schwer ermüdet den Kopf in die Hand stützt. Die jüngere, entwickeltere Kunst verzichtet auf ein so starkes Ausdrucksmittel und stellt sich das Problem, das Ruhebedürfnis und die Müdigkeit an der aufrechten Gestalt zu zeigen. Auf den Plätzen und Strassen Athens sahen die Künstler hundertmal am Tage, wie sich die Männer im Reden und Politisieren mit der Achsel auf ihre langen Stäbe lehnten, und sie haben dies sprechende Motiv auf Vasen und Reliefs in mannigfacher Weise festgehalten, in der schönsten Fassung vielleicht auf dem Parthenonfriese (Ostseite, Michaelis, Parthenon Taf. 14, IV, 19; 22; 23; VI, 43; 44; 46 = Hirth-Bulle, Stil Taf. 91).

In der Freiplastik begegnet uns das Motiv im 5. Jahrhundert zuerst bei Asklepios, dem wandernden Arzte. Sodann bei Herakles. Paul Herrmann hat im Jahrbuch des archaeologischen Instituts, IX, 1894, Anzeiger S. 25 einen Torso der Dresdener Sculpturensammlung bekannt gemacht, dessen Typus jetzt in einer noch unveröffentlichten Statue der Glyptothek Ny-Carlsberg in besserer Erhaltung vorliegt. Die linke Schulter ist mit der Keule, ohne Löwenfell darüber, unterstützt, und der linke Fuss ist fast ganz entlastet zurückgestellt, sodass das Gewicht des Körpers auf der weit ausbiegenden rechten Hüfte ruht, auf die sich die rechte Hand auflegt. Der Kopf ist gerade aufgerichtet und ein wenig zur linken Seite gewandt, der Blick geht ins Weite. Die Anwendung des polykletischen Schreitmotivs, das keineswegs durch die übrige Haltung gefordert wird, veranlasste Herrmann, die Statue dem polykletischen Kreise zuzuweisen. Jedenfalls haben wir es hier mit der frühesten statuarischen Fassung des Gedankens zu thun.

Die Albanische Statue zeigt die nächste Stufe. Sie ist keineswegs eine einfache Variante des Farnesischen Herakles, als welche sie bisher behandelt worden ist, sondern eine sicher vorlysippische Schöpfung, wie aus den untersetzten Proportionen auf den ersten Blick hervorgeht. Sie ist auch nicht zu den Kleinbronzen zu stellen, welche ein monumentales Vorbild mehr oder minder frei wiedergeben, sondern gehört zu jener Gattung mittelgrosser Bronzen (von etwa 60 cm bis 1 m Höhe), welche ein grösseres Werk getreu kopieren wollen. Ich nenne als die bekanntesten den Apollon Sauroktonos der Villa Albani, den neuerdings aus spanischem Privatbesitze erworbenen Hypnos des Berliner Museums, den Neapler Narciss (Bienkowski, Österr. Jahreshefte I, 1898, S. 189). Nach diesen Analogien wäre schon zu vermuten, dass auch der Herakles Albani die getreue Replik eines grossen Werkes ist. Es wird zum Glück direct bewiesen durch das Vorhandensein eines lebensgrossen Marmortorsos, ehemals in Catajo, jetzt wohl mit in Wien, den wir nach Arndt-Amelungs Einzelaufnahmen n° 64 umstehend abbilden; auf die Übereinstimmung hatte schon

Verlagsanstalt F. Bruckmann A.-G.
München 1903.

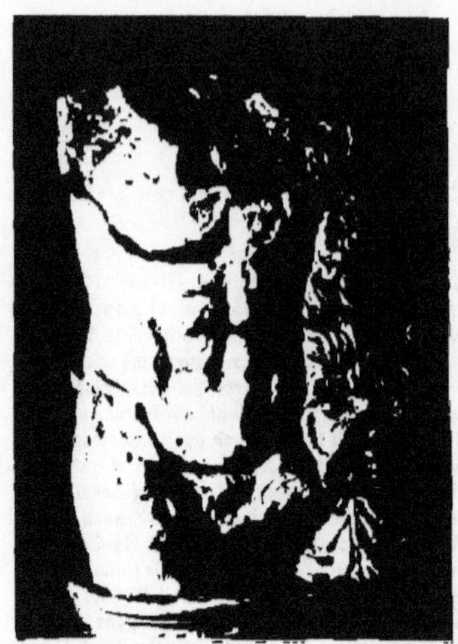

Hauser, Einzelaufnahmen I, 2, S. 18 zu n° 64 aufmerksam gemacht. Wie die Reste an der rechten Hüfte zeigen, war auch am Marmortorso die Hand eingestemmt; das linke Bein ging nach Ausweis des Schenkelansatzes etwas zur Linken, wie an der Bronze; die Anordnung des Fells ist sehr ähnlich. Kleine Abweichungen dagegen sind die folgenden: der linke Unterarm ging bei dem Marmor anscheinend weniger weit vom Körper ab, und die Mittellinie des Rumpfes ist an dem Marmor auf der Strecke vom Brustbeinende bis zum Nabel nicht so rund durchgebogen, wie bei der Bronze. Beides erklärt sich leicht aus dem geringen Können des Marmorkopisten, der z. B. auch die Leistenfalte ganz roh und unverständig über dem Schamhaar durchgeführt hat: der abstehende Unterarm war ihm unbequem und die Körpermitte wollte er näher an das Fell heranbringen, um eine mühsame Durchbrechung zu sparen. Wir haben die Bronze, nicht den Marmor, als die getreuere Nachbildung des Originals zu betrachten.

Der Hauptunterschied dieses Typus gegenüber der Statue von Ny-Carlsberg besteht darin, dass das etwas gekünstelte Schreitmotiv aufgegeben und durch den Blick auf die Äpfel die Haltung concentriert wird.

Besonders lehrreich ist nun aber der Vergleich der Albanischen Bronze mit dem Typus des Herakles Farnese. Man ist sich einig, dass die Kolossalstatue des Glykon in Neapel (Brunn-Bruckmann Taf. 285) und die gleich grosse Wiederholung in Palazzo Pitti (ebenda Taf. 284) mit der Inschrift Λυσίππου ἔργον den ehernen Koloss des Lysipp zwar im Allgemeinen getreu wiedergeben, dass die Kopisten jedoch im Einzelnen die Muskulatur ins Barocke übertrieben haben. Eine richtigere Vorstellung von der Ausführung geben ohne Zweifel die verkleinerten Wiederholungen in Florenz, von denen wir eine nach Arndt-Amelung, Einzelaufnahmen II, n° 346 zur directen Vergleichung unten wiederholen.

Bei dem lysippischen Typus ist das linke Bein völlig entlastet und weit nach vorn gestellt, sodass der Fuss nur lose aufruht. Infolgedessen lehnt sich die Last des Oberkörpers schwer auf die Keule auf und die linke Schulter schiebt sich nach oben. Die schwer belastete rechte Hüfte tritt nun ganz stark heraus. Aus diesem Grund musste die rechte Hand hier entfernt werden. Sie liegt jetzt im Kreuz und hält die drei Äpfel, die dadurch für die Vorderansicht verloren gehen. Der Blick aber geht nun wieder ins Leere.

Durch diese Veränderungen ist das Ethos der Figur ein völlig anderes geworden. An der Albanischen Bronze ist die ganze Haltung straff, aufrecht, elastisch: die heitere Ruhe des Siegers, der den Preis der weitesten seiner Fahrten mit Behagen betrachtet. Lysipp dagegen hat den Gedanken wirklich zu Ende gedacht: auch der

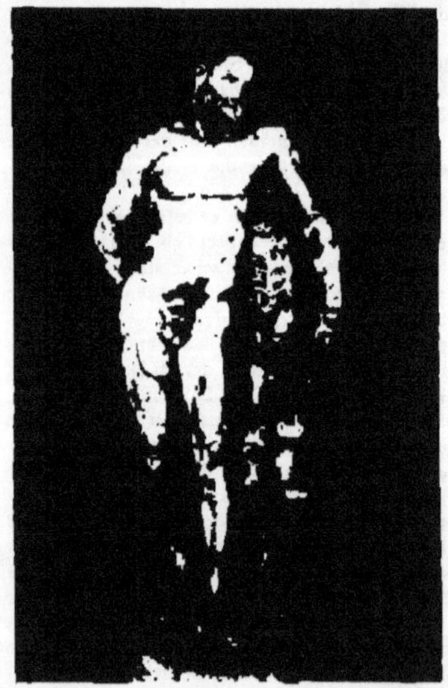

stärkste der Helden ist nach so viel Mühsal wirklich erschöpft. Bleiern schwer legen sich die mächtigen Glieder auf die Stütze auf, die rechte Hand sucht die bequemste Lage im Rücken, das linke Bein will für Augenblicke völlig ruhen. Vor allem aber der Kopf: todmüde neigt er sich auf die linke Schulter hinab und die Augen starren zur Seite mit jenem stumpfen Ausdruck, der für die völlige physische Ermattung charakteristisch ist.

So hat also Lysipp sowohl die künstlerischen Motive, wie den psychologischen Gehalt der Albanischen Statue logisch weiterentwickelt bis zur Grenze des Möglichen. Beweis genug, dass wir es in dem Albanischen Typus mit einer früheren Stufe zu thun haben, die auch ungleich weniger populär geworden ist. Die lysippische Statue hingegen ist nach Ausweis der zahlreichen Nachbildungen den Alten als die vollkommenste Lösung des Problems erschienen.

Es fragt sich, ob wir den Herakles Albani einem bestimmten Kunstkreis einreihen können. Ich habe es in einem Aufsatze in der Zeitschrift des Münchener Altertumsvereins, 1903, S. 1 ff., versucht durch Vergleich des Kopfes mit dem des praxitelischen Hermes. Die Übereinstimmungen sind schlagend, sowohl in der rundlichen Bildung des Oberkopfes mit dem eigentümlich kurzstruppigen Haar — das am Herakles Albani gar nicht recht bronzemässig durchgebildet ist —, wie in der Lage und Art der nicht grossen, wenig geöffneten Augen, wie endlich in der Vorliebe für feine, zierliche Einzelformen. Man beachte namentlich die feine, wellige Durchmodellierung der Stirn und Wangen am Herakles Albani, die zierliche Nasenspitze, den kleinen, aber sehr vollen Mund. Das sind Züge, die eigentlich für das Heraklesideal nicht passen — da ist der lysippische Herakles ganz anders grosszügig durchmodelliert —, und die deshalb für die kunsthistorische Bestimmung doppeltes Gewicht haben. Von Praxiteles kennen wir diese Vorliebe für niedliche Einzelheiten zur Genüge. Auch der Rumpf des Herakles ist dem des Hermes nahe verwandt, die Durchbiegung der Mittellinie, die Ausbiegung der rechten Hüfte mit dem sehr dicken schrägen Bauchmuskel stimmen überein. Ich glaube also mit grosser Wahrscheinlichkeit in dem Schöpfer des Albanischen Heraklestypus keinen geringeren als Praxiteles vermuten zu dürfen.

Die Bronze gilt wegen ihrer ganz vortrefflichen, empfundenen Arbeit für ein Werk des 4. Jahrhunderts v. Chr. oder der frühhellenistischen Zeit (Furtwängler, Roschers Lexikon I, Sp. 2173; Helbig, Führer[2] II, nº 798). Über zeitgenössische Verkleinerungen grösserer Statuen wissen wir leider in dieser Epoche nichts Sicheres. Doch sehe ich keine Schwierigkeit in der Annahme, dass ein Marmorwerk des Praxiteles — denn ein Marmorvorbild ist für die Albanische Statue wegen der Haarbildung an Oberkopf und Bart wohl sicher zu vermuten — bei seinen Lebzeiten oder bald danach verkleinert in Bronze wiederholt sein sollte, zumal wenn es etwa das Kultbild an einem vielbesuchten Orte war.

Heinrich Bulle.

555. Médaillons am Constantinsbogen.
Rom.

Links. Opfer an Apollon. Auf der Nordseite eingelassen. Ant. Denkmäler d. J. I, Taf. 42,2. Röm. Mitt. d. J. 1889, Taf. XII, 1. Petersen, vom alten Rom, p. 41 f. Derselbe, Ara Pacis Augustae, p. 73, Anm. 1.

Durchmesser mit dem Rahmen ca. 2,20 m. Marmor anscheinend pentelisch. Das Ganze ursprünglich bemalt.

Von Einzelheiten bemerkt Petersen (im Text zu den „Antiken Denkmälern" und in der „Ara Pacis Augustae"): „An der Figur des Gottes geht ein Spalt durch den Hals[1]). — Figur 1 (von links): Stützen für den Spiess unter dem r. Knie, an Oberarm und Rahmen. — Figur 2: der Nimbus ist später zugefügt, durch einen eingegrabnen Kreis, verbunden mit Abschrägung gegen den Einschnitt der Kreislinie von aussen her[2]). — Figur 3: das Fussende des Spiesses ist auf dem Boden zwischen dem Altar und r. Fuss erhalten; zwei Stützen vor der r. Brust. — Messpunkte neben Apollons Achseln, am Hinterteile des Greifen."

Nach den Abbildungen — persönliche Untersuchung des Originales war mir noch nicht möglich — ist hinzuzufügen, dass der Kopf der zweiten, durch den Nimbus ausgezeichneten Figur vom Körper getrennt gewesen zu sein scheint, seine ursprüngliche Zugehörigkeit zur Figur also nicht sicher ist. Die obere Profilierung des Kreissegmentes unten ist in späterer Zeit bis auf das mittlere Stück abgearbeitet worden.

In der Mitte auf hoher Basis, vor welcher ein Altar, die Statue des Apollon, mit Leier, Dreifuss, Schlange, Greif und Lorbeer, nach einem Typus des 4. Jahrhunderts. Von links her naht der Kaiser, wie seine Begleiter in Tunica und Paludamentum. Seine Linke schultert die Lanze, die fehlende Rechte hielt vermutlich die Opferschale, aus der er dem Gotte spendete. Die Züge seines Antlitzes sowie die Behandlung von Haar und Bart weisen etwa auf gordianische Zeit (rund 230 n. Chr.). Anscheinend den nämlichen Kopf trägt der Kaiser auf dem Médaillon mit dem Opfer an Hercules. Hinter ihm ein bärtiger Begleiter, der auf dem Médaillon mit dem erlegten Löwen rechts vom Kaiser wiederzukehren scheint. Seine Physiognomie erinnert an Hadrian; Petersen[3]) hält es nicht für ausgeschlossen, dass er selbst gemeint sei. Auf der andern Seite des Götterbildes hält ein Bartloser, der ausser Tunica und Paludamentum noch enganliegende Hosen trägt, das Ross des Kaisers. Wir haben in ihm offenbar keinen gewöhnlichen Diener zu erkennen, da er auf den Médaillons mit dem Opfer an Hercules wie an Diana an bedeutsamer Stelle wiederkehrt. Nach seiner Physiognomie dürfte er in spätflavische oder traianische Zeit gehören.

Die dargestellte Scene bezieht sich offenbar auf ein Opfer an Apoll vor dem Auszug zur Jagd. Beim Antritt einer kriegerischen Unternehmung dürfte das officielle Personal einer feierlichen Staatshandlung kaum fehlen.

Rechts. Auszug zur Jagd. Auf der Südseite eingelassen. Ant. Denkmäler d. J. I, Taf. 43,5. Röm. Mitt. d. J. 1889, Taf. XII, 2. Weitere Erwähnungen, sowie Maasse, Material, Polychromie: siehe oben.

Petersen: „Fussende des Spiesses rechts am linken Fuss. Die ganze untere Rahmenprofilierung und das Fussbodenprofil links abgemeisselt".

Aus dem Thorbogen heraus schreitet der Kaiser, sein Pferd am Zügel führend. Zu seiner Linken ein an Rang ihm nahestehender Gefährte. Beiden Figuren fehlt der Kopf, gänzlich oder in seinen wesentlichen Teilen. Zwischen ihnen, im Hintergrunde, ein nach der Stadt zurückblickender Jüngling, dessen Linke den Wurfspiess packt. Seine Züge gleichen denen des Antinous[4]); er kehrt anscheinend auf dem Bilde der Eberjagd wieder. Dem Zuge voraus schreitet ein, dem Vorigen physiognomisch verwandter, zweiter Jüngling, mit Jagdspeer und aufblickendem Hunde. Am linken Ende des Médaillons ein knorriger Feigenbaum.

Über das Weitere siehe die Bemerkungen zu Tafel 565.

[1]) Ebenso, nach der Abbildung, an der Figur rechts, die das Pferd führt. Wohl blos Verletzung.

[2]) Vgl. Stephani, Nimbus und Strahlenkranz p. 131 f. Der Nimbus ist das Zeichen der königlichen Macht und Würde.

[3]) Röm. Mitt. a. a. O. pp. 319 und 324.

[4]) Der Kopf ist besonders deutlich erkennbar auf der Abbildung in den „Antiken Denkmälern". Petersen (p. 324) nennt, nach Belloris Vorgange, vielmehr den andern Jüngling links Antinous; wie mir scheint, mit geringerem Recht.

Verlagsanstalt F. Bruckmann A.-G.
München 1903.

556. Archaische weibliche Statue

Athen, Akropolismuseum.

Museumsnummer 671. 1887 beim Erechtheion ausgegraben. Lechat, au musée de l'Acropole, p. 356 ff.; p. 153, fig. 9. Μνημεῖα τῆς Ἑλλάδος, Tafel XXI (mir noch nicht zugänglich). Winter, athen. Mitt. 1888, p. 134 f. Collignon, histoire de la sculpture grecque I, p. 344, fig. 173.

Etwas über Lebensgrösse. Pentelischer Marmor[1]). „Beide Unterarme sind eingezapft gewesen. Der rechte war vorgestreckt, wohl etwas schräg nach oben. An der Aussenseite des herabhängenden linken Oberarmes unten ein Stiftloch. Dieser Stift ging horizontal von aussen her durch den Zapfen hindurch, mit dem der Unterarm im Oberarm befestigt war, und hielt ihn fest. Die Glutäen sind in ganz grober Spitzung weggemeisselt, auch die Gegend zwischen den Schulterblättern ist gespitzte Fläche: es geht daraus hervor, dass man bemüht war, hinten eine ebene Fläche herzustellen; die Figur stand also wohl dicht vor einer Wand. — Der breite Mittelstreif des Gewandes war mit einem Mäander bemalt, von dem nur noch die Vorzeichnung kenntlich ist. Ein in anderem Schema geführter schmälerer Mäander auf dem hintern Rande des Mantels unten, ebenfalls jetzt farblos. Auf dem vorderen Zickzackrande des Mantels sind mit violetter Farbe Rechtecke in bestimmter Entfernung von einander aufgemalt, die wahrscheinlich durch ein fortlaufendes Ornamentband miteinander verbunden waren; doch ist dessen Form nicht mehr kenntlich, und auch die Rechtecke selbst sind nur noch auf der linken Seite der Figur einigermaassen deutlich. Die Haare sind intensiv rot bemalt, die Ohrläppchen für Ohrringe durchbohrt. Sehr deutlich sind die aufgemalten Augensterne. Auf dem Diadem ist — soweit man von unten erkennen kann — keine Bemalung mehr vorhanden[2])."

Die Figur ist mit Chiton und Himation bekleidet. Das Himation ist wie ein Shawl über beide Schultern gelegt. Der Chiton, der aus einem einzigen Stoffstücke besteht, ist in seinem oberen Teile durch Wellenlinien als gerippter Stoff charakterisiert; er verbirgt überfallend die Gürtung. Sein unterer Teil macht den Eindruck, als sei er aus anderem, dichterem Stoffe gefertigt. Er wird nicht, wie so häufig, von einer Hand gefasst und aufgezogen, sondern fällt schwer herab. In der Mitte vorn sind die Falten in einen breiten Streifen zusammengenommen. Man muss sich vorstellen, dass dieser leicht nach oben gezogen war und von der Gürtelschnur festgehalten wurde, damit die Füsse frei wurden. Eine besser erhaltene Figur, wie das „Mädchen mit den roten Schuhen"[3]), mag vergegenwärtigen, wie ungefähr der einstige untere Abschluss unserer Statue zu denken ist. Die Hände werden Attribute, einen Kranz, eine Frucht, einen Vogel, gehalten haben.

Die Statue offenbart sich durch ihr Material als Schöpfung eines attischen oder wenigstens in Attika arbeitenden Bildhauers. Und in der That steht sie ihrem Stile nach jenen ältesten Werken der attischen Plastik nahe, die noch keine Beeinflussung Seitens der auf den östlichen Inseln arbeitenden, in der Technik weiter vorgeschrittenen Künstler zeigen. Von dem Raffinement der Marmorarbeit, das wir an jenen Werken bewundern, der Überfülle von Détail und der Freude an decorativen Effecten ist hier nichts zu bemerken. Wie in der Gesammtanlage der Figur, der steifen, unbelebten Haltung der Füsse und Arme, der monotonen Linienführung an Chiton und Himation, grosse Einfachheit und Zurückhaltung, man möchte fast sagen, die Unterordnung individueller Formengebung unter einen tektonischen Gedanken sich kundgiebt, so sind auch die schmückenden Einzelteile der Figur, Haupthaar, Schulterlocken, Falten der Gewandung, bei deren Wiedergabe sich die von ionischer Kunstweise beeinflussten Werke in intimster Détailausarbeitung nicht genug thun können, hier durchaus maassvoll und im richtigen Verhältnis zur Gesammterscheinung behandelt. Bei all dieser Einfachheit und Herbigkeit übt die Statue doch einen grossen Reiz auf den Beschauer aus, offenbar durch ihren einheitlichen, geschlossenen Stilcharakter. Es ist nichts Fremdes, Angenommnes in ihr — ein Zwiespalt, der die reine Freude an einer Reihe der sog. chiotischen Frauenfiguren von der Akropolis trübt —; sie ist das

[1]) Lepsius, Marmorstudien, p. 73, n° 53.

[2]) Nach frdl. Mitteilungen von Paul Herrmann.

[3]) Collignon I, p. 354, fig. 179; Lechat p. 157, fig. 11.

Verlagsanstalt F. Bruckmann A.-G.
München 1903.

Product einer gesunden, durch keinerlei fremde Einflüsse getrübten Kunstentwickelung.

Wir können in diesem Falle hier ihres Materiales halber die Statue mit Sicherheit als Werk attischer Kunst ansprechen. Welche Vorsicht aber mit Schulbestimmungen, die beim Mangel derartiger äusserer Anzeichen allein auf Grund des Stiles vorgenommen werden, zu beachten ist, das zeigt deutlich eine andre weibliche Statue der Akropolis, Museumsnummer 670, die obenstehend abgebildet ist: Lechat pp. 151 und 296; Musées d'Athènes pl. V; Μνημεῖα τῆς Ἑλλάδος pl. XXV, 1; Gazette archéol. 1888, pl. 10, 2; Journ. of hell. stud. VIII (1888), p. 166; Lepsius p. 68, n° 13; p. 66. Ihrem Stile nach würde man diese unbedenklich der hier besprochenen anreihen, als ein etwas jüngeres, aber von demselben Geiste einfacher und zurückhaltender Mässigung durchdrungnes Werk. Sie ist aber aus Inselmarmor gefertigt, und am rechten Ärmel ist ein Zipfel aus pentelischem Marmor angeflickt. Das heisst, falls nicht Alles trügt: „dass die Figur auf den Inseln gefertigt und vollendet wurde, auf dem Transport nach Athen aber oder später Schaden litt und nun hier in Athen mit dem vorhandnen Materiale, dem pentelischen Marmor, ausgebessert wurde" (Lepsius). Wir lernen daraus zweierlei: einmal, dass auch auf den Inseln die technische Geschicklichkeit und die Lust am Decorativen, Zierlichen sich erst allmählich entwickelt haben und dass der schmuck- und zierfreudigen Periode, der die sog. Chiotinnen der Akropolis entstammen, auch dort eine einfachere und maassvollere Kunstübung vorausgegangen ist. Auf der anderen Seite beweist die Statue aber von Neuem, in einem wie engen Verwandtschaftsverhältnis altattische und altionische Kunst gestanden haben, die, als Zweige eines Stammes entsprossen, nicht durch fundamentale Principien, sondern nur durch feinere Nuancen von einander geschieden sind. Wer dürfte es wagen, allein aus stilistischen Erwägungen heraus, die eine Statue für attisch, die andre für ein Werk der Inselkunst zu erklären?!

Winter und Lechat haben beide den Versuch gemacht, stilverwandte Werke als Schöpfungen desselben Meisters nachzuweisen: jener die sog. Athene des Endoios (Brunn-Bruckmann 145), dieser den Athletenkopf der Glyptothek Ny-Carlsberg (Brunn-Bruckmann 116; Arndt, pl. 1 und 2) und das schöne, polosgeschmückte Kopffragment des Akropolismuseums n° 696 (Lechat p. 363, fig. 35). Mir scheint, dass uns in jener Periode die Künstlerindividualitäten noch zu wenig ausgeprägt entgegentreten, als dass wir hier bereits den Versuch der Zuteilung bestimmter Werke wagen dürften. Das Typische überwiegt zu stark noch das Persönliche. Die Endoiosathene vollends ist so stark zerstört, dazu ohne Kopf erhalten, dass eine eingehende Vergleichung überhaupt nicht möglich ist[4]; der Poloskopf aber ist um ein Beträchtliches jünger als die Statue, wie Lechat selbst zugiebt. Man wird sich deshalb mit der Constatierung begnügen müssen, dass die genannten Denkmäler durch stilistische Merkmale nahe verbunden sind. Die Entstehungszeit der Statue wird das letzte Viertel des 6. Jahrhunderts sein[5]. Über die Bedeutung dieser Frauenfiguren gehen bekanntlich die Meinungen auseinander. Die richtige Lösung des schwierigen Problems hat meines Erachtens Lechat p. 264 ff. gefunden: die Statuen stellen weder Athene dar, noch sind sie Porträts von Priesterinnen oder Weihenden, sondern sie sind Weihgeschenke, die in Gestalt von Jungfrauen der jungfräulichen Göttin aus verschiedenen Gründen und von Personen beider Geschlechter dargebracht worden sind[6].

[4] Vgl. Lechat p. 359.

[5] So auch Lechat p. 362.

[6] Vgl. Furtwängler, Meisterwerke p. 174.

557. Jünglingskopf.

England, Privatbesitz.

Furtwängler, Beschreibung der Glyptothek, p. 313. Herkunft: Griechenland. Hoch ca. 0,21 m. Marmor sehr feinkörnig, wahrscheinlich pentelisch. Die linke Kopfseite ziemlich stark corrodiert. An Lippen und Ohren stehen gebliebene Raspelstriche. Am Mund deutlich erkennbare Bohrerarbeit.

Der fragmentierte Kopf, dessen ursprüngliche Neigung nach der linken Seite sich noch aus dem erhaltenen Halsansatz erkennen lässt, ist eine Wiederholung des Münchener Öleingiessers[1]), mit dem er in den Maassen genau übereinstimmt. Er beansprucht aber für sich ein besonderes kunstgeschichtliches Interesse, weil er nicht wie jener eine genaue Kopie nach einem Bronzeoriginal ist, sondern dieses in freierer Behandlung wiedergiebt, die man als eine Übersetzung in den Marmorstil bezeichnen darf.

An die Stelle der knappen, schmalen Formen des Münchener Kopfes ist eine grössere Fülle getreten. Der Mund ist voller, die Wangen sind fleischiger, die Brauenbogen nicht so scharf gezeichnet, die Augen liegen tiefer, der Knochenbau der Stirn tritt weniger hervor. Die Haarbehandlung ist, wenn auch die Anordnung der einzelnen Locken dem Originale recht nahe kommt, wie der Vergleich mit dem Münchener Kopfe zeigt, pastos, auf den malerischen Effect berechnet.

Durch diese Abweichungen im Einzelnen wird eine Veränderung des ganzen Stilcharakters hervorgerufen, indem die vornehme Eleganz, die der Münchener Statue einen so grossen Reiz verleiht, durch eine derbere Frische ersetzt wird. Einige Übertreibungen hat sich der Künstler zu Schulden kommen lassen in der schiefen Stellung der Augen zu einander und der Ungleichheit der Gesichtshälften, die in geringerem Maasse durch die Drehung des Kopfes bedingt wird.

Die Unterschiede der beiden, auf das gleiche Original zurückgehenden Köpfe scheinen mir zu gross, als dass sie als Kopistenvarianten derselben Periode sich erklären liessen. Die etwas trockene Arbeit der Münchener Statue weist ungefähr auf die Augusteische Zeit hin; die trotz der starken Anlehnung an das Original in dem zweiten Kopfe enthaltene selbständige Auffassung auf eine frühere, vorrömische Ausführung. Für eine genauere Datierung scheint mir die überaus nahe Übereinstimmung in der Arbeit mit dem Kopfe des Jünglings von Eretria[2]) entscheidend zu sein. Wie dieser für ein Werk des zweiten Jahrhunderts nach einem Vorbild aus dem vierten erklärt worden ist[3]), so möchte ich die Ausführung des vorliegenden Kopfes ebenfalls in jene Zeit setzen und in ihm die freie Wiedergabe eines attischen Bronzeoriginales des fünften Jahrhunderts erkennen, das uns genau in einer treuen römischen Kopie erhalten ist. Der Vergleich der beiden Köpfe ist für die Kopienfrage von besonderem Interesse[4]).

J. Sieveking.

[1]) Brunn-Bruckmann, Tafel 135.

[2]) Brunn-Bruckmann, Tafel 519.

[3]) Text zu Brunn-Bruckmann a. a. O.

[4]) Vgl. Furtwängler, Statuenkopieen, I, p. 543. Arndt, Text zu Brunn-Bruckmann, Taf. 550.

Verlagsanstalt F. Bruckmann A.-G.
München 1903.

558. Weibliche Gewandstatue.

Dresden, Albertinum.

Fig. 1.

Hettner, die Bildwerke der Kgl. Antikensammlung zu Dresden [4], p. 92, n° 140. Friederichs-Wolters 1688. Bei Beiden die ältere Litteratur. Flasch, bei Baumeister, Denkmäler, s. v. Olympia, p. 1104 PP, zu Abb. 1299. Amelung, die Basis des Praxiteles aus Mantinea, p. 30 f. Sal. Reinach, le type féminin de Lysippe (revue archéol. 1900, p. 393 ff., pl. XX [1])). B. Graef, in Bursians Jahresberichten, CX, p. 121 f. American Journal of arch. VI, 1902, p. 424. Sybel, Weltgeschichte der Kunst [2] p. 275. Collignon, histoire de la sculpture grecque II, p. 383.

[1]) Das Gesicht hier durch ungeschickte Retouche völlig entstellt.

Am Anfang des 18. Jahrhunderts in der Nähe von Portici bei Neapel, auf der Stelle des alten Herculaneum, ausgegraben, zusammen mit zwei anderen, jetzt ebenfalls in Dresden befindlichen Frauenstatuen: einer kopflosen, démillierter gearbeiteten Wiederholung des nämlichen Typus (s. Figur 1 nach einer Photographie, die ich der Freundlichkeit Paul Herrmanns verdanke. Reinach, répertoire, 666, 2) und der grossen Gewandfigur Brunn-Bruckmann Taf. 310. Die drei Statuen, in der Wissenschaft unter dem Namen „die Dresdner Herculanenserinnen" angeführt, befanden sich bis 1736 in Wien im Palaste des Prinzen Eugen von Savoyen, dessen Erben sie nach Dresden verkauften.

Höhe: 1,80 m einschliesslich der zugehörigen Plinthe. Weisser, sehr feinkörniger Marmor, mit eingesprengten Glimmeradern; also wohl pentelischer.[2]) Der Kopf ist aufgesetzt, aber sicher zugehörig. Ergänzt: die beiden sichtbaren, aus dem Gewande herausragenden Finger der l. Hand und das anliegende Gewand bis zu den Knöcheln; wahrscheinlich auch die Finger der r. Hand mit dem von ihnen gefassten Teil des Gewandzipfels und die Zehen des r. Fusses.

Der Typus dieser Statue, wie derjenige der mit ihr zusammen gefundenen grösseren Frauenfigur, hat sich, nach der Zahl der erhaltenen Wiederholungen zu schliessen, im Altertum ganz besonderer Beliebtheit erfreut. Eine flüchtige Durchsicht des mir zunächst zur Hand liegenden Materiales, die von Vollständigkeit ganz gewiss weit entfernt ist, ergab 31 Repliken für die grössere, 29 für die kleinere Figur.[3]) Die Originale beider waren also zweifellos hochberühmte Werke.

Den Zusammenhang, in welchem in Herculaneum die drei Figuren, die grössere verhüllte Frau und die beiden Repliken des kleineren Typus, gestanden haben, können wir heute nicht mehr genauer bestimmen. Hatten denn überhaupt schon ursprünglich die den beiden Typen zu Grunde liegenden Originalstatuen etwas Näheres

[2]) Der gleiche wie an den beiden mitgefundenen Statuen. Sicher nicht parischer, wie Hettner angiebt (alle diese thatsächlichen Angaben nach frl. Mitteilung von Paul Herrmann).

[3]) Vgl. Sybel, ath. Mitt. d. J. 1883, p. 24 ff.

Verlagsanstalt F. Bruckmann A.-G.
München 1903.

mit einander zu thun? Die Beantwortung dieser Frage führt zunächst zur Feststellung einiger auffallender Fundthatsachen. Wie in Herculaneum, so wurde auch in Olympia, in der Exedra des Herodes, der Typus der „grossen“ mit dem der „kleinen“ Herculanenserin zusammen gefunden.[4]) Andrerseits war auf Andros, wahrscheinlich zum Schmucke eines Grabes, die grosse Herculanenserin mit einer Hermesstatue, dem bekannten „Hermes von Andros“, auf einer Basis zusammengruppiert.[5]) In Kertsch aber fanden sich in einem römischen Grabe die statuarischen Typen der grossen Herculanenserin und des Jünglings von Eretria (Brunn-Bruckmann 519) vereint.[6]) Die kleine Herculanenserin hingegen, die zweimal, wie wir sahen, in Olympia und Herculaneum, mit der grossen zusammengefunden worden ist, stand in Aegion neben einer Hermesstatue noch ziemlich strengen Stiles.[7])

Sind diese (durchaus glaubwürdigen) Fundnachrichten belanglos oder nicht? Das heisst: beweisen sie die ursprüngliche Zusammengehörigkeit der zusammen gefundenen Figuren, oder sind dieselben erst in späterer Zeit willkürlich zusammengestellt worden? Eine eindeutige, alle Zweifel ausschliessende Antwort auf diese Frage lässt sich nicht erteilen; wir können nur das Für und Wider erwägen. In Olympia allerdings beruht die Zusammenstellung der grossen mit der kleinen Herculanenserin gewiss auf keiner besonderen Absicht: es war dort, in der Exedra des Herodes, neben Anderem eine ganze Reihe weiblicher Ehrenstatuen aufgestellt, meist Wiederholungen bekannter Gewandtypen, darunter die grosse Herculanenserin nicht weniger als viermal. Es scheint fast, als sei in Herculaneum etwas Ähnliches der Fall gewesen. Wenigstens berichtet Clarac (angeführt bei S. Reinach a. a. O. p. 394), dass die drei Dresdner Frauenstatuen in einem „Herculestempel“ „avec quelques autres, qu'on ne connaît pas spécialement“, gefunden worden seien[8]). Trotzdem wird die ursprüngliche Zusammengehörigkeit der beiden Typen durch ihre grosse stilistische Verwandtschaft nahe gelegt, und aus denselben Gründen fügen sich wenigstens zwei von den männlichen in Betracht kommenden Figuren[9]) vor-

Fig. 2.

[4]) Olympia, III, p. 260 ff., Taff. LXV—LXIX.

[5]) Die weibliche Statue: Kavvadias, Katalog des Nationalmuseums zu Athen 219. Amelung, Basis des Praxiteles aus Mantinea, p. 28. — Der Hermes: Kavvadias 218. Brunn-Bruckmann 18. — Über die Fundumstände: Bull. d. Inst. 1833, p. 90.

[6]) Antiquités du Bosphore Cimmérien, éd. Reinach, p. 38, nº 7 und 8.

[7]) Der Hermes: Kavvadias 241. Arndt-Amelung, Einzelaufnahmen, 631 und 632. — Die Frau: Kavvadias 242. — Abbildungen: Athen. Mitt. 1878. Taf. 5 und 6; hier Fig. 2. — Über die Fundumstände: Ann. d. J. 1861, p. 62; Sybel 433; Kavvadias 241 a. E.; vermutlich standen auch diese Figuren über einem Grabe.

[8]) Nach Winckelmann (Donaueschingner Ausgabe II, p. 134 ff.) allerdings standen sie vielmehr im Theater von Herculaneum.

[9]) Der Hermes von Aegion allerdings ist nach einem Originale älteren Stiles, anscheinend aus der 2. Hälfte des 5. Jahrhunderts, gearbeitet. Vgl. Bulle bei Arndt-Amelung, Einzelaufnahmen, 631/32. Will man ihn mit den andern Figuren in Zusammenhang belassen, so muss man entweder annehmen, dass das Monument, dem sie alle angehörten, Statuen aus zwei verschiedenen Perioden trug, oder, dass zwei verschiedene Hände an ihm beschäftigt waren und dass diese eine Figur dem älteren der beiden Künstler ihren Ursprung verdankt, der bis über die Mitte des 4. Jahrhunderts hinaus dem Stile seiner Jugendzeit treu geblieben ist. Aber auch die geringeren Proportionen weisen die Statue aus diesem Zusammenhange.

trefflich der Gruppe dieser beiden Frauengestalten an. Amelung hat zwar den Versuch gemacht,[10]) die Schöpfung der kleineren Herculanenserin vom Werke des Meisters, der die grosse erfunden hat und in dem er Praxiteles selbst erkennt, loszulösen und sie einem dem Meister ganz nahe stehenden Schüler zuzuweisen; aber er begeht bei dieser Trennung den Irrtum, für zeitliche Verschiedenheit zu halten, was nur Verschiedenheit des Vorwurfes und Freiheit des individuellen, wechselfähigen künstlerischen Schaffens ist. Es besteht meines Erachtens keinerlei zwingender Grund, aus stilistischen Erwägungen für die beiden Typen verschiedene Meister vorauszusetzen. Der kleinen Herculanenserin aber in der ganzen Stellung wie in den einzelnen Motiven der Gewandung aufs Nächste verwandt ist der Typus des Jünglings von Eretria.[11]) Und folgen wir der hergebrachten Meinung, die diese drei Schöpfungen dem Kreise des Praxiteles einreiht, so hat es keine Schwierigkeiten, auch die vierte Figur, den Hermes von Andros, hier anzuschliessen; denn die überraschende Ähnlichkeit dieses Typus, dessen bekanntester Vertreter der sog. Antinous vom Belvedere[12]) ist, mit dem praxitelischen Hermes von Olympia ist eine von Niemandem geleugnete Thatsache.[13])

Gesetzt, diese Combination der vier Figuren sei wirklich erwiesen: welcher Art könnte das Denkmal gewesen sein, dessen Bestandteile sie gebildet haben? Ein Familiengrabmal in der Art des von Sthennis und Leochares auf der athenischen Akropolis errichteten[14])? aber da würde die Nacktheit der einen Figur gegenüber der vollen Gewandung der anderen befremden, und die göttlichen Attribute bei der Mehrzahl der Wiederholungen, die die männliche Figur von Andros als Hermes, die grosse Herculanenserin als Kora, oder besser Demeter, erweisen[15]), dann auch der völlige Mangel individueller Züge in den Gesichtern, scheinen vielmehr auf einen Verein göttlicher Gestalten zu deuten. Aber auch dann Schwierigkeiten: denn die Originale der beiden andern Figuren, der kleinen Herculanenserin[16]) und des Jünglings von Eretria, waren, wie es scheint, attributlos, also wohl nicht Götter-, sondern Menschen-, Genrefiguren.[17])

Wir sehen also, wie die ganze Hypothese der Zusammengehörigkeit der vier Figuren, so sehr sie auch durch ihre Stilgemeinschaft empfohlen wird, doch auf unsicherem Grunde ruht, und wie selbst die in stilistischer Hinsicht besonders ansprechende Combination der grossen mit der kleinen Herculanenserin durch ihre anscheinende Wesensverschiedenheit Zweifeln ausgesetzt wird. Es ist daher in jedem Falle ratsam, bei Untersuchung ihres stilistischen Charakters die kleine Herculanenserin getrennt von der grossen zu betrachten. In der neuesten Behandlung dieses Themas, durch Sal. Reinach in der Revue archéologique, 1900, 2, XXXVII, p. 380 ff., ist dies allerdings nicht geschehen: er nimmt beide Typen zusammen und erklärt sie, nach dem Vorgange von W. Klein[18]), für Schöpfungen des Lysipp. Da seine Hypothese vielfach Beifall gefunden hat, ist es Pflicht, die Gründe seiner Zurückführung genauer zu prüfen. Dieselbe basiert auf der angeblichen stilistischen Verwandtschaft des Kopfes der grossen Herculanenserin mit demjenigen des Apoxyomenos. Die Bildung der verhältnismässig kleinen Augen bei beiden sei absolut identisch, besonders die Art, wie das Unterlid rasch zum äusseren Augenwinkel ansteige. Gleich sei ferner die Bildung des Mundes, an welchem die Unterlippe besonders stark hervortrete, gleich auch das quadrate und etwas plumpe Untergesicht, das in scharfem Gegensatz zu dem Oval praxitelischer Köpfe stehe. Die sog. Melonenfrisur aber an der grossen Herculanenserin, die man als Charakteristicum praxitelischer Kunst angeführt habe, finde sich auf keinem der sicher bezeugten Werke des Praxiteles, und auch die Motive der Gewandung seien aus einer bedeutend weiter vorgeschrittenen Zeit als die Basisreliefs von Mantinea. Die herculanensische Gruppe stelle Mnemosyne, die Mutter der Musen, mit zweien ihrer Töchter dar. Ohne mit einer eingehenden Widerlegung dieser letzteren, absolut unmöglichen Hypothese Zeit zu verlieren[19]), fragen wir sofort, ob die formalen Argumente, die für Lysipp sprechen sollen, stichhaltig sind. Man könnte einem derselben wenigstens einen gewissen Grad von Beweiskraft zugestehen, wenn man ausschliesslich auf Grund von Reinachs Abbildungen auf Tafel XVIII seiner Abhandlung urteilen wollte. Dort hat allerdings das Untergesicht der Herculanenserin auffallend breite und eckige Formen,

[10]) Basis des Praxiteles p. 30 f.

[11]) s. oben Text zu Taf. 519.

[12]) Helbig ² I, 148.

[13]) Vgl. Furtwängler, Meisterwerke p. 571.

[14]) Löwy, Künstlerinschriften 83. Jahn-Michaelis, arx Athenarum ³, p. 116, n° 120.

[15]) Amelung, Basis des Praxiteles, p. 28 f.

[16]) Amelung a. a. O. p. 31.

[17]) Siehe jedoch Anm. [23]) der nächsten Seite. Über Musenstatuen ohne Attribute vgl. Reinach a. a. O., p. 402.

[18]) Praxiteles, p. 366.

[19]) Die beiden Musen im selben Typus — welche Erfindungsarmut des Künstlers! Und die grosse Herculanenserin Mnemosyne, wo sie doch durch die Attribute einer ganzen Reihe von Repliken als Kora, bezw. Demeter, gesichert ist!

die von der Gesichtsbildung praxitelischer Figuren abzuweichen scheinen. Einen ganz andern Eindruck aber von der Structur des Kopfes erhält, wer sich die Mühe nimmt, die Abbildung der ganzen Figur zur Vergleichung zu Rate zu ziehen (Reinach pl. XX; Brunn-Bruckmann 310[20]). Der Fall ist sehr lehrreich. Die Abbildung des

Fig. 3.

Kopfes allein ist nach dem Gips gemacht, der, ohne Neigung, direct geradeaus schauend auf das Postament gesetzt ist (derselbe Fehler in der Amelungschen Abbildung p. 27). Auf der Statue aber sitzt der Kopf mit starker Neigung und mit einer Wendung zur linken Schulter auf. Dadurch verschieben sich für das Auge vollständig die Formen wie die Beleuchtungsverhältnisse: das plumpe Quadrat des Gesichtsumrisses wird, von unten betrachtet und durch den Schleier beschattet, zum länglichen, echt praxitelischen Oval. — Aber selbst zugegeben, Reinach hätte Recht: so würde das doch zunächst nur für die grosse Herculanenserin der Fall sein, deren Kopf allein er in Betracht zieht. Von demjenigen der kleinen Herculanenserin ist bei ihm nicht weiter die Rede: diese Figur schliesst er ohne Weiteres ihrer älteren Gefährtin an (p. 399 oben). Wenn man nun aber vollends ihren Kopf mit dem des Apoxyomenos vergleicht — hier als Abbildung 3 und 4,[21]) und zwar in derselben falschen Haltung wie der der grossen Figur bei Reinach —, so kann der unbefangne Betrachter, meine ich, nicht die leiseste Spur einer directen stilistischen Analogie zu dem Werke des Lysipp entdecken.

Kopf- und Gewandtypus verweist vielmehr

Fig. 4.

beide Figuren, wie dies Amelung[22]) im Einzelnen richtig nachgewiesen hat, in den Kreis des Praxiteles, ungefähr in die Mitte des vierten Jahrhunderts. Ob es nun Werke des Praxiteles selbst waren, was ich persönlich glauben möchte, oder eines seiner nächsten, von seiner Kunstart ergriffenen Schülers; ob, wie Amelung will, die grosse Herculanenserin als Werk des Praxiteles selbst von der kleinen als der Schöpfung eines seiner Schüler zu trennen ist — für welche Annahme ich, wie gesagt, stichhaltige Gründe vermisse: das sind Fragen, die wir ebensowenig wie diejenige nach der ursprünglichen Bedeutung beider Statuen und ihrem etwaigen ehemaligen Zusammenhange[23]) auf Grund unseres heutigen Wissens und Materiales bestimmt zu beantworten im Stande sind. Nur eine Behauptung können wir, glaube ich, mit voller Sicherheit zurückweisen: dass die Dresdner Statuen realistische Porträts seien. Es unterliegt ja keinem Zweifel, dass beide Typen mit Vorliebe für Bild-

[20]) Leider hat selbst in diese, an sich gute, Abbildung die überflüssige Hand des Retoucheurs falsche Züge hineingetragen, indem sie die Schattenpartieen am Halse, unter dem Kinn und an der linken Wange „der grösseren Deutlichkeit halber" aufgehellt hat! Dadurch ist natürlich der Eindruck der Form bedeutend alteriert, der Gesichtscontur verbreitert worden. Eine verhältnismässig gute und richtige Abbildung gibt die kleine Handausgabe der „Denkmäler" von Furtwängler und Urlichs auf Tafel 51; sie ist nach dem unretouchierten Probedruck der grossen Lichtdruckaufnahme hergestellt worden.

[21]) nach Amelung p. 31.

[22]) p. 23 ff.

[23]) Sollten in den Statuen Copieen aus der praxitelischen Gruppe von Demeter, Kora und Triptolemos zu erkennen sein (Overbeck, S—Q 1198)? Kora kann man sich zur Not neben einer genügend charakterisierten Demeter attributlos vorstellen. Den Triptolemos glaubt Furtwängler (Meisterwerke p. 567 ff.) in einem Florentiner Kopfe wiedergefunden zu haben.

nisdarstellungen verwendet worden sind: in den Dresdner Exemplaren aber, deren Köpfe durchaus keine individuellen Züge zeigen, liegen genaue Wiederholungen der ursprünglichen Idealtypen vor.[24]) Dass vom Kopfe der grossen Dresdner Herculanenserin anscheinend kein zweites Exemplar sich erhalten hat, muss Zufall sein; vom Kopfe der kleinen sitzt eine Wiederholung auf der Statue von Aegion (s. oben Fig. 2), mit leiser Hand zu einem Porträt, anscheinend in traianischer Epoche, umgewandelt, aber in den Grundzügen die ideale Unterlage deutlich verratend. — Das Material der Originalfiguren war wohl Bronze. Wir bilden umstehend den Rest einer im Stile nächst verwandten Figur ab, eines feingearbeiteten griechischen Bronzeoriginales, den das Berliner Museum bewahrt.[25]) Er stammt aus Kyzikos; seine Höhe beträgt 0,97 m. Das Stück steht in der Führung der Falten der kleinen Herculanenserin sehr nahe, ist aber keine Wiederholung.

[24]) vgl. Amelung p. 27. Anders Flasch p. 1104 PP.

[25]) Katalog nº 3.

Fragment einer bronzenen Frauenstatue im K. Museum zu Berlin.

559. Médaillons am Constantinsbogen.

Rom.

Links. Eberjagd. Auf der Nordseite eingelassen. Ant. Denkm. d. J. I, Taf. 42, 1. Röm. Mitt. d.J. 1889, Taf. XII, 3. Petersen, Ara Pacis Augustae, p. 73, Anm. 1.

Petersen: „Am Reiter links Puntelli für die Rechte an der Hüfte, für den Spiess am Gewand über der Schamgegend. Am Kaiser ist der Kopf aufgesetzt und überarbeitet. Der Nimbus ist später zugefügt, mit einfach eingegrabnem Kreis. Die Richtung des Spiesses, fast senkrecht auf den Nacken des Ebers, ist durch vier Stützen, die oberste am Rahmen, die unterste am r. Knie, gegeben. An verschiedenen Stellen sind Messpunkte stehen geblieben. Das Fussbodenprofil links und rechts abgemeisselt."

Wildschweinjagd auf sumpfiger, eichenbestandner Wiese. Der Kaiser und sein vorderer Begleiter in Tunica, Mantel, kurzen Hosen und niederen Stiefeln. Die Pferde tragen Sättel. Die Physiognomie des Reiters links Flavischem noch verwandt; er scheint auf dem Médaillon mit dem getöteten Löwen auf der rechten Seite wiederzukehren. Der mittlere Reiter, im Hintergrund, unverkennbar Antinous, den wir auch auf dem Bilde mit dem Auszug zur Jagd wiederzuerkennen geglaubt haben. Der bartlose Kopf des Kaisers ist nach Petersen aufgesetzt und überarbeitet. Es lässt sich ebenso wenig sagen, wen er vor dieser Überarbeitung dargestellt hat, noch, wer unter den jetzigen Zügen mit ihm gemeint ist.

Rechts. Opfer an Diana. Auf der Südseite eingelassen. Ant. Denkmäler d.J. I, Taf. 43, 8. Röm. Mitt. d. J. 1889, Taf. XII, 4.

Petersen: „Das Götterbild hält in der Rechten eine Fackel (Schaft unten, Stützen oben), in der Linken einen zum Grund rückwärts gekrümmten Gegenstand (Bogen); der Köcher ist über der r. Schulter sichtbar; auf dem Altar sind anscheinend keine Flammen, aber kreuzweis geschichtete Stäbe, darüber Früchte, in der Mitte ein Pinienzapfen sichtbar. Über diesen hält der Kaiser die Rechte wagerecht, die innere Fläche nach unten; vom Spiess in der Linken ein Schaftstück an der l. Schulter, das Fussende vorm r. Fuss. — Die Figur l. vom Altar hält in der Linken das Schwert in der Scheide, während die Rechte anscheinend leer herabhing. — Die letzte Figur rechts: vom Spiess Stützen; die Spitze oben am Baumstamm."

Die untere Rahmenprofilierung und die Enden des Fussbodenprofils abgemeisselt.

In der Mitte, in schattigem Lorbeerhaine, auf hoher runder Basis das Standbild der Diana, mit Fackel, Köcher und Bogen. Davor ein Altar mit Früchten, die der Göttin zum Opfer gespendet werden sollen. Der Schädel des erlegten Ebers hängt hoch in den Ästen, Beutegabe für die göttliche Jägerin. Der Kaiser, wie auch sonst an Grösse seine Gefährten überragend, nach Priesterart den Mantel über den Kopf gezogen, hält die Rechte weihend über den Altar; in der Linken ruht der Jagdspiess. Sein Antlitz ist fast gänzlich zerstört; dem Anschein nach war es bartlos. Hinter ihm ein, ebenso unkenntlicher, bärtiger Begleiter, gleichfalls mit Spiess. Dem Kaiser gegenüber ein älterer Bartloser, das Schwert in der Linken, offenbar derselbe, dem wir bereits bei dem Opfer an Apoll begegneten und der auch bei dem Opfer an Hercules wiedererscheint. Hinter ihm ein bärtiger Genoss, den gesenkten Speer in der Linken.

Über das Weitere s. die Bemerkungen zu Taf. 565.

Verlagsanstalt F. Bruckmann A.-G.
München 1903.

560. Médaillons am Constantinsbogen.
Rom.

Links. Bärenjagd. Auf der Südseite eingelassen. Antike Denkmäler d. J. I, Taf. 43, 7. Röm. Mitt. d. J. 1889, Taf. XII, 6.

Petersen: „Stützen für Spiesse am mittleren und am linken Reiter. Beim Reiter rechts Bruchfläche zwischen Zeigefinger und Daumen der Rechten.“ Die äussere glatte Rahmenleiste ist unten abgemeisselt worden.

Die Anordnung der Scene erinnert an die der Eberjagd. Wie dort, ist der Kaiser von zwei berittenen Gefährten begleitet und im Begriff, das Wild zu fällen. Dieses ist, nach seiner Grösse zu schliessen, ein ganz junges Tier. Der Kopf des Kaisers ist gänzlich zerstört. Sein vorausssprengender Begleiter wird von Petersen mit dem bartlosen Älteren identificiert, der auf dem Bilde mit dem Opfer an Diana links vom Altar steht und den wir auch bei dem Opfer an Apoll und dem Opfer an Hercules wiedererkennen zu dürfen glauben. Bei der starken Zerstörung unseres Médaillons ist mir die Richtigkeit der Petersenschen Vergleichung zweifelhaft. Der andere Begleiter im Hinterg unde ist jugendlich, bartlos; seine Frisur erinnert an die des Antinous, der aber selbst nicht gemeint zu sein scheint.

Rechts. Opfer an Silvan. Auf der Südseite eingelassen. Antike Denkmäler d. J. I, Taf. 43, 6. Röm. Mitt. d. J. 1889, Taf. XII, 5.

Petersen: „Die äussere glatte Rahmenleiste unten und die beiden Enden des Fussbodenprofiles sind abgemeisselt worden. Für die Rechte des Gottes und ihr Attribut zwei Stützen in wagerechter Linie. Über den Baum, eine immergrüne Eiche [?], ist ein Bärenfell gehängt, kenntlich am Kopf und einer hängenden Tatze. — Der Mann hinter dem Götterbild hält sich mit der Linken am Baumast, während die Rechte einen Kranz hinter den Kopf des Götterbildes hält. — Bei dem Jüngling mit erhobner Rechten ist der Gegenstand hinter der Linken undeutlich. — Am Kaiser Messpunkt an der rechten Wade. — Die letzte Figur rechts stützt die Linke ohne Spiess auf die Hüfte.“

Die Jagd ist beendet, das Beutestück wird der Gottheit geweiht. In den Ästen des alten knorrigen Baumes hängt das Fell des erlegten Bären. Es ist dem Silvan geheiligt, dem Gott des Waldes und der Fluren, dessen Standbild auf hoher, vierseitiger Basis hinter dem Altare sich erhebt. In seinen Formen ist dieses einer älteren Statue nachgebildet: der gleichmässige Stand der Füsse, die strenge Durchbildung der Muskulatur, die altertümliche Haar- und Barttracht weisen auf ein Vorbild aus der ersten Hälfte des fünften Jahrhunderts. Aber das fruchtgefüllte Ziegenfell, das über den l. Arm hängt, und das Messer in der Rechten, für welches wenigstens noch die Puntelli vorhanden sind, lassen trotz des Mangels anderer ständiger Attribute, des Hundes und der Jagdstiefel, keinen Zweifel, dass wirklich Silvan selbst gemeint ist. Ihm, dem Naturgotte, ist auch die Hirtenflöte geweiht, die an der Eiche neben dem Bärenschädel hängt. Ein Sclave, barfüssig und in Exomis, ist damit beschäftigt, ihm einen Kranz aufs Haupt zu setzen. Er steht auf einer Felserhöhung hinter dem Standbilde und zieht sich an einem Aste des Baumes etwas in die Höhe; die Rechte (von der wohl die Ansatzspuren auf dem Reliefgrunde und an der Rahmenleiste herrühren?) hielt den Kranz[1]. Von der Figur des Kaisers, der mit seinen Gefährten anbetend der Gottheit entgegentritt, ist die ganze obere Hälfte abgesplittert. In der Linken hielt er den Speer, die Rechte breitete er über den Altar. Auch die Gesichtszüge des hinter ihm Stehenden sind unkenntlich. Er stemmt die Linke in die Hüfte. Der Jüngling zur Rechten des Kaisers hebt die Rechte adorierend empor. Er erinnert in den Gesichtszügen einigermaassen an Antinous, ohne dass man behaupten könnte, dieser sei wirklich gemeint.

Über das Weitere s. die Bemerkungen zu Taf. 565.

[1] Nach Petersen.

Verlagsanstalt F. Bruckmann A.-G.
München 1903

561. Archaischer Torso der Aphrodite.

Lyon, Museum.

Catalogue sommaire des musées de la ville de Lyon (1899): Musée des antiques, n° 1, p. 197 (Abbildung), 200. — Montfaucon, Antiquité expliquée, II, 2 (1719), p. 341, pl. CXXXIX, 2. — Grosson, Recueil des antiquités et monuments marseillois (1773), p. 171, n° 2, pl. 25, 2 (die Abbildung im Gegensinne!). — Clarac 626 A, 1290 B. — Reinach, répertoire II, 2, 649, 4. — Comarmond, Description des antiquités et objets d'art contenus dans les salles du Palais des Arts de la ville de Lyon (1855—1857), p. 145, n° 20. — Gazette archéologique 1876, p. 133—134, pl. XXXI (F. Lenormant). — Collignon, Mythologie fig. de la Grèce, p. 141, 143, fig. 53. — H. Bazin, L'Aphrodite marseillaise du musée de Lyon (1886; Paris, Leroux). — Collignon, histoire de la sculpture grecque, I, p. 190, fig. 90. — Pawlowski, die attische Sculptur vor den Perserkriegen [russisch], p. 217, Fig. 72. —

Die Statue ist kürzlich zum ersten Male geformt worden. Der Abguss ist von M. Vacher, Lyon, rue Paul-Chenavard 23, zu beziehen.

Als Fundort der Statue gilt allgemein der Boden von Marseille; auf der rue des consuls sei sie zu Tage gekommen. Diese Angabe, die Grosson in ziemlich unbestimmten Ausdrücken, nach dem Zeugnisse eines Andern, überliefert, verdient nur bedingten Glauben. Grossons Buch ist 1773 erschienen, als die Statue schon länger als 50 Jahre bekannt war; Montfaucon, der sie 1719 veröffentlichte, sagt kein Wort über Ort und Zeit des Fundes. Sicher weiss man nur, dass zwei Sammler in Marseille (Gravier und der Abbé Boule) sie im 18. Jahrhundert in Besitz hatten. Zu Grossons Zeiten war sie anscheinend nicht mehr in Marseille[1]), sondern in einer Privatsammlung in Nîmes; denn Artaud (Cabinet des antiques du Musée de Lyon, 1816, p. 5, G) erwähnt sie mit den Worten: „Isis, aus Marmor, früher in Marseille, dann in Nîmes". Wann oder wie sie in das Museum von Lyon kam, weiss man nicht; aus Artauds oben erwähntem Kataloge geht hervor, dass sie bereits im Anfange des 19. Jahrhunderts dort war. —

Möge die Statue aber auch wirklich in Marseille selbst zu Tage gekommen sein, so ist es doch keineswegs sicher, dass sie dort auch gefertigt worden ist. Ebensowenig wahrscheinlich ist die Vermutung, dass sie im 6. Jahrhundert von auswärts nach Marseille importiert worden sei, z. B. im Jahre 542, als ein Teil der Phokäer gelegentlich der Einnahme ihrer Stadt durch Harpagos von Neuem sich nach ihrer Colonie in Gallien gewandt haben wird. Am nächstliegenden ist jedenfalls die Annahme, dass die Statue zufällig von einem Marseiller Schiff als Ballast aus der Levante heimgebracht worden ist. Ihre ursprüngliche Herkunft wird also voraussichtlich stets unbekannt bleiben.

Der Marmor ist sehr weiss und sehr feinkörnig, vom sog. Inselmarmor durchaus verschieden. Er ähnelt vielmehr dem pentelischen; doch kann ich nicht versichern, dass es auch wirklich dieser ist. Als Untersatz dient jetzt der Figur ein marmornes Architektur-Fragment aus später römischer Zeit; auf der Rückseite wird sie ausserdem durch einen Klotz aus geädertem Marmor gestützt, der in roher Weise durch Cement und Gips mit ihr verbunden ist. Die Totalhöhe der Statue beträgt 0,62 m; die Proportionen sind also stark unterlebensgross.

Der Torso ist namentlich im untern Teile der Rückseite schlecht erhalten. Links neben dem obern Ende des eben erwähnten stützenden Marmorblockes steckt in der Figur der Rest eines stark verbleiten senkrechten Metalldübels, der offenbar zur Anstückung der jetzt fehlenden Teile der Rückseite diente. Der Versuch, ihn zu entfernen, mag die starke Verletzung dieser Partieen verursacht haben. In der Bruchfläche der linken Schulter steckt ebenfalls ein kleiner Eisendübel, der von einer Restauration des Oberarmes herzurühren scheint; denn dass er zur Anstückung des ganzen Armes gedient habe, ist nach seinen Dimensionen, seinem Platze und dem Charakter der Bruchfläche ausgeschlossen. Die Taube war früher als Käuzchen ergänzt und erscheint so auf den

[1]) Grosson hat sie offenbar nicht selbst gesehen, da er sie für eine Bronze hält; ausserdem hat er nicht bemerkt, dass seine Zeichnung sie im Gegensinne wiedergiebt. Die „Zeichnung dieser Bronze" hatte er von M. Gravier erhalten (vermutlich einem Nachkommen des Sammlers Gravier, der die Figur zu Montfaucons Zeiten besass), und von eben diesem Herrn Gravier stammte die Angabe, die Statue sei ein „Ergebnis der Funde auf der rue des consuls". Man wird diese Mitteilung, in Anbetracht der übrigen Irrtümer Grossons, nur mit grosser Vorsicht benützen dürfen.

Verlagsanstalt F. Bruckmann A.-G.
München 1903.

Zeichnungen von Montfaucon und Grosson; die Figur wurde deshalb als Minerva betrachtet. Diese Restauration ist jetzt glücklicherweise entfernt.

Im Übrigen ist es leicht, sich das ehemalige Aussehen der Figur vorzustellen. Die Richtung eines Teiles der Chitonfalten auf dem Bauche zeigt, dass sie nach aussen verliefen und von der linken Hand gehalten wurden. Die Statue hatte also den gewöhnlichen Typus archaischer Frauenfiguren: die Füsse mit voller Sohle aufstehend, das linke Bein etwas vor, den linken Arm abwärts, die linke Hand die Chitonfalten emporziehend.

Die Figur ist mit einem gegürteten Ärmelchiton und dem Himation bekleidet. Soweit er den Oberkörper bedeckt, ist der Chiton jetzt glatt; er war ehemals durch Farbe gegliedert. Der enganliegende, fast bis zum Handgelenk reichende Ärmel findet sich bisher nur auf Werken, die aus dem griechischen Osten stammen oder von orientalischer Kunst beeinflusst sind; er gehört barbarischer, nicht griechischer Mode an[2]). Das Himation ist auf der linken Schulter befestigt — auch dies in Abweichung von der gewöhnlichen Sitte, die das Himation nie auf der nämlichen Seite knüpft, auf welcher die Chitonfalten von der Hand emporgerafft werden. Auf dem Kopf ruht ein niedriger, nach oben sich verbreiternder Polos, in dessen gerauhter Oberseite der geringe Rest eines dicken Eisenstabes steckt, der als Vogelabwehr diente. Das Haar begrenzt die Stirn in flachen Wellen, die wie die Canneluren einer Säule aneinandergereiht sind. Hinten ist die Haarmasse, vom Ansatz des Polos an bis zur Höhe der Ohren, in fünf horizontale Parallelstreifen gegliedert. Darunter wird sie durch ein aus drei schmalen Schnüren gebildetes Band, das von einem Ohr zum andern reicht, festgehalten[3]), und unterhalb dieses Bandes bedeckt sie in Form von elf aneinanderklebenden langen gewellten Locken den Rücken. Drei entsprechende, aber von einander gelöste Locken fallen jederseits vorn auf Schultern und Brust tief herab. Der Ohrschmuck besteht aus einer kreisförmigen Scheibe, an welcher drei Gehänge angelöthet sind, die sich aus je drei kleinen Kugeln zusammensetzen[4]). Von Hals- und Armschmuck, die durch Farbe angedeutet gewesen sein könnten, hat sich jede Spur verloren. Die Taube in der Rechten würde man für das Weihgeschenk einer Sterblichen halten[5]), wenn nicht der Polos uns zwänge, Aphrodite selbst mit ihrem Lieblingsvogel in der Figur zu erkennen[6]).

Farbspuren sind nur in ganz geringer Anzahl noch erhalten. Man erkennt noch etwas Rot auf den Haaren, über der linken Stirnseite, auf dem Polos und auf dem Chitonärmel. Die Vorzeichnung der farbigen Ornamente hingegen, die Polos und Ärmel schmückten und mit Stichel oder Meissel, wie gewöhnlich, vorgerissen sind, ist noch sehr deutlich zu sehen. Die sorgfältig geglättete Aussenfläche des Polos weist ein Geflecht von Palmetten und Lotosblumen auf (Bazin, p. 17, fig. 2), das sie in ihrem ganzen Umfang und ihrer ganzen Höhe bedeckt[7]). Auf der Aussenseite des Ärmels erstreckt sich eine doppelte Reihe von Mäandern von der Schulter bis zum Handgelenk (Bazin, p. 18, fig. 3), und ein einfacher, schmälerer Mäanderstreif, der heute kaum mehr zu erkennen ist, zierte das Ende des Ärmels, oberhalb des Handgelenks, zu beiden Seiten des senkrechten mittleren Mäanders.

Die Arbeit der Statue, besonders an Haar und Auge, ist hart, scharf, trocken, der Gesammteindruck dabei aber plump und massig. Die Lippen steif und unbewegt, ohne feine Endung in den Winkeln; kein Lächeln belebt die Züge. Ganz ungeschickt und kenntnislos die Ausführung der Ohren. Die breiten, eckigen Schultern, die geringe Erhebung der Brüste, der kurze dicke Arm geben der Statue fast etwas Männliches. Der Oberteil des Chitons scheint eher aus steifem Leder als aus weichem Stoff gefertigt zu sein. Die Himationfalten stossen ohne Relief aneinander; sie sind einfach durch vertiefte Linien angegeben, und selbst diese verschwinden auf der rechten Seite und im Rücken, wo der Stoff ganz glatt ist. Auch die Arbeit von Hand und Armansatz ist nüchtern und leblos.

Man hat schon seit Langem erkannt[8]), dass die Statue von Lyon, als Werk der zweiten Hälfte des sechsten Jahrhunderts, dem nämlichen Kunstkreise angehört, wie die Statuen der Branchiden, die „Hera" von Samos im Louvre, der angeblich aus Rhodosto, wohl eher aber aus Rhodos stammende Kopf in Constantinopel[9]). Man kann diesen Werken den Kopf

---

[2]) Vgl. Amelung in Pauly-Wissowas Realencyclopädie s. v. χειριδωτὸς χιτών.

[3]) Gut kenntlich auf der Abbildung des Profils.

[4]) Vgl. Karl Hadaczek, der Ohrschmuck der Griechen und Etrusker, p. 19, Fig. 33.

[5]) Wie bei einer der Koren der Akropolis: Collignon, histoire de la sculpture grecque I, p. 354, fig. 179.

[6]) So wird die Figur bereits richtig bei Clarac benannt.

[7]) Sehr ähnlich demjenigen auf dem Polos eines archaischen Kopfes der Akropolis; Katalog 696; Revue arch. 1889, II, p. 397, pl. XXIII.

[8]) Gaz. arch. 1876, p. 134 (F. Lenormant); 1884, p. 90 (S. Reinach); Bazin a. a. O. p. 23.

[9]) Bull. de corr. hell. VIII, 1884, p. 336 ff. (Heuzey).

aus Hieronda in London anschliessen[10]), einen kleinen weiblichen Marmortorso ebenda, aus Samos[11]), die beiden „samischen" Statuen der athenischen Akropolis, und vor Allem die sog. Aphrodite von Klazomenae, die kürzlich in den Louvre gekommen ist[12]). Mit letzterer Statue, die leider kopflos ist, hat die Aphrodite von Lyon die nächste Verwandtschaft, im Typus wie in der Ausführung und im Stil: sie befestigt die Überzeugung, dass die wirkliche Herkunft unserer, durch irgend welchen Zufall nach Marseille geratenen Statue das asiatische Griechenland ist, nicht Cypern, wie man gesagt hat, noch Attika noch eine der Cycladen. Diese dicken, fleischigen Formen, diese weichlichen Umrisse, diese Vereinigung von plumper Meisselführung mit einer gewissen Härte und Trockenheit in der Wiedergabe der Gesichtszüge und Gewandfalten[13]) scheinen für eine grosse Bildhauerschule charakteristisch zu sein, die im 6. Jahrhundert in Samos, Rhodos und im ganzen benachbarten Küstenlande Kleinasiens geblüht haben muss und deren Stilcharakter sich unschwer von der grösseren Eleganz, Zierlichkeit und technischen Virtuosität unterscheiden lässt, die die gleichzeitige Bildhauerkunst der Inseln, und insbesondere von Chios, ausgezeichnet hat.

Henri Lechat
(übersetzt von P. A.).

[10]) Rayet, Milet et le golfe Latmique, pl. XXVII.

[11]) Furtwängler, Meisterwerke, p. 716, Fig. 138.

[12]) Revue arch. 1900, II, p. 373 ff., pl. XV—XVI (Collignon). Revue des études grecques XIV, 1901, p. 417 ff. Lechat).

[13]) Man vergleiche die beiden „Samierinnen" der Akropolis!

562. Statue der Artemis.
München, Glyptothek.

Furtwängler 214; dort die Litteratur. Brunn [5] 93. Friederichs-Wolters 450. Pentelischer Marmor. Höhe (mit Plinthe): 1,65 m. 1792 in Gabii gefunden und aus Sammlung Braschi in Rom erworben.

„Die Statue ist vortrefflich erhalten; der Kopf ist ungebrochen; in den Tiefen des Gewandes sind deutliche Reste von einstiger Bemalung mit roter Farbe erhalten. Nur die Flächen der Vorderseite und das Gesicht sind leider stark abgeputzt worden. An den Rändern des Gewandes ist Einiges ergänzt, doch ist es im Ganzen vortrefflich erhalten. Der l. Unterarm ist mit dem entsprechenden Gewandteil und mit einem Stück des Oberarms sehr geschickt modern ergänzt. Der r. Unterarm ist ungebrochen antik, und die r. Hand ist zwar gebrochen, aber alt, und hält die antiken Enden zweier Rehvorderbeine; nur der 3., 4. und 5. Finger sind ergänzt. An dem Reh ist aber sonst nur die hintere Bauchhälfte mit dem Ansatz des Oberschenkels antik; doch scheint dies Stück von anderem Marmor als die Statue und gehört wohl gar nicht dazu. Die vordere Hälfte des l. Fusses und der ganze Rand der Plinthe sind ergänzt. An dem antiken, vorn gebrochenen Teil der Plinthe ist ein Stück felsiger Erhöhung antik; an dieses ist ein modernes Stück angefügt, auf welches die Hinterbeine des Rehes aufgesetzt sind. Am r. Knie der Göttin ist eine moderne eiserne Stütze für das Reh; ob hier eine antike Spur war, ist nicht zu erkennen. Das Ende des Köchers ist angesetzt, scheint aber antik. An den Tieren auf der Krone, die das Haupt der Göttin schmückt, sind alle Köpfe modern bis auf einen, der aber ganz undeutlich ist. Die zwei Gruppen über der Stirn sind ganz modern. Am Gesicht ist nur die Nase ergänzt.“ [1])

„Die Göttin trägt einen Chiton mit Oberärmeln, der aber (wie der ärmellose dorische Peplos) an der einen [linken] Seite offen, gegürtet und mit Überfall versehen ist; auch ist ein kleiner Bausch über dem Gürtel angebracht. Vom Hinterkopfe herab fällt auf die Schulter und von da über den Rücken hinunter ein Mantel, der den Hintergrund bildet. Quer über die Brust läuft das Köcherband, mit abgeriebner Verzierung, laufenden Tieren, wie es scheint, in flachem Relief. Die zwei Enden des Köcherbandes auf der r. Schulter sind mit Fransen geziert. Der Kopf ist mit einer hohen, durchbrochen gearbeiteten Krone geschmückt. Es sind Gruppen von je zwei gegenüberstehenden Tieren, wohl Rehen, zu den Seiten je eines undeutlichen Gegenstandes (der eher ein altertümliches Idol,[2]) als einen Candelaber darstellt). — In der linken Hand ist ohne Zweifel der Bogen (nicht wie Brunn vorschlug, die Fackel) als Attribut zu denken. Die Figur ist vor einer Wand stehend gedacht; die Rückseite ist flach und breit“ (Furtwängler).

In den Formen der Statue stehen Elemente der altertümlichen und der freien Kunst in eigenartiger Weise nebeneinander. Der gebundene, steif zaghafte Stand der Beine; das enge Anliegen des Gewandes an den Schenkeln, die fast unbekleidet heraustreten, und die gezierte Art, wie es zur Gürtung hinaufgezogen ist; das feierliche, alten Cultbildern entlehnte Fassen der Attribute — des Rehes, als sei es ebenfalls ein lebloser Gegenstand — [3]); dann die Haartracht mit den steifen Schulterlocken und den vor den Ohren herabhängenden und wieder aufgenommenen Wellen, und auf dem Haupt die grosse Krone: das und Anderes sind archaische Züge, die zu dem malerischen Stile der lebhaft flatternden Falten, zu der Stellung der Füsse, die auf gesenkter Plinthe abwärts zu schweben scheinen, zu der seitlichen Wendung des Kopfes, den freien und weichen Gesichtsformen [4]) in entschiedenem Gegensatze stehen. Brunn glaubte wegen dieser Stilmischung die Erfindung der Statue nicht vor die letzte Entwicklung der griechischen Kunst setzen zu dürfen. Aber wir haben seit Brunns Zeiten erkennen gelernt, dass das Archaisieren bereits in einer weit früheren Epoche, in den letzten Jahrzehnten des fünften Jahrhunderts, begonnen hat, [5]) und in eben diesen

[1]) Ueber die Ergänzungen des Kopfes vgl. auch Bulle, in Arndt-Amelungs Einzelaufnahmen, zu Nr. 838/839.

[2]) „mit über der Brust gekreuzten Armen“: Bulle a. a. O.

[3]) Vgl. das korinthische Puteal, die Sosibiosvase und das Médaillon: Fröhner, médaillons romains p. 31 ff.

[4]) Vgl. die Abbildungen des Kopfes auf den folgenden Seiten, nach Arndt-Amelung, Einzelaufnahmen 838/839.

[5]) Vergl. Furtwängler, Statuenkopieen I.

Verlagsanstalt F. Bruckmann A.-G.
München 1903.

Zeitraum müssen wir wegen des Stiles ihrer Gewandung auch die Entstehung der Münchner Artemis versetzen. Denn derselbe schliesst sich, wie Furtwängler richtig hervorgehoben hat, aufs Engste der Kunstart des Frieses von Phigalia und der diesem verwandten Werke an, bei welchen wir die nämliche Vorliebe für unruhig flatternde, rauschende Falten auf der einen, enges Anschmiegen des Gewandes an den wie nackt darunter erscheinenden Körper auf der andern Seite finden. Die ältesten Anfänge dieses Stiles reichen bis über die Mitte des 5. Jahrhunderts hinauf;[6]) er hat sich neben der strengeren und herberen Art, die sich an die Kunst des Phidias anschloss, grosser Beliebtheit erfreut, ja er ist in der Epoche des peloponnesischen Krieges der herrschende geworden, und noch Schöpfungen des 4. Jahrhunderts, wie die Giebelsculpturen des Timotheos in Epidauros, stehen unverkennbar unter jenem Einflusse.[7]) — Aber so schöne und eindrucksvolle Schöpfungen dieser Stil auch hervorgebracht hat: er barg eine grosse Gefahr in sich, die der Manier. Formen, die bei einer stark bewegten Figur naturgemäss und verständlich sind, haben bei ruhigem Stande keine innere Berechtigung. So musste die übertriebene Vorliebe für flatterndes, nass anliegendes Gewand bald zur Unnatur führen, und es lässt sich nicht leugnen, dass in Werken wie dem Friese von Phigalia eine starke Portion von Manierismus steckt. Als Reaction gegen solche Ausartungen haben wir offenbar ein Werk wie die Münchner Artemis zu verstehen. Durch Einmischung strenger und einfacher Stilformen, wie sie die altertümliche Kunst am ehesten bot, suchte man dem Zerflattern jenes, die Grenzen der Plastik fast überschreitenden Stiles vorzubeugen. Auch religiöse Motive mögen mit-

[6]) Vgl. Arndt, la Glyptothèque Ny-Carlsberg, Text zu pl. 33.

[7]) Vgl. Furtwängler, griechische Originalstatuen in Venedig, p. 301 ff.

gesprochen haben, die Überzeugung, dass ein Zurückgreifen auf den Ernst und die ruhige Würde der Vorzeit auch in der bildenden Kunst das beste Gegengewicht gegen revolutionäre Neuerungssucht und moderne Freigeisterei sei. zu spüren ist, beweist, dass es ein grosser Künstler war, der sie geschaffen hat, dass ihn nicht Mangel an Erfindungskraft, sondern bewusste Berechnung zur Mischung zweier Stile veranlasst hat. Die Statue vergegenwärtigt in

Eine Art antiken Nazarenertums. Furtwängler hat die Vermutung zu begründen versucht,[8]) dass Kallimachos der Hauptvertreter dieser conservativen Kunstrichtung gewesen sei.[9])

Werke der neueren Kunst, in denen Stilformen verschiedener Perioden zusammengeschweisst sind, pflegen einen unbefriedigenden Eindruck der Künstelei und Disharmonie zu hinterlassen. Dass hiervon Nichts in der Münchner Statue wundervoller Weise das Bild der keuschen, im stillen Mondlicht durch die Wälder dahinschwebenden Jägerin.

Die Ausführung der Statue gehört römischer Zeit an. Eine kleine Wiederholung in Terracotta, die aus Sammlung Castellani in das Museum von Lyon gelangt ist, hat sich als Fälschung erwiesen.[10])

[8]) Meisterwerke p. 202 ff. Statuenkopien I, p. 10 ff.

[9]) Als stilistische Parallelen zu dem Kopfe seien der Zeus Talleyrand im Louvre (Phot. Giraudon 1238; Friederichs-Wolters 449) und die Köpfe Berlin 604 und Petersburg 40 genannt.

[10]) Collection Alessandro Castellani (Rome, 1884), Nr. 559, pl. X. Rossbach, athen. Mitt. d. J. 1890, p. 69 und Anm. 2. Daremberg-Saglio II, I, 158. Furtwängler, Meisterwerke p. 203, Anm. 2. — Die Figur auf Denaren des L. Hostilius Saserna (Babelon, monnaies de la république romaine I, p. 553), auf welche Wolters (bei Rossbach a. a. O.) verweist, geht auf eine andre Vorlage zurück.

563. Weibliche Statue.

Eleusis, Museum.

Furtwängler, Statuenkopieen I, p. 536 f., mit Abbildung. Bulle in Arndt-Amelungs Einzelaufnahmen, zu Nr. 1299. Pentelischer Marmor.[1]) Höhe der Figur ca. 1,30 m, Höhe der Plinthe 0,40 m, Breite 0,92 m, Tiefe 0,55 m. Von der linken Körperseite ist ein grosses Stück abgesplittert; dadurch wird der Eindruck hervorgerufen, als sei die rechte Hüfte etwas herausgedrückt. Die herabhängenden Arme waren beide besonders angesetzt; für den linken sitzt das Zapfenloch vertical in der Masse des Armes, für den rechten horizontal unter der Ansatzfläche des Armes im Kern der Statue. Durch kleine Klammern, je eine auf jeder Seite, deren obere Zapfenlöcher und Kanäle an der Aussenseite der Arme erhalten sind, werden diese noch einmal gehalten, und zum dritten Male durch Verzapfung auf den Hüften, links in einem runden, rechts in einem oblongen Bohrloch. Der Kopf war besonders aufgesetzt. Nach den Haarresten im Nacken zu urteilen, war er altertümlichen Stiles. Die Gewandung besteht aus dem fein gefältelten Chiton und darüber dem schwereren, auf der r. Seite offenen Himation, das die linke Brust frei lässt und einen gegürteten, bis zur Scham reichenden Überfall hat. In der Mitte des Unterleibes ein grosses viereckiges Zapfenloch (0,08 m breit, 0,06 m hoch, 0,07—0,08 m tief), mit darin sitzendem, beweglichen Zapfen. Dieser diente offenbar zum Halten eines schweren Gegenstandes, den beide Hände vor der Mitte des Leibes hielten und der wohl mit den Armen aus einem Stück gearbeitet und mit diesen zusammen eingezapft war. Eine ebenfalls in Eleusis erhaltene Mädchenstatue archaistischen Stiles[2]) giebt uns Aufklärung über diesen Gegenstand: es war ein Becken, offenbar zur Aufnahme des Weihwassers, mit dem man sich auch schon im Altertum beim Eintritt in heilige Bezirke besprengte.[3]) Die Statue diente also praktischen Zwecken des Cultus.

Die oblonge Plinthe der Figur ist mit Bleiverguss in eine hohe Basis eingelassen, die ungetrennt erhalten ist. Die Vorderseite dieser Basis ist in ihren obern zwei Dritteln geglättet, während unten ein roh gespitzter Rand vorspringt, der bei der ursprünglichen Aufstellung wahrscheinlich nicht sichtbar war. Dicht am obern Rande dieser Vorderseite die Inschrift 'Αθη]ναίων ὁ δῆμος τοῖν θε[οῖν in schönen Charakteren des 4. Jahrhunderts vor Chr.[4]) Die Statue war also den beiden grossen Göttinnen von Eleusis, der Demeter und der Kora, geweiht und stand wohl im Bereiche ihres Hauptheiligtumes. Im Museum von Eleusis liegt eine zweite entsprechende Basis, mit ausgebrochner Figur, und mit Resten der nämlichen Inschrift: es waren also anscheinend zwei entsprechende derartige Beckenträgerinnen aufgestellt, vielleicht zu beiden Seiten des Einganges zum Heiligtum.

Die Statue ist ein charakteristisches Beispiel des archaisierenden Stiles im 4. Jahrhundert vor Chr. Der Stand der Beine mit straffen Knieen und vollen Sohlen, dann die Anlage der unteren Partie des Himations, wohl auch der Kopftypus, sind der archaischen Kunst entlehnt. Diesen altertümlichen Zügen steht die freie Bildung des Himationüberschlages, besonders die Faltengebung an Brust und Gürtung, entgegen. Die tektonisch-decorative Bestimmung der Figur wird die Beimischung der strengeren Formen empfohlen haben. Die Arbeit der Statue ist ziemlich gering, und die schlechte Erhaltung der stark verscheuerten Vorderseite steigert den ungünstigen Eindruck des an sich besonders interessanten Werkes.

[1]) Die folgenden thatsächlichen Angaben nach frdl. Mitteilungen von Paul Herrmann.

[2]) Arndt-Amelung, Einzelaufnahmen, 1299 links.

[3]) Vgl. die Figuren in Neapel, Arndt-Amelung 532, und Stockholm, Lagrellus IV, 22 = Clarac 750, 1837, sowie den παῖς χαλκοῦς, ὃς τὸ περιρραντήριον ἔχει, auf der Akropolis, von Lykios, dem Sohne des Myron.

[4]) So datieren auch Furtwängler und Bulle a. a. O., sowie Hiller von Gärtringen brieflich.

Verlagsanstalt F. Bruckmann A.-G.
München 1903.

564. Basis aus Epidauros.

Athen, Nationalmuseum.

Museums-Nr. 1425. Defrasse et Lechat, Épidaure, p. 86 ff., mit Abbildung. Ἐφημ. ἀρχ. 1895, Tafel 8, p. 179 ff. (Kavvadias). Furtwängler, Statuenkopieen I, p. 538.

Gefunden ungefähr 50 m entfernt von der Ostseite des Asklepiostempels in Epidauros.[1]) Der Marmor ist anscheinend pentelischer. Höhe 0,615 m; grösste Breite oben 1,085 m, unten 0,965 m; Tiefe oben bis zur Vorderkante 0,285 m; Tiefe des vorderen Reliefs 0,08 - 0,09 m, des Reliefs der r. Seite 0,035 m.

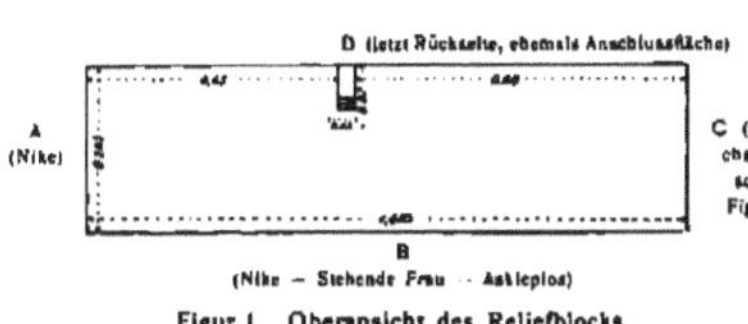

Figur 1. . Oberansicht des Reliefblocks.

Wie sich aus einem in der Mitte der Oberseite des Reliefs angebrachten Klammerloche ergiebt, stiess ein zweiter Block an den erhaltenen an (s. Figur 1). Da nun die jetzige Nebenseite *C*, mit der archaistischen Figur, in sehr viel flacherem Relief gearbeitet ist, als die beiden andern erhaltenen, so vermuten Kavvadias und Bulle, nach Analogie römischer Sarkophage, dass sie ursprünglich einen Teil der Rückseite gebildet habe, dass also *B* die rechte Nebenseite des Reliefs gewesen sei, *A* ein Teil der Vorderseite. Das Ganze aber sei anscheinend eine Basis gewesen, die aus zwei oder mehreren Blöcken bestand (s. Figur 2). Aus der Anwesenheit der Nike, meint Kavvadias, dürfe man schliessen, dass es die Basis einer Siegerstatue gewesen sei, deren Aufstellung in Epidauros, Stätte musischer wie athletischer Agone, nichts Auffälliges habe.

Die stark zerstörte Figur einer über Eck gestellten, lebhaft bewegten Nike verbindet die Seiten *A* und *B*. Den rechten Abschluss von *B* bildet die nach links hin thronende feierliche Gestalt eines unterwärts bekleideten Gottes, dessen Gesichtszüge leider zerstört sind. Seine Linke ruht auf der Lehne des Thrones, die in Kopfhöhe erhobene Rechte hielt offenbar ein durch Farbe angegebenes Scepter. Nach der Wendung des Oberkörpers zu schliessen, war sein Gesicht dem Beschauer zugewandt. Der Fundort Epidauros und die Ähnlichkeit mit dem Cultbild des Thrasymedes[2]) und den andern Monumenten, die auf dieses zurückgehen[3]), machen es trotz des Fehlens der heiligen Schlange wahrscheinlich, dass Asklepios gemeint ist. In der vollbekleideten, verschleierten Frau, die in Vorderansicht zwischen Nike und dem sitzenden Gotte steht, würden wir dann wohl Hygiela zu erkennen haben. Aber auch hier lässt das Fehlen des Kopfes und von Attributen eine zweifellos sichere Deutung nicht zu. Die archaisierende Figur auf Seite *C* hält ein kleines Gefäss, eine Lekythos oder Oinochoe, in der erhobenen Rechten. Lechat erkennt in ihr Epione, die Gemahlin des Asklepios; richtiger ist es wohl, in Hinblick auf den tektonisch-decorativen Charakter der Figur und die Unvollständigkeit des Reliefs, über dessen Gesammtdarstellung wir auf Vermutungen angewiesen sind, auf eine Namengebung zu verzichten.

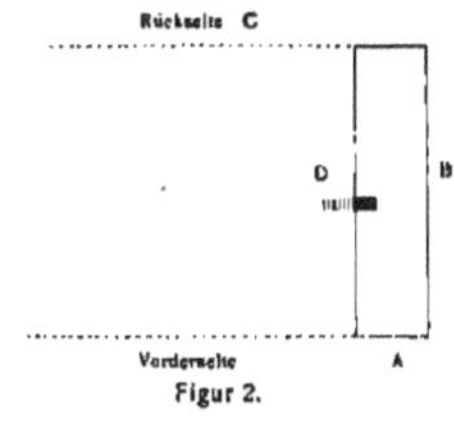

Figur 2.

Das Hauptinteresse des Reliefs beruht aber nicht im Gegenständlichen, sondern in der stilistischen Auffälligkeit des unvermittelten Auftretens einer rein archaistischen Figur neben solchen des freien Stiles aus der ersten Hälfte

[1]) Die folgenden thatsächlichen Angaben nach Kavvadias a. a. O. und nach frdl. Mitteilungen von H. Bulle.

[2]) Imhoof-Blumer und Percy Gardner, a numismatic commentary on Pausanias, L, III—V.

[3]) Collignon, histoire de la sculpture grecque II, p. 188.

Verlagsanstalt F. Bruckmann A.-G.
München 1903.

des 4. Jahrhunderts. Der Asklepios geht, wie wir bereits sahen, im letzten Grunde auf das Cultbild des Thrasymedes im Asklepieion zurück, das in den Jahren 380—375 entstanden ist. Die Nike war, soweit man aus der Zerstörung zu erkennen vermag, den Giebelsculpturen dieses Tempels stilgleich. Für die Figur der „Hygieia" aber hat Lechat richtig auf eine der Musen von der praxitelischen Basis in Mantinea[4]) als nächste Parallele verwiesen; diese Basis ist in den Jahren 370—365 entstanden. Annähernd der gleichen Zeit wird demnach auch die epidaurische Basis angehört haben. Dadurch erhalten wir aber — und das ist das Wichtigste — ein ziemlich festes Datum in der Entwicklungsgeschichte des archaisierenden Stiles.

Lechat und Kavvadias unterschätzen Beide die Qualität der Arbeit des Reliefs, die doch an Feinheit und Delicatesse entschieden die etwas trockne und nüchterne Ausführung der oben erwähnten Basisreliefs aus Mantinea überragt.

[4]) Amelung, Basis des Praxiteles in Mantinea, p. 16 ff.

565. Médaillons am Constantinsbogen.

Rom.

Links. Das Ende der Löwenjagd. Auf der Nordeite eingelassen. Ant. Denkmäler d. J. I, Taf. 42, 3. Röm. Mitt. d. J. 1889, Taf. XII, 7. Petersen, Ara Pacis Augustae, p. 73, Anm. 1.

Petersen: „An der Figur l. endete der Spiess oberhalb des r. [? vielmehr l. ?] Kniees auf dem Gewand. — Am Kopf des Kaisers Spalt durch den Hals. Er ist aufgesetzt und überarbeitet. Der Nimbus ist später hinzugefügt worden. Die Rechte des Kaisers hielt eine Waffe, deren Stützen am Gewand der Figur l. und am Rahmen sichtbar sind. — Die dritte Figur hält den Spiess mit der Spitze nach unten. — An der vierten Figur Spalt im Hals und zwischen Kopf und Grund; der Spiess (Schaft am Rahmen und l. Ärmel, Stützen am r. Bein, sowie an der Schulter der fünften Figur) hatte die Spitze ebenfalls nach unten. — Messpunkt bei Figur 4 am l. Oberschenkel. — Die Rahmenleiste ist hier, wegen der Figur des Löwen, nicht abgearbeitet."

Dieses Médaillon ist, wie in der gesammten Gruppierung der Figuren, so auch in der Durchführung der einzelnen Bewegungsmotive entschieden das schwächste der ganzen Reihe. Der erlegte Löwe liegt, kümmerlich zusammengedrückt, am Boden. Aber was thun die Jäger? Petersen meint, sie seien von den Pferden abgestiegen, um die Beute aus der Nähe zu betrachten. Aber weder mit Blick noch Bewegung wenden sie sich zu dem Thiere. Der Kaiser scheint vielmehr mit der Linken dem älteren, rechts stehenden Gefährten Etwas darzureichen. Zwischen ihnen, handlungslos, ein zweiter, bärtiger Gefährte; die Art, wie er steht, besonders ungeschickt. Zu beiden Seiten dieser Mittelscene, die in einem Eichenhaine spielt, hält ein Jüngling ein Ross am Zaume. Die Figur rechts ebenfalls arg verunglückt: sie will offenbar das andrängende Ross mit Gewalt zurückschieben, der ruhige Stand des Thieres lässt aber diese gequält energische Bewegung ganz überflüssig erscheinen.

Der Kopf des Kaisers ist bartlos. Es lässt sich weder sagen, wen er ursprünglich, vor der Überarbeitung, darstellte, noch, wer jetzt mit ihm gemeint ist. Dem Gefährten, zu dem er sich wendet, glaubten wir bereits auf dem Médaillon mit der Eberjagd zu begegnen; doch soll diese Identification nicht für sicher gelten. Seine Physiognomie möchte ich als die eines Flaviers in hadrianischer Ausführung bezeichnen. Der Bärtige zwischen ihnen erinnert Petersen etwas an Hadrian[1]; wir haben die nämliche Persönlichkeit bereits auf dem Médaillon mit dem Opfer an Apoll vermutet. Die Gesichtszüge der beiden Jünglinge an den Seiten gehören ebenfalls hadrianischer Zeit an.

Rechts. Opfer an Hercules. Auf der Nordseite eingelassen. Ant. Denkmäler d. J. I, Taf. 42, 4. Röm. Mitt. d. J. 1889, Taf. XII, 8. Petersen, Ara Pacis Augustae, p. 73, Anm. 1.

Petersen: „Auf dem Panzer rechts neben dem Götterbild der Kopf eines Löwenfells, darauf Stütze für die linke Hand; auf dem Hals des linken Panzers Bruchstelle; die Basis des Bildes regelmässig geschnitten, namentlich an den Ecken; unter den Füssen flachgewölbter Gegenstand [ist es nicht vielmehr nur einfach Felsboden?]. Ein Bauwerk ist, ausser durch die Bekränzung, auch noch links durch 3 [vielmehr 4] Verticallinien, Grenzen vorspringender Teile, angedeutet, die erste am hängenden Kranz, die zweite hinter dem Kopf von Figur 2, die dritte links vom Spiess von Figur 1, [die vierte hinter dem Kopf von Figur 1]. — Der Spiess von Figur 2, dessen Fussende am r. Fuss, dessen Schaft am r. Ärmel zu spüren, deckte fast denjenigen von Figur 1. — Beim Kaiser spricht die Stelle der Stütze unter der r. Hand für eine Patera. Zwei Messpunkte an seinem r. Unterbeine. Sein Kopf ist der ursprüngliche, aber überarbeitet; zwischen Gewand und Haar glaubt man die Grenze der Überarbeitung zu erkennen. Der Nimbus ist später zugefügt. Die untere Rahmenleiste abgearbeitet."

Das Fell des erlegten Löwen ist im Heiligtum des Hercules aufgehängt worden, dem der Kaiser jetzt ein Opfer darbringt. Mit der Rechten giesst er eine Spende in die Flammen des Altars; seine Linke hält die Lanze. Das Gewand hat er als Opfernder über das Haupt gezogen. Seine Züge gleichen denen des Kaisers auf dem Opfer an Apoll; das Porträt gehört ungefähr in gordianische Zeit. Ihm gegenüber der nämliche bartlose Ältere, dem wir bereits auf den Médaillons mit den Opfern an Apoll und an Diana begegnet

[1]) noch mehr an einen Kopf des Museo Capitolino, Galleria n° 32, von dem mir zur Zeit keine Abbildung zur Verfügung steht.

Verlagsanstalt F. Bruckmann A.-G.
München 1903.

sind. Er hält in der Linken die Lanze, von welcher mehrere Reste am Körper und die Puntelli am Rahmenrund herrühren. Hinter dem Kaiser zwei weitere Begleiter, beide mit dem Speer: der eine, vordere, jetzt des Kopfes entbehrend, der hintere jugendlich, mit leichtem Backenbart, sonst aber ziemlich ideal gehaltenen Zügen; seine Physiognomie am ehesten wohl hadrianisch.

Der Tempel des Hercules, vor welchem die Scene spielt, ist durch zwei Pfeiler im Hintergrunde, durch die Guirlande, das aufgehängte Löwenfell und durch das Bild des Gottes, das der Künstler mit kühner Freiheit aus dem Innern des Heiligtums hinaus in die Lüfte gezaubert hat, deutlich bezeichnet. Dieses Cultbild des Hercules ist auch aus anderen Gründen noch von besonderem Interesse. Es ist offenbar ein berühmtes Werk in Rom gewesen, da sich mehrere Wiederholungen[2]) von ihm erhalten haben. Der Gott sitzt, völlig nackt, mit zurückgezogenem linken Fusse, unter welchem ein Waffenstück (Schild oder Helm), auf einem Felsen, den das Löwenfell bedeckt. An dem Felsen lehnen verschiedene Waffentrophäen, vor Allem — und dies scheint für die Statue besonders charakteristisch gewesen zu sein — zu beiden Seiten je ein Panzer. Die erhobene Linke fasste das obere Ende der gesenkten Keule, die auf dem darunter stehenden Panzer aufruhte, die Rechte hat wahrscheinlich ein Akrostolion, die Bugspitze eines Schiffes, gehalten. Über dem Panzer links eine schwebende Victoria, mit dem Palmzweig, wie es scheint, in der Hand; die Art ihrer Anbringung ist nicht klar ersichtlich[3]). Das jugendlich bartlose Haupt des Gottes ist mit einer Tänie geschmückt. Dem Stile nach kann die Statue — falls man ihrer Wiedergabe auf unserm Relief Vertrauen schenken kann — nicht vor Lysipp entstanden sein. Das Akrostolion in der Hand des Gottes, das Elephantenhaupt, das an dem Exemplar aus Via Leonina an dem Sitze lehnt, vielleicht auch die Form der Schilde an dem nämlichen Stücke, legen die Vermutung nahe, dass die Statue zur Erinnerung an einen Seesieg über barbarische Völkerschaften errichtet wurde. So hat z. B. (falls Klügmanns Combinationen, Arch. Ztg. 1877, p. 12ff., das Richtige treffen) Scipio Africanus minor bei der Feier seines Triumphes über Karthago im Jahre 146 vor Chr. eine Herculesstatue, ein Werk des Polykles, gestiftet; bei ihr wären die genannten Attribute völlig am Platze.

Die acht auf den Tafeln 555, 559, 560, 565 veröffentlichten Médaillons am Constantinsbogen gelten von jeher als Teile eines traianischen Monumentes, die Constantin seinem Neubau eingefügt habe. Ist die Entstehung der Reliefs in traianischer Zeit aber wirklich über jeden Zweifel erhaben? Der ursprüngliche Kopf des Kaisers selbst hat sich, wie wir gesehen haben, auf keinem der Médaillons erhalten. Unter seinen Begleitern aber haben wir, einmal, beim Auszug zur Jagd, zweifelnd, das andre Mal, bei der Eberjagd, aber mit voller Bestimmtheit[4]) Antinous wiedererkannt. Traian starb 117, Antinous wurde aber ungefähr 110 geboren[5]), war jedenfalls bei Traians Tode noch ein Kind. Es ist deshalb nicht möglich, dass die Médaillons bei Traians Lebzeiten gefertigt worden sind. Dazu kommt, dass keine der Physiognomien der übrigen kaiserlichen Begleiter, nach Petersens Untersuchung[6]), auf der Traianssäule wiederkehrt, und ebensowenig finden sie sich an dem andern Hauptdenkmale traianischer Plastik, dem 115 n. Chr. errichteten Triumphbogen von Benevent. Und sprechen denn Einzelheiten technischer Art oder der ganze Stil entschieden und eindeutig für Traian? Dass mehrfach bärtige Köpfe vorkommen, die man in der Rundplastik erst in hadrianische Zeit zu versetzen pflegt, will freilich nichts besagen; denn sie finden sich auch auf dem Bogen von Benevent — Hadrian selbst ist dort bärtig —, und

---

[2]) C. L. Visconti, Bullettino comunale 1887, p. 299ff., tav. XVII und XVIII. Petersen, röm. Mitt. 1889, p. 330ff. — 1. Statuettenfragment, in Via Leonina in Rom ausgegraben; jetzt wo? Visconti, n° 1 und 2. 2. Statuettenfragment in der Galleria lapidaria des Vaticans. Visconti, n° 3. Diese beiden mit je einem Panzer beiderseits. 3. Statuettenfragment, ehemals im Besitze C. L. Viscontis; jetzt wo? Visconti, n° 4. Da die rechte Hälfte fehlt, ist es ungewiss, ob zwei Panzer vorhanden waren; doch scheint, nach einer Abarbeitung mit Dübelloch oberhalb des linken Panzers zu schliessen, die Victoria vorhanden gewesen zu sein, was für die Identificierung spricht. — Die von Petersen angeführte Liverpooler Statuette (p. 332, Fig. 1; Michaelis, ancient marbles, p. 423, 2) hat, bei sonstiger grosser Ähnlichkeit, hier nichts zu thun, da sie bärtig ist und nur e i n Panzer am Sitze lehnt. Noch weniger gehört der, spätmyronischer Kunstart verwandte, Herakles Altemps (Kalkmann, Proportionen des Gesichtes, Taff. 1 und 2) hierher. Hingegen kehrt der Typus unverkennbar auf Médaillons des Hadrian und des Antoninus Pius wieder: Petersen p. 334; Fröhner, médaillons de l'empire romain, p. 57; Roscher, myth. Lexikon, s. v. Hercules, Sp. 2986. Dasjenige des Antoninus mit zwei Panzern, das des Hadrian mit der Victoria.

[3]) Vgl. die betr. Stelle an der Viscontischen Replik.

[4]) Dietrichson's Widerspruch (Antinoos, p. 173 f.) ist ohne Belang, da er sich auf unzureichende Abbildungen stützt und die angebliche traianische Entstehung der Reliefs, die aber doch erst zu beweisen ist, zum Ausgangspunkt nimmt.

[5]) Dietrichson, Antinoos, p. 35.

[6]) röm. Mitt. a. a. O. p. 319, Anm. 3.

es wäre überhaupt verkehrt, Beginn und Ende derartiger Moden genau nach Jahren abgrenzen zu wollen. Auch dass an dem Eber auf dem Jagdbilde sehr deutlich die Pupille als Kreissegment in der Art der hadrianischen Plastik eingetieft ist, ist nicht entscheidend; denn diese Manier könnte in traianischer Zeit bereits ab und zu zur Anwendung gekommen sein. Aber die starke Anwendung des Bohrers bei der Darstellung von Blättern z. B. (Opfer an Apoll), die unruhig-zittrige Art, wie das Haupthaar oder auch das Eberfell wiedergegeben wird, scheinen über die Technik der traianischen Epoche hinaus auf diejenige der nächstfolgenden Generation zu weisen.

Wie kann aber mit dem Kaiser, wird man fragen, Hadrian gemeint sein, falls dieser an zwei Stellen (Opfer an Apoll und Ende der Löwenjagd) mit Recht neben der Hauptfigur, die doch unzweifelhaft den Kaiser darstellt, erkannt wurde? Entstehung der Médaillons in hadrianischer Zeit bedingt nicht, dass sie nun auch Thaten des Hadrian selbst darstellen. Sie können sehr wohl zu einer Weihung des Hadrian an seinen Verwandten und Adoptivvater Traian gehört haben, etwa zu dem Traianstempel, den Hadrian auf dem Traiansforum errichten liess, und es steht an sich nichts im Wege, in der ursprünglichen Kaiserfigur der Médaillons Traian zu erkennen. Dass auf ihnen dann Traian und Antinous als erwachsner Jüngling zusammen erscheinen würden und dass Hadrian dabei fehlt, könnte nicht befremden, da die Treue historischer Illustrationen hier nicht zu fordern ist[7]). Aber ich muss gestehen, dass mir die Identification der genannten Figuren mit Hadrian recht zweifelhaft erscheint — zumal im Hinblick auf die Treue, mit der sein Porträt auf dem Bogen von Benevent wiedergegeben ist —, und ich halte es für wahrscheinlicher, dass mit dem Kaiser der Médaillons ursprünglich Hadrian gemeint war. Der Thatbestand der Reliefs spricht, soviel ich sehe, nicht gegen diese Annahme[8]). Sie wird empfohlen durch die Überlieferung, dass Hadrian ein leidenschaftlicher Jäger war, „so dass er sich auf der Jagd schwere Verletzungen am Schlüsselbein und Schenkel zuzog; er erlegt unter Anderem einen Eber mit einem Schlage, Bären in Mysien und Boeotien und Löwen in Libyen"[9]). Entscheidend für die Datierung der Médaillons ist die Feststellung des Zeitpunktes, an welchem Hadrian mit Antinous bekannt wurde. Nach Dietrichson (Antinoos p. 37) geschah dies in den Jahren 128 oder 129, also nicht lange Zeit vor Antinoos' Tod, der demnach nur kurze Zeit die Gunst des Kaisers genoss. Wenn also die Reliefs zu Lebzeiten Hadrians entstanden sind, so müssen sie zwischen den Jahren 128 und 138 ausgeführt worden sein. Ihr Stil widerspricht nicht nur nicht dieser Datierung, sondern ist ihr sogar günstig. Denn die Reliefs zeigen nicht die etwas nüchterne und harte, aber energische und lebendige Arbeit, die wir an Kunstwerken der traianischen Epoche zu finden gewohnt sind, sondern die Mehrzahl von ihnen hat, bei aller Gefälligkeit der Composition, etwas Lebloses, Glattes, Arrangiertes, das freilich in diesem einzelnen Falle auch auf persönliche Veranlagung ihres Verfertigers zurückgehen kann, im Allgemeinen aber doch als charakteristisches Kennzeichen der hadrianischen Kunstweise gelten darf. So fehlt einer Reihe der Figuren das eigentliche innere Leben; sie sind vielmehr zu einem repräsentativen Ganzen zusammengruppiert, als von innen heraus zu einer gemeinsamen Handlung verbunden (Ende der Löwenjagd); und in mehreren Fällen entbehren die einzelnen Motive der rechten Natürlichkeit und Glaubwürdigkeit (die Figur des den Eber erlegenden Kaisers; der Jüngling mit dem Pferd rechts auf dem Ende der Löwenjagd).

Welcher Art das Monument war, von dem der constantinische Architekt die Médaillons entfernt hat, können wir nicht mehr sagen. Nicht einmal, ob dasselbe ebenfalls bereits ein Triumphbogen war[10]). Vermutungen über die ursprüngliche Anordnung der Reliefs, bei ihrer erstmaligen Verwendung, haben deshalb wenig Aussicht auf Erfolg. Nur soviel scheint festzustehen, dass auch ihre anfängliche Anzahl acht nicht überschritt. Man würde wenigstens sonst nicht verstehen, warum für die Schmalseiten des constantinischen Baues zwei weitere hinzugearbeitet wurden. Auch dass sie sich ohne Schwierigkeit zu vier Paaren zusammenfügen, spricht dafür, dass ihrer nicht mehr waren. An dem jetzigen constantinischen Bau freilich ist diese Responsion zerrissen: hier wechseln Jagd- mit Opferscenen ohne gegenseitige Beziehung ab. Aber Petersen hat es durchaus wahrscheinlich gemacht, dass die Médaillons, welche die Jagd auf ein bestimmtes Thier und die Opferung seines erbeuteten Felles an die Gottheit darstellen, paarweise

7) Vgl. die treffenden Ausführungen von Benndorf, bei Petersen, Ara Pacis Augustae, p. 108, Anm. 1.

8) Siehe darüber weiter unten!

9) v. Rohden s. v. Aelius in Pauly-Wissowas Realencyclopädie, Sp. 519. Man beachte die merkwürdige Übereinstimmung der litterarischen Überlieferung mit den Darstellungen unserer Reliefs!

10) denen allerdings auch in früherer Zeit derartige Decorationsmotive nicht fremd gewesen sind: Propyläen des Traiansforums, auf Münzen überliefert (Baumeister, Denkmäler, s. v. Triumphbögen, p. 1873, Fig. 1979).

immer zusammengehören. Dass dabei die Begleiter des Kaisers auf den zusammengehörigen Reliefs nicht jedesmal die nämlichen sind, ist natürlich belanglos. Wir sind nur insofern von Petersens Anordnung abgewichen, als wir auf Tafel 560, dem Gang der Thatsachen folgend, die Jagdscene der Opferscene zeitlich vorangestellt haben[11]). Bei dem ersten Paar der Médaillons (Taf. 555) ist das Thier, dem die Jagd gilt, nicht näher bezeichnet. Aber es scheint, dass hier überhaupt keine bestimmte Jagdscene, sondern nur die Vorbereitungen zu einer solchen geschildert sind. Vor dem Abzug opfert der Kaiser dem Apoll — der sonst mit Jagd nichts zu thun hat, aber vielleicht der besondere Schutzgott des kunstbegeisterten Herrschers war —, und dann zieht er mit Gefolge aus dem Thor in den Wald, wo er auf Eber, Löwen und Bären pirscht.

Erneuter genauer Untersuchung bedürfen die Umgestaltungen, die die Médaillons in späterer Zeit erfahren haben. Dieselben haben vor Allem die Köpfe der Kaiserfiguren auf den Reliefs der Nordseite (Opfer an Apoll, Eberjagd, Ende der Löwenjagd, Opfer an Hercules) betroffen. Petersen — der einzige, der die Médaillons in neuerer Zeit eingehender untersucht hat — spricht sich darüber nicht mit völliger Deutlichkeit aus[12]). „Nur eines, das Relief mit dem Opfer an Hercules, hat den ursprünglichen Kopf, der aber überarbeitet ist.“ Das heisst doch: bei den drei andern Reliefs der Nordseite ist er weggebrochen und ein neuer aufgesetzt worden. Dazu stimmen die folgenden Worte: „Bei der Eberjagd und dem Ende der Löwenjagd [vom Opfer an Apoll spricht P. nicht] ist der Kopf aufgesetzt und überarbeitet.“ Das heisst also: ein neuer Kopf ist aufgesetzt worden. Warum ist dieser dann aber noch überarbeitet worden? soll man an zweimalige Änderung der Köpfe denken: das eine Mal wurde der alte abgeschlagen und ein neuer aufgesetzt, das zweite Mal dieser neu aufgesetzte überarbeitet? Eine solche zweimalige Umgestaltung der Kaiserköpfe auf der Nordseite scheint nun in der That vorgenommen worden zu sein: denn sie zeigen nicht durchgehends die nämliche Physiognomie. Beim Opfer an Apoll und beim Opfer an Hercules denkt man an einen Herrscher etwa der gordianischen Zeit[13]); jedenfalls scheint beide Male die nämliche Persönlichkeit gemeint zu sein (soweit die starke Zerstörung an dem einen überhaupt eine Vergleichung erlaubt), und das ist auch für die beiden andern Médaillons mit der Eberjagd und dem Ende der Löwenjagd wahrscheinlich; aber die Zeit, der diese Kaiserköpfe angehören, ist nicht die nämliche: hier erinnert der Kopf des Kaisers sehr an das durch die lateranische Statue gesicherte Porträt Constantins des Grossen (Arndt, gr. und röm. Porträts, Taf. 83)[14]). Wir müssen also annehmen, dass die Reliefs schon vor ihrer Benützung in constantinischer Zeit einmal in der gordianischen Epoche zu Decorationszwecken verwendet wurden. Unverständlich bleibt dabei, warum Constantin sein Porträt nur auf zwei der Nord-Médaillons ausarbeiten liess, auf den andern beiden nicht, warum die Médaillons der Südseite anscheinend gar keine Änderung erfuhren, weder in gordianischer, noch in constantinischer Zeit, warum der Nimbus nur auf den Reliefs der Nordseite erscheint; und ebensowenig können wir bestimmen, in welcher Epoche dieser überhaupt angebracht wurde, ob in gordianischer oder constantinischer: den hadrianischen Médaillons war er vermutlich noch fremd, da sie dann wohl alle ihn zeigen würden. Alle diese Fragen, die für die Geschichte des Monumentes von Wichtigkeit sind, bedürfen zu ihrer Beantwortung einer erneuten eindringlichen Untersuchung des Thatbestandes.

[11]) Allerdings wird dadurch die Symmetrie der Petersenschen Anordnung, die die Opferscenen an die vier Enden stellt (vgl. röm. Mitt. 1889, Taf. XII), aufgehoben. Aber die völlige Ungewissheit über die einstige Anbringung der Reliefs empfiehlt bis auf Weiteres Anordnung nach logischen statt nach künstlerischen Erwägungen.

[12]) Ara Pacis Augustae, p. 73, Anm. 1.

[13]) Petersen (Ara Pacis Augustae, p. 73, Anm. 1) vermutet, es sei derselbe Kaiser gewesen, der auch auf der Ara Pacis (Taf. III, 13) sein Porträt an Stelle desjenigen des Augustus gesetzt hat. Nach der Abbildung nicht sehr wahrscheinlich.

[14]) In Bernoullis Übersicht über Constantinsdarstellungen auf Reliefs (röm. Ikonogr. III, p. 222 f.) fehlt die Erwähnung dieser Médaillons.

566. Statue des myronischen Diskobolen.

(Nach dem Abguss.)

Der bronzierte Abguss, der dieser Aufnahme zu Grunde liegt, befindet sich im Münchner Gipsmuseum. Er ist zusammengesetzt aus dem Körper des vaticanischen Exemplars (Helbig, Führer[2] I, 340) und dem Kopfe des Massimi-Lancelottischen. Photographieen dieser letzteren, dem Studium immer noch entzogenen Copie haben auch für die Ergänzung der an der vaticanischen Wiederholung unrichtig restaurierten Teile zur Vorlage gedient. Neu ergänzt worden ist vor Allem der linke Arm, der in der Restauration Albacinis so matt elegant wirkt. Der Kopf ist auf einen zum Teil ergänzten Hals gesetzt worden. Die Plinthe der Figur ist in der Weise erhöht worden, dass ihre Oberseite nicht mehr parallel zur Bodenfläche verläuft, sondern, nach rechts (vom Beschauer) sich senkend, im Winkel auf sie stösst. Denn nur so kommt die Bewegung des geschwungenen rechten Armes zum Ausdruck. Entfernt worden ist endlich der stützende Baumstamm, der dem Bronzeoriginal natürlich fehlte. Wie die Messpunkte, die an der Lancelottischen Replik im Haare stehen geblieben sind, beweisen, war die Arbeit dieses Exemplares, als es unter die Erde geriet, noch nicht völlig zu Ende geführt.

Verlagsanstalt F. Bruckmann A.-G.
München 1904.

567. Kopf des Diskobolen Lancelotti.

(Nach dem Abguss.)

Fig. 1

Thatbestand: Von den uns erhaltenen Werken, welche auf den Diskobol des Myron (Overbeck, Schriftquellen, n° 533, 544 f.) zurückgehen [1], geben nur zwei Statue und zugehörigen Kopf.

Für die Frage nach den aus den Copieen zu erschliessenden Einzelformen und dem Gesammtcharakter des originalen Kopfes scheidet das eine Werk, die Bronzestatuette des Münchener Antiquariums (Christ, Führer S. 57, 353; hier Fig. 1) [2] aus. Denn hier hat ein Copist nicht nur die flächige Ruhe der Körperformen durch stärkere Umschreibung der einzelnen Muskelpartieen ins Runde und in eine derbe Contrastwirkung von Höhen und Tiefen, Licht und Schatten gezogen, sondern sein lysippisches Kunstideal noch stärker dem Kopf aufgenötigt, so dass aus diesem etwas durchaus Neues geworden ist. Das Antlitz ist erregt, unruhig, das Haar derb kraus, die Structur des Schädels verändert, die Linienführung zerstört, die formale Wirkungsrolle des Kopfes innerhalb des Ganzen aufgehoben.

Der Kopf aber der anderen Copie, des Diskobolen Lancelotti in Rom (Matz-Duhn, antike Bildwerke I, 1098; Brunn-Bruckmann 256), ist seit Jahrzehnten dem Studium so viel wie entzogen. Da lässt uns nun eine glückliche Entdeckung A. Furtwänglers über die Launen eines sein Eigentumsrecht missbrauchenden Besitzers hinwegkommen [3]. Wir geben den Kopf des Diskobolen Lancelotti nach dem durch den Pariser gewonnenen Abguss in München.

[1]) Zu der durch H. Bulle zusammengestellten und kritisierten Replikenreihe (Arndt-Amelung, Einzelaufnahmen II, Text zu n° 500, S. 41 f.) ist hinzuzufügen der Torso im Museum von Toulouse, den ich aus eigener Anschauung kenne, eine sehr sorgfältige, auf das Détail gehende, und daher etwas trockene Copie. Vortrefflich sind an ihr die Partieen der Rippen und Sägemuskeln der rechten Seite wie der Kapuzenmuskeln hinten. Das Gelock der Pubes ist sehr scharf und bronzemässig gearbeitet, in Übereinstimmung mit der Haararbeit des Berliner Kopfes.

[2]) Siehe die Ausführungen H. Bulles in Arndt-Amelungs Einzelaufnahmen II, Text zu n° 500, S. 42, n° 15. — Die Augen der Figur sind mit Silber eingelegt. Der kleine Finger der l. Hand ist nur zur Hälfte erhalten. Die in der Abbildung deutlichen Unreinheiten des Conturs an der l. Schulter und dem l. Oberarm rühren von Verletzungen, tiefen, mit einem scharfen Instrument gezogenen Furchen, her, welche die Figur wohl nach ihrer Auffindung erlitt.

[3]) A. Furtwängler, zum Diskobol Lancelotti, Sitzungsberichte der bayer. Akademie 1900, S. 705.

Verlagsanstalt F. Bruckmann A.-G.
München 1904.

Das Verhältnis des Kopfes der Statue Lancelotti zu einer Reihe anderer Copieen, die uns den Diskobolkopf überliefern, hat schon Fr. Studniczka festzustellen versucht[4]). Es genügt aber ein kurzer Vergleich unserer Aufnahmen mit jener für ihre Zeit gewiss unschätzbaren, die Studniczka seiner Untersuchung zu Grunde legte, um zu erkennen, wie viel bei diesem Hilfsmittel die Untersuchung hat ihrer Aufgabe schuldig bleiben müssen[5]). Die alte Aufnahme[6]) verwischt die Unterschiede der Modellierung, unterschlägt wichtige Einzelzüge, spielt das Ganze in einen dem Original fremden Charakter.

Wir benützen zur Feststellung des Wertes der Copie Lancelotti (L.) Abgüsse der Replik im Museum von Basel aus Steinhäusers Besitz (St.)[7]) und des Kopfes in Berlin, n° 474 (B.)[8]). Die Photographieen der Wiederholungen in Catajo (C.)[9]) und im vaticanischen Garten (V.)[10]) sind, obwohl sie zahlreiche Aufschlüsse geben können, für ein consequentes Formenstudium mit Vorsicht zu benützen.

Profil nach links: Den Schädelumriss führt L. in bestimmten Accenten. Erst ein scharfes Aufsteigen über der Stirn bis zu der Höhe der Messpunkte; dann eine mählig anschwellende elliptische Curve zum Wirbel wieder absteigend und hier klar abgesetzt. Der dritte Teil umreisst in einem straffen Bogen das Hinterhaupt und endet schroff da, wo mit dem Ansatz des Kapuzenmuskels die Halslinie beginnt. Der Rhythmus dieser Linie, die mit einer Synkope anhebt, in einem langen Tempo sich verbreitert und in einem kurzen gleichmässigen Motiv geschlossen wird, ist, sobald man ihn gefunden hat, unvergleichlich. Weder der Copist von B. noch der von St. haben etwas davon verstanden. B. mildert den kantigen Übergang von der Stirn zum flachen Bogen in einer ordinären Rundung, führt den Bogen zu kurz und zu früh auf die Höhe, hat aber bei seiner Art von Haararbeit einen Vorteil durch die Herausarbeitung des Wirbels, der bei L. nur im Umriss zu erkennen, aber nicht im Détail ausgearbeitet ist. Der Hinterhauptbogen hat bei B. seine Präcision eingebüsst, wie diese Copie überhaupt hier voller Fehler ist; bei St. ist alles geistlos geworden. Beide geben Umrisse ganz gewöhnlicher Bauernschädel. L. eine differenzierte aristokratische Durchbildung, V. kommt ihm am nächsten, steht aber nicht darüber, C. ist auf der Höhe von B.

B. steht wegen der Ausarbeitung seines Haars in gutem Ruf. In der That, die feinen Enden der Löckchen über der Stirnmitte, der individuelle Ductus der Locken in den Partieen vor den Ohren und über den ganzen Vorderkopf hin retten uns subtile alte Meisterarbeit köstlicher Art. St. gibt weniger der Art, aber, verfolgt man das Détail, z. B. von der Schläfe bis zum Ohr, Übereinstimmendes. Doch scheint mir die Frage der Erwägung wert, ob die Sorgfalt des Copisten von B. auch weiterhin Stand gehalten hat. Es lässt sich nicht übersehen: der Lockencharakter ist bei B. um den Wirbel und am Hinterkopf ein anderer als an den übrigen, gewiss zuverlässig copierten Partieen. Es erscheinen nämlich ziemlich grosse, flache, spitz endende Locken, in lange Reihen gestrichen, und eine Wirbellösung eines Lockensterns, die beinahe in Graefs merkwürdiger Beweisführung figurieren könnte[11]). Sonst ist die Locke eine kleine, bewegliche, am Ende sich einringelnde, in ihrer Richtung mit den nächsten divergierend, nicht zu grösseren Partieen zusammen componiert und rhythmisiert. Das war ja das Erbteil der „rudis antiquitas". Die andere Art aber, das Haar durch Composition mit in den Dienst formalen und psychischen Ausdrucks zu stellen, ist der Fortschritt der Neueren, und Niemand verfährt hier bewusster als Polyklet. Es entsteht so die Frage: arbeitet der Copist auch in diesen Partieen des Haares peinlich, und ist also die weitere Lockenanordnung Sache des Künstlers, oder ist sie der hier vereinfachenden Manier des Copisten zuzuschreiben? St. stimmt in der allgemeinen Anlage und im Détail hier mit B. überein. Das bedeutet im einen Falle einen Grund mehr für die Annahme der Aechtheit der Anordnung, als durch zwei „Texte" belegt, im anderen einen Beitrag zu dem für die Copieenkritik überaus wichtigen Problem: sind unsere Copieen alle Wiedergaben erster Hand nach dem gemeinsamen Original, oder bilden sich nicht auch hier, wie bei den Handschriften, vom Original ausgehend Reihen, so dass eine Copie erst von

---

[4]) Festschrift für Benndorf, S. 166 f.

[5]) Die folgenden Ausführungen treffen teilweise mit Beobachtungen Studniczkas zusammen, so dass Einiges wie Wiederholung von schon Gesagtem erscheint. Dieser Fehler ist bei dem Gang der Untersuchung, die das Werk aufs neue als Totalität zu begreifen sucht, unvermeidlich. Es wird sich auch ohne besondere Polemik erkennen lassen, wie und wo Studniczkas Aufstellungen verlassen oder ergänzt werden.

[6]) A. a. O., Taf. VII.

[7]) Studniczka, S. 169, n° II, Fig. 3, Taf. VII und Taf. VIII, Fig. 1 und 2.

[8]) Studniczka a. a. O. n° IV. Furtwängler, Meisterwerke Taf. XIX, S. 342 Masterpieces p. 168, 170, Fig. 69.

[9]) Studniczka a. a. O. n° III. Dütschke V, n° 699. Arndt, Einzelaufnahmen n° 54, 55. Furtwängler, Meisterw. S. 342, Fig. 43, Masterpieces p. 169, Fig. 68.

[10]) Arndt-Amelung, Einzelaufnahmen 777—780. Studniczka a. a. O. n° V.

[11]) Jahrb. d. Arch. Inst. XII, 1897. S. 82.

einer anderen, also nur mittelbar vom Original abhängig ist?

Der Künstler von L. (wir wollen ihn doch so nennen) geht mit Bewusstsein einen anderen Weg. Er gibt in einer flotten, leicht skizzierenden Manier Löckchen, die grösser und gröber sind, als die aus B. und St. zu erschliessenden des Originals. Sie gehören in ihrer Führung der freien Erfindung des Copisten: und doch haben sie Vorzüge zur Kenntnis des Ursprünglichen. Einmal beleben sie die ganze Schädeldecke in einheitlicher Art und geben überall ein lebendiges, eigenwilliges Gewirr. Dann: sie wahren durchaus den Charakter des Haares als einer Gesammtmasse, wie einer über dem Schädel liegenden Haube. Das ist bei B. nicht so der Fall, der nüchternen Arbeit an St. nicht zu gedenken. Dort kommt durch die in ihrer Kleinarbeit doch auch unvollkommene Reproduction ein Zug von Unruhe in das Ganze, etwas wie Auflösung, Durchbrechung des flächigen Zusammenhangs. Gerade diesen wahrt L. ausgezeichnet. In Bronze wird die ciselierte Kleinarbeit durch den kräftigen Charakter des Materials zusammengehalten, im Marmor aber, wo die Schatten stark gegen das Licht stehen, wirkt die bronzemässige Anlage auflösend und hart. L. übersetzt bewusst den Bronzestil des Originals ins Marmorgemässe, um den Zusammenhang der Gesammtformen, auf den ihm alles ankommt, zu wahren. Es scheint, als sei auch der Copist von V. so verfahren.

St. gibt eine interessante Einzelheit: es sind nämlich die Löckchen hinten über das Ohr gekämmt; auch V. deutet das an. L. hat nur vorn wie V. Löckchen ans Ohr gestrichen — auch der an dieser Stelle etwas zerschundene St. lässt diesen Zustand noch erkennen —, erspart sich aber sonst die Kleinarbeit und gibt nur ein besonders knapp und flächig, ganz anliegend gehaltenes Ohr. Es genügt, das ergänzte von B. daneben zu halten, um die Wirkung dieser Anordnung zu erfahren. Sie ist nicht beispiellos. Im Später-Polykletischen, das in sich eine Entwickelung der formalen Gedanken eines Stils vollzieht, die als Analogie nur die Fortschritte der Compositionsweise Rafaels hat, wird sie beinahe Regel. Am Dresdener Knaben[12]) liegt der ganze obere Rand des Ohrs unter darüber gekämmten Locken; noch stärker verwendet das Motiv der Kopf der Statuette Barracco[13]) mit den Repliken in Neapel[14]) und in Rom[15]); bis schliesslich am Münchener Bronzekopf[16]) das Ohr unter den Locken beinahe verborgen wird. Das Gegenteil dieser Anordnung stellt etwa der Kopf des delphischen Wagenlenkers[17]) dar, wo das Ohr wie am Modell aus der Fläche herausliegt und ganz zur Erscheinung kommt. Der Stil aber, sobald er auf Entwicklung der Linie, Herausbildung des Umrisses, Belebung der Einzelform drängt, muss das Ohr für seine Zwecke unbequem finden. Er übersetzt es dann entweder in eine ganz flächige Art, so dass es im Zusammenhang eine besondere Reliefrolle erhält, oder ordnet es ganz unter das Haar, das am Kopf die Linie und den Rhythmus der Einzelform leitet. Es ist dies ein ähnlicher Vorgang wie der, dass die grossen Coloristen den Personen ihrer Portraits die Hände entweder verstecken oder mit farbigen Handschuhen bekleiden[18]).

Einen Zug hat allein L. erhalten: die Einziehung des Schädels an der Schläfengegend. Da bleiben B. u. St. gewohnt flach und erlauben C. u. V. kein Urteil. Es ist dies aber eine der schönsten Erfindungen am Diskobolkopf. Die Stirn wird dadurch abgegrenzt gegen die unten vordrängenden Wangenknochen, wie gegen den darüber sich wölbenden Oberkopf, und die Accentuierung der Einzelteile festgehalten, wie wir sie für die Umrisslinie ja schon haben feststellen wollen. Zugleich aber erhält auch die Stirnlinie in ihrer Horizontale eine eigentümliche Spannung, wie ja überhaupt jede Einzelform dieses Werks für sich das Princip des Ganzen wiederholt.

L. kann allein den Begriff des ursprünglichen Profils vermitteln, denn alle anderen Copieen haben ergänzte Nasen. Wie also die Nasenlinie Spitze, ganz zart geschwungenen Rücken und Ansatz unterscheiden lässt, das kann man nur dort beobachten; und ebenso die geschwungene Linie der Stirn, die St. durch Ergänzung verloren, B. vergröbert hat, und die bei dem etwas verschobenen Profil der Aufnahme von V. sich nicht constatieren lässt.

Unter dem Auge von L. schiebt sich merkwürdig stark das Wangenbein vor. Es ist immer, so weit nur möglich, das Knochengerüst zur Erscheinung gebracht. Das Absetzen der Wange gegen das Auge geschieht schroff, und die Gegend der oberen Mundmuskeln ist durch den Zug vom Nasenflügel herab so klar wie möglich abgegrenzt. Hier lassen B. und St. vollständig im Stich. Unten grenzt sich das Kinn wieder

[12]) Furtwängler, Meisterwerke, Taf. XXVI, XXVII.

[13]) Coll. Barracco, Taf. XLVa; Glyptoth. Ny-Carlsberg p 79.

[14]) Comparetti-de Petra, Villa Ercolanese, Tav. VII, 4; Brunn-Bruckmann, Denkmäler n° 339; Furtwängler, Meisterwerke, S. 496; Studniczka a. a. O. S. 165, Anm. 2

[15]) Magazzino comunale, Helbig[2] I, 737.

[16]) Furtwängler, Beschreibung der Glyptothek, n° 457; Brunn-Bruckmann, Denkmäler n° 8.

[17]) Mon. Piot. IV, 1897, Pl. XVI.

[18]) Siehe darüber C. Neumann, Rembrandt, S. 138.

energisch gegen den Mund ab. B. ist ähnlich prägnant, St. hat ein modernes Altweiberkinn, C. scheint ganz plump und V. ist teilweise ergänzt. Vom Auge möchte ich bei L. am wenigsten halten. Hier wird die Bronze dem Copisten auch unnachahmlich gewesen sein. Es fehlt hier die Wiedergabe von Détail, welches das Original sicher besessen hat. Für die „recensio" ist nur festzustellen, dass St. hier ergänzt und B. nicht besser ist. Das Oberlid ist an ihm unsicher geführt, der äussere Winkel liegt sehr weit aussen und zurück. Das Unterlid von L. ist breit, bandförmig, eine Bildung, die Glauben verdient. Die Kante des Brauenbogens führt L. sehr weit zurück und herab, so dass ihr Ende tiefer liegt als der äussere Winkel. Da wird ein originaler Zug etwas übertrieben sein. Auch das Oberlid mag ein wenig zu weit überschneiden. B. gibt eine sehr grosse Innenfläche des Auges, auch die mandelförmige Lösung von V. scheint mir ein fremder Zug. Die Anlage des Gesichts kommt bei der Ansicht von vorn hauptsächlich zur Wirkung. Hier ist nur auf Eines noch aufmerksam zu machen, einen prachtvollen Zug, den nur L. enthält: den Ansatz des Halses. Die Bewegung des Wurfs reisst den Kopf nach rechts. Nun drängt sich der l. Halsnicker vor und wird der Kapuzenmuskel angespannt. Beide sind in L. deutlich durch eine flache Einsenkung geschieden, aber wundervoll in der Fläche gelassen. Sie wirken aber bis zum Ansatz des Schädels und treiben so den Teil des Halses heraus, der noch mit Haar bedeckt ist.

Den scharfen Umriss dieses Teils des Haares bewahrt auch nur L., und nur bei ihm kommen die kantigen Flächen heraus, die sich im Gegensatz zum gewölbten Schädel hier ergeben. An dieser Stelle wird einem die geistlose Arbeit von B. und St. am Deutlichsten. V. folgt auch hier gleich nach L.

Profil nach rechts. Nach dem Gesagten sind nur mehr Einzelheiten zu erwähnen. Für das Haar Übereinstimmung von Motiven, wie der zwei aus der Linie herausgestrichenen Löckchen bei L. und B., auch weiter in der Linienführung der Lockenreihen vorn, von da ausgehend am ganzen Vorderschädel, was beweist, dass der Copist von L. mit dem Original genau vertraut war. Über dem Ohr an L. eine merkwürdige abgeplattete Fläche. Das Haar am Hals als Decke über der Bewegung, welche die darunter liegenden Muskeln verursachen, im Umriss wieder besonders scharf und gewiss im Sinn des Originals. Bei B. erscheint die Haardecke dicker, beinahe wulstig, die Kante am Übergang zum Schädel daher stumpf. Das Auge an B. wirkt besonders glotzig, der hier erhaltene antike Augenwinkel an St. gibt die Lider ohne Überschneidung und damit Ächtes. L. eine analoge Bildung wie links; den Brauenbogen jedoch weniger tief geführt, aber von besonderer Schärfe und Accentuierung. Der Mund kommt in dieser Ansicht besonders scharf zur Geltung: die prachtvolle Linie der Oberlippe von ihrer Mitte zum Winkel abschwellend, die Unterlippe voll und gedrängt sich vorschiebend. — Sehr deutlich, aber schwer in Worte zu fassen wird die Anordnung der Formen. Sie sind wie zurückflüchtend von vorn weg abgestuft, ja es ergibt sich auf dieser Seite nicht einmal eine überall gleichmässige scharfe Linie des Profils: es ist, als drängten die Flächen zur anderen Seite hinüber. Es fehlt für diese Seite die Ruhe eines wohlgeordneten Reliefs. Der Kopf war auch nicht daraufhin angelegt.

Seine eigentliche Wirkung erschliesst sich nur von vorn; hier aber so mächtig, dass die paradoxe Behauptung zu wagen ist, dass aus dem Formensystem des Kopfes eindringliche Forschung, ohne die Thatsache seiner Zugehörigkeit zur Statue eines Diskobolen zu kennen, diese hätte erschliessen können. Und nun geben wir den Vergleich mit St. und B., der uns nichts weiter Positives lehren könnte, auf, und sprechen nur von L.

Zuerst muss auffallen, dass die Gesichtshälften durchaus ungleich sind. Die rechte Wange ist voller, breiter, gedrungener; das rechte Auge sitzt höher wie das linke, über ihm setzt das Haar um ein kaum Merkliches tiefer an. Es liegt der rechte Mundwinkel etwas weiter nach seiner Seite, als der linke; ja, auch die Unterlippe macht die Unregelmässigkeiten mit, sie ist links flacher, länger, flüssiger, rechts voller und gedrängter. Der Zug von den Nasenflügeln ist rechts kräftiger gegeben wie links, das gleiche gilt von den Mundwinkeln, der Nasenrücken fällt rechts etwas breiter ab. So offenbart sich über das ganze Gesicht hin eine gewisse Tendenz, die Formen zu verschieben, um so merkwürdiger deswegen, weil diese doch alle vorn liegen, und der Kopf, von vorn gesehen, nach hinten zur Tiefe gar keine führenden Merkmale besitzt. Visiert man ganz scharf auf seine Mittelachse, so liegt die linke Seite flacher und breiter da. Aber während der obere Teil des Gesichts ziemlich gleich und sicher wirkt, ist es, als wollte im unteren nichts ruhig bleiben und es schiebt sich Alles einseitig zusammen.

In dem Streben nach Vortrag innerer Structur hat der Kopf nicht seines Gleichen. Was am Ausladen der Stirn an der Seite im Profil sichtbar war, wirkt von vorn noch schärfer und präciser; die Schwingung der Stirn zeigt sich hier in der kleinen Senkung unter dem winkligen Ausschnitt der Haarmitte. Die Augen sitzen vertieft wie in Gruben, weil darunter die Wangen sich so stark vorwölben. Diesen gegenüber aber treten der Mund in dem scharfen Schnitt seiner geöffneten Lippen, und darunter wieder das knappe, gedrängte Kinn als für sich zur höchsten Prägnanz durchgebildete Gegenden auf. Wie an irgend einem Teil des Leibes der Figur die gespannten Muskeln hervorgetrieben sich abgrenzen und einen Reichtum gegenseitiger Lageverhältnisse herstellen, so hat auch im Kopf das Bestreben, in der Ruhe des Flächenzusammenhangs der Formen die Energie der darunter liegenden Kräfte zu zeigen, einen solchen Ausdruck innerlich gesammelter Kraft hervorgerufen. Dass man aber andererseits diesen Ausdruck von Kraft in dem Kopf, sitzt er auf der Statue, erst empfindet, wenn man ihn aufsucht, erklärt sich aus seiner Verhältniswirkung im Ganzen. Bei weniger starkem Vortrag könnte er sich innerhalb der ungeheuren Spannung der Figur gar nicht behaupten; mit dem, was er gibt, kommt er nur eben zu einer neutral formalen Rolle, weil alles Mehr von Ausdruck durch das Leben der Gesammtbewegung und die energische, grosse Formensprache wegbalancirt wird.[19])

Die Statue ist einansichtig[20]). Nur von vorn gesehen, nieder aufgestellt (im Museum für Abgüsse in München jetzt auf einer Basis von 0,3 m Höhe), entwickelt sie die klaren Flächen ihrer Teile, wird ihre Statik, der Rhythmus ihrer Bewegung verständlich[21]). Welche Rolle spielt der Kopf in diesem Ganzen? Er sitzt so, dass die

Fig. 2

beiden Messpunkte für die directe Vorderansicht ganz vorn liegen. Dann kommt ein Doppeltes zu Stande: das Gesicht, etwas verkürzt, bleibt ganz sichtbar, und es trägt sich der ganze Umriss des Schädels bis zum Wirbel vor. Es bleiben alle vorher gefundenen Unregelmässigkeiten unbemerkt, das Gesicht spielt keine solche Rolle mehr, um gefragt zu werden, ob es belebt sei oder nicht; der Blick, der ganze Ausdruck geht nach innen. So notwendig bestimmt der Charakter dieses Werks seine Teile, dass eine leise Änderung oder Unrichtigkeit der Ergänzung das System innerer Angespanntheit sprengt.

Es ist immer gefährlich, den Kopf eines Formganzen als selbständigen Teil zu betrachten und zu analysieren. So nützlich und notwendig das Verfahren für die Form- und Stilkenntnis im Einzelnen ist, darf doch nie vergessen werden, dass eben die Einzelform ihre Bestimmung und ihr eigentliches Leben nur durch den Zusammenhang im Ganzen erhält und schliesslich auch nur aus diesem zu erklären ist. Das gilt für jedes Kunstwerk, aber für keines mehr als ein myronisches. Will man das Wesen des Diskobol-

[19]) Um durch einen sehr klaren Fall einer Analogie das Gesagte zu erläutern, sei auf die verschiedenartige Wirkung hingewiesen, welche die Figuren des Mediceergrabmals allein und diejenige, welche sie im Zusammenhang der Architektur ihrer Kapelle ausüben. Die Gesimse und flachen Bogen dieser zähmen sie förmlich zu einer ganz allgemeinen Rolle als plastische Gestaltung; für sich genommen wirken sie weit über ihre beabsichtigte allgemeine Bedeutung hinaus als Bewegung und Empfindung. Ich verdanke die Einsicht in diesen Zusammenhang einer Bemerkung des Bildhauers Ad. Hildebrand.

[20]) Loewy, Naturwiedergabe, S. 48.

[21]) Dabei ist aber nicht zu vergessen, mit welcher Virtuosität die Figur auch in den nicht in die Ansicht fallenden Teilen durchgebildet ist. Rücken und Glutäen bilden, für sich betrachtet, die schönsten Partieen des Werks (Fig. 2). Auch das Motiv als solches in seiner momentanen Gewalt kommt in der Ansicht vom Discus oder dem l. Arm her viel stärker zur Geltung. Man merkt es der Figur an, wie schwer ihrem Künstler die Relieflösung wurde. Ihre Stärke liegt auch vielmehr in der Kraft ihres plastischen Gefühls und Motivs als in der Anordnung. Das schleppende Bein, die Drehung und Contraction der l. Seite z. B. kommen in der Ansicht von vorn nur abgeschwächt zur Erscheinung.

kopfes definieren, so besteht es in nichts Weiterem als in der Aufgabe seiner Situation. Auf einer ungeheuer bewegten Figur sitzt ein Kopf, der diese Bewegung mitmacht, in seiner Form dadurch bestimmt wird, dass sein Volumen, die Merkmale seines Aufbaus, möglichst klar und präcis zur Erscheinung gebracht werden sollen, und dass seine Anordnung die des Reliefs der Gesammtfigur mitträgt und unterstützt. Ihn aus dieser Situation zu nehmen, absolut zu betrachten, ja gar etwas gegenständlich Porträtmässiges in ihm sehen zu wollen, ist ebenso, als wollte man irgend eine Figur aus den dramatischen Situationen eines Schauspiels gelöst, wie irgend einen Menschen ansehen, oder ein musikalisches Motiv aus dem Zusammenhang eines Musikstücks herausnehmen und beurteilen.

Gewiss können wir von kunstgeschichtlichen Typen sprechen. Aber das Wort hat nur Sinn, wenn wir damit verwandte Lösungen von verwandten künstlerischen Aufgaben, oder verwandte Lösungen von im Motiv verschiedenen künstlerischen Aufgaben bezeichnen, die ihr Bearbeiter in der Gebundenheit seines historischen Stils wieder der ihm einmal geläufig gewordenen Anordnung zuführt. Statuen verschiedener Motive können dann zum Beispiel Köpfe tragen, die, obwohl sie innerhalb des Ganzen verschiedene Wirkungsrollen durchführen, doch dieselbe innere Structur, den gleichen Formenaufbau zeigen, in dem der Künstler aus seiner Individualität heraus es einmal gelernt hat, die Welt des blossen Modells zu verarbeiten. Freilich wird ihn ebenso seine Anlage auch dahin bringen, gegebene, äusserlich scheinbar verschiedene Aufgaben von vornherein in dem Bereich seines Stils sich gegenseitig anzugleichen. Dem Perugino ist die bewegte Figur immer ruhig, lyrisch geworden, dem Michelangelo jede ruhige bewegt, dramatisch.

Darauf zurückzukommen, ist deshalb nötig, weil noch der letzte, der zu einer alten Streitfrage das Wort ergriff[22]), zu ihrem Entscheid den goldenen Mittelweg empfahl. Danach sei im Idolino auf Grund des Kopfes, aber auch des Rhythmus der ganzen Gestalt ein echt attisches Werk aus der Generation nach Myron, am liebsten von seinem Sohn, zu erkennen.

Um genau zu sagen, um was es sich uns hier handelt: für die Bestimmung myronischen Stils ist vom Discuswerfer auszugehen, und beinahe von ihm allein. Denn der Marsyas, der ebenso als ein Werk des Meisters sicher steht, löst eine sehr specielle Aufgabe. Wir lernen aus ihm das Vermögen des Meisters kennen zur individuellen Gestaltung einer charakteristischen Figur. Aber hiervon abgesehen führt das Werk nicht über den Diskobol hinaus, sondern vielmehr auf ihn zurück; denn es entspringt einer gleichen Auffassung wie jenes, ja trägt diese noch pointierter, mit noch mehr Accent vor. Was weiter auszuführen hier nicht der Ort ist. Es soll nicht geleugnet werden, dass irgendwelche Construction durch Vergleichung und Analyse eine Reihe myronischer Werke ausser den zwei genannten aufthun kann. Aber sie vermag dies nur, wenn sie die Eigentümlichkeit des Stils des Diskobolen in jenen mächtig genug zeigt. Dieser mögen sich dann neue unbekannte Seiten anschliessen und sich so die Individualität des Künstlers oder seiner Schule für uns subjectiv erweitern: soll Einheit in der Reihe bleiben, muss sie, am Diskobol gemessen, zusammenbleiben, und was man auch dazu noch weiter Neues und Fremdes zu entdecken unternimmt, wird erst die Ahnenprobe ablegen müssen, wieviel Sehnenkraft und blaue Blutstropfen es sich vom Stammherrn gerettet hat. Kommt ein Werk auch nur mittelbar zur Familie, so muss es zwar nicht in allen Zügen seines Eigenseins zu dieser stimmen, aber doch in einigen und wesentlichen.

Der Idolino freilich — und damit wird ja nur wiederholt, was schon Furtwängler, Meisterwerke S. 497 ff., Masterp. p. 285, ausführlich darlegte — hat mit dem Diskobol nichts, gar nichts zu thun. Ja, es ist schwer, zwei Werke zu finden, die — von dem Gemeinsamen, das das Geschlecht der Dargestellten, ideale Nacktheit und die zeitliche Nähe innerhalb eines Jahrhunderts mit sich bringen, abgesehen — verschiedener sind. Im Einzelnen, wie in der constructiven Idee. Dem breiten, beinahe zusammengedrückten Gesicht des Diskobols gegenüber entwickelt der Idolino ein mehr langes wie breites Oval, eine Gesammtform, in welcher die Einzelpartieen, obwohl sie durch die vorhergehende Entwicklung die grösste Kraft ihrer Typik gewonnen haben, den geringsten Anspruch auf das Durchdrücken ihrer functionellen Bedeutung machen. Beim Diskobol ist gerade das Gegenteil der Fall. Hinter Stirn, Augen, Wangen, Nase, Mund, Kinn ruht eine gleichsam federnde Energie, welche die Formen heraustreibt und beinahe ihren Zusammenhang sprengt. Auf diesen aber ist im Idolino Alles angelegt. Daher die Milderung der conturierten Form, wie sie der Mund im Gegensatz zu dem des Diskobols zeigt, die Unterordnung der Augen unter die flächige Gesammterscheinung, welche Stirn und Wangen in möglichster Allgemeinheit herrschen lässt, und die Anlage auf Linie, nicht nur in der

[22]) Studniczka a. a. O. S. 175; die Litteratur der Frage selbst ebenda Anm. 1 und 2; und Furtwängler, Sitzungsberichte der bayer. Akad. 1900, S. 708.

Herausarbeitung einer herrschenden Verticalen in der wundervoll klassisch geformten Nase und der Hinüberleitung ihrer Kante in die Brauenbogen, sondern auch im Gesammtumriss des Gesichts und des Kopfes. Im Diskobolkopf ist ein derartiges Problem nicht einmal gestellt, geschweige in Angriff genommen. Die Rhythmik der Einzelformen ist kurz, Übergänge sind, statt aufgesucht zu sein, vermieden, schroff sitzen die Formgegenden nebeneinander, hin und wieder beinahe eckig. Alle Bewegung der lebenausdrückenden Teile des Antlitzes liegt beim Idolino wie unter einem Schleier: als sei sie um ihrer selbst willen aufgesucht, drückt sie sich im Diskobolen aus, wenn auch eingeordnet in die Strenge des Stils und nur als Verhältnis wirkend und abgeschwächt in der Action des Ganzen.

Merkwürdig, dass man von einer Gleichheit des Schädelbaus hat reden können! Die Articulation des Umrisses und die etwas kurzatmige Prägnanz der einzelnen Teile seiner Periode am Diskobol ist beim Idolino gewandelt in den Fluss einer einzigen Linie, die bei dem Reichtum der Figur an Ansichten sich bei verschiedenen Standpunkten ergibt und überall darauf angelegt ist, die Umrisslinie des Gesichts in grösster Weichheit der Übergänge um den ganzen Kopf herumzuleiten. Und nur durch diese Herausarbeitung des Gesammtconturs kommt jene Einigung der Form zu Stande, die das vor- und nachher nie wieder erreichte Resultat eben jener Schule war, welcher der Idolino entstammte. Der Diskobolkopf liegt völlig ausserhalb eines derartigen Problems. So ideal er ist und entfernt von der Sphäre des Porträtmässigen, hängt er doch viel mehr mit objectiv gegebener Naturform zusammen als der des Idolino, der als einzige Bestimmungsgründe seines Seins die Idee seines Stils hat. Daher auch die grössere natürliche Belebtheit jenes, und seine Unmittelbarkeit, die Individualität seiner Einzelform.

Ich muss freilich dem zu wissenschaftlichem Credit gekommenen Verfahren widersprechen, als könnte man den einzelnen Meistern Schädeltypen zuweisen, die jedesmal die Erfüllung einer in zahlenmässigen Verhältniswerten auszudrückenden Norm wären, und als hinge die Sicherheit einer Behauptung von Stilverwandtschaft von dem Nachweis ab, dass die verglichenen Schädel dieselben Verhältniswerte besässen. Je nach der Wirkungsrolle, die der Kopf innerhalb seiner Figur hat, kann er lang oder kurz, hoch oder nieder angelegt sein und schliesslich doch immer als derselbe Schädel erscheinen. Es gibt eine Normalform nicht einmal für polykletische Köpfe, wo man doch erwarten sollte, dass die in einem ganz engen Kreis sich bewegenden Problemlösungen eine solche am ehesten ermöglichten[13]). Daher schreiben wir den oft gehörten Verkündungen von Wissen um eine absolute polykletische, myronische oder phidiasische Schädelform nur sehr wenig innere Berechtigung zu. Doch ist auch die Gleichheit der Verhältnisse des Diskobol- und Idolino-Schädels behauptet worden. Fände sie statt, so wäre für die Beurteilung ihres stilistischen Verhältnisses aus diesem Kriterium allein ebensowenig gewonnen, wie wenn sie nicht stattfindet. Sie findet nicht statt. Der Schädel des Idolino ist annähernd so tief, als er hoch ist: er füllt, umschreibt man sein reines Profil, ein Quadrat. Ein solches ist um den Diskobolkopf nur gezwungen aufzusuchen, der sich oben viel schroffer empor-, hinten energischer auswölbt, indem das Gesicht im Verhältnis zum Ober- und Hinterkopf kleiner gebaut ist und tiefer sitzt. Mit „Kurz-“ oder „Langschädel“ ist dieser Thatbestand nicht beschrieben. Neben dem harmonischen Bau des Idolinokopfes wirkt der Schädel des Diskobol länger, und es fällt vor Allem auf, dass Gesicht und Knochenhaube nicht entfernt die einheitliche Verbindung eingegangen sind wie dort. Wir kommen von verschiedenen Seiten immer wieder auf das eine Problem: die grundverschiedene Structur der Werke als Ganzes.

„Die innere Versenkung der Figur in eine augenblickliche Beschäftigung,“ die so viel Verwirrung angerichtet hat, bleibt als Kriterium besser fürder aus dem Spiel. Ist nicht auch der Diadumenos in sein Thun versenkt, in einem Akt, der für sich ebensowenig wichtig ist und ebensowenig Action nötig hat, wie der des Öleingiessers? Ist nicht das „Versenktsein“ dieses ebenso Pose, äusserlich angesehen, wie das Insichschauen dort? Nicht das Sentiment, das auch den Diadumenos unter myronische Werke einreihen müsste, bringt den Öleingiesser

---

[13]) Um nur ein paar Hauptwerke daraufhin anzusehen: der Doryphoros (Arndt-Amelung, Einzelaufn. n° 212 und 511; Collection Barracco Pl. XLIIIa; Hirth-Bulle, der schöne Mensch I, 118; Brunn-Bruckmann, Denkm. n° 336) trägt einen ausgesprochenen Langschädel. Der Kopf der Knabenstatue in Dresden (Furtwängler, Meisterw., Taf. XXVI f., Masterp. p. 267, Fig. 112), die ich innerhalb des Werks des Polyklet dem Doryphoros zunächst stellen möchte (anders Furtwängler, Meisterw. S. 477, Masterp. p. 266), ist etwas weniger tief gebaut; der Hinterkopf ist stärker ausgewölbt, der obere Contur höher geführt, energischer gesenkt. Der Kopf des sich bekränzenden Knaben (Furtwängler, Meisterw. S. 455, Fig. 74, Masterp. p. 252, Fig. 104; Coll. Barracco pl. XXXVIIIa) ist vielmehr auf Höhe als auf Tiefe angelegt. Der des Diadumenos (Furtwängler, Meisterw., Taf. XXV., Masterp. pl. XI, Mon. Piot IV, 1897, p. 64 f., Fig. 2 und 4) endlich nähert sich keiner dieser Formen. Es erheischt eben jede einzelne bildnerische Aufgabe ihre eigene Lösung.

in eine gewisse, wenn auch nicht gar nahe Verwandtschaft zum Diskobol, sondern die Erfindung und Behandlung seines körperlichen Motivs. Der Diskobol im Gegenteil besitzt gar keine innere Versenkung im Sinne des Öleingiessers. Nur die bisher bekannten Aufnahmen der Statue Lancelotti und noch die von Studniczka benutzte Photographie haben den Kopf sentimental erscheinen lassen. Das Versenktsein liegt überhaupt nicht im Wesen der myronischen Erfindung.

Alles ist am Diskobol momentane Action. Ein Fuss krallt sich ein, der andere schleift, der Körper zieht sich zusammen, der rechte Arm holt aus, auch der linke hängt nicht blos, sondern macht mit; da ist nun auch der Kopf für einen Augenblick zurückgeworfen und sieht nach innen und unten. Für einen Augenblick. Ist der Wurf gethan — und ihn bringt die nächste Secunde —, ist Alles verändert. Aber noch ist Alles in Spannung, keine Muskel schlaff, keine Sehne lässig. Jeder Teil ist zu dem grössten Grad seiner Bestimmtheit gebracht, eine Energie durchreisst das Ganze, eine Notwendigkeit weist jedem Stück eben die Stelle an, die es beherrscht, und den Ausdruck, der in ihm lebendig ist. Im Kopf steigert sich dies Leben zu seiner Höhe, weil dieser der formenreichste Teil des Ganzen ist, wo sich am meisten das innere Durchrissensein aussprechen kann. Der Tadel: „animi sensus non expressisse" konnte nur einer Zeit entspringen, deren Auge nur mehr auf die gesteigerte Formensprache der lysippischen und skopasischen Kunst reagierte. Für jeden näher Zusehenden existiert er nicht. Der Diskobol hat in der ganzen antiken und neueren Kunst nicht seines Gleichen. Die Energie seines Motivs, die Einheit der durch dieses beherrschten Bewegung, die Körperlichkeit, mit der die Action durchgeführt ist, und zugleich noch der Zusammenhang des Reliefs, in dem Alles sich ausbreitet und sichtbar wird, lassen das Werk als einen Höhepunkt statuarischer Kunst verstehen, zu dem es keine Vorbereitung in vorhergehenden Werken gibt, und der nur begriffen werden kann aus der Genialität einer künstlerischen Individualität.

Und doch ist die Statue nicht nur, sondern überhaupt ihre Compositionsweise ohne Nachfolge in der grossen Zeit geblieben. Denn im abwägenden Diskobol, den man meistens neben sie stellt, handelt es sich um etwas ganz Anderes. Nicht weil sie unnachahmlich war, sondern weil sie bei aller Einzigartigkeit doch eine Schwäche besitzt, eine Schwäche eben da, wo die Grösse des Idolino und seiner Schule liegt.

Der Diskobol ist ohne Phantasie. Nicht in dem Sinn, als sei die Vorstellung seines Künstlers erfindungsarm. Sie ist ja von nie wieder erreichter Kraft concentrierter Anschauung. Aber das Werk löst keine reiche Vorstellung aus. Es gibt gewissermassen Alles, was es weiss, und ist darüber hinaus stumm. Es ist ohne jede Musik. Diese Eigenschaft teilt es mit vielen Werken, weniger der antiken, als der modernen Kunst, deren Stärke in der Pointe einer bis in die letzte Fingerspitze und Zehe getriebenen Bewegung gesucht wird. Hier wird Alles festgelegt, die Formen haften in dem gegebenen Moment des Motivs, sie lassen der Phantasie und Empfindung Nichts mehr übrig. Die Function der mechanischen Teile spricht sich selbst so aus, dass wir nicht mehr nötig haben, sie als Möglichkeiten einer Fülle von Action zu verstehen. Es ist wie bei Hebbelschen Figuren, denen wir auch wünschen, sie möchten sich uns nicht gar so klar machen. Es liegt hinter diesem rechnungsmässigen Aufbau keine Vorstellungsfreiheit mehr.

Diese aber ist der ewige Genuss, der aus Werken wie dem Idolino strömt. Die grösste Ruhe ist erstrebt. Nur so viel Bewegung — die Statue hier nur aus ihrem Motiv verstanden — ist gegeben, als nötig ist, das Gesetzmässige und den Reichtum der Tektonik des Körpers erscheinen zu lassen. Daher keine Handlung. Solche Figuren thun nicht, sie sind. Daseinsfiguren im Sinne der Venezianer. Unter der wunderbaren Einheit der Flächenbehandlung und des Conturs liegen nun Gelenke und Muskeln. Aber kein Glied in dem Grad von Anstrengung, dass es Alles leisten müsste, was es kann, sondern in einer Ruhe der voll ausgebildeten und sich als solche darstellenden Form. Diese aber gibt sich nun als Träger einer Reihe functioneller Verrichtungen, Bewegungen, Ausdrucksweisen physischer und psychischer Art, von denen keine dargestellt ist, die aber alle in dem Gegebenen mitgegeben sind und deren Möglichkeit unbewusst empfunden und erlebt wird. Daher kommt bei der fernbildmässigen Einheit, die diese Figuren besitzen, ein Reichtum inneren Lebens zu Stande, der sie als die Griechenwerke im eigentlichsten Sinn empfunden werden lässt.

Die Lösung der Aufgabe, wie sie im Idolino vorliegt, vollzieht sich in der argivischen Kunst, wie Furtwängler dies zuerst im 50. Berliner Winckelmannsprogramm dargelegt hat. Ihr Problem ist das der Kunst Polyklets. Mit dem Doryphoros ist die Höhe beinahe gewonnen. Ich möchte es hier so scharf wie möglich formulieren: die Entwickelung vom Doryphoros zum Diadumenos und zum Idolino verläuft vollkommen einheitlich und in sich geschlossen. Sie stellt ihr

Problem nur immer klarer und reicher hin. Es ist nichts dabei, was eine Erklärung aus fremden, attischen Einflüssen nötig machte. Die Führung der griechischen Kunst liegt in der Zeit von 450—440 bei Polyklet. Seine Wirkung auch auf die Nachwelt war unendlich. Das Attische aber, was in der Kunst des Phidias seinen Ausdruck findet, fügt zu dem Formalismus der polykletischen Kunst ein neues Element. Aber eines, das der Kunst des Myron fernsteht. Diese — und am Diskobolen ist dies ganz deutlich — hängt mehr mit der Vergangenheit zusammen als mit der Zukunft. Sie ist die Vollendung der Tendenzen der ionisch-archaischen Kunst.

Ludwig Curtius.

568. Kopf des Herakles.
London, British Museum.

A. H. Smith, catalogue of sculpture III, n° 1734 (unter der Presse; Einsicht in die Druckbogen verdanke ich A. S. Murray). Specimens of ancient sculpture I, Taff. 9 und 10. Ancient marbles of the British Museum I, Taf. 12. Furtwängler, Meisterwerke, p. 354 ff., mit Abb. 47. Derselbe in Roschers mythol. Lexikon s. v. Herakles, Sp. 2163. Vaux, Handbook (1851), p. 190, T. 75 (mit Abb.). Cook, Handbook (1903), p. 56.

1769 im Pantanello der Hadriansvilla zu Tivoli gefunden, bei Ausgrabungen Gavin Hamiltons[1]). Später in Sammlung Townley.

Colossaler Maassstab: 0,52 m hoch, soweit antik. Pentelischer (?) Marmor. Vorzüglich erhalten; nur das Bruststück, das rechte obere Augenlid, das Unterteil der Nase und die Ohrenränder sind ergänzt. Oberfläche durch Wetter angegriffen; nicht geputzt. Der Hinterkopf ist weniger sorgfältig ausgearbeitet. Die Brauen sind plastisch angegeben. Der Kopf wendet und neigt sich zur linken Schulter. Im Nacken links Stützenrest, wohl für die geschulterte Keule.

Furtwängler hat früher in diesem Kopfe das Product einer späten, stilmischenden Kunstrichtung gesehen, die altertümliche Züge mit jüngeren Elementen vermengt habe, hat indessen diese Ansicht in seinen „Meisterwerken" zurückgenommen und in dem Kopfe die Kopie eines myronischen Werkes vermutet. Da seine frühere Datierung noch heute namhafte Verteidiger findet, verlohnt es sich, die Einwände zu prüfen, die gegen die Entstehung des Kopfes in myronischer Zeit vorgebracht werden. Dieselben richten sich vor Allem gegen die zu lebhafte Modellierung der Stirn, die im 5. Jahrhundert unerhört sei, dann gegen die Kürze des Untergesichtes, die in keinem Verhältnis zu der Ausdehnung der oberen Partien stehe, und gegen die Breite des Halses, auf den ein beträchtlich grösserer Kopf gehöre — ein derartiges Verhältnis von Kopf zu Hals wie hier sei lysippisch, nicht myronisch. Keiner dieser Gründe scheint mir stichhaltig. Denn die kurzen Proportionen von Hals zu Kopf sind absichtlich gewählt, um durch sie die körperliche Kraft und Mächtigkeit des Gottes anzudeuten, wie wir ja auch oft im Leben bei physisch brutalen, durch grosse Muskelstärke ausgezeichneten Menschen einen auffallend kleinen Kopf finden, der durch einen ganz kurzen Hals mit dem kräftigen Körper verbunden ist. Dass aber bereits der Mitte des 5. Jahrhunderts eine solche Charakteristik nicht fremd war, lehrt u. A. die auf den beiden nächstfolgenden Tafeln abgebildete Heraklesstatuette, die wohl Niemand im Verdachte des Stilgemisches haben wird. Oder, auf anderem Gebiete, der Herakles auf dem Antaioskrater des Euphronios.

Der Einwurf aber, dass das Untergesicht für die Stilistik der Mitte des 5. Jahrhunderts zu kurz, die Stirn zu stark bewegt sei, erledigt sich durch einen Blick auf den Kopf des Lapithen G im Westgiebel zu Olympia[2]), der das nämliche kurze Untergesicht (das ebenfalls offenbar zur Andeutung der rohen Kraftnatur dienen soll[3]) und eine ähnlich starke Mittelteilung der Stirn zeigt. Nur tritt am Herakles die Unterstirn in noch stärkerer Schwellung hervor, so dass beiderseits vom Nasenansatz zwei kräftige Protuberanzen entstehen. Ist aber das Princip einer derartigen Stirngliederung von demjenigen der vorhin erwähnten Heraklesstatuette so wesentlich verschieden und in der Mitte des 5. Jahrhunderts undenkbar? zumal wenn wir den Charakter der vorliegenden Kopie in Betracht ziehen, die offensichtlich nicht das Werk eines auf ängstliche Treue im Einzelnen bedachten Arbeiters ist? ist etwa die grosse Asklepiosstatue der Uffizien, die die Hand der Hygieia auf der linken Schulter hat[4]), nicht die Kopie einer Schöpfung des 5. Jahrhunderts, sondern das selbständige Werk eines römischen, altertümliche Einzelzüge verwendenden Künstlers, weil die Modellierung der Stirn über den Stil der Haar- und Bartlocken und der Gewandung hinausgeht? Hier beweisen uns die getreueren Repliken in London, Paris und Florenz doch ganz klar, dass die reichere Bewegung der Stirnformen ausschliesslich der Hand des Kopisten zuzuschreiben ist. Geradeso liegt der Fall bei dem Londoner Herakleskopf, oder vielleicht

[1]) Winnefeld, die Villa des Hadrian, p. 158.

[2]) Treu, Olympia, III, Taf. XXIX, 2 und 3.

[3]) und das übrigens der Diskobol ganz ebenso hat!

[4]) Furtwängler, Meisterwerke, p. 396, Fig. 59. Amelung, Führer, n° 95. Der Kopf: Arndt-Amelung, Einzelaufnahmen 92/93.

Verlagsanstalt F. Bruckmann A.-G.
München 1904.

noch günstiger, da hier gewiss das Original bereits eine in kräftiger Entwickelung durchmodellierte Stirn, als charakteristisches Kennzeichen des Heldenkopfes, bot[5]).

Die von Furtwängler vorgeschlagene Einreihung des Kopfes unter die Werke des Myron trifft allem Anschein nach das Richtige. Die Form des Schädels und vor Allem die Bildung der kurzen geringelten Locken ist ganz myronisch. Der Stil verweist das Werk in die frühere Schaffensperiode des Meisters. Ueber die Heraklesstatuen des Myron vergleiche man den Text zu den Tafeln 569/570. Das Original war jedenfalls in Bronze gearbeitet. — Das grosse runde Auge und das über der niedrigen Stirn sich emporsträubende Haar sind weitere Mittel zur Charakterisierung des Helden. Die Ohren sind auffallenderweise nicht geschwollen gebildet. Die Brauen sind plastisch angegeben.

[5]) Beachtung an dieser Stelle und genauere Untersuchung verdient eine kolossale Heraklesstatue in Cherchell, über die nach der allein vorliegenden Abbildung bei Paul Gauckler, Musée de Cherchell, pl. XIII, sich nicht bestimmt urteilen lässt. Wie es scheint, geht sie auch, allerdings in ungemeiner Vergröberung und Modernisierung, auf ein Original myronischer Zeit und myronischen Stiles zurück.

569 und 570. Statuette des Herakles.

England, Privatbesitz.

Hoch 0,57 m. Sehr feinkörniger, wohl pentelischer Marmor. In Rom, angeblich zwischen Aventin und Tiber, gefunden. Ohne Ergänzungen. Abgebrochen sind der linke vordere Teil der Plinthe, der Penis und die linke Hand; diese war mittels eines Bronzestiftes, für den das Einsatzloch vorhanden ist, besonders angesetzt. Übrigens ist die Statuette selten vorzüglich erhalten. Nur ist sie, namentlich im Rücken, mit hässlichem braunen Sinter bedeckt, der die Wirkung des Originales beeinträchtigt. Zum besseren Studium der einzelnen Formen geben wir deshalb ausser den Abbildungen des Originales[1]) auch solche des Gipses[2]) (nach dem mir gehörigen Abgusse, den ich der Güte des Besitzers der Statuette verdanke).

Erwähnt von Furtwängler, Meisterwerke p. 591, Anm. 4; antike Gemmen II, zu Tafel XLIII, 35. Im Sommer 1903 auf der „Exhibition of ancient greek art" im Burlington Fine Arts Club in London ausgestellt (Katalog von Mrs. Strong-Sellers, p. 13, n° 12). Conze im Arch. Anzeiger des Jahrbuchs, 1903, p. 144 („kaum älter als hellenistische Zeit die Heraklesstatuette, welche sichtlich ein gutaltes, in allen Silhouetten trefflich dastehendes Werk im Gesamtmotiv und in den Hauptformen wiedergiebt").

Die Figur tritt mit vollen Sohlen auf. Das rechte ist das Spielbein; es ist im Knie leicht gekrümmt. Der Kopf ist nach der Seite des Standbeins hin geneigt. Der Blick folgt, ohne besonderes Ziel, dieser Richtung des Kopfes. Der herabgehende rechte Arm fasst an ihrem oberen Ende die gesenkte Keule, die auf einer kleinen felsigen Erhöhung aufruht. Über den vorgestreckten linken Unterarm fällt die Löwenhaut. Die Hand wird, nach Analogie der noch zu erwähnenden Gemme: Furtwängler XLIII, 35, den Bogen gehalten haben; des grösseren Gewichtes halber, das sie zu tragen hatte, war sie besonders gearbeitet und angesetzt. Hinter dem Löwenfell kommt der Stamm zum Vorschein, an dessen linker Seite die schwerverständlichen, zur Hälfte weggebrochenen Reste eines grossen, gerundeten, ziemlich stark über der Plinthe sich erhebenden, auf der Oberseite durch Wellenlinien belebten Gegenstandes sich befinden, in welchem Fr. Hauser, offenbar richtig, eine Quelle erkannt hat[3]). Herakles wurde bei den Griechen und namentlich bei den Römern als Schützer warmer, heilender Quellen verehrt[4]); zu Zwecken eines derartigen Cultus wird, wenn auch nicht das ursprüngliche Original, so doch die hier vorliegende Kopie gedient haben. Nicht das Original: denn es ist wahrscheinlich, dass Stamm wie Quelle erst dem Kopisten ihre Zufügung verdanken. Die Quelle, da sie sich bei den andern, noch zu besprechenden Wiederholungen der Statue nicht findet; der Stamm, da es schwer gewesen wäre, ohne eine solche Stütze das Löwenfell frei in Marmor auszuarbeiten, das Original der Figur aber, man darf wohl sagen, zweifellos, in Bronze gearbeitet war. Darauf weisen die knappen, scharfen Formen des Nackten, das wie aus Bronzeblech getriebene Löwenfell ganz unverkennbar hin. Die Arbeit der Statuette ist von seltener Feinheit, Sorgfalt und Vollendung, und bis ins Aeusserste scharf und genau, ohne an irgend einer Stelle in Kleinlichkeit oder Manieriertheit zu verfallen. Die Art, wie Hände und Füsse und Kniee ausgearbeitet sind, wie die Fläche des Rückens durch reiche Modulation belebt ist, ist bei der Kleinheit der Figur ganz bewundernswert. Nach der gedrehten Stütze zu urteilen, die den Stamm mit dem rechten Oberschenkel verbindet, gehörte der Kopist, der sein Vorbild offenbar sehr getreu wiedergegeben hat, hadrianisch-antoninischer Zeit an[5]). Die Form der profilierten Plinthe[6]) und die minutiös-saubere Art der Arbeit, sowie die starke Verwendung des Bohrers fügen sich zu dieser Datierung.

Der Kopftypus der Statuette weist in das zweite Viertel des fünften Jahrhunderts, in die der höchsten Blüte kurz vorhergehende Zeit. Noch ein Rest archaischer Strenge liegt in den

[1]) die der Londoner Photograph Herr Frederik Hollyer, 9, Pembroke Square, Kensington, hergestellt hat.

[2]) Man beachte, namentlich bei den Aufnahmen der Vorderseite, wie auf den Photographieen des Gipses die Körperformen voller und plumper erscheinen!

[3]) Vgl. Vatican, Chiaramonti 353 (Amelung Taf. 56).

[4]) Roscher, mytholog. Lexikon, s. v. Herakles, Sp. 2160 und 2237; Hercules, 2956.

[5]) Vgl. Furtwängler, Meisterwerke, p. 535, Anm. 2.

[6]) Vgl. z. B. den einschenkenden Satyr Ludovisi: Brunn-Bruckmann 376.

Verlagsanstalt F. Bruckmann A.-G.
München 1904.

Zügen. Der Schädel steigt vom breiten Nacken senkrecht an und neigt sich in sanfter Wölbung zur Stirn. Das Haar bedeckt ihn in kurzen, eng anliegenden Locken. Die einzelnen Büschel derselben sind durch Innenzeichnung gegliedert und an den Spitzen aufgerollt. Der Bart ist eine compacte, ungeteilte Masse; die einzelnen Locken von der gleichen Bildung wie am Haar, nur länger. Die gesenkten Enden des Schnurrbartes gehen über sie hinweg. Die Ohren sind geschwollen und sitzen noch ziemlich hoch; die Muschel ist gross, eher langgezogen als rundlich. Die stark ausgeprägten, nach aussen emporsteigenden Knochen des oberen Augenhöhlenrandes gehen mit breitem Ansatz in die kräftige, scharf geschnittene, gerade Nase über. Das Auge ist länglich und gross und liegt tief zurück. Die Lider umschliessen den Augapfel in natürlicher Form, ohne besonders scharfen Contur; der Wulst zwischen Oberlid und oberem Augenhöhlenknochen ist infolge des starken Ansteigens dieses letzteren ungewöhnlich breit. Die vollen Lippen sind geschlossen; die Rinne in der Mitte der Oberlippe stark betont. Reich belebt sind Stirn und Wangen. Die Unterstirn ist geschwollen und durch eine wagerechte Furche von der zurückweichenden Oberstirn getrennt. Diese Mittelfurche stösst beiderseits auf eine Schwellung, die von den Schläfen her dem oberen Augenhöhlenrande parallel laufend sich zu dem Nasenansatz schwingt. Das kurze Haar begrenzt in gleichmässiger Linie die Oberstirn. Die Wangen sind nicht von sonderlicher Fülle, die Backenknochen treten scharf hervor. Von den Nasenflügeln zieht sich eine stark betonte Falte abwärts zu den Mundwinkeln.

Auch in der Behandlung des Körpers weisen die Einzelheiten der Form auf die Übergangszeit von der altertümlichen zur freien Kunst. Der athletisch durchgebildete Körper ist bei aller Fülle straff, knapp, sehnig. Seine innere Structur, die tragenden Knochen wie die darüber gelegten Muskeln, tritt unter der bedeckenden Haut deutlich hervor. Die Adern sind nicht nur an den Extremitäten, Händen, Armen, Füssen angedeutet, sondern, wie an dem Pourtalès'schen Exemplar des Doryphoros[7]), auch an den Seiten des Bauches. Ich zweifle nicht, dass diese, im Leben selten zu beobachtende, Eigentümlichkeit auch dem Originale zu eigen war. Die Brust ist breit, und die Massigkeit dieser oberen Teile wird durch das starke Zurückziehen der Schultern noch verstärkt. Die Muskulatur des Bauches ist deutlich, aber in verhältnismässig flacher Erhebung angegeben. Das Becken ist tiefer gesenkt als am Doryphoros; es entspricht in seiner Form demjenigen des Münchner sog. heroischen Königs[8]). Das Schamhaar verläuft oben in gerader Linie und ist ähnlich gelockt wie Bart- und Haupthaar; es ist nicht, wie am Doryphoros, vom Becken getrennt, sondern es wächst auf dem Bauche. Arme und Beine sind ausserordentlich kräftig und muskulös, Finger und Zehen dagegen lang und schmal. Wundervoll, mit reichstem, aber nirgends aufdringlichen Détail, ist der Rücken ausgearbeitet. Er ist in der Taillengegend stark eingezogen, so dass Schulterblätter und Glutäen um so kräftiger hervortreten. Die letzteren haben auf den Aussenseiten eine tiefe Grube. Der Nacken ist von gewaltiger Breite und Mächtigkeit. Besonders schön ist auch die Rückseite der Ober- und Unterschenkel, die wie feste runde Säulen den Oberkörper tragen. In den Kniekehlen zwei Hautfalten. Das Ganze ein Bild strotzender männlicher Kraft und athletischer Schulung.

Auf Grund dieser Einzelbetrachtung der Form können wir den Kreis, in den die Figur gehört, noch enger umschreiben. Die nächste Parallele in Bewegung und Körperbehandlung bieten die Werke, die Furtwängler[9]) mit grosser Wahrscheinlichkeit dem Ageladas und seiner Schule zugewiesen hat. Stellen wir z. B. den Jüngling des Stephanos in Villa Albani[10]) neben die Statuette, so finden wir die gleiche Stellung — linkes Standbein, den Fuss des rechten Spielbeins mit voller Sohle aufgesetzt, den rechten Arm herabhängend, den linken Unterarm nach vorn, den Kopf nach der linken Seite hin gesenkt —, die nämliche starke Einziehung der Taille im Rücken, dasselbe Herauspressen der hohen eckigen Schultern, das Hinaufziehen der rechten. Hätte die Statuette keinen Kopf, so würde man sie unbedenklich dem Schulkreise des Stephanos-Athleten einreihen. Aber der Typus des Kopfes weist über diesen hinaus, auf Ageladas Schüler[11]), auf Myron. Es ist vor Allem die Behandlung des Kopf- und Barthaares, die für diesen Meister charakteristisch ist, die kurzen, geringelten, an den Enden zusammengerollten Löckchen[12]); aber auch die

[7]) Furtwängler, Meisterwerke, p. 421.

[8]) Brunn-Bruckmann, Taf. 122. Furtwängler, Meisterwerke, Taf. XXIII; Katalog der Glyptothek, nº 295.

[9]) 50. Berliner Winckelmanns-Programm (1890), p. 148 ff. Meisterwerke, p. 78 ff. u. sonst.

[10]) Brunn-Bruckmann, Taf. 301.

[11]) Furtwängler, Meisterwerke, p. 379 ff.

[12]) Man vergleiche die in dieser Beziehung getreueste Replik des Diskobolenkopfes in Berlin: Furtwängler, Meisterwerke, Taf. XIX = Festschrift für Benndorf, Taf. VIII, 3 und 4, und als stilverwandte Werke unter Anderen die Ludovisische Theseusherme (Arndt-Amelung, Einzelaufnahmen 243 und 244) und den Kopf des Lapithen G aus dem olympischen Westgiebel.

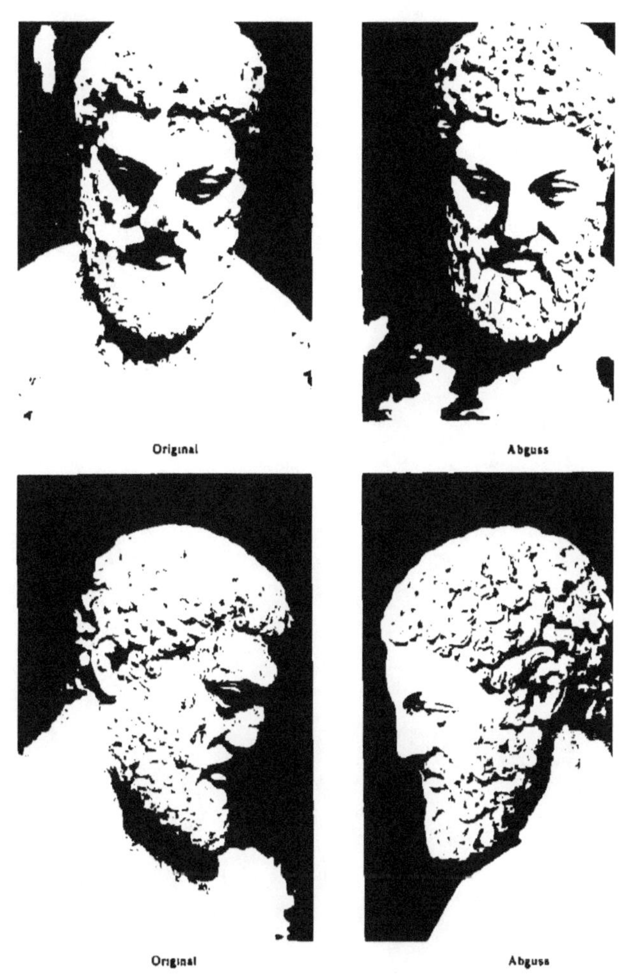

Kopf der Herakles-Statuette.

Bildung von Stirn und Augen und die Form des Schädels kehren im Besondern an den mit Sicherheit oder Wahrscheinlichkeit auf Myron bezogenen Werken wieder. Auf Grund des Kopftypus also und in Hinblick auf die Berühmtheit, die, wie wir unten sehen werden, das Original unserer Statuette im Altertum offenbar genoss, können wir seine Erfindung — mit der Bestimmtheit, die zur Zeit überhaupt uns bei derartigen stilistischen Zuschreibungen möglich ist — dem Myron vindicieren [13]). Ein Vergleich der Körperbehandlung mit den sicheren Werken des Meisters, dem Marsyas und dem Diskobolen, ist bei dem einen durch seine gekrümmte Stellung, dem andern durch den ganz verschiedenen Charakter des Dargestellten erschwert. Aber diejenige ruhig stehende Athletenfigur, die man auf Grund ihres Kopftypus wohl mit Sicherheit auf Myron zurückführen kann, der Hermes Ingenui der Galleria delle statue des Vatican [14]), zeigt in der Stellung wie in den Einzelformen des Körpers thatsächlich die allergrösste Verwandtschaft. Also wird auch von dieser Seite unsere Zuschreibung bestätigt. Die grosse Ähnlichkeit aber der Körperbehandlung mit den Werken des „Stephanos-Kreises" bekräftigt — die Zurückführung derselben auf Ageladas als richtig vorausgesetzt — von Neuem die Angabe des Plinius, dass Myron Ageladas' Schüler war.

Sehr lehrreich ist es, die Figur mit einer andern, der gleichen Zeit angehörigen, nackten bärtigen Statue zu vergleichen, dem schon angeführten sog. heroischen König in München. Söhne desselben Vaters. Der Körperbau, bis auf Kleinigkeiten, wie die verschiedene Bildung des Schamhaares, die übertriebene Angabe der obersten Rippen, identisch. Aber in der Münchner Statue dadurch dass das Spielbein nicht mit voller Sohle, sondern auf den Zehen aufsteht, grössere Eleganz und freierer Rhythmus. Andrerseits im Kopfe des Herakles weitaus die grössere Energie und Lebendigkeit. Der Kopf der Münchner Statue [15]) hat etwas Lebloses, Akademisches daneben. Wieviel von diesem Eindruck allerdings auf Rechnung des Wesens der dargestellten Persönlichkeit zu setzen ist, wissen wir noch nicht.

Plastische Wiederholungen der Statuette im gleichen oder in grösserem Massstabe sind mir nicht bekannt. Wohl aber hat in der Kleinkunst das Werk Spuren hinterlassen. In der Natur dieser Denkmäler liegt es freilich begründet, dass sie das Original nicht bis in die kleinsten Einzelheiten exact wiedergeben. So ist an dem (jetzt wohl in Boston befindlichen) Carneol der Sammlung Tyszkiewicz, der bei Furtwängler, Gemmen, Taf. XLIII, 37, abgebildet ist, der linke Arm gesenkt, da die Statue hier vom Rücken gesehen ist. An der Identität beider Werke kann aber trotzdem kaum ein Zweifel bestehen. Auf einer andern Gemme, unbekannten Besitzers [16]), ist die Statue in halber Profilansicht getreu wiedergegeben; sie überliefert uns das Attribut der vorgestreckten linken Hand: nicht die Äpfel, sondern den Bogen, und widerlegt Furtwänglers Vermutung (Meisterwerke, p. 591, Anm. 4), dem Originale habe das Fell gefehlt. Ein Gemmenschneider der ersten Kaiserzeit, Philemon, hat, auf einem Sardonyx in Wien [17]), die Figur für Theseus verwendet und ihr einen jugendlichen Kopf gegeben. Die linke Hand ist auch hier gesenkt, die Figur wiederum vom Rücken gesehen. Offenbar erfreute sich die Rückseite der Originalstatue grosser Bewunderung, die wir, Angesichts der hohen Vollendung dieser Teile auch in der kleinen Kopie, gewiss begreifen werden. Ein Bronzemédaillon des Commodus [18]) zeigt die Figur, allerdings mit durchaus „modernisiertem" Kopfe, ebenfalls von dieser Seite; die Ansicht ist genau die nämliche wie auf dem Carneol der ehemaligen Sammlung Tyszkiewicz, und auch die Beizeichen, Löwenfell und Eberhaut, sind die gleichen. Ein in Leptis geprägtes Médaillon des Septimius Severus [19]) vereint Hercules und Bacchus als die dei auspices der Stadt: Hercules offenbar nach dem Vorbild unsrer Statue, mit deutlich erkennbaren altertümlichen Zügen im Kopfe; die Linke ohne Attribut, um den Unterarm das Löwenfell, in der Rechten die gesenkte Keule. Ähnlich die Figur auf einem Aureus desselben Kaisers [20]) und auf einem Médaillon des Gallienus [21]): auf letzterem in der Linken wiederum der Bogen,

[13]) Ich begegne mich in dieser Zuschreibung mit der Verfasserin des Ausstellungskataloges des Burlington Fine Arts Club, Mrs. Eugénie Strong-Sellers, und mit Furtwänglers heutiger Ansicht, die ich aus mündlicher Mitteilung kenne.

[14]) Helbig [2] 221. Furtwängler, Meisterwerke, p. 361.

[15]) Furtwängler, Meisterwerke, Taf. XXIV. Arndt-Amelung, Einzelaufnahmen 855/856.

[16]) Furtwängler, Taf. XLIII, 35. Beide Steine hat bereits Furtwängler mit der Statue in Verbindung gesetzt.

[17]) Furtwängler, Taf. XLIX, 22. Derselbe, Jahrbuch d. Inst 1888, p. 324. v. Schneider, Wiener Album, Taf. 40, 11; p. 16.

[18]) Fröhner, médaillons de l'empire romain, p. 145. Grueber, roman medallions in the british Museum, pl. XXXIV, unten.

[19]) Fröhner a. a. O., p. 155.

[20]) Cohen, description des médailles impériales [2] (1880), IV, 108 = Katalog der Münzauction Dr. Jacob Hirsch, München, 18. Mai 1903, Taf. XIV, n° 2560.

[21]) Grueber a. a. O. pl. XLVIII, 2; p. 64, n° 3.

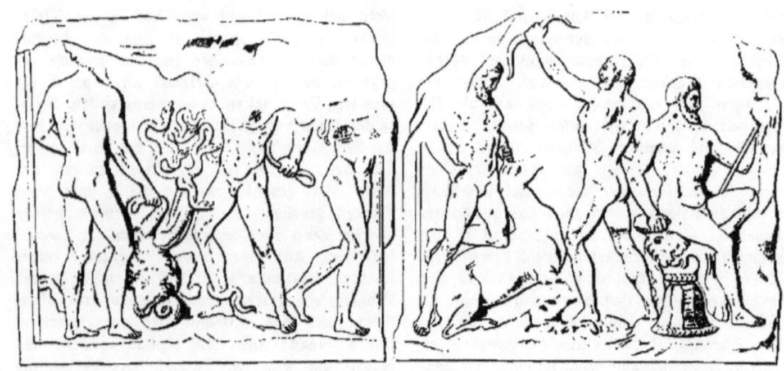

Fig. 1

der Kopf bekränzt. Auch auf Médaillons des Diocletian und Maximian [22]) lässt sich unsere Statue wiedererkennen, im Verein mit den Figuren des Juppiter und der Moneta; in der Linken trägt sie hier einen grossen runden Gegenstand, eher eine Kugel als einen Apfel. Die hochstehenden Schultern und der altertümliche Typus des Kopfes auf dem ersten der bei Fröhner abgebildeten Stücke lassen keinen Zweifel, dass die Statue des Myron zu Grunde liegt. Auch die Figur des Herakles, der den von der Hirschkuh gesäugten Telephos auffindet, auf einem Médaillon des Antoninus Pius [23]), geht unstreitig auf sie zurück. Attribut der linken Hand ist hier der Bogen. Und noch auf einer Reihe anderer Münzen [24]) lässt sich dieser Typus des Herakles mit abgeschwächter Ähnlichkeit nachweisen. Auch auf einer römischen Thonlampe des britischen Museums, die aus Athen (Sammlung Burgon) stammt, wird man ihn im Grunde wiedererkennen dürfen [25]); die Linke hält hier die Äpfel, um den Unterarm das Fell. Schliesslich sei noch der „Hercules Julianus" eines römischen Votivreliefs erwähnt [26]), der in der ganzen Haltung aufs Engste an die myronische Statue sich anschliesst, im Gesicht aber Porträtzüge marc-aurelischer Zeit trägt. In der Linken hält er die Äpfel.

Das Original also genoss offenbar in römischer Zeit grosser Beliebtheit. Sein Standort war allem Anschein nach die Hauptstadt selbst. Wir wissen von drei Heraklesstatuen des Myron, die in Rom standen. Die eine gehörte zu der colossalen Göttergruppe, die Marc Anton aus Samos entführte: Zeus, Athene, Herakles auf einer Basis. Athene und Herakles gab später Augustus den Samiern zurück, den Zeus hingegen verbrachte er auf das Capitol [27]). Sollte dieser Herakles das Vorbild der Statuette gewesen sein, die erst in das Ende des 2. Jahrh. n. Chr. gehört, so müsste man annehmen, dass eine Kopie von ihm in Rom zurückgeblieben sei. Eine andre eherne Heraklesstatue des Myron raubte Verres dem Heius in Messana und verbrachte sie nach Rom [28]). Eine dritte, ebenfalls eherne, weihte Pompeius als Cultbild des Tempels, den er, 61 v. Ch., dem Hercules beim Circus maximus erbaute [29]). Ob die Statuette von einem dieser Werke die verkleinerte Wiederholung ist oder ob ihr noch ein andrer, in Rom befindlicher Herakles des Myron zu Grunde liegt, sind wir nicht im Stande zu sagen. Auch über die Grösse des Originales sind wir deshalb bloss auf Vermutungen angewiesen.

---

[22]) Fröhner, p. 257 f.; Grueber pl. LV, 4, und p. 80.

[23]) Müller-Wieselen I, 70, 391 = Arch. Ztg. 1882 (XL), p. 264. Furtwängler in Roschers myth. Lexikon s. v. Herakles, Sp. 2247.

[24]) Z. B. Brit. Mus. Katalog Mysia XVI, 2 (Germe; Zeit: Traian oder Antonine); Cilicia XXXVII 5 (Tarsus; Zeit der Gordiane); Alexandria Aeg. VI, 428, 2543, 2549 (Zeit des Maximianus). Ich verdanke die Mehrzahl der numismatischen Hinweise meinem Freunde B. Pick in Gotha.

[25]) Herr J. R. Fothergill in Lewes hat mich auf diese Lampe aufmerksam gemacht und mir eine Photographie derselben zur Verfügung gestellt. Der nämliche Herr hat mich durch den Hinweis auf das in Anm. 23 besprochene Médaillon des Antoninus Pius verpflichtet.

[26]) Bullett. com. 1887, tav. XIX, p. 314 ff. und 342 ff.; Roscher, myth. Lex. s. v. Herakles, Sp. 2185 und Hercules, Sp. 2957 f.; dort weitere Litteratur.

[27]) Overbeck, Schriftquellen 536. Roscher, myth. Lexikon, Sp. 2943 e.

[28]) Overbeck a. a. O., 540.

[29]) Overbeck a. a. O., 533. Roscher a. a. O., Sp. 2918 f. Von Stephani ohne Grund mit der vorgenannten Heraklesstatue des Heius identificiert.

Fig. 2

Wohl aber ist an dieser Stelle an ein anderes Denkmal zu erinnern, das mit der Statuette in engstem stilistischen Zusammenhange steht: an die sog. Basis von Albano im capitolinischen Museum[30]). Die Reliefs der Basis gelten freilich gewöhnlich für archaisierend. Es scheint mir indessen zweifellos, dass ihnen ein wirklich altertümliches Original zu Grunde liegt und dass gewisse Vergröberungen und Umgestaltungen der vorliegenden Exemplare den Händen des ausführenden römischen Kopisten zuzuschreiben sind. Die Behandlung des Haares und der Körperformen aber ist aufs Nächste dem Stil unsrer Statuette verwandt, so dass die Vermutung Hausers, das Original derselben habe einstmals auf dem Originale der Basis gestanden, die demnach auch ein Werk myronischer Kunst gewesen sei, nicht unwahrscheinlich ist.

Wenn unsere Zurückführung der Statuette auf Myron das Richtige trifft, so wird sie zu den Werken aus der späteren Lebensperiode des Meisters zu rechnen sein. Jedenfalls gehört sie in jüngere Zeit als der auf Tafel 568 abgebildete Herakleskopf des British Museum, den ich nach Furtwänglers Vorgange[31]) mit Myron in Verbindung bringen zu dürfen glaube. Wir werden nicht fehl gehen, wenn wir die Entstehung des Vorbildes der Statuette zwischen die Jahre 470 und 450 verlegen. Der Diskobol dürfte um ein Geringes jünger sein.

Bereits der Marsyas liess die besondere Begabung des Myron, scharf und lebendig zu charakterisieren, klar erkennen. Die neue Figur ist ein zweiter, glänzender Beweis für die Individualisierungsfähigkeit des energievollen Künstlers. Das Ideal des Herakles, wie es von der späteren Kunst weiter ausgestaltet worden

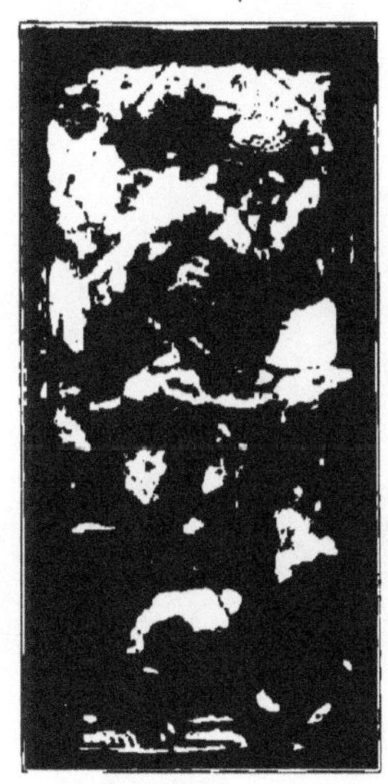

Fig. 3

[30]) Helbig² 428. Hier Figur 1 u. 2 nach Righetti II, 274 und 275. Vgl. zuletzt Graeven in den Bonner Jahrbüchern, Heft 108/9, p. 255 ff. Den Hinweis auf eine Replik der einen Scene, wie Herakles die Kerynitische Hirschkuh bändigt, im British Museum (hier Figur 3), verdanke ich Friedrich Hauser, dem ebenfalls die stilistische Zusammengehörigkeit beider Monumente nicht entgangen war: Ancient marbles II, 7; Specimens of ancient sculpture I, pl. XI; das Stück ist auch in Photographieen verbreitet. Vgl. ferner Furtwängler in Roschers myth. Lexikon, s. v. Herakles, Sp. 2224; Edward T. Cook, handbook (1903), p. 73; Vaux, handbook (1851), p. 181, T. 137.

[31]) Meisterwerke, p. 354 ff., mit Fig. 47.

ist, ist in der Statuette bereits in allen seinen wesentlichen Zügen hingestellt. Wie der Körper ein Musterbild planmässig athletischer Schulung, voller männlicher Wucht und Stärke ist, sahen wir bereits oben. Im Kopfe ist die physische Gewalt des Gottes charakterisiert durch den kurzen, starken, breit ansteigenden Hals — man vergleiche die entsprechenden Partieen am „heroischen König" ! —, die tiefliegenden Augen, das verhältnismässig kurze Untergesicht, wie überhaupt der Kopf im Verhältnis zum Körper klein und massig erscheint. Die ganze Figur aber ist in allen Formen das körperliche Ideal des kraftgewaltigen, arbeitsmüden Helden.

---

571 oben. Relief vom Westfriese des Parthenon.

Athen, noch am Parthenon befindlich.

Michaelis 9, VIII, 15; p. 231. Petersen, die Kunst des Pheidias, p. 287 f. Lüders, Arch. Zeit. 1873, p. 33. Springer-Michaelis, Handbuch der Kunstgeschichte [7], I, p. 209, Fig. 370. Riedisser-Amelung, athenische Plaudereien über ein Pferd des Phidias, von Victor Cherbuliez (1903), p. 41.

Michaelis: „Das Ross bäumt sich hoch auf, unwillig, den Reiter aufzunehmen, welcher, den rechten Fuss kräftig gegen einen Stein gestemmt, das Thier mit der Rechten festhält und die Linke zum Schlage erhebt. Der Chiton war nach Art einer Exomis nur auf der linken Schulter befestigt und ist herabgeglitten in Folge der heftigen Bewegung, welche auch den Mantel mit seinem gefältelten Saume flattern lässt. Sohlen und eine Lederkappe vervollständigen den Anzug, welcher stark an den des einzigen bärtigen Genossen, 8 [s. oben Tafel 522 unten], erinnert".

Petersen: „Den rechten Fuss gegen eine mässige Erhöhung stemmend, hält er mit der Rechten das hoch bäumende Ross am Zügel, während die hochgehobne Linke wahrscheinlich die Peitsche schwang [1])".

Lüders: „Das Pferd hat zwei Löcher im Maul, eines oben, eines unten an der Backe; der Kopf des Mannes scheint gewaltsam abgeschlagen. An seinem rechten Bein befinden sich gerade unterhalb des Kniees drei Löcher, zwei links, ganz neben dem Schienbein, eines mitten auf der Wade, offenbar für einen Metallschmuck; denn auf dem entsprechenden sichtbaren Teil des linken Beines ist ebenfalls ein Bronzeloch."

Auch an der Mähne des Pferdes unten, gleich oberhalb des rechten Armes des Reiters, bemerkt man ein Loch für Bronzeeinsatz; es diente, mit denen an Maul und Backe zusammen, zur Befestigung des Zaumzeuges. Ein weiteres Loch ferner, das dem gleichen Zwecke bestimmt gewesen sein wird, anscheinend in der linken Faust. — Unterhalb des Pferdeschweifes, links von dem Bruche, anscheinend ein (bisher noch nicht beachteter) viereckiger oder cylinderförmiger Gegenstand. Erneute Untersuchung des Originals muss darthun, was derselbe bedeutet, oder ob er nur zufällige Verletzung des Steines. — Die Mütze des Reiters besteht aus Fell und Schweif eines Thieres und ist aus einem Fuchsbalg gefertigt, wie sie die Thraker der Kälte wegen trugen (Xenophon, Anab. VII, 4, 4; Herodot VII, 75). Die nämliche Kopfbedeckung hat der Reiter Tafel 522 unten (Michaelis 9, IV, 8), sowie noch einige andre Reiter des Frieses [2]). Offenbar eine aus Thrakien übernommene Mode vornehmer junger Athener [3]). — Der bärtige Kopf des Reiters ist erst neuerdings abgeschlagen worden; auf dem Abgusse, der der Michaelis'schen Zeichnung zur Vorlage gedient hat, ist er noch erhalten. — Die Erhöhung, gegen die der rechte Fuss des Reiters sich stemmt, ist ein Trittstein, wie sie an den Strassen zur Bequemlichkeit der Reiter aufgestellt waren [4]). Darnach ist also der Moment des Aufspringens dargestellt. Das linke (von vorn gesehene) Bein wird sich im nächsten Augenblicke über den Rücken schwingen, die Rechte packt scharf den rechten Zaum des feurigen Thieres und reisst es, zum bequemeren Aufstiege, zurück, so dass es hoch sich aufbäumt, die erhobne Linke aber fasst (wie man aus dem Verlaufe der Bohrlöcher schliessen darf) den linken, lang gelassenen, Zügel und zieht ihn ebenfalls zurück [5]). So wenigstens glaube ich die, in den heutigen Resten nicht mehr ganz klare, Situation verstehen zu müssen.

Die Platte ist eine der schönsten des ganzen Frieses. Von wunderbarer Vollendung ist die Composition, der Zusammenschluss der entgegenstrebenden Kräfte, und von nicht geringerer die Ausführung im Einzelnen, der lebensprühende, edle Kopf des Pferdes, die Gewandung des Reiters. In Erfindung und Arbeit gewiss das Werk eines ganz grossen Meisters. Ein Jammer, dass das Relief an seinem jetzigen Standorte dem sicheren allmählichen Untergange entgegengeht!

[1]) „Vgl. den sog. Kastor des [Londoner] Reliefs Müller-Wieseler I, 50, welcher auch einen Stecken in der Linken hält."

[2]) Vgl. Furtwängler, 50. Berliner Winckelmannsprogramm, p. 160, Anm. 21.

[3]) Vgl. Furtwängler a. a. O., p. 160 („es ist leicht verständlich und hat viele Analogieen in neuerer Trachtgeschichte, dass man von den barbarischen Reitervölkern des Nordens ein so kleidsames Détail entlehnte"), und Heuzey bei Daremberg et Saglio, dictionnaire des antiquités, s. v. Alopékis. Die Kappe führte den Namen ἀλωπεκίς oder ἀλωπεκέη.

[4]) Vgl. Benndorf, Gjölbaschi, p. 140, Anm. 5. Passow, Studien zum Parthenon, p. 45.

[5]) Vgl. Nordfries 13, XXXVIII, 118.

Verlagsanstalt F. Bruckmann A.-G.
München 1904.

571 unten. Relief vom Westfriese des Parthenon.

Athen, noch am Parthenon befindlich.

Michaelis 9, IX, 16 und 17; p. 231. Petersen, die Kunst des Pheidias, p. 288. Lüders, Arch. Zeit. 1873, p. 33. Riedisser-Amelung, athenische Plaudereien über ein Pferd des Phidias, von Victor Cherbuliez (1903), Titelbild (nach dem Abguss).

Michaelis: „Der vordere Reiter hemmt sein Pferd. Er ist entblössten Hauptes und trägt Chiton und Chlamys, letztere hinter dem Rücken emporwehend. Der andere Reiter trägt Chiton, Chlamys mit gefälteltem Saume und den Petasos, dessen breiter Rand an den Seiten etwas herabhängt."

Lüders: „Das Pferd des vorderen Reiters hat zwei Löcher im Maul, eines oben an der Mähne, die linke Hand des Reiters ist durchbohrt; die Chlamys flattert hoch in der Luft. Das Pferd des anderen Reiters hat zwei Bronzelöcher im Maul, zwei an der Backe; die Hand des Reiters enthält hinter dem herausgearbeiteten Zeigefinger Bronzespuren."

Verlagsanstalt F. Bruckmann A.-G.
München 1904.

572 und 573. Bärtiger Götterkopf.

Boston, Museum of fine arts.

Eine vornehme, aber milde Schönheit strahlt aus diesem Kopfe. Es ist nicht die straffe und unnahbare Hoheit der phidiasischen Epoche, nicht das ruhelose stürmische Wollen der Alexanderzeit, es ist ein freundliches, edel menschliches Wesen, das in schlichten, ruhigen und milden Formen hier sich ausspricht. Es ist ein Werk des vierten Jahrhunderts vor der Alexanderepoche, ein Werk der Zeit des Praxiteles und Skopas.

Der Kopf ist zweifellos das, was man ein griechisches Original zu nennen pflegt. Er ist nach der Aussage des früheren Besitzers nicht weit von Halikarnass gefunden worden[1]). Und er findet wirklich seine nächsten stilistischen Parallelen an den Sculpturen, die uns vom einstigen Schmucke des Maussoleums von Halikarnass geblieben sind. Besonders verwandt in der ganzen Arbeit und Auffassung ist ein bärtiger Kopf vom Maussoleum (Brit. Mus. catal. II, 1054; pl. 20, 1); aber auch der sog. Maussolos selbst ist stilistisch wesentlich verwandt, wenn auch viel energischer und reicher in den Einzelformen.

Man darf hienach mit gutem Grunde annehmen, dass der Kopf demselben Künstlerkreise entstammt, dem die Aufgabe, das Maussoleum mit Sculpturen zu schmücken, zugefallen war; wenn der Kopf nicht gar selbst zu eben diesen Werken gehört hat.

Die Gesichtslänge des Kopfes beträgt circa 26 cm, die Distanz vom Haaransatz zum Munde $18^{1}/_{2}$ cm, vom inneren Augenwinkel zum Munde 9 cm. Die Höhe der Figur, stehend gedacht, müsste gut $2^{1}/_{2}$ m betragen haben. Der Kopf macht jedoch nicht den Eindruck, dass er einer stehend gebildeten Statue angehört habe; er wird,

[1]) So nach Mitteilung von P. Arndt, dem ich auch folgende Angaben verdanke: Der Marmor ist feinkörnig, anscheinend leicht bläulich. Die rechte Kopfseite ist etwas verstoßen. Auf dem Oberkopfe ein rundes, 5 cm tiefes, 1—$1^{1}/_{2}$ cm breites Loch; etwas weiter hinten eine oblonge, 3 cm tiefe, 2 cm breite, 6 cm lange Eintiefung für einen Dübel. Der Kopf ist zum Einsetzen in eine Statue gearbeitet. Höhe 0,48 m.

Verlagsanstalt F. Bruckmann A.-G.
München 1904.

wie die Haltung des Nackens schliessen lässt, von einer sitzenden stammen. Der Kopf ist besonders gearbeitet und war eingelassen; man möchte als das wahrscheinlichste annehmen, in eine Figur, die den Chiton trug, so dass die Fuge durch den Gewandansatz bedeckt wurde. Die Arbeit an dem Kopfe wurde indess erst fertig geführt, nachdem er eingesetzt war. Dies erkennt man am unteren Ende des Bartes, der hier abgeschnitten ist mit Rücksicht auf etwas darunter Befindliches; auch sieht man an der rechten vorderen Halsseite, dass hier etwas anstiess; leider ist gerade hier der Rand verletzt. Der Kopf ist ein wenig nach seiner Rechten gewendet.

An seiner rechten Seite ist der Kopf durchweg sorgfältiger ausgeführt als an der linken. Dies kann nur darin seinen Grund haben, dass diese Seite durch irgend etwas gedeckt wurde. Ich vermute daher, dass zur Linken dieser männlichen eine andere, wohl eine weibliche Figur sitzend gebildet war; dass wir also den Teil einer Gruppe vor uns haben.

Die Ober- und Rückseite des Kopfes ist nur ganz flüchtig angelegt. Die Enden der hinter dem linken Ohr herabfallenden Locken sind abgebrochen; die Reste auf dem Nacken rühren vom Haare, nicht etwa von Gewand her. Der Kopf war nur für die Vorderansicht bestimmt.

Die Ausführung des Kopfes geschah durchweg mit dem Meissel; nur ganz unten am Barte sind Spuren des Bohrers deutlich.

Die durch die Löcher auf dem Oberkopf bezeugten Dübel müssen etwas getragen haben. Auf dem Kopfe selbst weist keine Spur darauf hin, was dies gewesen sein kann. Man wird nur vermuten dürfen, dass in der Rinne, welche das Vorderhaar vom Oberkopfe trennt, ein Kranz von Metall gelegen haben mag. Aber was war der jedenfalls den Dübeln nach recht grosse Gegenstand auf dem Kopfe? Er kann, da auf dem Marmor keinerlei Spur ist, trotz vermutlicher Grösse doch nur leicht aufgelegen haben und ist ohne Zweifel von Metall zu denken.

Wir haben in der Überschrift nur von einem „Bärtigen Götterkopf“ gesprochen; doch wird jeder Betrachter geneigt sein, sogleich den Namen Zeus auszusprechen. Und nicht mit Unrecht. Die ruhige Milde liesse zwar vielleicht auch an einen bärtigen Dionysos denken; doch würden wir bei diesem, dem „Sardanapall“ entsprechend, einen viel längeren Bart und noch wesentlich weichere vollere Formen erwarten. Die ruhige, wenn auch milde Hoheit des Kopfes wird uns immer bei einem Zeus am verständlichsten erscheinen.

Freilich entspricht das Haar durchaus nicht dem herrschenden Zeus-Ideale, das wir vom fünften Jahrhundert an verfolgen können. Die in der Mitte deutlich gescheitelten Locken des Haarkranzes streben nicht empor, sondern legen sich ruhig zur Seite; und dann vor Allem: der Haarkranz verläuft nicht, wie durchweg bei jenem herrschenden Ideale, in einem Zuge von der Stirne bis zum Nacken hinab, so dass das Ohr verdeckt wird; sondern das Ohr unterbricht den Zug, und die Partie hinter den Ohren ist von der vorderen ganz getrennt, sie fällt direct vom Hinterkopfe herab.

Indess, es gab einen Zeuskopf, und zwar einen sehr berühmten, an welchem wir eben diese, vom herrschenden Ideale abweichenden Züge wiederfinden: es war der Zeus des Phidias zu Olympia, wie ihn die bekannte elische Münze wiedergibt. Ich habe in einer früheren Abhandlung (in Mélanges Perrot 1903, S. 109 ff.) näher ausgeführt, dass und weshalb wohl dieser olympische Zeus trotz seines Ruhmes nicht zum herrschenden Typus geworden ist. In dem neuen kleinasiatischen Kopfe glaube ich zum ersten Male einen deutlich vernehmbaren Nachklang jener phidiasischen Schöpfung zu verspüren — freilich in der von der phidiasischen weit entfernten, weichen, verfliessenden Formgebung eines Zeitgenossen des Praxiteles.

Der Künstler war wahrscheinlich ein Attiker. Allein der Zeus nicht der attische; wie wir sahen, trug die Figur wahrscheinlich den Chiton und einen Aufsatz auf dem Kopfe: der karische Zeus Labraundos ward mit dem hohen Polos auf dem Kopfe[2]) und in Chiton und Mantel[3]) dargestellt. Wir möchten diesen kleinasiatischen Gott in der attischen Sculptur vermuten und den Kopf mit einem grossen „Kalathos“ oder „Polos“ ergänzen.

A. Furtwängler.

Die hier von Furtwängler ausgesprochene Deutung des Kopfes findet in letzter Stunde unerwartete Bestätigung durch eine Mitteilung, die mir der frühere Besitzer des Kopfes soeben zukommen liess. Derselbe hat auf meine Bitte hin erneute Nachforschungen nach dem Fundorte angestellt, die, wie er schreibt, als sicheres, nicht anzuzweifelndes Resultat ergeben haben, dass der Kopf in der nicht weit von Halikarnass gelegenen karischen Stadt Mylasa ans Licht gekommen ist. Mylasa aber war in Karien der

[2]) Vgl. Brit. Mus., catal. coins, Caria pl. 22, 1. 5.
[3]) Ebenda pl. 28.

Hauptsitz des Cultus des Zeus, der dort als Ζεὺς Κάριος, Ζεὺς Ὀσογώς (oder Ὀσογῶα), Ζεὺς Λαμβραύνδης oder Στράτιος verehrt wurde[4]).

Eine dieser ursprünglich barbarischen, später aber dem griechischen Zeus angeglichenen Gottheiten werden wir also jedenfalls in dem Kopfe zu erkennen haben[5]). Er mag sehr wohl von einem der am Maussoleum beschäftigten Künstler geschaffen worden sein. Jedenfalls ist er das Werk eines Meisters ersten Ranges, und gehört nicht nur zu den schönsten auf uns gekommenen Götterköpfen, sondern zu den herrlichsten erhaltenen Originalen überhaupt.

P. A.

[4]) Vgl. Theodor Schreiber, Bemerkungen zur Gauverfassung Kariens, in: »Kleinere Beiträge zur Geschichte, von Docenten der Leipziger Hochschule«, Leipzig 1894, p. 43 ff. — Overbeck, Kunstmythologie des Zeus, p. 268 ff. — Roschers mythol. Lexikon s. v. Karios (Höfer), Lambraundos (Drexler), Osogoa (Drexler).

[5]) Eine andre plastische Darstellung eines karischen Zeus nach Overbeck, Kunstmythologie des Zeus, p. 124 f., der am Maussoleum gefundene colossale Torso einer sitzenden männlichen Figur: Catalogue of sculpture in the British Museum, II, 1047.

574. Büste des Zeus.

Neapel, Museo nazionale.

Inventar 6266. Overbeck, Kunstmythologie des Zeus, p. 82, n° 13 (dort, in Anmerkung b, die ältere Litteratur); Atlas Taf. II, 3 und 4. A. Mau, Pompeji in Leben und Kunst (1900), p. 60 ff., mit Figur 23. Derselbe, Führer durch Pompeji3 (1898), Titelbild und p. 23.

Gefunden in dem in frührömischer Zeit vollendeten Tempel des Juppiter in Pompeji. Vor der Rückwand dieses Tempels erhob sich eine 3,45 m hohe Basis, auf welcher zweifellos drei Cultbilder standen. Da nun in dem Tempel eine Weihinschrift an Juppiter Optimus Maximus, den Gott des Capitols, zu Ehren Caligulas, aus dem Jahre 37 n. Chr., sich gefunden hat, so war das Heiligtum offenbar das Capitolium Pompejis und der capitolinischen Trias Juppiter, Juno, Minerva geweiht[1]).

Ist unser Kopf ein Rest dieser Cultgruppe? Zur Beantwortung dieser Frage müsste das Original von Neuem daraufhin untersucht werden, ob es von jeher eine selbständige Büste war oder erst in neuerer Zeit aus einer Statue zur Büste zurechtgemeisselt worden ist. Ist das Erstere der Fall, so muss die Antwort verneinend lauten; denn aus den Dimensionen der Basis geht hervor, dass sie Statuen trug. Es ist aber recht wohl möglich, dass die heutige Zurichtung der Büste nicht dem ursprünglichen Zustande entspricht. Denn eine derartige Form des Bruststückes ist vor dem Jahre 63, der Verschüttung des Tempels[2]), auffällig, ja es ist fraglich — die Beantwortung würde eine gesonderte Untersuchung erfordern —, ob sie sich überhaupt durch sichere antike Parallelen belegen lässt. Die Ergänzung des ganzen linken Büstenrandes (aus Gips) macht es wahrscheinlich, dass hier ursprünglich der (weggebrochne oder besonders angearbeitet gewesne) Mantel auflag. Kopf und Brust der Statue wären dann also nach ihrer Auffindung für Museumszwecke zu einer Büste umgearbeitet worden — es lassen sich hierzu zahlreiche Parallelen anführen —; der Körper der Figur mag mit dem Colossaltorso identisch sein, den man bei der Ausgrabung des Tempels fand: dieser Torso war, nachdem der Tempel im Jahre 63 eingestürzt und nicht wieder aufgebaut worden war, in der Zwischenzeit bis zum Jahre 79 in die Hände von Steinmetzen geraten, die in dem Tempel ihre Werkstätte aufgeschlagen hatten und im Begriffe gewesen waren, eine kleinere Statue aus ihm zu machen[3]). Die Statuen von Juno und Minerva mögen schon vorher auf diese Weise zerstört worden sein. So spricht, da die Aufstellung eines zweiten Colossalbildes des Gottes in seinem Heiligtum auffallend wäre, eine nicht geringe Wahrscheinlichkeit dafür, dass der Neapler Kopf ein Rest dieser Cultgruppe ist. Für die Datierung der Copie gewinnen wir daraus allerdings keinen bestimmten Anhalt, da die Baugeschichte des Tempels nicht völlig klargestellt ist[4]).

Ergänzt ist an der Büste ausser dem schon erwähnten Teile des Bruststückes nach meinen Notizen der grösste Teil der seitlichen Locken[5]); die Nase ist alt. Die Bemalung der Augen hat sich erhalten und ist auch auf dem Lichtdrucke kenntlich. Als Material wird von den Einen carrarischer, von Andern feinkörniger parischer Marmor, sog. grechetto, genannt[6]).

Die Maasse sind colossal; genauere Angaben stehen mir leider nicht zu Gebote[7]). Der Kopf ist ausschliesslich auf Betrachtung von vorn berechnet; der Hinterschädel ist, um Marmor zu sparen, kaum angedeutet. Dies spricht für Aufstellung vor einer Wand und unterstützt die oben dargelegte Vermutung. Die Arbeit der Büste ist mehr decorativ als eingehend, offenbar auf Fernwirkung berechnet.

Der Kopf ist eines der ausdrucksvollsten Bilder des Zeus, die wir haben[8]). Er hat gewiss nicht zu einer sitzenden Statue gehört. Denn Leben, Energie, feurige Bewegung sprechen aus seinen Zügen. Er ist gebieterisch zur Seite und etwas nach oben geworfen und blickt mit grossen Augen in die Weite. Gleich züngelnden

1) nach Mau, Pompeji, a. a. O.

2) Mau, Pompeji, p. 55.

3) Mau, Pompeji, p. 55.

4) Mau, Pompeji, p. 58 f.

5) bei Overbeck a. a. O. nicht angegeben.

6) s. Overbeck a. a. O.

7) Falls, wie Overbeck angiebt, der Kopf wirklich mit der von Gerhard-Panofka, Neapels antike Bildwerke, p. 115, n° 401, kurz erwähnten „Jupiterbüste" identisch ist, so beträgt seine Höhe (mit oder ohne Büstenfuss?) 3½ Palm, d. h. etwa (den Neapolitaner Palm zu 26⅓ cm gerechnet) 95 cm.

8) Man lese auch seine vortreffliche Würdigung bei Mau (Pompeji, p. 60 ff.) nach!

Verlagsanstalt F. Bruckmann A.-G.
München 1904.

Flammen steigt das Haar über der hohen Stirn empor und umrahmt an den Seiten in mächtigen, wallenden Locken das Gesicht. Aus den geöffneten Lippen aber klingen die Worte, die den Willen des Herrschers verkünden. Ein herrliches Bild des göttlichen, in unumschränkter Majestät waltenden Königs! Die zugehörige Statue haben wir uns etwa im Schema der stehenden Zeusfigur aus Tyndaris im Museum von Palermo[9]) zu denken: das Himation um linke Schulter und Arm und um den Unterkörper, die Linke, mit dem Blitze, in die Seite gestemmt, die Rechte das Scepter in Kopfhöhe fassend; aber nicht in dem ruhigen Stande dieser Statue, sondern in lebhafter Action, im Schreiten einhaltend, als den donnerfrohen Gott, der die Erfüllung seiner Befehle fordert.

In dieser Ergänzung gewinnt die Figur überraschende Ähnlichkeit mit einem andern Göttertypus der gleichen Epoche, der uns am Bekanntesten in seiner Variation zu Poseidon in der Colossalstatue aus Melos[10]) entgegentritt, der ursprünglich wohl aber ebenfalls Zeus darstellte[11]). Bei Beiden das gleiche Ethos, das sich in der Wendung des Kopfes, dem geöffneten Munde, dem gebieterischen Blicke, kundgiebt, Beide energische, temperamentvolle Herrscher. Alexanders des Grossen Eroberungszüge mögen die Phantasie der Künstler zu derartigen Schöpfungen angeregt haben. Denn in seine Zeit ungefähr fällt die Entstehung dieser Typen, denen sich, von ähnlicher Grundstimmung beseelt, der Apoll von Belvedere gesellt. Erinnern doch die oberen Partieen am Kopfe des Poseidon von Melos direct an das Porträt Alexanders! Ich habe für den Poseidon, Andre für den Apoll an Leochares als den Künstler gedacht, der Eine wie die Anderen bisher allerdings ohne zwingende Gründe: möglicherweise der gleichen, jedenfalls einer ganz nahe verwandten Künstlerindividualität gehört auch die Schöpfung des Zeus von Pompeji an[12]). Von Leochares sind uns mehrere Zeusbilder litterarisch überliefert[13]).

---

[9]) Overbeck, Kunstmythologie des Zeus, Text p. 132, Fig. 12.

[10]) Brunn-Bruckmann, Taf. 550.

[11]) S. meinen Text zu dieser Tafel.

[12]) Vgl. Arndt-Amelung, Einzelaufnahmen, Text zu nº 737. Overbeck, Kunstmythologie des Zeus, Text, p. 83.

[13]) Overbeck, Schriftquellen 1303-5.

575. Die Basis von Puteoli.

Neapel, Museo nazionale.

Winckelmann, Werke, II, p. 469 f. Mon. ined. II, p. 186 f. Jahn, Ber. d. sächs. Ges. d. W. 1851, p. 119 f. Overbeck, Gesch. d. griech. Plastik[4], II, p. 500 f. Gerber, 13. Suppl. d. Jahrb. für klass. Phil. p. 258 f. P. Gardner, Journal of hell. stud. IX, p. 69 f. Baumeister, Denkm. III, p. 1296. Roscher, Lexikon II, 2094 f. Spinazzola, Atti d. R. Accad. di Napoli XXII, 2, p. 119 f.

Hoch 1,22 m, breit 1,75 m, tief 1,24 m. Parischer Marmor. Auf der Oberfläche befindet sich eine Höhlung von 0,56 : 0,40 m mit zwei 0,12 m tiefen Löchern, ausserdem vier weitere viereckige Löcher, von denen Klammerspuren ausgehen.

Die im Jahre 1693 in Pozzuoli gefundene vierseitige, mit 14 Reliefflguren geschmückte Basis verdankt ihre Entstehung einer Weihung der Augustalen, der Träger des municipalen Kaisercultes, an den Tiberius, im Jahre 30 n. Chr., und trug vermutlich eine Statue dieses Kaisers. Die auf der einen Breitseite angebrachte Inschrift (C. J. L. X, 1624) lautet: „Ti(berio) Caesari, divi Augusti f(ilio), divi Juli n(epoti), Augusto, pontif(ici) maximo, co(n)s(uli) IIII, imp(eratori) VIII, trib(unicia) potestat(e) XXXII Augustales. Respublica restituit." Aus den letzten beiden Worten geht hervor, dass das Denkmal einmal von einer Beschädigung betroffen worden ist, die durch die Gemeinde von Puteoli wieder gut gemacht wurde. Spinazzola vermutet, dass eines der Erdbeben vom Jahre 63 oder 79, durch die Campanien schwer geschädigt wurde, die Ursache gewesen ist. Unwahrscheinlich ist seine Annahme, dass der Zusatz respublica restituit an die Stelle eines abgemeisselten Ornaments getreten ist; der durch diese beiden Worte eingenommene Platz wird ursprünglich frei gewesen sein.

Die Basis ist die freie Nachbildung eines Denkmals, das zwölf im Jahre 17 n. Chr. durch ein gewaltiges Erdbeben zerstörte kleinasiatische Städte, Sardes, Magnesia, Temnos, Philadelphea, Aegae, Apollonidea, Mostene, Hyrcania, Hierocaesarea, Myrina, Cyme, Tmolus, dem Kaiser Tiberius aus Dankbarkeit für die bei ihrer Wiederherstellung gewährte freigebige Unterstützung auf dem Forum Julium in Rom errichteten.[1]) Bronzemünzen, die eine Sitzstatue des Tiberius mit der Umschrift „civitatibus Asiae restitutis" zeigen (Jahn, a. a. O., Taf. II, B) geben als terminus ante quem hierfür das Jahr 20 n. Chr. an. Das römische Denkmal bestand aus einer Colossalstatue des Tiberius, umgeben von den Bildsäulen der zwölf Städte. Die Basis von Puteoli trägt nun ausser den Darstellungen dieser zwölf Städte, die mit Ausnahme von Sardes und Magnesia aus den Inschriften unter den Figuren kenntlich sind, oder es bei der ersten Herausgabe des Denkmals, durch Bulifon 1694, noch waren, die Personificationen von Cibyra und Ephesos, die auch Nicephorus Callistus I, 17, als unter Tiberius durch ein Erdbeben zerstört erwähnt. Für Cibyra giebt Tacitus, Ann. IV, 13, das Zerstörungsjahr 23 n. Chr. an. Für Ephesos steht dasselbe nicht fest, war vermutlich aber das Jahr 29 n. Chr. (Jahn, p. 122). Die Statuen dieser beiden Städte wurden wahrscheinlich dem römischen Denkmal nachträglich hinzugefügt. Spinazzola, p. 134, hält es für undenkbar, dass das Denkmal von Puteoli in dem kurzen Zeitraum zwischen der Zerstörung von Ephesos, 29, und dem Jahre 30, das die Inschrift angiebt, hätte fertiggestellt sein können. Er nimmt an, dasselbe sei ebenfalls bald nach dem Zerstörungsjahr der zwölf Städte begonnen worden und ursprünglich nur die Darstellung dieser vorgesehen gewesen. Die beiden durch grössere Maasse ausgezeichneten Figuren der Inschriftseite seien eigentlich als kaiserliche Tugenden oder Darstellungen Kleinasiens und Campaniens gedacht, hätten sich aber im Laufe der Arbeit durch das Hinzutreten von Cibyra und Ephesos einer Veränderung unterziehen müssen. Die Unmöglichkeit dieser Annahme liegt auf der Hand, auch waren ein bis zwei Jahre für die Errichtung des Denkmals sicher völlig ausreichend.

Auf der einen Breitseite sind, die Inschrift flankierend, Sardes und Magnesia, die nach Tacitus am stärksten heimgesuchten Städte, dargestellt. Ihre Benennung ist, da die Deutung der übrigen Figuren feststeht, gesichert, obwohl ihre Beischriften sehr zerstört sind und nur noch Spuren der beiden Namen erkennen lassen. Speciell

[1]) Tacitus, Ann. II, 47 Strabo XII, p. 579. Phlegon, mirab. 13.

Verlagsanstalt F. Bruckmann A.-G.
München 1904.

die Buchstabenreste unter der Darstellung von Sardes, die ausser auf den Namen der Stadt noch auf zwei weitere Worte schliessen lassen, sind sehr verschieden gelesen worden (Spinazzola, p. 147). Eine Deutung derselben hat neuerdings Spinazzola, p. 149, zu geben versucht, der Tyrrhenia Sardes Peloponnesos zu lesen glaubt. Er erkennt hierin einerseits eine Erinnerung an den Zusammenhang von Lydien mit Etrurien und der Peloponnesos, der aus Tacitus Ann. IV, 55, hervorgeht, andererseits einen Hinweis auf den Namen Tyrrhenia für Campania und die Wohlthaten des Tiberius für die gleichfalls durch Erdbeben heimgesuchte Peloponnesos. Lesung wie die äusserst gekünstelte Auslegung sind jedenfalls nur mit grösster Vorsicht aufzunehmen. Links steht Sardes im gegürteten Peplos und Mantel, der schleierartig über den mit einer Mauerkrone geschmückten Kopf gezogen ist und über linke Schulter und Arm herabfällt. Die linke Hand trägt ein kleines Rhyton, nicht Füllhorn oder Knäbchen, wie man glaubte; der entblösste rechte Arm ist nach dem Kopf eines ihr zur Seite stehenden nackten Knaben hin gesenkt und fasst die erhobene Rechte desselben. Magnesia trägt einen langen Chiton, einen den Unterkörper bedeckenden Mantel, auf dem Kopfe eine Mauerkrone mit Schleier. Ob die erhobene rechte Hand ein Attribut gehalten hat, ist unklar, ebenso die genaue Haltung des gesenkten linken Armes, über den wahrscheinlich das Obergewand fiel.

Es folgt auf der rechts anstossenden Schmalseite Philadelphea in Chiton und Mantel, der den Unterkörper bedeckt und über den linken Unterarm herabfällt. Ihre Attribute sind nicht mehr erkennbar. Neben ihr steht Tmolus in Gestalt eines dem jugendlichen Dionysos nachgebildeten Jünglings mit Nebris und Stiefeln, mit der erhobenen Rechten einen mit Trauben behangenen Rebstock fassend. Endlich Cyme wieder in Chiton und Mantel, mit der gesenkten Rechten einen rundlichen, nicht erklärbaren Gegenstand haltend. Im linken Arm scheint ein Füllhorn zu ruhen. Der Kopfschmuck ist bei jeder der drei Gestalten undeutlich.

Die zweite Breitseite ist mit sechs Figuren geschmückt. Die Mitte nehmen, voneinander abgewandt, Myrina und Ephesos ein, links Myrina mit gekreuzten Beinen, sich an einen Dreifuss mit Kessel lehnend, ganz eingehüllt in einen Mantel, der schleierartig die Mauerkrone auf ihrem Haupte bedeckt. Im linken Arm ruht ein Lorbeerzweig. Rechts Ephesos in Amazonentracht, kurzem Chiton mit Ueberwurf, entblösster rechter Brust und hohen Stiefeln. Ihr linker Fuss ruht auf einer bärtigen Flussgottmaske, auf dem Haupte trägt sie eine merkwürdig geformte Turmkrone, deren oberer Teil aber nicht, wie die früheren Herausgeber meinten, herausschlagende Flammen, sondern wahrscheinlich eine geweih- oder korbartige Verzierung darstellt. Wie Spinazzola, p. 142, versichert, sind Spuren eines Zweiges als Attribut der Linken an Brust und Knie sichtbar. Mit der erhobenen Rechten hält sie Ähren und Mohn; hinter ihr steht auf einem Pfeiler das Bild der ephesischen Artemis. Den Abschluss der Seite bilden links Temnos, ein Jüngling mit nacktem Oberkörper, Stiefeln, Mauerkrone auf dem Kopfe, Thyrsos in der Linken, rechts Hyrcania in kurzem gegürteten Chiton und Mantel über der linken Schulter. Sie trägt Stiefel und eine runde Kopfbedeckung, nach Jahn vielleicht die makedonische Kausia. Ihre Attribute sind verloren, doch sind an ihrem rechten Arm nach Spinazzola noch Blätter eines Zweiges sichtbar. Im Hintergrunde stehen endlich links Cibyra in kurzem Chiton mit Wehrgehenk, Stiefeln, Helm, mit der Linken Speer und Schild schulternd, rechts Apollonidea ebenfalls im kurzen Chiton und Stiefeln, auf dem Kopfe die Mauerkrone, in der Hand ein Attribut, das am ehesten ein Tier zu sein scheint, von dem der Schwanz am Arm der Hyrcania sichtbar wird.

Auf der zweiten Schmalseite sind wieder drei Figuren vereinigt. Links Mostene im Peplos, in dessen mit der Linken aufgenommenem Bausche Früchte ruhen. Die Kopfbedeckung sowie das Attribut in der gesenkten Rechten sind unklar; vielleicht ist letzteres ein Ährenbündel oder eine Pinienfrucht. In der Mitte steht Aegae im gegürteten Peplos, der die rechte Brust und das rechte Bein freilässt, sich mit der erhobenen Rechten auf einen Stab, wahrscheinlich den Rest eines Dreizacks, stützend, im linken Arm einen Delphin haltend, auf dem Kopf die Mauerkrone. Rechts endlich Hierocaesarea in kurzem Chiton mit Ueberwurf, Stiefeln und Mauerkrone. Im linken Arm ruht ein Füllhorn.

Welches ist nun das gemeinsame inhaltliche Bildungsprincip der zwölf weiblichen und zwei männlichen Figuren, und wie gelangt dasselbe formal zum Ausdruck? Jahn ging bei der Beurteilung der Bildwerke auf die Gründungssagen und charakteristischen Eigentümlichkeiten der Städte zurück: so erklärt er z. B. den Knaben neben Sardes vermutungsweise als den Landesheroen Tylos, die Amazonentracht von Ephesos aus der Gründungssage der Stadt, die männlichen Figuren von Tmolos und Temnos aus den weinreichen Bergen gleichen Namens. Gerber dagegen glaubt in den Darstellungen nur die Bürgerschaft einer jeden Stadt personificiert und die hervorragenden Merkmale derselben wie Reichtum,

Wehrhaftigkeit, Frömmigkeit ausgedrückt zu sehen. Er erkennt in dem Knaben neben Sardes den Plutos, in der Amazonengestalt der Ephesos eine Dienerin der Artemis. Von beiden Erklärern sind die Grenzen zu eng gezogen. Man wird vielmehr mit Gardner und Spinazzola in den Städtepersonificationen der Basis von Puteoli allegorische Gestalten erkennen müssen, die durch Betonung mythischer und historischer Begebenheiten, cultlicher und localer Verhältnisse näher charakterisiert sind. Die Darstellungen von Aegae, Myrina und Ephesos weisen auf den Dienst des Poseidon, Apollon und der Artemis hin, Ephesos zugleich auf die Gründungssage, auf Fruchtbarkeit und seine Lage am Kaystros, Hyrcania auf die Besiedlung durch die Makedonen, Temnos und Tmolos auf den Weinbau, Sardes mit dem Plutos, Cyme, Mostene und Hierocaesarea auf Fruchtbarkeit und Wohlstand, Cibyra auf die Tapferkeit der Bevölkerung. In den meisten Fällen ist in Erinnerung an die Stadtbefestigung die Mauerkrone als Kopfschmuck gewählt.

Die Charakterisierung der einzelnen Figuren ist formal nur sehr äusserlich durchgeführt und beschränkt sich fast durchweg auf die Ausstattung mit ganz allgemein gehaltenen Attributen. Ein Zusammenhang mit den Münztypen der Städte ist nirgends festzustellen. In Folge dieser schematischen Ausdrucksweise konnte es kommen, dass z. B. Aegae, das nicht am Meere lag, vielleicht nur in Erinnerung an andere Städte des gleichen Namens mit den Attributen des Poseidon dargestellt wurde, die nach den Münzbildern viel besser in der Hand der Cyme am Platze wären.

Die Anordnung der Reliefﬁguren ist mit Unrecht von früheren Herausgebern gerühmt worden. Die Gruppenbildung ist vielmehr wenig glücklich, die Figuren sind einfach ohne Zusammenhang aneinandergereiht. Sehr schlecht wirken auch die beiden in den Hintergrund gestellten Städte der einen Breitseite. Als Entschuldigung kann vielleicht die notwendige Anlehnung an die Rundfiguren des römischen Denkmals gelten.

Auch der künstlerische Wert der Einzelfiguren ist gering. Es sind grösstenteils geläufige römische Typen, wie sie die Provinzdarstellungen und Personificationen auf den Münzen der Kaiserzeit zeigen, zurückgehend auf griechische Vorbilder. Hervorzuheben sind nur die Darstellung von Temnos, die einem verbreiteten Dionysostypus des vierten Jahrhunderts nachgebildet ist; von Myrina, die ebenfalls ein reizendes Motiv des vierten Jahrhunderts wiedergiebt, für welches besonders eine Statue in Dresden (Clarac 734, 1774) und eine Terracotte aus Myrina (Nécropole de Myrina, pl. 6, unten rechts) zu vergleichen sind [1]), endlich von Aegae. Auffällig sind bei dieser der Tanzschritt und das flatternde Gewand, beides ebenso wenig passend für die Städtepersonification wie in den Rahmen des Reliefs mit den ruhig stehenden Figuren. Die Züge erklären sich aus der Benützung eines statuarischen Typus, der für schreitende und schwebende Gestalten geschaffen ist. Derselbe ist uns in zahlreichen Horenfiguren — ich nenne als Beispiele eine Statue in Florenz (Amelung, Führer durch die Antiken von Florenz, n° 56), eine Bronzestatuette im Britischen Museum (Katal. n° 1513) und eine Marmorstatuette im Palazzo Spada in Rom (Matz-Duhn, 935) — sowie in Nikedarstellungen erhalten. Für letztere ist besonders eine Bronzestatuette in Parma zu vergleichen (Gazette archéologique 1880, pl. 26. Arndt-Amelung, Einzelaufnahmen 82). Es sind römische Schöpfungen, die auf ein griechisches Vorbild des vierten Jahrhunderts aus dem Kreise des Timotheos zurückgehen.

Wir dürfen in den Reliefs der Basis von Puteoli und ihrem römischen Vorbild die letzten Ausläufer der neuattischen Kunstrichtung erkennen. Der künstlerische Wert des Denkmals steht hinter dem historischen weit zurück. Als analoge Schöpfung ist die von Strabo IV, p. 192 erwähnte Ara des Augustus in Lyon, die von den Statuen sechzig gallischer Stämme umringt war, anzuführen, von erhaltenen Denkmälern die wahrscheinlich von einem Throne des Claudius stammende Reliefplatte von Cervetri im Lateran, auf der die Vertreter der drei etruskischen Städte Vetulonia, Vulci, Tarquinii dargestellt sind (Benndorf-Schöne 212), sowie ein Relief im Louvre mit drei Städtepersonificationen (Clarac 222, 301. Giraudon 2088). Stilistisch bieten die Reliefs vom Hyposkenion des athenischen Dionysostheaters, die aus der Zeit des Nero stammen (Brunn-Bruckmann 15), eine nahe Parallele.

J. Sieveking.

[1]) Dasselbe Motiv ist bei der Frauenfigur des einen Tropäums vom Capitol (Maass, Tagesgötter, p. 69) verwendet.

576. Herme der Aphrodite.

Neapel, Museo nazionale.

Inventar 6369. Gerhard-Panofka p. 34, n° 99. Furtwängler, Meisterwerke p. 98, Anm. 2, n° n. Sal. Reinach, recueil de têtes antiques pl. 87, p. 70 f.; hier weitere Litteratur. Aus Herculaneum. Der Kopf trug bis vor wenigen Jahren auf der Mitte des Oberschädels eine moderne Turmkrone und galt danach als eine Darstellung der Kybele. Ergänzt ist (nach Mitteilung von Paul Herrmann) nur der untere Teil des Hermenbruststückes und die äusserste Spitze der rechten Schulterlocke. Die Nase ist intact. Das Ganze geputzt.

eines der berühmten und beliebten Meisterwerke des Altertums wiedergiebt. Und auch heute können wir die Bewunderung der Alten für diese herrliche Schöpfung ohne Weiteres verstehen. Hoheit und vornehmbare Unnahbarkeit vereinen sich in ihr mit der süssen Lieblichkeit des verlangenden Weibes. Ohne Zweifel ist die Göttin der Liebe, Aphrodite, dargestellt. Für ein Porträt sind der individuellen Züge zu wenige vorhanden. Die langgezogenen, schmalen, verschwimmenden Augen, den leise geöffneten Mund,

Fig. 1.

Zahlreiche Wiederholungen und Umgestaltungen des Typus [1]) beweisen, dass der Kopf der die oberen Zähne etwas sehen lässt, finden wir bei schönen, lebensfrohen Frauen. Das Haar ist sorgfältig gewellt und durch die dreifach umgeschlungene Binde, die ὀπισθοσφενδόνη, zierlich gegliedert. So ist denn der Kopf auch in einer Madrider Doppelherme [2]) mit einem Jünglingstypus vereint, in dem man [3]) mit Sicherheit Eros erkannt hat. In einer Marmorstatuette aus Syrien, in der Sammlung de Clercq in Paris, einer hellenistischen Contamination, ist er, in Einzelheiten geringfügig verändert, mit dem Körper einer

[1]) Zu der Aufzählung der Repliken bei Furtwängler a. a. O. sind hinzuzufügen: das von Helbig, Führer[2] II, n° 964 erwähnte Exemplar im Besitze des Duca di Poggio Nativo; eine vor einigen Jahren für die Münchener Glyptothek angekaufte Herme (Furtwängler, 100 Tafeln, p. 13); und ein Kopf im Besitz von Sir Charles Robinson in London („Burlington Fine Arts Club. Exhibition of ancient greek art," 1904. Pl. XL, n° 62; p. 257. — Reinach, recueil de têtes antiques, pl. LXXXVIII. — Auctionskatalog der Sammlung J. C. Robinson, 17. und 18. April 1902, bei Christie, Manson & Woods in London, p. 28, n° 241). Im römischen Kunsthandel befand sich vor einigen Jahren ein Exemplar, das gefälscht gewesen sein soll.

[2]) Arndt-Amelung, Einzelaufnahmen, n° 1646–48.

[3]) Furtwängler, Meisterwerke, p. 101.

Verlagsanstalt F. Bruckmann A.-G.
München 1904.

nackten Aphrodite verbunden [4]). Und auf der hier Fig. 1 abgebildeten, in meinem Besitz befindlichen attischen Pyxis erscheint er, unverkennbar, zwischen Eroten und Frauen, die ihn schmücken.

Aphrodite. Aber noch nicht das Weib, das mit sinnlichem Liebreiz uns umstrickt, sondern darstellenden, stehenden Frauenfigur, die mit feinem, eng anliegenden Chiton und schwerem, um die Beine geworfenen und von der Linken über die Schulter emporgezogenen Mantel bekleidet ist. Der zu dieser Statue gehörige Kopftypus hat sich noch nicht nachweisen lassen.

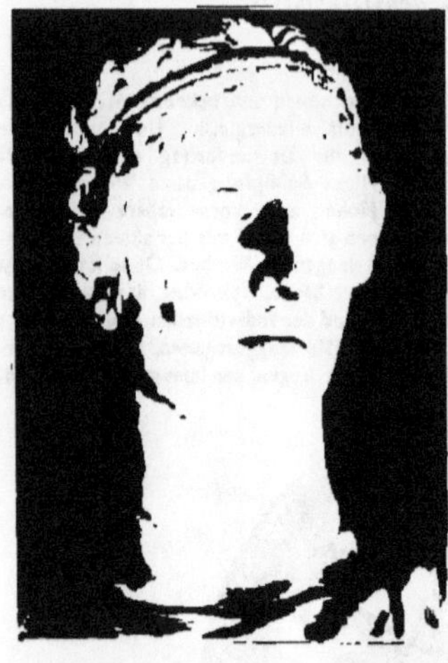

Fig. 2.

Fig. 3.

die Göttin, die sich dem Sterblichen versagt. Ein Werk des 5., nicht des 4. Jahrhunderts. Bekleidet, noch nicht nackt [5]). Der Körper, auf dem der Kopf sass, mag ungefähr dem der nämlichen Periode angehörigen sog. Typus Valentini geglichen haben, einer in mehreren Wiederholungen [6]) erhaltenen, wohl ebenfalls Aphrodite

Die Neapler Herme wendet den Kopf zur rechten Schulter. Bei den anderen Kopien schwankt die Kopfwendung. Aus dem Zeugnis des sicher zu einer Statue gehörigen, nicht als Einzelherme gearbeiteten Riccardischen Kopfes ergiebt sich, dass das Original zur linken Schulter gewendet war. Dieses Schwanken erklärt sich daraus, dass die Mehrzahl der erhaltenen Kopieen von Hermen stammt, die zumeist decorativen Zwecken dienten und auch in der Richtung des Kopfes ihren Gegenstücken angepasst werden mussten. Aus einem ähnlichen decorativen Grunde, zur Vermittlung zwischen Kopf und Hermenschaft, wurden die langen Schulterlocken angebracht, die dem Originale, ebenfalls nach Ausweis des Exemplares Riccardi, fehlten [7]).

Überhaupt ist der Vergleich der erhaltenen Repliken dieses Typus für die Zwecke der Kopieenkritik ausserordentlich instructiv [8]). Es wäre zu wünschen, dass, ähnlich wie vom

[4]) Nach Furtwängler a. a. O., pag. 100. Ich kenne die Statuette nur aus Abbildungen, die ich der Güte des Herrn A. de Ridder in Paris verdanke. Derselbe hegt übrigens an der Echtheit der Statuette Zweifel, die er im 4. Bande seiner Publication der Sammlung de Clercq eingehend begründen wird.

[5]) Das Zeugnis der Neapler Herme gilt hierfür mehr, als das der de Clercq'schen Statuette, die (nach Furtwängler) das Product einer späteren Stilmischung ist. Auch die Form des Halsausschnittes an dem Riccardischen Exemplar (Einzelaufnahmen 307; hier Figur 2) beweist, dass dieses zu einer Gewandstatue gehörte.

[6]) a) Palazzo Valentini in Rom. Furtwängler, Meisterwerke p. 652 f., Figg. 129 und 130. Nach Amelungs Untersuchung, die durch mir vorliegende Photographien bestätigt wird, ist der Kopf nicht zugehörig. b) Palazzo Odescalchi in Rom. Furtwängler a. a. O., p. 654, Anm. 1. c) Palazzo Lazzeroni in Rom. Arndt-Amelung, Einzelaufnahmen 1169. d) Giardino pubblico in Frascati. Amelung a. a. O. e) Clarac 981, 2519c. »Coll. Pamphili«; jetzt wo? Wie es scheint, mit keinem der vorgenannten Exemplare identisch.

[7]) Siehe hierüber: Furtwängler, Meisterwerke p. 99, Anm. 2.

[8]) S. Arndt-Amelung, Einzelaufnahmen, Text zu nº 211/12.

Doryphoroskopfe, alle erreichbaren Exemplare in Gips gegossen würden. Aber auch schon aus der Nebeneinanderstellung der Photographien kann man erkennen, welche Umgestaltungen ein Original unter der Hand verschieden begabter und verschiedenen Zeiten angehöriger Kopisten erleiden konnte. Wir finden da vergrösserte Kopieen (Konstantinopel) und verkleinerte (Ludovisi), Umsetzungen in freieren Stil (Barracco) und in strengeren (London), und unter den getreuen Kopieen die verschiedensten Wertgrade der Ausführung. Die besten Exemplare scheinen nächst dem hier abgebildeten Neapler, das von vorzüglicher Arbeit ist, das, dem photographischen Apparat schwer erreichbare, in Palazzo Riccardi in Florenz (hier Fig. 2) und das eine, stark ergänzte, Borghesesche (hier Fig. 3)[9]) zu sein. Beide Kopieen sind — wenn die Aufnahmen nicht trügen — nicht nur zur Seite, sondern, wie auch das neue Münchner Exemplar, auch etwas nach oben gerichtet: der Kopf erhält dadurch einen stolzen und siegesbewussten Ausdruck, der zum Wesen der Aphrodite wohl passt. In der Wiedergabe der Augen ist die Riccardische Kopie anscheinend nicht getreu: sie giebt sie gross und weit geöffnet; aber die schmale, mandelförmige Bildung, die durch die Mehrzahl der anderen Wiederholungen verbürgt ist, verkörpert besser den feuchten Blick der Göttin der Liebe.

Die Entstehungszeit des Originales lässt sich, wie dies Furtwängler[10]) nach Konrad Langes Vorgang ausgesprochen hat, durch den Vergleich mit dem Kopfe der Athene Parthenos des Phidias annähernd bestimmen. Das nämliche feine und langgezogene Oval des Gesichtes, eine ganz verwandte Bildung der Lockenbüschel vor den Ohren. Auch der Kopf des Diadumenos Farnese dürfte zum Vergleich heranzuziehen zu sein. Ob freilich ein Werk des Phidias selbst oder eines seiner Kunstgenossen, muss unentschieden bleiben. Auch von Alkamenes und Agorakritos sind uns Aphroditestatuen überliefert.

Das Original scheint, nach der scharfen Art der Haararbeit und der Bildung der Löckchen im Nacken und an den Schläfen zu urteilen, aus Bronze gefertigt gewesen zu sein.

P. A.

---

[9]) Helbig² II, 973. Die Abbildung nach einer von A. Kalkmann mir zur Verfügung gestellten Photographie. Gips in München. — Die vielgerühmte Madrider Doppelherme (s. Anm. 2) ist in der Mitte auseinandergesägt und falsch wieder zusammengesetzt worden. Die Arbeit ist sorgfältig, aber flau und langweilig.

[10]) Meisterwerke, p. 98 ff.

577. Statue einer Göttin.

Boston, Museum of fine arts.

Diese 0,675 m hohe Gruppe[1]) wurde von dem verstorbenen Sammler Léon de Somzée zu Brüssel aus dem Kunsthandel in Rom erworben; sie sollte gefunden sein bei der Porta San Pancrazio. Das Material ist pentelischer Marmor. Die Gruppe ist fast ganz vollständig erhalten; ergänzt ist Nichts. Es fehlt nur die rechte Hand mit dem Gewandrande und der Kopf des Wasservogels, der besonders angesetzt war. Auch der vordere Teil des linken Fusses war angestückt; es ist noch der Rest des eisernen Stiftes erhalten, der ihn trug. Ferner ist das Ende des linken Flügels des Vogels und der grösste Teil des rechten Flügels abgebrochen. Die Nase der Göttin und die Finger der linken Hand sind beschädigt.

Die Gruppe hat als Aufsatz auf einen Brunnen gedient; sie ist von unten her durchhöhlt (s. die Unteransicht Figur 1), um eine Wasserröhre hineinzulegen, die durch den Hals des Vogels ging. Man sieht oben die Mündung der cylindrischen Durchbohrung; sie ist indes jetzt durch einen Stein und Kalk oder Gips verstopft, und zwar ist dies nicht in moderner Zeit geschehen, sondern noch bevor die Figur unter die Erde kam. Auf dem schmalen Rande, welchen die Durchbohrung an dem oberen Halsabschnitte lässt, sieht man ein kleines rundes Dübelloch, mittels dessen der Kopf des Vogels aufgesetzt war. Dieser Kopf kann aber nicht in Marmor, er muss in Bronze gearbeitet gewesen sein.

Diese ganze Herrichtung der Gruppe zu einer Brunnenfigur ist aber offenbar nicht ihrer Entstehung gleichzeitig. Sie ist recht grob und roh gemacht. Man hat augenscheinlich behufs Zurichtung zur Fontäne den ursprünglich mit dem Ganzen aus einem Block gearbeiteten Kopf des Wasservogels abgeschnitten und durch einen ehernen ersetzt, der als Brunnenmündung brauchbar war; denn den marmornen Vogelkopf zu durchbohren, wäre sehr umständlich und schwierig gewesen.

Stil und Arbeit der Gruppe beweisen in der unverkennbarsten Weise, dass dieselbe ein griechisches und zwar attisches Werk aus dem vierten Jahrhundert vor Chr. ist. Es ist das feierliche Bild einer grossen Göttin auf einem Vogel, ein griechisches Originalwerk voll religiösen Sinnes, ein Weihgeschenk aus einem Heiligtume. Zur Decoration einer Gartenfontäne wurde dieses Denkmal zweifellos erst

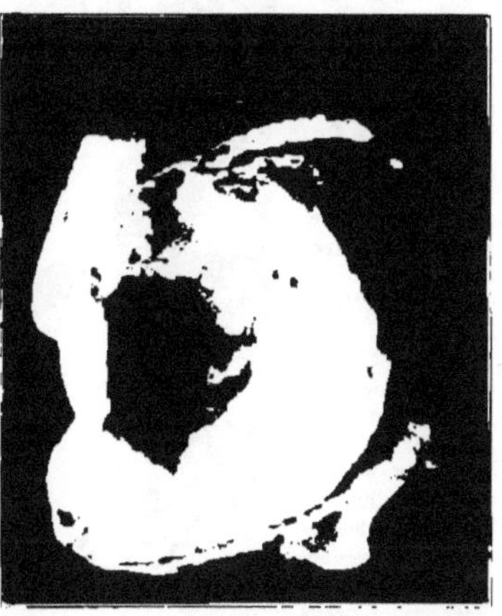

Fig. 1.

in römischer Zeit von einem späteren Besitzer in Rom gemacht, der den schönen griechischen Marmor, den er auf irgend eine Weise erworben, im Garten seines Peristyls hübsch aufstellen wollte. Dieser Vorgang ist bekanntlich nicht ohne Analogien.

In allen Tiefen sind auf dem Marmor Reste einer ockergelben Farbe erhalten. Auch diese Färbung wird schwerlich der Zeit der Entstehung, sondern gewiss der späteren Verwendung zuzuschreiben sein.

Die Gruppe ist nur für die Vorderansicht gearbeitet; an den beiden Seiten und hinten ist sie nur flüchtig angelegt.

Die Göttin, bekleidet mit gegürtetem Chiton mit Kreuzbändern und mit dem über den Hinterkopf gezogenen Mantel, sitzt bequem auf dem Rücken des Tieres, und zwar zwischen den zwei sich hebenden Flügeln desselben. Der rechte

[1]) Gesichtslänge 78 mm; vom Kinn zum inneren Augenwinkel 50 mm. — Reinach, répertoire II, 2, p. 687, nº 1.

Verlagsanstalt F. Bruckmann A.-G.
München 1904.

Flügel ist horizontal, der linke schräg nach oben gerichtet: der Vogel ist im Begriffe emporzufliegen. Seine Füsse sind nicht angegeben; sie sind nach hinten gestreckt zu denken, verborgen in der rundlichen Masse, auf welcher der Körper des Tieres aufruht und welche zugleich die Basis der Gruppe bildet. Diese Masse ist durchaus nicht als Wasser charakterisiert; wäre Wasser gemeint, so müssten hier Wellen angedeutet sein. Schon der wohl noch dem 5. Jahrhundert angehörige Terracotta-Delphin von Olympia (Olympia Bd. III, Taf. 8, 6, 7; Text S. 42 f.) zeigt eine recht natürliche, plastisch nachgebildete Welle als Basis. Die Masse unter dem Vogel unserer Gruppe erinnert vielmehr an diejenige unter der Nike des Paionios, aus welcher der Adler hervorkommt: sie bedeutet Luft. Ursprünglich war dieser Teil des Marmors gewiss blau bemalt. Durch die Luft also steigt der Vogel, der die Göttin emporträgt.

Fig. 2.

Dass der Flug in die Höhe geht, ist vor Allem auch dadurch angedeutet, dass die Brust des Vogels wesentlich höher steht als sein Hinterteil. Dieser Umstand beweist allein schon gegen ein Schwimmen auf dem Wasser.

Ferner ist das Emporsteigen in feiner Weise auch dadurch deutlich gemacht, dass ein Windzug von unten her das Gewand der Göttin erfasst. Das Gewand des Oberkörpers zeigt keinerlei Wirkung eines Windes; dagegen ist der Mantel von den Knieen abwärts deutlich von einem von unten kommenden Windzug gefasst. Hierdurch wird in wundervoll sinnfälliger, eindringlicher Weise das Emporsteigen der Göttin angedeutet: sie erscheint wie von einem Hauche von unten nach oben getragen und gehoben.

Wir haben das Tier vorerst nur als Wasservogel bezeichnet. Man denkt zunächst an einen Schwan; allein genauere Betrachtung lehrt, dass doch offenbar eine Gans gemeint ist; das zeigen vor Allem der Hals, dann auch die relativ kleinen Flügel. Das Grössenverhältnis des Tieres zum Menschen ist, wie immer in der guten antiken Kunst, rein nach künstlerischem Bedürfnis, nicht der Wirklichkeit entsprechend gestaltet; es ist ein Verhältnis hergestellt, das ein bequemes Sitzen der Göttin ermöglicht und das die tragende Kraft der getragenen Last entsprechend erscheinen lässt. Das Tier ist also in Beziehung zur Wirklichkeit gross, die Göttin klein gebildet.

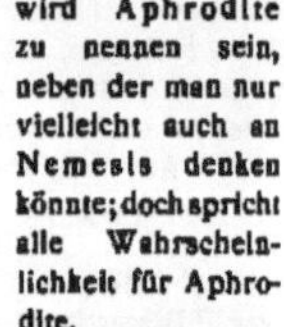

Als Name der Göttin aber, die auf der Gans reitet, wird Aphrodite zu nennen sein, neben der man nur vielleicht auch an Nemesis denken könnte; doch spricht alle Wahrscheinlichkeit für Aphrodite.

Eine herrliche attische Schale der Zeit um 470—460 v. Chr. aus Kameiros stellt bekanntlich Aphrodite, inschriftlich bezeichnet, von einer Gans durch die Lüfte getragen, dar [1]). Die Göttin hält eine Ranke in der Hand. Griechische Terracottastatuetten schon des strengen, dann des freien Stiles zeigen die von der Gans getragene Göttin nicht selten [2]). Zuweilen ist ihre Bedeutung als Aphrodite hier durch Zufügung eines Eros ausser Zweifel gestellt. Die Motive

---

[1]) British Museum, white Athenian vases pl. 15; catalogue III, nº D 2. Vgl. Furtwängler-Reichhold, griech. Vasenmal., S. 283. O. Keller, Thiere d. klass. Altert., S. 288 f.

[2]) Arch. Anzeiger 1894, S. 31, Fig. 20. Winter, Typenkatalog I, S. 161, 2; 162, 3. 5; II, S. 182, 8; 183, 1. 2. 3. 4. 5. 7. 9; 184, 4. British Museum, Catal. of Terracottas pl. XV, nº A 424.

unserer Statue, das Fassen des bogenförmigen Gewandes mit der Rechten, das Halten am Halse der Gans, das Überschlagen der Unterbeine stellen unzweideutig den Schwan dar. So eine schöne attische Lekythos aus Cypern der Zeit um 450—440 v. Chr.: Aphrodite ist ganz be-

Fig 3.

Fig. 4.

kommen alle auch unter diesen Terracotten vor. Zuweilen ist der Oberkörper der Göttin entblösst. Ein Silbergefäss späterer, wohl hellenistischer Zeit stellt Aphrodite ganz unverhüllt, nur mit einem Mäntelchen über den Armen auf der Gans reitend dar[1]); das Tier ist hier der realistischen Forderung späterer Zeit entsprechend kleiner als sonst gebildet, was künstlerisch nicht günstig wirkt; man sieht hier erst, wie Recht die ältere Zeit hatte, hierin von der Wirklichkeit abzuweichen.

Bei manchen Bildwerken kann man zweifelhaft sein, ob eine Gans oder ein Schwan als Träger der Göttin gemeint ist. Andere aber

[1]) Revue arch. 1897, II. p. 161. 163.

kleidet, mit Scepter und Diadem ausgestattet, und sitzt feierlich auf dem über das Wasser dahinfliegenden Schwan[2]). Auch ein Bronzespiegel aus Eretria mit ähnlicher Darstellung gehört noch in das fünfte Jahrhundert[3]); jünger sind einige Vasenbilder, wo die Benennung Aphrodite durch die Zufügung von Eroten ganz sicher gestellt wird[4]).

Indess auch Artemis kommt, wenn auch vereinzelt, auf dem Schwane reitend vor; so auf

[2]) Journal of hell. stud. 1891, pl. 13.

[3]) Ἐφημ. ἀρχ. 1893, Taf. 15, 1; Monum. et mém. Piot IV, p. 79, Fig. 2.

[4]) Berlin, Vasen, Furtw. n° 2636 (Hydria), sowie die kleineren Gefässe n° 2660 und 2688, die im Jahrbuch d. Inst. I, 1886, Taf. 11 abgebildet sind.

einem archaischen Terracotta-Pinax im Louvre[8]). Eine ausgezeichnete attische Terracotte der späterphidiasischen Epoche stellt eine geflügelte Göttin, die ein Füllhorn und eine Schale trägt, auf dem über das Wasser schwebenden Schwane dar[9]). Hier darf wohl am ehesten an Nemesis gedacht werden.

Ich habe in einer früheren Abhandlung nachzuweisen gesucht, dass in zahlreichen, früher auf Leda gedeuteten Denkmälern einer Göttin mit dem Schwane wahrscheinlicher Nemesis zu erkennen ist[10]). Auch bei unserer Gruppe ist die Möglichkeit nicht ganz abzuweisen. Ja, die auffallende Verwandtschaft des Kopfes unserer Göttin (Fig. 2) mit dem der Themis-Statue aus dem einen der Tempel zu Rhamnus[11]) — Stil und Haartracht gleichen sich völlig — verführt fast zu der Vermutung, dass unsere Gruppe einst im rhamnusischen Heiligtum als Weihgeschenk gestanden haben möge, bevor sie durch römischen Kunstraub nach Italien gebracht worden ist.

Allein die sicher bestimmbaren Denkmäler sprechen doch in unserem Falle für die Benennung **Aphrodite**. Übrigens stand Nemesis der Aphrodite ja überaus nahe.

Die Gans ist als ein aphrodisisches Tier bezeugt. Die Denkmäler zeigen aber, dass parallel mit der Gans auch der Schwan bei Aphrodite verwendet ward. Es scheint, dass mit dem Bilde der auf der Gans oder dem Schwane übers Wasser durch die Luft einherziehenden Göttin der Begriff des Nahens von Licht und Frühling verbunden ward[12]). Der tiefere Grund, dass jene sich nahestehenden Gottheiten Artemis, Nemesis, Aphrodite in diesem Typus gebildet wurden, mag aber darin liegen, dass das Band, welches diese Göttinnen mit einer älteren allgemeineren Vorstellungsschicht dämonischer „Schwanjungfrauen“ verbindet, für den Volksglauben der klassischen Zeit noch nicht ganz zerrissen war.

Unsere Gruppe ist, wie Marmor und Stil beweisen, zweifellos ein attisches Werk, und zwar des vierten Jahrhunderts. Die Behandlung des Gewandes, die Art der Gürtung, die Falten des Chitons und des Mantelwulstes über den Oberschenkeln sind sehr charakteristisch und finden sich ebenso an zahlreichen attischen Grabreliefs des vierten Jahrhunderts. Auch der Kopf findet unter diesen nahe Parallelen; die besondere Ähnlichkeit mit dem Kopfe der Themis-Statue von Rhamnus ward schon erwähnt; diese letztere ist indes sonst in der Behandlung des Chitons etwas verschieden und von jüngerer Art als unsere Aphrodite.

Besonders gelungen ist an letzterer die vom Winde erfasste Partie des Mantels am Unterkörper; von den conventionellen Motiven aber, welche gegen Ende des fünften Jahrhunderts bei der Darstellung im Winde wehenden Gewandes üblich waren, findet man hier nichts; und hierin liegt ein besonderes Interesse unserer Gruppe, die man als das Werk eines tüchtigen attischen Meisters etwa um die Mitte des vierten Jahrhunderts ansehen darf.

A. Furtwängler.

[8]) Von mir erwähnt in Samml. Sabouroff, Einl. Vasen, S. 15.

[9]) Athen, Nat.-Mus., Terrac. nº 2819 (früher 385). Vergl. Samml. Sabouroff, Vasen, Einl. S. 13, Anm. 7. Winter, Typenkatal. II, 194, 2.

[10]) Samml. Sabouroff, Einleit. Vasen S. 8 ff. Einige oberflächliche Bemerkungen dagegen, die weder der litterarischen Überlieferung noch den Denkmälern gerecht werden, bei Kekulé, über eine weibl. Gewandstatue, S. 13 f.

[11]) 'Εφημ. ἀρχ. 1891, Taf. 4; S. 48 ff. Brunn-Bruckmann Taf. 476.

[12]) Vgl. Kalkmann im Jahrb. d. Inst. 1886, S. 240 f.

578. Statue der Aphrodite Kallipygos.

Neapel, Museo nazionale.

Fig. 1.

Fig. 2.

Clarac 611, 1352; Winckelmann, Werke II, S. 404; Gerhard, Neapels antike Bildwerke n° 429; Müller-Wieseler II, n° 276; K. O. Müller, Handbuch § 377 n° 2 (hier citirt: Finati, Museo Borbonico II 255, Piranesi Statue 7, Maffei 55); M. C. F., Musée royal de Naples . . . ., cabinet secret (Paris 1860) pl. III; Bernoulli, Aphrodite S. 341 ff.; Friederichs-Wolters n° 1479; Heydemann, Jahrbuch d. J. 1887, S. 125; Furtwängler, Meisterwerke S. 648; Hauser im Text zu Arndt-Amelung's E-A 758; Klein, Praxiteles, S. 269.

„Früher zu der Farneseschen Sammlung gehörig; wie es heisst, an der Stätte des goldenen Hauses des Nero zu Rom gefunden" (Müller-Wieseler). — „Neu, von Albaccini ergänzt, sind der Kopf und die Büste, soweit nackt, der linke Arm mit dem heraufgezogenen Gewandstück, die rechte Hand und das rechte Unterbein" (Bernoulli). Auch die Plinthe ist ergänzt. — Jedenfalls treffen die Ergänzungen in allem Wesentlichen das Richtige. Sie sind, vielleicht mit Ausnahme des l. Unterbeins, keineswegs schlecht, wie Bernoulli behauptet, und überdies dem Alten noch dadurch ähnlich, dass

Verlagsanstalt F. Bruckmann A.-G.
München 1904.

dieses stark geputzt ist, sodass die Gesamterscheinung der Statue eine sehr einheitliche bleibt.

Aphrodite — wir wollen die Statue einstweilen auch ohne historische Sicherheit so nennen — steht auf dem linken Fusse, setzt den rechten leicht rückwärts zur Seite, und blickt über die gesenkte und etwas nach hinten gedrehte rechte Schulter wohlgefällig nach ihrem Hintern, den sie von dem Gewand entblösst hat. Dieses Gewand — einen auf der rechten Seite offenen, ärmellosen, dicht unter den Brüsten gegürteten Chiton, der von der rechten Schulter bis über die Brust hinabgerutscht ist — hat die Göttin mit der Linken im Rücken tief unten bei den Füssen [und zwar nahe bei dem rechten Fusse[1])] aufgenommen und über die linke Schulter in die Höhe gezogen, während die Rechte das Vorderteil des Gewandes an dem dem Bein entlang laufenden Saum ziemlich weit unten fasste und bis auf die linke Körperseite hinüberschob, nicht ohne dadurch auch die Scham zu entblössen. Das linke Bein vorn dicht umhüllend fällt der linke Teil in schweren Falten bis auf den Boden. — Das Gewand ist klar und consequent angeordnet. Nur an einer Stelle hat der Künstler sich einer Unrichtigkeit schuldig gemacht. Dem linken Oberarm entlang geht ein Faltenzug, der in dieser Weise unmöglich ist; denn es ist das derjenige Teil des Gewandes, der von der Naht oben auf der Achsel zur Gürtung hinabführt. Nun geht er aber hier an der Gürtung vorbei, unter dem r. Unterarme durch, und scheint sich hier mit dem von der rechten Hand gehaltenen Gewandteil zu vereinigen. Es ist dafür keine andere Erklärung zu geben, als dass der Künstler die Wirklichkeit fälschte, um durch den in einheitlicher, schöner Linie verlaufenden Faltenzug eine Verbindung der vom rechten Unterarm horizontal geteilten Partien herzustellen und zugleich das Loch zwischen Brust und Oberarm auszufüllen[2]).

Von jeher hat man in der Figur, von der Repliken kaum existiren[3]), eine römische Kopie jener Statue der Aphrodite Kallipygos gesehen, von deren Heiligtum in Syrakus Athenaeus (XII, 80 [554]) eine so anmutige Gründungslegende zu erzählen weiss. Zwei sicilische Bauernmädchen stritten mit einander, wer den schönern Hintern habe, und zeigten sich auf der Landstrasse den Vorübergehenden. Ein Jüngling, der Sohn eines Priesters von Syrakus, kam hinzu, und auch um seine Meinung gefragt, gab er staunend der Älteren den Preis. Verliebt kam er wieder in die Stadt und erzählte Alles seinem jüngeren Bruder. Der ging hinaus aufs Land, bewunderte die beiden Mädchen und verliebte sich in die Jüngere. Und der Bauer führte seine Töchter zu dem Priester und brachte ihn dazu, dass er sie den Söhnen vermähle. Die Mädchen aber hiessen nun bei den Bürgern „die mit dem schönen Hintern", wie der Jambograph Kerkidas erzählt:

ἦν καλλιπύγων ζεῦγος ἐν Συρακούσαις,

und aus Dankbarkeit weihten sie der Aphrodite ein Heiligtum und nannten sie „Kallipygos"[4]).

Dass diese Kallipygos uns in der Neapler Statue erhalten ist, blieb nicht unbestritten[5]).

---

[1]) Diese Annahme erwies sich bei Versuchen am Modell als notwendig: wird das Gewand mehr links aufgenommen, so bleibt für den zu Boden fallenden Teil zu wenig übrig.

[2]) Ich verdanke Herrn Dr. Bruno Schröder eine genaue Prüfung des Angeführten vor dem Berliner Abguss und verdeutlichende Skizzen.

[3]) Von den verschiedenen früher als Repliken erwähnten Gemmen scheint nur die eine schon bei Müller-Wieseler II, 276 a, abgebildete Paste antik zu sein: Furtwängler, Berliner Gemmen n° 3679. — Die viel erwähnte Bronzefigur aus Arolsen (Gaedechens, S. 53, n° 79) bilden wir hier als Figur 3 nach dem Berliner Abguss (F-W 1480) mit gütiger Erlaubnis des Herrn Direktors Kekule von Stradonitz ab. Ihr Aussehen scheint den Verdacht, den schon die angegebene Herkunft (aus Pompeji) wachruft, zu bestätigen: das Motiv ist völlig unverstanden wiedergegeben; aus dem Gewand, das die Göttin von ihrem Hintern weghebt, ist hier eine Art Badetuch geworden, das den Hintern nie bedeckte, so dass die Geste der Figur durch nichts motiviert ist. Die Bronze gehört zu einer grossen Gruppe schlechter Fälschungen älterer Zeit. — Ob die von Bernoulli a. a. O. erwähnte Bronzestatuette in Madrid (abgeb. in schlechter Zeichnung: Revue arch. 1. série, III [1846], S. 265) antik ist, lässt sich kaum feststellen. Es könnte höchstens eine alexandrinische oder kleinasiatische Caricatur sein: ein Negermädchen tanzend in einer der Kallipygos ähnlichen Geste; also nur ein Beweis für das Vorkommen ähnlicher Gesten in den Tänzen des Lebens.

[4]) Ob Kerkidas, der zur Zeit Philipps von Makedonien lebte (Christ, Literaturgesch.[3], S. 137), schon von der Gründung des Heiligtums erzählte, ist nicht klar. Athenaeus nennt als Quelle für den letzten Teil seiner Geschichte den Archelaos, der nach Reitzenstein (Pauly-Wissowa II, 454) mit dem wahrscheinlich unter Ptolemaios Euergetes lebenden Verfasser von Tiergeschichten identisch sein wird. — Ein sicherer Anhalt für die Zeit der Gründung des Heiligtums ist also aus Athenaeus nicht zu gewinnen: denn hat erst Archelaos die Gründungslegende, so ist es nicht ausgeschlossen, dass er sie im Anschluss an die Geschichte des Kerkidas für ein bestehendes Heiligtum der Aphrodite Kallipygos erfunden hat. — Den Beinamen „Kallipygos" wird Aphrodite da und dort seit uralten Zeiten getragen haben. Und dass die ganze Gründungslegende nichts ist wie eine zu dem alten Namen erfundene Geschichte, ist eine Möglichkeit, die auch erwogen werden muss.

[5]) Dagegen sprachen sich u. a. aus: Furtwängler bei Roscher I, Sp. 418, Kock im Hermes XXI, S. 406 ff., Heydemann, Jahrb. d. J. II, 1887, S. 125 f., zuletzt Hauser im Text zu Arndt-Amelung, E-A 758.

Man fand das Motiv einer Göttin unwürdig[6]) und wollte in der Figur nichts weiter sehen als eine Hetäre oder höchstens eine Nymphe. Als Beweis diente eine unteritalische Vase des Neapler Museums[7]), sowie jener köstliche 39. Hetärenbrief des Alkiphron, in dem eine Hetäre einer andern von einem Gelage erzählt, bei dem zwei Mädchen um den Preis der Schönheit ihres Hintern stritten[8]) und wo eine Stelle wirklich wie eine Beschreibung unserer Statue anmutet: „Καὶ πρώτη Μυρρίνη τὸ ζώνιον λύσασα — βόμβυξ δ'ἦν τὸ χιτώνιον — δι 'αὐτοῦ τρέμουσαν οἷον πιμελὴν ἢ πηκτὸν γάλα τὴν ὀσφὺν ἀνεσάλευσεν ὑποβλέπουσα εἰς τοὐπίσω πρὸς τα κινήματα τῆς πυγῆς." Aber selbstverständlich beweist diese Stelle nicht, dass auch unsere Statue eine Hetäre darstelle, sondern nur, dass das Bewegungsmotiv kein vom Künstler frei erfundenes, sondern ein aus der Praxis raffinierter Hetären herübergenommenes ist — in deren Kreise werden wohl die Künstler überhaupt die Motive der späteren Aphrodite-Statuen gesehen haben. Und es ist doch ein gewichtiger Unterschied vorhanden zwischen der Statue und den andern Darstellungen: diese sind wirklich „buhlerisch"; denn sie rechnen alle mit den Zuschauern: nicht sich selbst sehen die Mädchen an, sondern sie lassen sich betrachten[9]). Und wenn auch einmal

Fig. 3.

in dem Briefe das Mädchen selbst nach ihrem Hintern sieht, so thut sie's mehr, um die Andern auf ihre Schönheit aufmerksam zu machen. All das fällt bei unserer Figur weg: ganz unbefangen betrachtet das Mädchen sich selbst. Der Künstler schuf ein in sich selbst geschlossenes Ganze, bei dem unsere Phantasie keine Zuschauer zu ergänzen braucht. Nun liegt aber auch nichts die Göttin Entwürdigendes mehr in dem Werke: warum sollte Aphrodite nicht ihre eigene Schönheit betrachten?[10])

---

[6]) Auch Jacob Burckhardt sagt im Cicerone (2. A. S. 450c): „Die Absichtlichkeit rückt dieses Bild in das Gebiet des Buhlerischen, wenn man es auch nicht obscön nennen kann."

[7]) Abgeb. im Jahrb. 1887, S. 125, und schlecht photographisch bei Patroni, la ceramica nell' Italia meridionale, S. 87, Fig. 54. — Für die Nymphe „Kallipygos" konnte man auf die ebenda S. 124, Fig. 84, abgebildete Vase verweisen, wo eine Nymphe sich dem Dionysos von rückwärts zeigt, oder auf die im Arch. Anz. 1849, S. 98, als zur ehemaligen Sammlung Hope gehörig beschriebene ganz ähnliche Vase, wo „ein ithyphallischer Satyr einer bekleideten Bakchantin gegenübersteht, welche ihr Gewand nach Art der Kallipygos erhebt, und den verworfenen Sinn dieser Statue erklären hilft". Auch das hellenistische Relieffragment im Capitol bei Schreiber, Taf. 98, wäre zu nennen, wo es nicht klar ist, ob eine Hetäre oder eine Nymphe gemeint ist.

[8]) Dass diese Erzählung aus einem trimetrischen Originale übertragen ist, also auf eine ältere Quelle zurückgeht, hat Kock im Hermes XXI, S. 408 durch leichte Aenderungen des Textes deutlich gezeigt. Ob dieses Original gerade eine „mittlere" Komödie war, ist nicht auszumachen; es kann wohl auch einem der Jambographen angehören. — Dass solche Wettstreite üblich waren, dafür sprechen auch die beiden Epigramme der Anthologie V, 34 und 35 (Rufinus), die keineswegs, wie Kock will, auf die gleiche Quelle zurückgehen müssen.

[9]) Es gibt auch Gegenstücke hiezu: Figuren, die vorn mit beiden Händen das Gewand emporheben, um ihre Scham zu zeigen. Es ist eine Reihe von Hermaphroditenstatuen (Clarac 667, 1549 A; 668, 1554 A; 670, 1549), ferner ein in mehreren Exemplaren in der Sammlung des Herrn Fr. W. von Bissing vertretener Typus von Terracotten aus Aegypten, die bekränzte Mädchen in der beschriebenen Stellung wiedergeben, offenbar Mädchen des alexandrinischen Aphroditecultus. Alle diese Figuren lassen sich betrachten. Nur eine Berliner Paste (Furtwängler n° 3680) zeigt ein Mädchen in gleichem Motiv, das sich selber zu betrachten scheint: es senkt den Kopf.

[10]) Hauser, der, ohne Gründe anzuführen, ebenfalls unsere Figur nicht als Aphrodite gelten lässt, versucht (a. a. O.) eine andere Statue als Cultfigur des Syrakusaner Heiligtums nachzuweisen: die bekannte Aphrodite des Museums zu Syrakus (Friederichs-Wolters n° 1469), die in ihrer Rückseite besonders gut ausgearbeitet ist und, bei sonst vollständiger Nacktheit, ein von der Scham aus nach rückwärts gehendes Gewand zeigt, das den Hintern eben noch frei lässt. Die Figur entspricht im Motiv genau der Mediceischen Venus, und es ist ihr nur in der äusserlichsten Weise das beschriebene Gewand angefügt, wohl einem Wunsch des Bestellers zu Liebe. Eine würdige Darstellung der Aphrodite »Kallipygos« als Cultfigur aber

Die Zeit und Schule, in der das Werk entstanden ist, näher zu bestimmen, ist unmöglich [11]). Furtwängler [12]) dachte einmal daran, sie sei ihrer Verwandtschaft mit der sog. Psyche von Capua wegen in die Generation nach Skopas und Praxiteles zu setzen. Doch wenn auch eine Ähnlichkeit im Motiv der beiden Werke nicht zu verkennen ist, so ist der Schritt von der „Psyche" zur Kallipygos doch noch ein sehr grosser, und es würden auch die Parallelen für eine derartig intime Toilettenscene in der Grossplastik der damaligen Zeit wohl fehlen. Auch die ganz hohe Gürtung spricht mehr für hellenistische Zeit, sowie die Art, wie das alte Motiv des über die eine Schulter gerutschten Gewandes [13]) hier weiter ausgebildet ist, indem die Brustwarze freiliegt. Analogien dafür sind uns nur aus später Zeit bekannt: von der Büste der „Klytia" und von dem sicher hellenistischer Zeit angehörigen Fragment einer weiblichen Figur, auf dem der Kopf einer Replik der „Sappho" sitzt [14]). In den Einzelformen ist kaum ein Material für stilistische Vergleichungen vorhanden. Gerade für die Gewandbehandlung fehlen Parallelen. Das Gewand ermangelt jeglichen speciellen Reizes; der Künstler hat es sich entgehen lassen, die neuartigen Verschiebungen des Stoffes irgendwie auf Draperieprobleme hin zu beobachten; er wollte das Gewand als nichts weiter wirken lassen, wie als Rahmen für das Nackte, besonders die zu Boden fallende Partie als ungebrochene Verticale, die den reichbewegten Contur des Körpers steigern sollte. Wir wissen für eine solche Praxis keine Parallelen, nicht in der hellenistischen Zeit, die sich gerade nie eine Gelegenheit entgehen lässt, durch complicierte Draperie zu wirken, aber auch nicht in der vorherigen Periode, von deren Ehrgeiz in der Durchbildung solcher Einzelheiten uns die für die Gesamtheit eine ähnliche Rolle spielende Draperie des sog. Apollo mit der Gans, in dem jetzt Furtwängler den Pothos des Skopas erkennt, Zeugnis gibt. Es muss unsere Figur das Ergebnis einer künstlerischen Richtung — sei es hellenistischer oder vielleicht auch frührömischer Zeit — sein, der es weniger auf reiche Durchbildung des Einzelnen als auf Schöpfung eines möglichst abgeschlossenen Ganzen ankam, und die — so können wir im Hinblick auf die Kallipygos vermuten — besonders schon viel behandelte Motive durch Schaffung neuer Constellationen, neuer Contraste in ein neues Licht zu rücken suchte [15]).

Denn so gering die Sicherheit einer Einreihung unserer Figur in Schulzusammenhänge ist, so gross ist doch die Zahl der Werke, die ihr durch das künstlerische Problem verwandt sind. Ja man kann sagen, dass die Kallipygos ein Specialfall des Problems ist, das in der späteren griechischen Rundplastik beinahe eine ebenso centrale Stellung einnahm, wie in der früheren die ruhig stehende Figur: des Problems der Drehung des Körpers um seine Achse. Das Bestreben, durch diese Drehung einen Reichtum an Formen und Bewegung für eine Ansicht sichtbar zu machen, der über die Ausbreitung der Formen in einer ruhigen, von Verkürzungen und Überschneidungen ziemlich freien Fläche hinausging, beschäftigte die griechische Kunst sehr früh: aus der Mitte des fünften Jahrhunderts kennen wir die Reliefs von Tänzerinnen an dem innern Thor des Heroons von Gjölbaschi [16]). Auf Vasen beginnen solche Motive in dem jüngsten, wohl ins

vermögen wir in dieser Statue nicht zu erkennen, die wir erst von ihrer Kehrseite betrachten müssen, um überhaupt zu erkennen, was ihr Wesentliches sein soll — während an der Neapler Figur das Motiv so fein auf diese eine Pointe hin concipiert ist, die auch von vorn deutlich wird. — Auch dass das Gewandmotiv der Venus von Syrakus noch einmal auf einem in Syrakus gefundenen Relief bei einer Nymphe vorkommt, kann kaum als Beweis für Hausers Hypothese gelten.

[11]) Der Jambograph Kerkidas kann nicht als terminus ante quem benützt werden. Denn wenn wir auch annehmen, dass schon bei ihm von der Gründung des Heiligtums die Rede war, so ist damit noch nicht gesagt, dass auch die Statue damals schon aufgestellt wurde. Das von den beiden Schwestern geweihte Heiligtum war sicher ganz bescheidener Natur, das später einmal erneuert und vielleicht von den Syrakusaner Lebemännern mit der Statue ausgestattet worden sein mag.

[12]) Meisterwerke, S. 648.

[13]) Ein seit dem 5. Jahrhundert häufiges Motiv (z. B. bei einer der ›Thauschwestern‹), das durch den auf der Wölbung der Brust aufliegenden Saum die Modellierung dem Auge sichtbar machen soll.

[14]) In Oxford; erw. von Furtwängler, Meisterwerke, S. 98, Anm. 2; Abguss jetzt auch in München. Es ist nicht Variante, sondern genaue Replik, an der nur ein Stück des Vorderhaares falsch ergänzt ist.

[15]) Es gibt eine Statue, die der Kallipygos stilistisch und im Motiv nahesteht: Clarac 710 B, 1729 B; mit anderem, jedenfalls auch modernen oder nicht zugehörigen Kopf im Museo Torlonia n° 213. Sie stellt ein Mädchen dar, das vom Rücken her ein grosses Gewand wie einen Bademantel über ihren Körper zieht, mit der Rechten über die Scham, mit der Linken über die linke Schulter; unter der rechten Achsel wird das Gewand von dem angedrückten Arm gehalten. Der Rücken ist hier ganz bedeckt und die Statue wohl nur für Vorderansicht berechnet; aber die starke Neigung nach ihrer rechten Seite gibt ihr einen ähnlichen Rhythmus, wie der der Kallipygos ist, und auch in dem Verhältnis des Gewandes zum Nackten liegt eine gewisse Verwandtschaft. Doch für die kunsthistorische Stellung der Kallipygos lernen wir auch aus dieser — offenbar schlecht gearbeiteten — Figur Nichts.

[16]) Abgeb. Collignon, griech. Plastik II, Fig. 97. — Die Figuren machen es sehr wahrscheinlich, dass auch die vielen ähnlichen Motive ›neuattischer‹ Kunst auf Vorbilder des 5. Jahrhunderts zurückgehen: vergl. Furtwängler, Meisterwerke S. 202, Anm. 3.

Fig. 4.

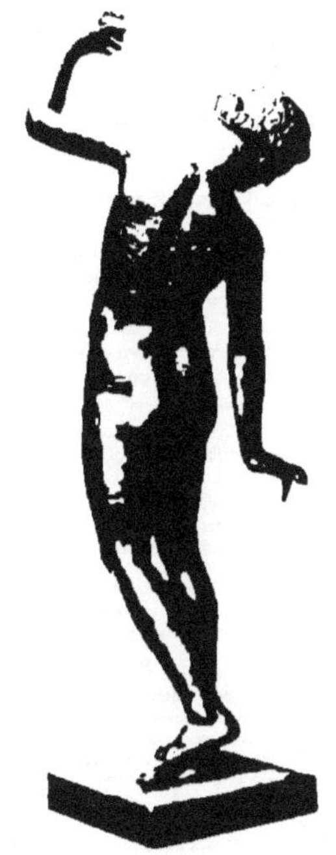

Fig. 5.

vierte Jahrhundert zu datirenden attischen Stile; ein Beispiel ist die eine Nereide von der Thetis-Pelike aus Kameiros[17]). In der Rundplastik tritt diese Drehung erst viel später auf. Das erste Beispiel, wo das Problem schon sehr weit durchgeführt ist, ist die von Treu auf die Maenade des Skopas bezogene Statuette[18]). Hier zeigt sich, als Fortschritt gegenüber den Reliefiguren und als neue Errungenschaft des Motivs, die starke Durchbildung der Figur für verschiedene Ansichten. Es ist wohl die erste freigedachte Rundfigur, deren Profilansicht ebenso wichtig oder vielleicht wichtiger erscheint als die Faceansicht[19]). Von da an wird das Problem immer wieder aufgenommen und weiter durchgebildet, um eine immer grössere Weichheit in den Übergängen der verschiedenen Ansichten und so einen immer grösseren Reichtum an Ansichten zu schaffen. Die Höhepunkte der Entwicklung sind die Statue des flötenblasenden Silens in der Villa Borghese und die des Satyrs, der sein Schwänzchen betrachtet[20]). Erinnert schon diese Figur gegenständlich stark an die Kallipygos, so gehören in diesen Zusammenhang eine Reihe ihr noch mehr verwandter Figuren: die Hermaphroditen, die ihren Hintern im Spiegel betrachten[21]).

[17]) Salzmann, nécropole de Camiros, Pl. LVIII. — Das Charakteristische aller dieser in diesem Stil sehr häufigen Figuren ist das, dass sie in Profilstellung, die Brust zeigend, das dem Beschauer zugewandte Bein vorsetzen. Dies entspricht aller Praxis in der früheren Malerei.

[18]) Mélanges Perrot, S. 317 ff.

[19]) Nicht die Rede ist hier natürlich von Giebelfiguren, die nur für Profil gedacht sind und daher zu den Reliefs gehören.

[20]) Bei einer in diese Entwicklung gehörigen Figur, der Berliner Maenade, ist das Problem nicht das einer möglichst grossen Vielansichtigkeit, sondern das einer möglichst reichen Faceansicht, in der der ganze Reichtum an seitlicher Bewegung erschöpfend sichtbar gemacht und zusammengefasst werden sollte.

[21]) Vgl. zuletzt Bulle, in Arndt-Amelung's E-A, Text zu 1381; über eine dort erwähnte Figur vgl. unten. — Klein irrt, wenn er die Erfindung dieses Motivs als später

Tanzende Figuren waren es von jeher, bei denen wir dieses Problem der Drehung beobachteten. Auch der Satyr, der sein Schwänzchen betrachtet, ist ein Tänzer [22]), und wie nahe die sich spiegelnden Hermaphroditen dem Tanze stehen, beweist eine gewöhnlich unter diesen aufgeführte herrliche Bronzestatuette, früher in Epinal, die wir hier Fig. 4 u. 5 in zwei Ansichten abbilden [23]). Die Figur, die auf den ersten Blick mit den spiegelnden fast identisch ist, hielt nie einen Spiegel. Dies beweist die Stellung der rechten Hand, die nichts weiter als eine Tanzgeste bedeutet [24]). Und auch der Kopf blickt nicht absichtlich nach dem Hintern, sondern er vollendet mit seiner Neigung nur den Rhythmus, in dem der ganze Körper schwingt: es ist ein Tanz. Und vom Tanze [25]) leitet sich auch die Bewegung der Kallipygos her [26]).

Doch wir dürfen einen wesentlichen Unterschied nicht vergessen, der die Kallipygos von den bisher betrachteten Statuen trennt. Bei allen diesen bedeutete die Drehung einen ausgesprochenen Chiasmus: die dem im Schreiten vorgesetzten Bein entsprechende Schulter tritt zurück, sodass der Körper in schraubenförmige Bewegung versetzt ist. Am Stärksten zeigt das der Silen Borghese. Bei der Kallipygos sehen wir nichts von Chiasmus; nach der Seite des Spielbeins hin wendet sich der ganze Körper, und auch der Kopf. Dieses weiche Abfliessen der Bewegung nach einer Seite [27]) verleiht der Statue jene Freiheit von allem Pathos der Geste, jenes graziöse Piano, das an ihr entzückt. Daher leitet sich auch die Weichheit der Übergänge von einer Ansicht zur andern, von deren Reichtum die beigegebenen Textabbildungen (Figg. 1 u. 2) nur eine dürftige Vorstellung geben. In der That genügt eine geringe Verschiebung des Standpunktes, dass sich dem Beschauer wieder eine neue, in sich abgeschlossene Ansicht darbiete. Die Statue muss so aufgestellt gewesen sein, dass man sie umwandeln konnte: in einem Rundtempel, wie die Knidierin [28]), von allen Seiten sichtbar, müssen wir sie uns denken.

Walther Riezler.

---

wie desjenigen der Kallipygos ansieht (Praxiteles, S. 270, Anm. 1). Wenn der Hermaphrodit auch »praktischer« geworden ist, so ist er im Motiv doch einfacher, reliefmässiger. Aber auch decorativer, spielerischer: durch das Weglassen des Spiegels ist die Figur in die Sphäre des Concentrirt-Plastischen, des Monumentalen gehoben.

[22]) Vgl. Furtwängler, Beschreibung der Glyptothek n° 466.

[23]) Reinach, Répertoire II, S. 176, n° 2. Album des musées de province, pl. VI und VII (hienach die Abb.). Reinach, Musée de Saint-Germain n° 118. — Hoch 0,48.

[24]) Im Tanz der Satyrn, wie er auf Vasen dargestellt ist, ist dieses Zurückbiegen der Hand etwas ganz Gewöhnliches. Wir geben hier eine Auswahl der zahlreichen Beispiele: Wiener Vorlegeblätter E 7—8, Satyrspielvase, Figur des »Nikoledes«. Röm. Mitt. 1897, Taf. IV und V. Mon. d. J. IV 34. Arch. Anz. VII S. 166. Annali 1884, Tav. d'agg. M. Journ. hell. St. XI Taf. XI. Compte rendu 1861, VI.

[25]) Ob bei den sich spiegelnden Hermaphroditen direct eine in den Tanz eingelegte „Spiegeltour“ gemeint ist, wie Bulle (a. a. O.) will, ist doch zweifelhaft.

[26]) Die „κινήματα τῆς πύγης“ bei Alkiphron lassen an die arabischen Bauchtänze denken. Eine Tänzerin mit stark zurückblickendem Kopf, auch mit Gewand, zeigt die Statue bei Reinach Rép. II 388, 7. — Unter den Terracotten lassen sich zahlreiche Beispiele finden. — Ein Tänzer des gleichen Motivs, aber deutlich ins Obscöne gewendet, abgeb. im Arch. Anz. 1894, S. 121.

[27]) Wir kennen es von einfachen Motiven „praxitelischer“ Art, z. B. dem „Eros von Centocelle“ (während die „Psyche von Capua“ den Chiasmus zeigte), und aus hellenistischer Zeit von einigen Gewandstatuen: von dem vor der Schlange erschreckenden Mädchen im Capitol: Helbig [2], 540, und von der Statuette im Besitz von Paul Arndt, Mélanges Perrot, S. 205 (Joubin), die beide unter einander und im Motiv auch mit der Kallipygos verwandt sind. — Bei Tänzerinnen auf Reliefs ist es selten: ein Beispiel ist die Krotalenschlägerin der „Vase Borghese“.

[28]) Lukian, Amores 13.

579. Relief vom Grabmale eines Lehrers, von Rhodos.

Berlin, bei Freiherrn F. Hiller von Gärtringen.

Hermes XXXVII (1902), S. 121 ff. (Hiller von Gärtringen und Robert), mit Tafel.

Gefunden in oder bei Trianta (in der Nähe des alten Ialysos) auf Rhodos, in Alexandria für Freiherrn F. Hiller von Gärtringen erworben, in dessen Wohnung in Berlin es sich jetzt befindet.

Marmor. Länge 1,005, Höhe 0,31, Dicke durchschnittlich 0,09 m. Die Rückseite zeigt Löcher für eine Thürangel und ist stark abgetreten; augenscheinlich hat der Stein, mit der Stirnseite nach unten, lange Zeit als Schwelle gedient. Spuren U-förmiger Klammern auf der Oberfläche und Bossen an den Seitenflächen, die in entsprechende Vertiefungen der einst anschliessenden Blöcke sich einfügten (vgl. die Abbildungen Lübke's a. a. O. S. 122 f.), beweisen, im Einklang mit der rücksichtslosen Durchschneidung der Reliefdarstellung, dass die Platte aus einem grösseren architektonischen Zusammenhang herausgerissen ist und die ursprünglich benachbarten Steine den Rest der Figuren und der oberhalb des Reliefs, zu beiden Seiten der Schrifttafel, angebrachten Ornamente enthielten. Wie viel links und rechts fehlt, lässt sich ungefähr aus der Composition des Reliefs und dem Maass der Klammerlöcher, ziemlich bestimmt aber aus den genannten Ornamenten ermessen, deren Fortsetzungen, je ein genaues Gegenstück des Erhaltenen und je ein Mittelstück, vermutlich eine Rosette, in den Anschlussblöcken bequem Platz finden mussten. Danach ist die Breite des Fehlenden auf zusammen 0,32 m, die Gesamtlänge des Frieses auf etwa 1,325 m von den Herausgebern berechnet worden. Sie haben es ferner höchst wahrscheinlich gemacht, dass dieser Fries den Sturz einer Tür decorierte, die nach Art der antiken Marmortür an dem römischen Palazzo Simonetti[1]) vor eine Fassade ein wenig vortrat und bei einer Gesamtbreite von etwa 1,345 m eine lichte Höhe von etwa 1,86 m hatte. Dass es die Thür eines Grabmals war, beweist der Inhalt der Reliefdarstellung.

Über dem Relief befindet sich in einem profilierten Rahmen die Inschrift

ΙΕΡΩΝΥΜΟΥ
ΤΟΥ ΣΙΜΥΛΙΝΟΥ ΤΛΩΙΟΥ

die den Verstorbenen, Hieronymos, des Simylinos Sohn, als Tloer bezeichnet; dass damit ein Rhodier, kein Lykier gemeint ist, hat Hiller (Hermes, S. 143) dargelegt. In dem vertieften Streifen unter dem Relief nennt sich der Künstler:

ΔΑΜΑΤΡΙΟΣ ΕΠΟΙΗΣΕ

Der Friesstreifen ist annähernd im ersten Drittel seiner ursprünglichen Ausdehnung durch einen nach oben sich etwas verjüngenden, in 8 Quadern geteilten Pfeiler unterbrochen, der zunächst die linke Scene sehr bestimmt von dem Übrigen trennt. Es ist eine Schulscene, ähnlich wie in den Philosophenmosaiken von Torre Annunziata und Umbra Sarsina[2]); wir dürfen daraus schliessen, dass der Verstorbene Lehrer war, und haben in der Hauptperson dieser Scene sein Bildnis zu erkennen. Auf einer halbkreisförmig nach dem Beschauer zu sich öffnenden Steinbank sitzt schräg nach vorn Hieronymos, der aus der Schriftrolle vorliest, dicht an seiner Rechten ein Zuhörer, von dem nur ein kleiner Teil auf dem Hauptblock Platz gefunden hat, am rechten Ende der Bank ein zweiter, der, die Unterarme auf die Oberschenkel gelegt und einen Stock schräg auf den Boden stützend, in andächtiges Lauschen versunken scheint. Zu diesen drei Hauptfiguren, die alle das Himation tragen, kommt, im gleichen Gewand, ein ruhig stehender Mann rechts, der dem Andächtigen die rechte Hand auf die linke Schulter legt und nach links, wohl auf den Lehrer, blickt, und eine leichter bekleidete, jugendliche Gestalt jenseits der Bank, die vorgebeugt stehend den rechten Arm auf die Bank stützt. Man wird nicht fehl gehen, wenn man am linken Ende des Reliefs neben der Fortsetzung des Sitzenden eine dritte stehende Figur annimmt.

Rechts von dem Pfeiler finden wir ein Bild aus der Unterwelt in zwei allerdings weniger scharf getrennten Scenen, deren Grenze, fast genau so weit wie der Pfeiler von der Mitte der Inschrifttafel entfernt, von der Lücke zwischen der Flügelfigur und ihrer linken Nachbarin gebildet wird. Man erkennt neben dem Pfeiler den mit Fussflügeln, Chlamys, vielleicht auch einem Petasos in der Linken ausgestatteten Hermes, die dicht verhüllte Persephone, die das Scepter

[1]) Bull. Com. 1896, Taf. 6. 7.

[2]) Abbildungen Röm. Mitt. 1897, S. 328 ff.

Verlagsanstalt F. Bruckmann A.-G.
München 1904.

in der Linken schräg vor sich hinlehnt, die Rechte gegen die Hüfte stützt, und den etwas schräg nach links thronenden Hades, der sein Scepter in ähnlicher Weise in der Rechten hält. Es folgen drei nicht göttliche Wesen, wahrscheinlich „Selige". Zunächst, genau in Vorderansicht und dadurch von der Göttergruppe, von den nächsten Figuren durch eine erheblichere Lücke getrennt, ein Mann in Himation, der in ganz schlichter Haltung den Stock aufstützt und den Kopf, der noch jetzt als bärtig zu erkennen ist (Hermes S. 131), leicht gegen die linke Schulter neigt. Auf einem Felsen sitzen sodann nach rechts ein Jüngling mit umgeschlungener Chlamys, der die Hände um das rechte Knie verschränkt, und eine Frau in Chiton und Himation, die die linke Hand auf dem linken Knie ruhen lässt und, den rechten Ellbogen auf das Knie stützend, die Hand an Kinn oder Wange legt. Ein, wie es scheint, unbelaubter Stamm jenseits des Felsens dicht neben der Frau deutet die Gefilde der Seligen an; ob eine Schlange ihn umwindet (so Gruppe, Hermes S. 131, 3), ist unsicher; dagegen scheint es mir sicher, dass nicht nur ein kahler Stamm dargestellt ist.

Die dritte, rechts unvollständige Scene wird eingeleitet durch eine ruhig stehende weibliche Gestalt in hochgegürtetem Chiton und über den linken Arm geworfenem Himation, die mit grossen Schmetterlingsflügeln ausgestattet ist. Nach rechts blickend, hält sie in der gesenkten Rechten schräg abwärts gerichtet einen Stab oder eine Gerte, deren Ende sich von dem Felsensitz der folgenden Figur in schwachem Relief abhebt. Diese Sitzende ist ganz nach rechts gewendet, schlägt das rechte Bein über das linke, legt den linken Arm auf den rechten Oberschenkel, den rechten Ellbogen auf den linken Arm und stützt das Kinn auf die rechte Hand; ein faltenreiches Himation verhüllt die ganze Gestalt mitsamt beiden Armen, wie es scheint auch das Hinterhaupt. Als letzte erscheint in beträchtlich grösseren Proportionen ein bis über die Kniee versinkendes Weib in hochgegürtetem Chiton, das in den erhobenen Händen ein segelartig über dem Haupt sich blähendes Gewand hält. Im Gegensatz zu den Seligen sehen wir hier Büsser dargestellt. Die geflügelte Figur ist überzeugend auf Nemesis als Totenrichterin gedeutet worden[3]); die in den Tartaros versinkende Büsserin und die „mit ihrem Sitz gleichsam verwachsene" Verhüllte, die Robert und Hiller als Lethe aufzufassen geneigt sind, bleiben besser unbenannt. Es folgten ursprünglich wohl noch zwei Gestalten, nach der ziemlich streng symmetrischen Anlage des Erhaltenen zunächst vermutlich eine nach links sitzende, dann als Abschluss dieser Büsserscene eine stehende als Gegenstück der Nemesis.

Die angenommene Dreiteilung der Reliefcomposition hat sich bei der Einzelbetrachtung bestätigt. Dass die sechsfigurige Mittelgruppe in zwei Teile von je drei Figuren zerfällt, lehren die Maasse — die Achse der oberen Inschrifttafel streift eben noch den Hades, die der unteren Inschrift liegt ein wenig weiter links — und die entschiedene Abwendung der beiden Mittelfiguren. Es sind also die drei Götter und die drei Seligen deutlich geschieden. Fraglich ist, ob man die Isolierung des ersten Seligen für bedeutsam halten und diesen demzufolge als den Verstorbenen erklären darf; die fast statuarische Erscheinung (Hermes S. 130) beweist deshalb nichts, weil sie auch bei anderen Figuren des Reliefs sich findet.

Nach Robert's Annahme spielt die Schulscene in der Oberwelt, alles Übrige im Hades; er fasst den Pfeiler in ähnlichem Sinne wie den Torpfeiler oder -bogen, der auf römischen Sarkophagen gern zur Scenentrennung und speciell zur Andeutung des Hadeseingangs verwendet wird. Aber dieser nach oben sich verjüngende Pfeiler, dem jede Andeutung eines Bogens fehlt, kann sehr wohl frei aufragend gedacht werden, wie der Träger der Sonnenuhr in den genannten Mosaiken oder ähnliche Pfeiler, die in hellenistischen Grabreliefen Attribute der Verstorbenen oder Weihgaben (Wollkorb, Ciste, Fächer, Füllhorn) tragen[1]); er dient also zwar zur Scenentrennung, schwerlich aber zur Andeutung eines Eingangs, und kann ebensogut im Hadesinnern stehen wie an der Pforte. Nur wenn es feststände, dass die Figur neben Hades Hieronymos darstellt, müsste man wohl die linke Scene, in der der Verstorbene gewiss vorkam, vom Hades trennen, d. h. in die Oberwelt verlegen. Wahrscheinlicher ist Einheit des Ortes innerhalb der ganzen Darstellung; dann spielt die Schulscene der anderen gleichzeitig in einem „besonderen, für auserlesene Geister reservierten Teil des Hades". Die Mittelscene würde Unterweltsgottheiten und namenlose Selige darstellen, während links und rechts etwas Besonderes vorginge: hier Unterweltsstrafen für Schuldbeladene, dort, als tröstliches Gegenbild dazu, die Fortsetzung der Tätigkeit, der Hieronymos sein Erdenleben gewidmet hatte.

Der Künstler des Werkes, Damatrios, ist unbekannt. Die Buchstabenformen weisen die

[3]) Zugestimmt hat auch Ruhl, de mortuorum judicio (Religionsgesch. Versuche II 2) S. 97.

[1]) Janssen, grieksche en rom. Grabreliefs n° 32. 42. 34. Phot. d. athen. Inst. Samos 32. 36.

Inschriften und damit das Relief in die erste Hälfte des zweiten Jahrhunderts vor Chr. Aus der lehrhaften, parainetischen Fassung der gesamten Darstellung, welche sich zu den schlichten, tendenzlosen Genrebildern älterer Grabsteine in merklichen Gegensatz stellt, spricht der Geist der hellenistischen Epoche, deren Denkmäler durch dieses sepulcrale Bildwerk eine erwünschte Vermehrung erfahren. Die Sphäre, in die es gehört, wird am besten durch die bekannte Homerapotheose des Archelaos von Priene[5]) bezeichnet, die unter dem Einfluss gelehrter Dichtung entstanden ist. Der Stil unseres Reliefs bestätigt dieses Urteil. Auf hellenistische Epoche im Allgemeinen deutet die Schlankheit und Kleinköpfigkeit, die an den stehenden Figuren am besten zu beobachten ist, die hohe Gürtung, das pathetische und zugleich lässige Thronen des Hades, Stellung und Gewandmotive der verhüllt Sitzenden[6]), die Schmetterlingsflügel der Nemesis, endlich eine gewisse routinierte Flüchtigkeit, die sich festgeprägter Formeln mit Geschicklichkeit bedient. Dass ältere Kunst, speciell die des fünften Jahrhunderts, in solchen Zügen des Reliefs nachklingt, hat schon Robert bemerkt, der auf die polygnotischen Typen der drei sitzenden Gestalten der rechten Hälfte hinweist. Man darf hinzufügen, dass die lockere Compositionsweise des Ganzen an die langgestreckten Basisreliefe der Phidias'schen Götterbilder und verwandte Friese erinnert und dass dieser Eindruck verstärkt wird durch die gleichmässige Füllung der Bildhöhe, den Isokephalismos, der so streng durchgeführt ist, dass die sitzende, besonders aber die versinkende Gestalt ohne innerliche Motivierung unverhältnismässig gross ausfielen. Im Ganzen darf man den Stil akademisch nennen und ihn insofern mit dem der neuattischen Reliefe vergleichen, von denen das Relief des Damatrios im Übrigen wesentlich verschieden ist; eine genauere Analogie aus attischem Kreise bietet der sicher hellenistische, aber nicht näher datierbare Fries aus dem Ilissos dar[7]). Seine nächsten Verwandten sind, ausser hellenistischen Grabsteinen[8]), die wenig jüngere Homerapotheose des Archelaos und die allerdings schärfer und detaillierter gearbeitete Musenbasis von Halikarnass[9]), Werke, deren nahe Beziehung zu Rhodos Amelung und im Anschluss an ihn Watzinger nachgewiesen hat[10]), und der Gigantenfries des Hekatetempels von Lagina, der dem letzten Jahrhundert vor Chr. zugewiesen worden ist[11]) und in der Tat eine weitere Lockerung dieses äusserlich decorativen Stils erkennen lässt.

Bruno Sauer.

[5]) Brunn-Bruckmann 50. Watzinger, Relief des Archelaos (63. Berl. Winckelmannsprogramm), setzt dieses Werk in die Zeit des Ptolemaios IV., nach meiner Ansicht um einige Jahrzehnte zu früh. Über die genaue Datierung an anderem Ort; vorläufig vgl. Verhandl. der Philologenversammlung in Halle (1903), S. 21 f.

[6]) Sehr ähnlich Kekule, Thonfiguren aus Tanagra Taf. 10. Winter, Typenkatalog II 111, 7. Wesentlich schlichter componiert sind die Trauernden in dem sepulcralen Metopenrelief Ath. Mitt. 1893, Taf. I, und in den Giebeln des sidonischen Sarkophages der Klagefrauen.

[7]) Ἐφημ. ἀρχαιολ. 1894 Taf. 8, S. 139 f. (Skias).

[8]) Vgl. die Anm. 4 angeführten und Janssen 38. 33, ferner den andächtig Lauschenden und die Verhüllte in der rechten Scene mit dem alexandrinischen Grabrelief bei Pfuhl, Ath. Mitt. 26 (1901) S. 273, den Hades mit S. 284 ebenda.

[9]) Trendelenburg, Musenchor. Bessere Abbildung bei Watzinger Taf. 2.

[10]) Amelung, Basis d. Praxiteles S. 44. 79 ff. Watzinger a. a. O.

[11]) Bull. de Corr. Hell. 19 (1895), Taf. 10 ff. S. 235 ff. (Chamonard). Man vergleiche besonders die Mittelfigur von Tafel 13 mit der Versinkenden und andererseits der Nemesis des Damatrios.

580. Reliefs am Constantinsbogen.
Rom.

Lafreri, Speculum Romanae magnificentiae, Taff. 28 u. 29. Bellori, Veteres arcus Augustorum, Taff. 42—44. Rossini, gli archi trionfali, Taf. 73. Alinari, Phot. 17321 und 17322. Beschreibung der Stadt Rom III, 1, S. 318. Petersen, vom alten Rom[2], S. 43. Wickhoff-Strong, roman art, S. VIII u. 113. Courbaud, le bas-relief romain, S. 146 ff. Springer-Michaelis, Handbuch[7], S. 415. Studniczka, tropaeum Traiani, S. 107.

Die auf beiden Seiten im Mittelthor des Constantinsbogens eingelassenen, aus je zwei Platten zusammengesetzten Reliefs bilden den Teil eines grösseren Ganzen, dessen andere, ebenfalls aus vier Platten bestehende Hälfte am gleichen Bogen die Attica schmückt. Die Composition ist vollständig auseinandergerissen, mit der Absicht, die zweimal wiederkehrende Figur des Kaisers im Durchgang decorativ zu benutzen. Den ursprünglichen Zusammenhang giebt die umstehend (Fig. 1) abgebildete, im Détail vielfach ungenaue Zeichnung bei Rossini wieder. Es war ein colossaler Fries von circa 20 m Länge, dessen Darstellung in zwei Scenen zerfällt, die äusserlich kaum von einander getrennt sind. Die eine links ist von geringem Umfang. Hier hält der Kaiser, geführt von der als Amazone gebildeten, mit Schwert und Lanze ausgerüsteten Roma und bekränzt von der schwebenden Victoria, die in der Linken einen Palmzweig trägt, seinen Einzug in die Stadt. Seine Rechte ist im Redegestus erhoben, die Linke hielt ein jetzt verlorenes Attribut, von dem nur an der linken Schulter noch eine Ansatzspur erhalten ist. Sein Gefolge besteht aus Lanzen- und Vexillaträgern sowie einem Lictor mit Ruthenbündel und Beil. Die zweite Scene rechts zeigt ein wildes Schlachtgetümmel von grosser Ausdehnung. Inmitten seiner Soldaten erringt der Kaiser einen entscheidenden Sieg über Barbaren, die in vollständiger Auflösung begriffen, teils erschlagen und gefangen sind, teils den Sieger um Gnade anflehen. Sehr wahrscheinlich ist in den acht Platten, abgesehen von einer geringfügigen Verletzung der beiden Seitenenden, die durch Abmeisselung der ursprünglichen Einfassung zum Zweck der neuen Einmauerung verursacht wurde, das Relief in seinem einstigen Bestande vollständig erhalten. Links ist im Vordergrund durch den Baum neben der Roma, im Hintergrund durch das Thor, in dessen Tiefe die Fortsetzung des kaiserlichen Gefolges sichtbar wird, ein passender Abschluss gegeben, rechts rahmt hinter den drei Reitern abermals ein Baum die nur hier locker werdende Composition ein. Dafür, dass die Schlachtscene sich nicht weiter fortsetzte, spricht der Umstand, dass der Kaiser jetzt genau den Mittelpunkt derselben bildet.

Die Barbaren sind durch Gesichtstypus und Tracht deutlich als Daker charakterisiert; die Darstellung ist daher schon seit ihrer ersten Veröffentlichung auf die dakischen Kriege des Trajan bezogen und zu den Stücken gerechnet worden, die von einem Bauwerk dieses Kaisers zum Schmuck des Constantinsbogens herübergenommen sind. In trajanische Zeit weist auch der Stil der Bildwerke, die den Durchgangsreliefs am Titusbogen (Brunn-Bruckmann 497) aus der Zeit des Domitian sehr nahe stehen. Nur ist an die Stelle der hier herrschenden klaren Gliederung der einzelnen Gruppen ein stärkeres Ineinanderschieben der Massen getreten, wodurch eine gewisse Unübersichtlichkeit entsteht; es ist nicht mehr wie am Titusbogen jede einzelne Figur auf den ersten Blick in ihrem Motiv kenntlich. Immerhin wirkt die Composition als Ganzes genommen vortrefflich und steht in vorteilhaftem Gegensatz sowohl durch ihre Lebendigkeit zu der Steifheit der im Détail (so in der Angabe des landschaftlichen Hintergrundes) vielfach verwandten Reliefs am Trajansbogen von Benevent, als auch durch die geschickte Scheidung der verschiedenen Gründe zu den Scenen der Trajanssäule.

Während auf der Trajanssäule der Verlauf der beiden dakischen Kriege in einer Reihe von Einzelscenen geschildert ist, giebt das Relief des Constantinsbogens keine bestimmte Begebenheit aus einem derselben wieder, sondern eine zusammenfassende Darstellung der völligen Unterwerfung der Feinde, die den feierlichen Empfang des siegreichen Kaisers in Rom zur Folge hat. Die hinter dem Feldherrn von den fellgeschmückten signiferi getragenen Prätorianersigna[1]) zeigen an,

[1]) A. v. Domaszewski, die Fahnen im römischen Heere S. 56 ff. Das eine der beiden Prätorianersigna, das zum Teil ergänzt ist, zeigt von unten nach oben Quaste, imago, liegenden Kranz, aufrechten Kranz, corona muralis, bei dem andern sind nur die Quaste, der Kranz, die corona muralis und der Adler auf dem Querholze mit Bändern sichtbar

Verlagsanstalt F. Bruckmann A.-G.
München 1904.

Fig. 1.

dass der Kaiser im Handgemenge mit dem Feinde von seiner Leibgarde, den prätorischen Cohorten und den zu ihnen gehörigen Reiterabteilungen, umgeben ist. Über einen gefallenen Barbaren hinwegsprengend zückt er die Lanze gegen einen zweiten, durch die Kopfbedeckung, den pileus, als Führer gekennzeichneten, der sich bittend vor ihm niederwirft. Der neben dem Kaiser reitende Offizier hält in der erhobenen Rechten den Helm desselben, so dass die Züge des Imperators dem Beschauer möglichst sichtbar blieben. Das kaiserliche Pferd ist unter der Schabracke noch mit zwei Löwenfellen geschmückt, deren Köpfe vorne auf der Brust untereinander verbunden sind. Die römische Reiterei trägt den Schuppen- oder den Kettenpanzer und, wie auch der Kaiser selbst, den von der Rosettenscheibe und zwei Federn gekrönten Helm, das Fussvolk den Riemenpanzer und den Helm mit Federbusch. Einer der Prätorianer hinter den abgeschlagenen Dakerköpfen hält ausser der gewöhnlichen Lanze noch das Pilum, das sich auf den Reliefs der Trajanssäule nie findet. Es hat die beistehend (Fig. 2) abgebildete, von Bellori und Rossini völlig missverstandene Gestalt, die der auf den Soldatengrabsteinen[1]) des ersten Jahrhunderts n. Chr. vorkommenden in der Leichtigkeit der Form nahesteht, in der Verbindung des Holzschaftes mit der Eisenspitze aber Sonderheiten zeigt. Die Barbaren tragen durchgehends ovale, die Römer eckige Schilde. Eine Ausnahme macht der mit einem geflügelten Löwen und einem Stier verzierte, hinter dem Kopfe des kaiserlichen Pferdes sichtbare Schild, den der nach rechts eilende, von einem römischen Reiter am Haare gepackte Barbar mit dem ausdrucksvollen, wenig an den Dakertypus erinnernden Kopfe zu halten scheint.

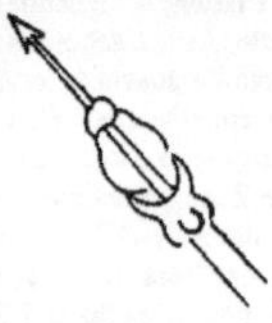

Fig. 2

Die Reliefcomposition verherrlicht zwar den trajanischen Dakerkrieg, aber die Köpfe der beiden Kaiserfiguren zeigen nicht das Porträt des Trajan. Das wird durch eine Vergleichung des besser als das der Reiterfigur erhaltenen Gesichtes der Einzugsscene mit den Reliefs des Bogens von Benevent, welche die charakteristischen Züge des Kaisers vortrefflich wiedergeben, ohne Weiteres klar. Das Haar fällt nicht wie bei Trajan tief in die Stirn hinein, so dass diese sehr niedrig erscheint, die Stirnknochen springen weniger

[1]) Lindenschmit, die Altertümer unserer heidnischen Vorzeit I, Heft 6, Taf. 6. III, Heft 6, Taf. 5.

weit über die Augen vor, die nicht so schmal gebildet sind. Das Untergesicht ist leider zu stark beschädigt, um sichere Beobachtungen zu erlauben. Trotz seiner schlechten Erhaltung lässt sich jedoch in dem Kopf ein Bild des Kaisers Constantin erkennen, das den Münzdarstellungen wohl entspricht, und zwar ist dasselbe durch Überarbeitung des Trajanporträts entstanden, die bei der Bartlosigkeit dieses Fürsten keine besonderen Schwierigkeiten machen konnte. Die Haare wurden aus der Stirn fortgemeisselt, die Augenpartie verändert. Die Behandlung der Haare wie der Augenlider weicht von der der übrigen Köpfe bedeutend ab. Die Augensterne sind angegeben[*]), ein wichtiges Anzeichen der späteren Überarbeitung. Eine Folge der letzteren ist, dass der Kopf, wie auch der des reitenden Kaisers, klein im Verhältnis zu seiner Umgebung erscheint.

Bei der willkürlichen Verwendung von Bildwerken früherer Zeiten zur Ausschmückung des Constantinsbogens darf es nicht Wunder nehmen, wenn ausser der Zerstückelung derselben auch Veränderungen an ihnen vorgenommen wurden. Es wäre sogar auffallend, wenn man an der exponiertesten Stelle des Bogens, unter den auf Constantin gemünzten Inschriften liberatori urbis, fundatori quietis, das Bild des Trajan hätte stehen lassen.

Wie der vermutlich vom Trajansforum stammende Fries ursprünglich verwendet war, lässt sich nicht mehr ausmachen. Dass er nicht, wie Canina (Edifizi di Roma antica I, S. 281) meinte, von einem Triumphbogen stammt, beweisen seine Maasse.

J. Sieveking.

[*]) Wie mir W. Amelung, der auf meine Bitte das Original untersucht hat, mitteilt. Derselbe versichert auch, dass der Kopf nie gebrochen gewesen ist.

581. Weiblicher Kopf.
Sammlung T. Humphrey Ward, London.

Journal of hellenic studies XIV (1894), pl. V, p. 198 ff. (E. Sellers). — Burlington Fine Arts Club, Exhibition of ancient greek art, London 1904, pl. III und IV; p. 8, nº 2. — Furtwängler, Statuencopieen I, p. 3, Anm. 2. — Gazette des beaux-arts 1894, p. 149 f. (S. Reinach). — Mahler, Polyklet, p. 97. — W. Klein, griechische Kunstgeschichte I, 394. — Ich selbst habe das Original noch nicht gesehen.

Aus Palazzo Borghese in Rom. Gesichtslänge 0,172 m. In Gips ergänzt sind die Nase, ein kleines Stück des Kinnes und der grösste Teil des Halses (bis auf geringe Reste an beiden Seiten). In der Haarbinde hinter dem linken Ohre nach Ausweis des Lichtdruckes ein Loch, das wohl zur Befestigung von metallenem Zierrate diente.

Die Oberfläche des Kopfes, als dessen Material „Inselmarmor" genannt wird, ist gut erhalten. Der Kopf wird von Denjenigen, die den Marmor selbst untersucht haben, als griechische Originalarbeit bezeichnet. Er ist ein Werk aus der Übergangszeit vom archaischen zum strengen Stile, aus dem vierten oder fünften Jahrzehnt des fünften Jahrhunderts. Wie die erste Herausgeberin richtig bemerkt hat, erinnert er, in der Gesammtanlage wie in Einzelheiten, ganz auffällig an den Kopf der „Aphrodite" auf dem sogenannten Ludovisischen Throne, der jetzt im Thermenmuseum aufgestellt ist [1]). Bei beiden breitet sich das Haar strahlenförmig vom Wirbel aus bis zu der breiten, um den Kopf gelegten Binde [2]). Unterhalb derselben findet es am Ludovisischen Kopfe keine directe Fortsetzung, sondern verschwindet unter den Strähnen, die von der Stirn seitwärts gestrichen sind, und vereinigt sich mit ihnen. Am Rundkopfe hingegen verbinden sich die seitlichen Wellen des Stirnhaares mit den durch die Binde durchgezogenen Strähnen des Haares am Hinterhaupte zu einem Schopfe, der auf den Nacken fiel und wohl unten geknotet war. Aus dieser reichen Haarfülle taucht bei beiden Köpfen an ganz unrichtiger Stelle die Ohrmuschel auf. Am Rundkopfe stehen die

Fig. 1

Ohren in verschiedener Höhe — das linke niedriger, aber auch dieses der Natur gegenüber immer noch viel zu hoch. Diese seltsame Gestaltung des Profils ist so auffällig und ungewöhnlich, dass man in der That versucht ist, mit E. Sellers beide Werke dem nämlichen Meister zuzuschreiben. Dieser war wahrscheinlich ein Attiker: ein Werk wie die Frauenstatue des Euthydikos [3]) darf als nächste Vorgängerin, Köpfe wie die von Furtwängler [4]) dem jungen Phidias zugeschriebenen, in Petersburg und bei Baron Barracco, oder wie der in der Madrider Doppelherme mit dem sog. Sapphotypus vereinigte Eroskopf [5]), dann auch die Neapler Bronzeherme einer Amazone [6]), als unmittelbare Nachfolger dieses Kopftypus bezeichnet werden.

Die Deutung des Kopfes hängt von der Benennung des stilverwandten Kopfes auf dem Ludovisischen Throne ab. Wie dort, so kann auch hier zunächst die Deutung zwischen einer Göttin und einer Sterblichen schwanken.

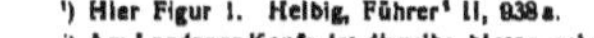

[1]) Hier Figur 1. Helbig, Führer² II, 938 a.

[2]) Am Londoner Kopfe ist dieselbe hinten geknotet: s. die Abb. im Journ. of hell. stud., p. 199, Fig. 2.

[3]) Brunn-Bruckmann, 459.

[4]) Meisterwerke, p. 88 ff.

[5]) Ebenda, p. 101; Arndt-Amelung, Einzelaufnahmen, 1646—48.

[6]) Furtwängler, Meisterwerke, p. 300; Brunn-Bruckmann, 337.

Verlagsanstalt F. Bruckmann A.-G.
München 1905.

582. Fragment eines Grabreliefs.

London, Lansdowne House.

Michaelis, ancient marbles in Great Britain p. 437, n° 1. Derselbe in der Arch. Zeit. 1880, p. 81, Taf. 9 (und Figur auf p. 82). Conze, attische Grabreliefs, Taf. CXVI, n° 586. Burlington Fine Arts Club, Exhibition of ancient greek art, London 1904, pl. V, p. 9, n° 4 (E. Sellers). Friederichs-Wolters 1035. C. J. A. II, 4294. Furtwängler, Sammlung Saburoff, Sculpturen-Einleitung, p. 12. Collignon, hist. de la sculpture grecque II, p. 153, fig. 76. — Ich kenne das Original nicht.

Pentelischer Marmor. Hoch 0,67, breit 0,455. Reliefrhebung des Kopfes vom Grunde 0,155 m. Auf der Spitze des Giebels war das (verloren gegangene) Mittelakroter besonders aufgesetzt. Im Übrigen vorzüglich erhalten. Im linken Ohrläppchen ein Loch für den Ohrschmuck. Im Haar eine dreifache Binde. Auf dem Architrav die Inschrift . . .]ομένο(υ)ς θυγα[τήρ. Die Herkunft des Stückes aus Attika ist durch äußere Zeugnisse nicht sicher gestellt.

Das Fragment gehört offenbar zur Figur einer Sitzenden, welcher, wie z. B. auf der Stele der Hegeso [1]), eine Dienerin gegenüber gestanden haben mag. Ob die Verschleierung wirklich, wie Michaelis annimmt, darauf hinweist, daß die Dargestellte verheiratet war, bedarf noch genauerer Feststellung: auf dem Inschriftblocke dürfte kaum Platz für die Angabe des Namens ihres Gatten zu finden sein.

Durch seine Grösse und die Trefflichkeit der Arbeit tritt das Bruchstück in die erste Reihe der auf uns gekommenen Grabreliefs. In der leisen Neigung des Hauptes ist der ganze Ausdruck trauernden Versunkenseins gegeben: im Übrigen entbehren die Züge der Wiedergabe schmerzlicher Empfindungen. Auch stilistisch ist der Kopf von Interesse, durch seine auffallende Verwandtschaft mit dem Kopfe des auf Polyklet zurückgeführten Diadumenos [2]): ein Beweis, wie viel Polyklet bei diesem Werke von attischen Elementen in sich aufgenommen hat, und wie sich überhaupt in der Zeit, der der Diadumenos angehört, die schärferen Unterschiede zwischen Attischem und Peloponnesischem bereits zu verwischen beginnen. — Das Relief wird im dritten Viertel des fünften Jahrhunderts entstanden sein. — Vom Kopfe allein sind stumpfe Abgüsse verbreitet.

[1]) Brunn-Bruckmann, 436.

[2]) Furtwängler, Meisterwerke, p. 435 ff. Brunn-Bruckmann, 272 und 340. Vgl. Arndt-Amelung, Einzelaufnahmen, 585 und 86.

Verlagsanstalt F. Bruckmann A.-G.
München 1905.

583 und 584. Statue eines Mädchens.

Villa Sarsina in Porto d'Anzio.

P. Rosa, Notizie degli scavi 1879, S. 16, 116; tav. I 4. S. Reinach, Répertoire de la statuaire, II S. 660, 4 u. III S. 193, 6. W. Klein, Praxitelische Studien, S. 39 ff. W. Altmann, Jahreshefte des österreichischen archäologischen Institutes, VI, S. 188 ff., T. VII. Die Vorlagen für unsere Tafeln und die Textabbildungen der Statue konnten Dank der gütigen Erlaubnis des derzeitigen Besitzers, Principe Don Ludovico Chigi, hergestellt werden.

Die Figur ist in Porto d'Anzio selbst zu Tage gekommen. „In den letzten Decembertagen des Jahres 1878, in einer stürmischen Winternacht, lockerten sich die Schutthaufen, die in langer Kette längs des Arco Muto auf den Fundamenten antiker Paläste lagern, und aus einer bis dahin unsichtbaren Nische fiel von einer Ziegelbasis die Statue herab ... Die Nische gehörte ohne Zweifel der Rückwand eines mächtigen Saales an, der auf das durch grosse Fundamente von hier abgedämmte Meer hinausblickte. Jetzt steht von dem einstigen Saale nur die Nischenwand. Unten sieht man die mächtigen Constructionen der Fundamente, darüber die pfeilerartigen Wände der Nischen. Sie sind aus bestem opus reticulatum erbaut und zeigen die Merkmale der Architektur der ersten Kaiserzeit. Oben endete die Nische in Muschelform ... Die Statue ist aus griechischem, an den Bruchstellen klaren, weissen Marmor gefertigt, der mit kleinen Kristallen durchsetzt ist und keine besondere Transparenz besitzt. Aus einem grossen Block ist der ganze Körper, soweit er bekleidet ist, samt Füssen, linkem Arme und Schüssel gearbeitet, während ein zweiter, kleinerer Block den Kopf samt Hals und rechter Schulter umfasst . . . Der Marmor des Kopfstückes ist sicher identisch mit dem andern, aber von besserer Qualität... Angestückt war der rechte Arm, von dem noch ein durch die Oxydierung des Metalldübels gebräunter Splitter erhalten ist (das Fragment wurde bei Herstellung unserer Abbildungen mittels eines Holzpflockes an seiner Stelle befestigt). Es fehlen der Figur die Nasenspitze, der rechte Unterarm und ein Teil des linken. Einige Haarlocken sowie das Kinn sind bestossen. Von den Händen sind nur zwei Finger der rechten erhalten (Fig. 112/3 bei Altmann). An dem Gewande fehlen mehrfach einzelne Stückchen, so der Saum an der rechten Schulter, an der Mantelpartie der linken, an der äussersten Vorderfalte. Einige später im Schutte gefundene Fragmente sind wieder angesetzt, so die unteren Enden der vorderen äussersten und die der mittelsten Falte, ferner das Gewandstück des rechten Oberarmes und ein 0,13 m langer Splitter des linken Unterarmes mit einem Teil der Schüssel. Diese besteht nach ihrer Zusammensetzung jetzt aus drei aneinanderpassenden Teilen. Geglättet, wenn auch nicht zu vollem Glanze, sind Gesicht und Schulter; das Haar hat einen gedämpften Ton; die Gewandung ruft durch die, teilweise wie feine Schattierung wirkenden Meisselstriche einen wirksamen Contrast zu der grosszügigen Faltengebung hervor. Die Füsse sind glatt poliert. Die Tätigkeit des Bohrers ist bis auf einige Stellen an der linken Seite des Gewandes verwischt. Die Statue ist 1,70 m hoch und steht auf einer Plinthe, die 0,565 m lang, 0,42 m breit, 0,10 m hoch ist. Die Plinthe ist rechteckig, aber auf der Rückseite und der links angrenzenden Schmalseite derartig zugeschnitten, dass die Conturlinie dem Gewande folgt. Die Schmalseiten haben oben Saumschlag, die untere Partie ist gerauht. An der Vorderseite fehlt diese Bearbeitung, es zeigt sich nur oben eine ganz schmale, geglättete Kante[1]). In römischer Zeit hat man dann die Plinthe in eine kufenartig vertiefte Basis eingelassen, in der sie auch heute noch ruht[2]). Diese ist in der Mitte geborsten. Die Statue ist völlig auf die rechte Profilansicht und eine niedrige Aufstellung berechnet. Dies beweist die Stellung des Kopfes, die Gewandung, die Haltung der Schüssel, die nur ein auf gleichem Niveau mit der Plinthe stehender Beschauer völlig übersehen konnte, endlich die Vernachlässigung der Rücken- und linken Seitenansicht. So ist das Gewand auf dem Rücken bis zur rechten Schulter kaum angedeutet" (Altmann).

[1]) Altmann nimmt an, diese Bearbeitung sei nicht ursprünglich; vielleicht habe dort einst die Künstlerinschrift gestanden. Diese aber müssten wir an der Basis voraussetzen, und zu ihrer Entfernung ist nicht der mindeste Grund zu finden.

[2]) Ob dies wirklich erst in römischer Zeit geschehen sei, ist zweifelhaft; der Marmor der Basis ist identisch mit dem der Statue.

Verlagsanstalt F. Bruckmann A.-G.
München 1905.

Die Figur steht fest auf dem linken Bein; der rechte Fuss ist weit zurückgesetzt in einer Pose, als hielte die Gestalt in feierlichem Schreiten inne. Die stark herausgedrängte linke Hüfte dient dem fest angelegten linken Ellenbogen als Stützpunkt, sodass der vorgestreckte linke Unterarm mit Leichtigkeit eine grosse kreisrunde Schüssel, oder besser, einen Teller trägt, von dem sich ein Teil erhalten hat, der ein Segment mit einer Sehne von 0,49 m bildet und etwa zwei Fünfteln des Ganzen entspricht. Der rechte Arm überquerte den Oberkörper, und die Hand muss über dem Teller erhoben — sie stand etwa vor der linken Brust — und mit einer momentanen Handlung beschäftigt gewesen sein. Der Kopf neigt und wendet sich zur linken Schulter, der Blick ist aufmerksam auf den Teller gerichtet.[3]) Sehr schön ist im Gegensatz zu der festen Senkrechten im tragenden linken Bein der einheitliche Fluss der Bewegung in der rechten Körperhälfte aufwärts vom Fuss bis zum Scheitel. Betrachten wir die Figur in Rücksicht auf diese allgemeinsten Motive, so kommt uns recht zum Bewusstsein, wie viel uns mit dem rechten Unterarm und seiner Hand verloren ist; die Bewegung dieses Armes brachte ein drittes Motiv zu den beiden genannten, und stärker als jetzt sprang der Teller und seine Umgebung als Kernpunkt der ganzen Composition in die Augen.

Der Künstler hat seiner Gestalt einen Chiton aus feingeripptem Linnenstoff und einen Mantel aus glattem Zeug gegeben. Der Chiton ist zweimal gegürtet; den einen Gürtel verdeckt ein über die Hüften herabhängender Bausch; der zweite Gürtel, ein breites Band, liegt dicht unter den Brüsten. Der obere Rand des Chiton wird von einem Saume abgeschlossen, der nicht mit der pergamenischen Queder zu verwechseln ist: jene war ein aufgesetztes Band und hatte den Zweck, das Gewand bundartig zusammenzuziehen, während der Stoff hier seine ganze natürliche Ausdehnung behalten hat, sodass der rechte Ärmel tief von der Schulter herabgleitet. Der Mantel ist mit einem Teil über die linke Schulter gelegt — der Zipfel hängt tief herab („hier findet sich die einzige an dem ganzen Werke angebrachte Stütze, ein ganz unbedeutender Verbindungssteg zwischen dem Zipfel und dem Untergewande“ [A.]) —, das Übrige ist, im oberen Teil zu einem Wulste aufgerollt, um den Rücken, die rechte Hüfte und den Unterleib gelegt; das Ende wird an der linken Hüfte vom linken Ellenbogen festgehalten. Nicht genug ist nun zu bewundern, wie der Künstler durch diese Gewandung die Motive des Körpers, mit so reichen Formen er sie auch umkleidet, doch nirgends verhüllt, sondern überall bedeutsam hervorzuheben verstanden hat.

Seit der Zeit des Phidias beobachten wir an weiblichen Gestalten immer wieder, dass man die verschiedene Haltung der Beine auch in der Gewandung zum Ausdruck bringt, das feststehende Bein mit parallel geordneten Steilfalten umgiebt, das bewegte Bein unter lebhafteren Falten deutlicher sichtbar werden lässt. Den gleichen Contrast aber in effectvoller Steigerung finden wir auch hier: während sich rechts stark vortretende, von tiefen Schatten getrennte, senkrechte Falten drängen, schmiegt sich links der Stoff glatt an das Bein an, dessen Bewegung so in voller Deutlichkeit sichtbar wird, nach rechts hin abgeschlossen von einer tiefen Falte, die eben diese Bewegung mit starker Wirkung wiederholt. Dabei genügte unserem Künstler nicht mehr das gleichmässige Nebeneinander senkrechter Steilfalten, wie es an älteren Werken oft einen so monumentalen Eindruck macht: er hat das ganze Gewand an der linken Hüfte emporgezogen, so dass sich ein mannigfaltigeres Durcheinander von Motiven bildet, in dem doch die Senkrechte dominiert. Zudem legt sich oben ein Teil über der stark vorfallenden Falte eng an die Hüfte an und lässt dadurch diesen Angelpunkt der Bewegung klar zur Geltung kommen. Endlich wird durch diese Hebung des Gewandes der Zug des Auges nach oben, d. h. nach jenem Punkte verstärkt, zu dem alle Motive convergieren, zu dem Teller und seiner Umgebung. Dass sich nebenbei als Gewinn noch die reizende Enthüllung des Fusses ergiebt, hat nur nebensächliche Bedeutung. Wundervoll ist auch der Abschluss, den das Gewand unten durch die mannigfach bewegte Linie des Saumes erhält: „mit grossem Genusse folgt das Auge dieser verschlungenen, bald auf-, bald absteigenden, aus- und einbuchtenden Linie, deren bedeutende Wirkung durch einen ähnlich wechselnden Rhythmus erzielt wird, wie wenn auf lange Cadenzen kurze Betonungen folgen“ (A).

Die Bewegungslinie des rechten Beines wird aufgenommen, zugleich aber in deutlicher Absicht nach der linken Hüfte hin abgelenkt von

---

[3]) Früher waren in die Rückenfuge einige Holzkeile eingefügt, die jetzt entfernt sind. Ich glaubte bei einer ersten Besichtigung der Statue, dass der Kopf sich nach Entfernung jener Keile wesentlich mehr heben würde, als dies tatsächlich der Fall gewesen ist. Daher meine Äusserung in einer Besprechung der Klein'schen Schrift, Berliner philol. Wochenschrift 1900 Sp. 626. Übrigens bleibt auch jetzt an der Rückseite noch eine schmale Fuge, aber an der Vorderseite passt Alles so deutlich, dass man wohl annehmen muss, jene Fuge sei einst mit Stuck geschlossen gewesen.

dem reichlichen Faltenzuge des Mantels; sehr fein ist es dabei, wie diese Variation vorbereitet wird durch die zwei leicht erhobenen Falten des Chiton, die schräg über den Oberschenkel nach oben ziehen. All diese Ausstrahlungen des einen Motivs werden nun aufgefangen von dem stark gedrehten Wulst des Mantels, der in entgegengesetzt geführtem Faltenzuge das Auge wieder zur linken Hüfte zieht. Über diesem Wall ist jener allgemeine Zug ausser in der Nackenlinie am deutlichsten noch in dem Verlauf des oberen Chitonsaumes gegeben, während ihn hier der rechte Arm mit seiner Bewegung quert, durch die das Auge aber wiederum zu jenem Centrum geleitet wird, auf das auch die Faltenmasse des Mantels auf der linken Schulter abwärts führt und wohin sich schliesslich mit dem gesenkten Blick die ganze Aufmerksamkeit der Dargestellten concentriert.

So stellt sich denn heraus, dass diese Masse von scheinbar so willkürlich oder doch nach rein decorativen Gesichtspunkten geordneter Gewandung in feinster Berechnung nur der Composition des ganzen Werkes dient; dass auch hier das grosse Problem, die Gewandung nur zum Ausdruck der körperlichen Motive zu verwenden, noch in der Art der besten griechischen Tradition erfasst und gelöst ist.

Ehe wir zur Beschreibung jenes bedeutsamen Tellers übergehen, sei noch kurz auf Sandalen und Haartracht hingewiesen. Die Sandalen sind sehr einfach; die Sohle wird nur von einem Riemen über den Spann und einem zwischen der grossen und der nächsten Zehe gehalten, die beide oben auf dem Fuss verknotet sind. So einfach das ist — ähnlich an der bekannten Berliner Mänade —, so sorgfältig sind die wenigen Détails ausgearbeitet (am rechten Fuss ist der Riemen vorn unterarbeitet). Man kann nicht verkennen, dass neben der raffinierten Pracht der Faltengebung diese Schlichtheit sehr wohltätig wirkt. Einfach ist auch die Haartracht: „in der Mitte gescheitelt, sind die herabfallenden Haarmassen von hinten um den Kopf nach vorn in zwei dichten Strähnen herumgenommen und in einen Knoten zusammengeschlungen. Da dieser Knoten bei der geneigten Kopfwendung keine klare Profillinie geben und durch starke Schatten die weisse Stirn verdunkeln würde, ist er auf die linke Seite verschoben. Eine einzelne Locke zweigt sich von dem Haarkranze ab und legt sich leicht auf die Stirn; ebenso fällt, abgesehen von einigen Nackenlöckchen, je eine Ringellocke spielerisch in flachem Relief vor den Ohren herab" (A). Diese Haartracht hat für den vorliegenden Fall den grossen Vorteil, dass im Profil, der Hauptansicht der Statue, die Nackenlinie und der Umriss des aufsteigenden Schädels ununterbrochen sichtbar bleibt, und gerade in diesen Linien läuft der Zug der Bewegung aus, die wir vom rechten Fuss aufwärts verfolgt haben. Andrerseits schliesst der Haarkranz und die Schleife, auf die alle Strähnen zulaufen, den Schädel in nachdrücklichster Weise von dem abwärts geneigten Antlitz ab, und eine besonders starke Betonung dieses Punktes, in dem die beiden Hauptlinien der Composition, die Senkrechte rechts und die geschwungene Linie links, zusammentreffen, war unbedingt notwendig.

Nun zu dem Teller. „Er besteht jetzt aus drei Fragmenten, von denen das dritte überragende Stück (rechts) nur am Rande anschliesst. Unten ist er flach gearbeitet, an den Seiten gewölbt und mit überstehendem Rande versehen. Die Art, wie er dem Beschauer zugeneigt ist, führt schon auf die Bedeutung, die die darauf angebrachten Dinge hatten. Diese bestehen zunächst aus einer (0,17 m breiten) Pergamentrolle, deren aufgerollter Teil über den Rand hinwegfliesst; ferner aus einem dem Tellerrande folgenden, gebogenen Lorbeerzweig, von dem ein Ast mit einem Büschel Lorbeerblätter und die Reste von andern, die sich bis zur Bruchlinie des zweiten Stückes fortsetzen, kenntlich sind. Eine jenseits des Risses auf dem dritten Stücke vorhandene Vertiefung, mit einem am Bruche erhaltenen Reste, kann mit dem Zweige nicht mehr in Verbindung stehen. Endlich befindet sich am äussersten Rande eine auf einer kleinen Plinthe stehende Löwentatze" (A.). Wenn Altmann fortfährt, nach der Stellung der Zehen sei dies eine linke Vordertatze, und sie sei mit dem erwähnten Rest nicht in Zusammenhang zu bringen, so hat sich das bei einer erneuten Untersuchung, bei der auch Altmann zugegen war, als irrig herausgestellt. Aus der Stellung der Zehen kann nichts geschlossen werden, und ein Zusammenhang mit jenem Rest ist sehr wohl möglich. Vor Allem aber wird Altmanns Gedanke, die Tatze habe zu einer Löwenstatuette gehört, durch die gesonderte Plinthe ausgeschlossen; eine Statuette würde im Ganzen auf einer einheitlichen Plinthe gestanden haben, während derartige kleine Plinthen sich unter Gerätfüssen häufig finden (vgl. z. B. Babelon et Blanchet, Catalogue des bronzes ant. de la bibliothèque nationale, p. 594 ff., n° 1478, 1479, 1482). Der zweite Fuss hat seine Spur in jenem Rest hinterlassen; der dritte befand sich auf dem nun fehlenden Teil des Tellers; und so haben wir hier einen kleinen Dreifuss oder ein Thymiaterion vorauszusetzen.

Von der rechten Hand sind, wie gesagt, zwei Finger erhalten; aus Ansätzen in ihrem inneren Teil kann man schließen, daß die Hand etwas gehalten hat. Da liegt es nahe, mit ihr die zwei oberen Enden eines Lorbeerkranzes in Verbindung zu bringen, „der in griechischer Weise unten mit den Zweigen zusammengebunden, oben aber offen war" (A.); man kann indes zweifeln, ob die Hand im Begriffe war, diesen Kranz — oder was sie sonst hielt — dem Teller zu nähern, um ihn darauf niederzulegen, oder ob sie ihn von dem Teller aufnahm. Die anderen kleinen Reste (s. bei Altmann Fig. 114/5) lassen sich in keiner Weise deuten (auch Altmanns Gedanke, der eine habe vielleicht zu einer Schlange gehört, scheint mir haltlos).

Ehe wir auf die Deutung der Figur eingehen, für die uns die beschriebenen Gegenstände wichtige Fingerzeige versprechen, wollen wir ein Bild von dem menschlichen Wesen der Trägerin zu gewinnen suchen. Dargestellt ist ein kräftig entwickeltes junges Mädchen; ihr Wuchs ist stolz, die Bewegung energisch, die Schultern sind breit und kräftig gebaut, aber die Brust ist noch fast unentwickelt und in dem Gesicht liegt bei allem Ernst um den Mund noch ein Zug von kindlichem Eigenwillen. Es giebt kaum ein andres antikes Werk, in dem es dem Künstler in gleichem Maaße gelungen wäre, rein jungfräuliches, mädchenhaftes Wesen ohne irgend eine Beimischung von erwachender Sinnlichkeit zum Ausdruck zu bringen. Individuell sind die Züge nur soweit, wie in späterer Zeit jede griechische Darstellung, und weniger in Einzelheiten als in der allgemeinen Stimmung giebt sich deutlich zu erkennen, daß hier ein menschliches, kein göttliches Wesen vor uns steht. Über ihre besondere Stellung giebt die Gewandung keinen Aufschluß; auch auf dem Haupte sehen wir keinen Kranz, keine Binde. Was lehrt der Teller mit seinen darauﬂiegenden Gaben?

Auf einige Fälle, in denen derartige Teller in heiligen Handlungen zur Verwendung kommen, hat Altmann bereits hingewiesen (S. 192 Anm. 7). Auf ein bedeutsames Beispiel machte mich ferner Hauser aufmerksam, die Gestalt einer Priesterin auf einer pompejanischen Wand: auf dem Teller steht eine Schachtel und daneben liegt ein Zweig[4]). Auch ist ein Gemälde aus Herculaneum zu vergleichen, auf dem Orest und Pylades dargestellt sind, wie sie vor Iphigenia geführt werden[5]); rechts von dieser ist eine Gruppe von zwei Tempeldienerinnen gemalt; die eine macht sich an einem am Boden stehenden Kasten zu schaffen, die andere hält auf der linken Hand einen solchen Teller, auf dem nach Helbig, der hierin dem Text des Museo borbonico folgt, ein Opferkuchen zu erkennen wäre (im M. b.: una specie di focaccia fatta a guisa di fronda). Mau war so freundlich, das Bild daraufhin zu untersuchen; er schreibt: „Was auf dem Teller liegt, scheint mir am ehesten Laub und Kerzen zu sein, beides ja oft genug auf eben diesen Tellern vorkommend." Auf jeden Fall also ist durch all diese Beispiele die Verwendung derartiger Teller im Tempeldienste deutlich bewiesen. Den Bezug auf Apollon geben Zweig und Kranz von Lorbeer[6]), und im Zusammenhang mit diesem Gott erklärt sich auch am Einfachsten die Pergamentrolle, mag man auf ihr nun Orakel oder eine Dichtung vermuten. So sei hier auf eine eigenartige Reliefdarstellung hingewiesen, die uns in London an der einen Seite eines vierseitigen Marmoraltares und in einem fragmentierten Terracottarelief erhalten ist: Apoll steht nach rechts gewendet vor einem dreibeinigen Tisch, auf den er die Kithara gestellt hat; an der Querstange der Beine hängen Binden; auf der Tischplatte liegen zwei Pergamentrollen; rechts ragt auf besonderem Untersatz hinter dem Tisch der Dreifuß auf; er ist mit Guirlanden geschmückt, an denen der heilige Rabe pickt[7]).

[4]) Museo borbonico XI 19; Helbig, Wandgemälde der verschütteten Städte Campaniens 1797. Der Priesterin entsprechen zwei männliche Gestalten, die wie sie bekränzt sind; die eine libiert. — Hauser machte mich weiter auf das Vorkommen derartiger Teller bei schwebenden Gestalten pompejanischer Wände aufmerksam, doch lässt sich daraus nichts für die Deutung der Statue gewinnen.

[5]) Museo borbonico VIII 19; Helbig, Wandgemälde 1334; man vergleiche ebenda die ganze Reihe 1780—1822.

[6]) Die von Altmann vertretene Beziehung auf den Apollon von Patara fällt, sobald wir die Tatze nicht mehr zu einer Löwenstatuette ergänzen. Zudem wäre die Promantis, die als Braut des Gottes in den Tempel eingeschlossen wurde, auch bräutlich verhüllt dargestellt oder doch wenigstens durch eine priesterliche Binde kenntlich gemacht worden.

[7]) Smith, Catalogue of sculpture in the British Museum III p. 382 ff., n° 2487, Fig. 61 A, und Walters, Catalogue of the Terracottas p. 381, D 506. Auch in einem andern Fall, den ich nicht unerwähnt lassen will, obwohl er nichts Bestimmtes ergiebt, finden sich zwei derartige Rollen unter Weihgaben an eine Gottheit: ich meine jene merkwürdige Darstellung, die uns in einem Relief aus rotem Marmor im capitolinischen Museum (Nuova descrizione p. 270 n° 111; Righetti, Descrizione del Campidoglio I 92; aus der Villa Adriana) und auf einigen römischen Médaillons erhalten ist (Fröhner, Les médaillons romains p. 88 [Marc Aurel] u. 115 [Commodus]; Grueber, Roman medaillons in the British Museum p. 14 n° 7 u. 8, pl. XX [M. A.] u. p. 22 n° 4 [C.]). Die Gottheit, der hier die Darbringung gilt, ist weiblich und schlangenumwunden (daher Salus oder Hygieia genannt); die Rollen deutete Winckelmann (Denkmale, Erklärung der Verzierungsbilder XIII) fälschlich für die Gürtel der Jungfrauschaft, die die jung Verheiratete der Göttin weihe. Eine andere Erklärung dieser Darstellung ist noch nicht gegeben worden.

Auch hier können wir zweifeln, ob jene Rollen Orakel oder Dichtungen enthalten; aber die Rolle der Statue scheint für ein Orakel denn doch unverhältnismäßig groß[8]). Weiter müßten wir die Figur, nehmen wir ein Orakel auf dem Pergament an, jedenfalls für eine Priesterin halten, und doch fehlt ihr, wie schon hervorgehoben wurde, jedes priesterliche Abzeichen, abgesehen davon, daß die Handlung der rechten Hand ganz unverständlich bliebe. Alles scheint sich zu lösen, wenn wir eine Dichtung in der Rolle enthalten denken. Dann ist das Mädchen die Dichterin; sie hat im Wettstreit gesiegt, und, während sie ihr Werk dem Gotte darbringt, legt sie auch den Kranz, den sie als Preis errungen, zu den Gaben. Als Zeugnis für derartige Weihungen kann ich allerdings nur jene verdächtige Notiz von dem goldenen Buch anführen, das im Thesauros der Sikyonier zu Delphi lag und angeblich von der erythräischen Dichterin Aristomache gestiftet war, nachdem sie zweimal an den Isthmien mit einem epischen Gedicht den Sieg errungen hatte[9]). Wenn nun auch alles Andere an dieser Notiz Erfindung wäre, so müßte doch eine solche Weihung wirklich einem wenn auch selten geübten Brauche entsprochen haben, und so dürfen wir sie in unserem Fall wohl als Stütze der vorgeschlagenen Deutung benützen[10]). Ein Porträt dürfen wir in dieser Statue einer gottbegnadeten Dichterin ebenso wenig erwarten, wie in den Statuen der siegreichen Athleten.

Ich will nicht unterlassen, noch auf eine andere Möglichkeit hinzuweisen: auf einem erst jüngst bekannt gewordenen Papyros ward uns das Fragment eines Partheneion bescheert, eines Liedes, das einst auf dem Zuge zum Heiligtum des Apollon Ismenios bei Theben von einem Jungfrauen-Chor gesungen wurde, der dem jugendlichen Daphnephoros folgte; als Dichter ist Pindar erkannt worden[11]). Da singen die Mädchen: „Apollon ist da, über Theben unendlichen Segen zu bringen ... Drum will ich mein Kleid gürten und, ein stolzes Lorbeerreis in der zarten Hand, feiern des Aioladas und Pagondas allberühmten Hof, von Kränzen umblüht das jungfräuliche Haupt" (Übers. von Schröder). Das ständige Weihgeschenk des Daphnephoros war ein erzener oder goldener Dreifuß; Pindar nennt in einem andern Gesange das Ismenion ein Schatzhaus voll goldener Dreifüße (Pyth. XI 4); aber Daphnephorieen wurden auch an anderen Orten gefeiert. Möglich — mehr können wir auch hier nicht sagen — möglich, daß unsere Statue die Chorführerin eines solchen Zuges darstellt, nicht, wie sie mitging und sang, sondern nach dem Schluß des Festes, alle Insignien dem Gotte weihend: das Lorbeerreis liegt auf dem Teller; eben legt sie den Kranz dazu; auf der Pergamentrolle würden wir die Niederschrift des gesungenen Liedes denken, und auch ein Dreifuß oder doch die verkleinerte Nachbildung eines solchen würde nicht fehlen[12]). Selbstverständlich aber dürfen wir nicht annehmen, daß dieser Tripodiskos — den wir ja übrigens auch nur aus der Tatze und der Nachbarschaft des Lorbeers erschließen — das Weihgeschenk des Daphnephoros sei.

Darüber, daß Altmann die Entstehung der Statue mit Recht im Beginne der hellenistischen Epoche angenommen hat, wird kein Zweifel bestehen. Früher oder später ist die eigenartige Mischung von feinfühligstem Naturalismus und sicherster Berechnung in der Verwendung vornehmster Mittel undenkbar. Man beachte die feine Charakterisierung der verschiedenen Stoffe in der Gewandung, denen alle erdenklichen Effecte abgewonnen sind, ohne daß sie sich irgend selbständig aus dem wohlabgewogenen Gesamtbilde vordrängten; man lasse sein

[8]) Auf den beiden Gemälden, auf denen die Verlesung des Orakels an Admet dargestellt ist (Museo borbonico VII 53; XI 47), hat dieses Schriftstück nicht entfernt die Grösse jener Rolle.

[9]) Reisch, Griechische Weihgeschenke S. 62; Crusius bei Pauly-Wissowa, Real-Encyclopädie II, 1, Sp. 943 f. Bei der Weihung der VII. olympischen Ode in das Heiligtum der Lindischen Athena (χρυσοῖς γράμμασιν) kann, wie Reisch hervorhebt, auch an ein epigraphisches Denkmal gedacht werden.

[10]) Man würde zu Gunsten dieser Deutung auch darauf hinweisen können, dass gerade aus dem Beginn der hellenistischen Zeit — siehe den folgenden Satz im Text — eine Reihe Porträts von Dichterinnen überliefert ist, wenn diese Überlieferung nicht so stark in Misscredit gebracht worden wäre (Kalkmann im Rheinischen Museum XLII S. 490 ff.). Braucht man auch nicht zuzugestehen, dass die gegen Tatians Glaubwürdigkeit vorgebrachten Gründe durchaus schlagend seien, so muss man doch die Möglichkeit ihrer Berechtigung zugeben, und damit allein verliert diese ganze Überlieferung jeglichen Wert für die Kunsthistorie, solange sie nicht auf anderem Wege bestätigt wird. Das ist aber auch für den einen Fall durch das Bekanntwerden der Korinna-Statuette in Compiègne noch nicht geschehen (S. Reinach, Revue archéologique 1898 I p. 161 ff. pl. V).

[11]) Grenfell and Hunt, The Oxyrrhynchus Papyri IV No. 659; vgl. von Wilamowitz in den Göttinger gelehrten Anzeigen 1904 S. 670 ff. und O. Schröder in der Berliner philologischen Wochenschrift 1904 Sp. 1476 ff.

[12]) Dass man sich gelegentlich mit solch kleinen Nachbildungen begnügte, beweist uns die listige Geschichte des Oibalos von Sparta, der seine hundert thönernen Dreifüsse im Reisesack bis zum Altar des Zeus auf Ithome trug (Paus. IV, 12, 9; mein Freund Spiro machte mich auf die Stelle aufmerksam). Und so werden am Ende auch die goldenen Dreifüsse nicht alle »lebensgross« gewesen sein.

Fig. 1.

Auge über die wundervoll modellierten Formen der Schulter und des Halses gleiten oder versenke sich in die von ruhigem Leben erfüllten Züge des Gesichtes, in dem die nicht absichtslos strenge Bildung der Augen noch wie ein Nachklang früherer Zeiten wirkt: immer wieder werden wir auf jene Schwelle des beginnenden Hellenismus hingewiesen. Das Motiv des übergreifenden Armes — vor dem Auftreten des Lysipp lag so etwas nicht im Bereich der griechischen Künstler — erinnert uns einerseits an die bekannte Venus von Capua (Brunn-Bruckmann 297) und den bogenspannenden Eros: beider Originale sind in der Mitte des 4. Jahrhunderts entstanden. Andrerseits findet man das Motiv in hellenistischer Steigerung z. B. an einer Mädchenstatuette des capitolinischen Museums (Helbig, Führer I n° 540; Clarac 877, 2235), an der sogenannten Kallipygos in Neapel und der kauernden Venus des Doidalsas, einem Werk aus der ersten Hälfte des 3. Jahrhunderts. Die Gewandung erinnert uns an jene bekannten Worte Benndorfs in den „Neuen archäologischen Untersuchungen auf Samothrake" (II p. 73 ff.): „— so ist doppelt begreiflich, daß in jener späten, überaus regsamen Zeit, in der die Beobachtung der Natur auf allen Gebieten menschlichen Wissens einen energisch neuen Anlauf nahm, sehr lebhaft und ungeduldig andere Anforderungen auftraten, welche, der tausendfach gesehenen stilvollen Anordnung überdrüssig, nur durch einen rücksichtslos natürlichen Wurf des Gewandes und virtuos erfaßte Détails zu befriedigen waren." Wenn Benndorf nun aber fortfährt: „Aus seiner alten Dienerrolle befreit und gleichsam sich selbst zurückgegeben, sollte das Gewand der aus dem Ganzen der Composition herauswirkenden Gestalt mehr nur gewisse Rücksichten und die unentbehrlichste Beihilfe leisten, im Übrigen hingegen möglichst ungehindert dem Zufall folgen, möglichst selbstständig charakterisieren . . .", so werden wir uns erinnern müssen, daß er diese Sätze angeregt von einem hochbedeutenden Kunstwerk schrieb, das aber doch vor Allem decorative Bestimmung hatte, der Nike von Samothrake, und wir werden uns weiter erinnern, dass wir an unserer Statue die Gewandung trotz aller virtuosen Effecte noch vollkommen im Dienste der Gestalt und ihrer Composition gefunden haben.

Damit ist indes nur die zeitliche Stellung des Werkes fixiert. Von Figuren, die ich ihm nächstverwandt nennen möchte, sind mir nur zwei bekannt, die eine nur durch das Medium einer Zeichnung, die sich in dem von Robert im 20. Halle'schen Winckelmannsprogramm publicierten Skizzenbuch findet (p. 13 u. 37 f., n° 137: ein nach rechts gewendetes Mädchen, das mit der Linken einen Vogel an die Brust drückt)[13]); von der andern, die sich heute bei dem Kunsthändler Bardini in Florenz befindet — ehemals war sie im Besitz der Borghese in Rom —, geben wir hier Figur 1 eine Abbildung (eine Zeichnung in S. Reinach's Répertoire de la statuaire II p. 796 n° 5; vgl. Sieveking in Roschers myth. Lexikon s. v. Omphale, Sp. 890, Anm.): dargestellt ist der Torso eines Mannes mit Chiton und Fell; eher Silen, als Dionysos, aber sicher nicht Herakles, der, wenn er den Chiton trägt, das Löwenfell an Omphale verloren hat. Keinesfalls darf sich dieses Fragment in künstlerischer Hinsicht neben das Mädchen von Anzio wagen, und so läßt sich Weiteres auch hieraus nicht schliessen. Die Zeichnung der Augen an der Statue von Anzio erinnert an praxitelische Art man vergleiche meine Schilderung in der „Basis von Mantinea", S. 74 ff. ; daß

[13]) Mit der bei Clarac 591, 1294 abgebildeten Statue, die Robert anführt, hat die Figur nichts zu tun.

aber im Übrigen Praxiteles hier nicht in Frage kommen kann, ist ohne Weiteres klar und von Altmann richtig ausgeführt, der mit Recht auch die vollkommen unbegründete Annahme Klein's abgewiesen hat, die Statue sei ein Werk des Leochares. Eine Einzelheit an den Haaren, für deren Bildung mir sonst keine Analogie bekannt ist — am ähnlichsten sind noch die Haare der Wiener Kore[14]) —, die kleine Stirnlocke, brachte mir den Kopf des schon genannten bogenspannenden Eros in Erinnerung, dessen bestes Exemplar in London auch in anderen Zügen eine gewisse Ähnlichkeit mit dem Kopf unserer Statue hat. Mehr als eine allgemeine Ähnlichkeit ist auch in einem anderen Falle, auf den ich selber ehemals hingewiesen habe, nicht zuzugestehen: im Vergleich mit dem schönen weiblichen Kopf in der evangelischen Schule zu Smyrna[15]). Einen Zug indes finden wir dort wie hier, und einen Zug, der an dem Kopf der Statue besonders charakteristisch wirkt: die Stirn ist ohne fühlbare Teilung in voller Breite stark geschwellt, im Zusammenhang damit auch die Partie über den äusseren Augenwinkeln; diese Schwellung hebt sich nur in der Mitte und geht hier in den breit ansetzenden Nasenrücken über. Eine solche Bildung bedingt die kräftige Ausbildung des Kinns und des Mundes, der mit seinen lebensprühenden, energisch geworfenen Lippen gegenüber dem weichlichen Munde des Kopfes in Smyrna einen doppelt erfreulichen Eindruck macht. Dieses Ensemble von Formen — die grossflächigen Wangen nicht zu vergessen — rief mir einen anderen Kopf in's Gedächtnis, an dem wirklich die gleiche Constellation wiederkehrt, wenn auch in sehr viel massigeren, herberen Zügen; ist doch jener Kopf fast um ein Jahrhundert älter als der der Statue: ich meine den Hygieia-Kopf aus dem „Stadium" des Palatin[16]). Ob hier ein Schulzusammenhang wirksam gewesen ist, sind wir noch nicht im Stande zu erkennen.

Es muss offen zugegeben werden, dass wir mit all diesen tastenden Vergleichen nicht dazu gelangen, den Kreis, aus dem unsere Statue stammt, näher zu bezeichnen. Sie können nur späteren Studien den Weg weisen. Wahrscheinlicher ist auch mir, dass sie aus einer der kleinasiatischen Schulen stamme, als aus einer der griechischen des 4. Jahrhunderts. Wenn aber Altmann sagt: „Die Statue ist nicht als Rundfigur erdacht, sondern ohne einen starken architektonischen Rahmen undenkbar; schon dies ist ein Moment, welches sie von der attischen Kunstblüte des vierten Jahrhunderts trennt und zum Vorläufer jüngerer hellenistischer Schöpfungen macht", so ist dagegen doch zu erinnern, dass durchaus nicht alle Werke jener attischen Schulen als Rundfiguren componiert sind — ich erinnere an den olympischen Hermes des Praxiteles, an die Leda des Timotheos, den Meleager des skopasischen Kreises, den Ganymed des Leochares —, und dass die Behauptung, die Statue in Anzio sei ohne architektonischen Rahmen undenkbar, doch nur auf der mangelhaften Ausführung der einen Nebenseite und des Rückens basiert; an sich könnte die Figur durchaus ohne Rahmen bestehen. Der sogenannte Dionysos von Tralles, den Altmann dann als künstlerische Parallele anführt, wird, als er vollständig war, fast ganz dem Apoll von Kyrene im British Museum entsprochen haben (Overbeck, Kunstmythologie III 5, S. 189 ff. Taf. XXI 34; Amelung, Moderner Cicerone, Rom I, S. 381), einem Werk, dessen Meister dem der Venus von Capua und des Asklepios von Melos sehr nahe gestanden haben muss.

Gelangen wir auf diesem Wege zu keinem festen Ziel und bleibt uns die Statue in mehr als einer Beziehung ein schönes Rätsel, so dürfen wir andrerseits mit voller Bestimmtheit aussprechen, daß uns hier ein griechisches Original erhalten sei. Keine Worte können die Freude schildern, die man vor dieser in höchster Vollkommenheit strahlenden Arbeit empfindet, in der sich feiner Tact und vornehmer Geschmack ungetrübt vom Wirbel bis zur Zehe äussert.

W. Amelung.

---

[14]) R. von Schneider im Jahrbuch der Kunstsammlungen des allerhöchsten Kaiserhauses 1894 T. XI; Klein, Praxitelische Studien S. 17 Fig. 7.

[15]) Vgl. zuletzt Arndt-Amelung, Einzel-Aufnahmen 1342/3 (mit Text von Bulle) und Farnell, The cults of the greek states II Pl. LVII. Die »skopasische Grundlage« suche ich in dem Kopf vergebens; wie ein früh-hellenistischer Kopf auf skopasischer Grundlage aussieht, zeigt uns der von Farnell im Journal of hellenic studies 1886 p 114 ff. (mit Tafel) publicierte Terracotta-Kopf in Oxford. Einen Typus, ähnlich dem smyrnäischen in römischer Copie, sehen wir in einem Kopf des British Museum (Smith, Catalogue of sculpture in the Br. M. III n° 1552, abgebildet auf Pl. III). Durch den Kopf von Smyrna wird auch Zeit und Schule des von Benndorf (Bullettino comunale 1886 S. 74) und Furtwängler (Meisterwerke S. 569 f.) so merkwürdig falsch beurteilten Eros Borghese bestimmt (vgl. Klein, Praxiteles S. 238 ff.).

[16]) Helbig, Führer II n° 1126; L. Curtius im Jahrbuch des Instituts 1904 S. 55 ff. Taf. II; die hier versuchte Rückführung des Werkes auf Skopas ist meiner Ansicht nach ganz verfehlt; mit dem weiblichen Kopf aus Tegea verbindet den Hygieia-Kopf nur die gleiche Zeit der Entstehung. Zudem ist die Zugehörigkeit jenes Kopfes zum Atalante-Torso nicht bewiesen; wäre sie es, so ständen wir vor einem unlösbaren Rätsel und wir müßten zugestehen, nichts von skopasischer Kunst zu wissen, jedenfalls aus den Giebelresten von Tegea nichts Sicheres für ihre Kenntnis erschließen zu können; größere Gegensätze wie dieser weibliche Kopf und die männlichen Köpfe, die sicher vom Giebel stammen, lassen sich kaum denken

585. Bronzestatuette einer Nike.

Neapel, Museo nazionale.

Litteratur: Fiorelli, Pompejanarum antiquitatum Historia II, p. 60 f. Museo Borbonico VIII, 1832, Tafel 59 (Finati). Clarac, Musée de sculpture, Taf. 639, Fig. 1445 B; IV, S. 137. Overbeck, Pompeji[4], S. 556, Fig. 290. Niccolini, Case e monumenti di Pompei II, Taf. 21 (farbig). Friederichs-Wolters, Berliner Abgüsse n° 1755. Studniczka, Siegesgöttin, S. 19, Taf. VII, Fig. 36. (Teubners Jahrbücher für das klass. Altertum 1898, S. 395.) Roschers Lexikon der Mythol. III, 1, S. 350, Fig. 23 (Bulle).

Bronze. Höhe von der linken Fussspitze bis zur Haarschleife 0,40; mit den Flügeln 0,50. Spannweite der Flügel 0,47 m.

Gefunden in Pompeji. Der Originalfundbericht ist abgedruckt bei Fiorelli a. O. und lautet: „20. Settembre 1822. Mercoledì di questa settimana .... In una delle botteghe a sinistra della nota strada posta a settentrione del Foro civile, si sono rinvenuti i seguenti oggetti...... Una graziosissima statuetta alata di ottima scultura, alta pal. 1½, rappresentante una Vittoria, oppure una Fama, tutta intera, menoche la metà del braccio destro e l'indice della mano sinistra. Questa bella figura rendesi vieppiù pregevole e rara, per avere in ambedue le braccia le armille d'oro, ed in quella del braccio sinistro vi è tuttavia rimasto la gemma che la guerniva. Di gemme doveva tenere eziandio gli occhi, poichè vedonsi al presente gl'incassi ov'erano situate." Weiter wird berichtet, dass die Suche nach den fehlenden Stücken vergeblich war.

Jetzt fehlt auch noch der rechte Oberarm mit dem Armband. Die moderne Marmorkugel, auf welcher die Figur steht, ist in unseren Abbildungen entfernt. Ursprünglich war die Statuette an einem zwischen den Flügeln befindlichen Ringe frei aufgehängt, der nach freundlicher Mitteilung P. Herrmanns, der die Figur auf Arndts Bitte neu untersucht hat, mit aus der Form gegossen ist. Die Flügel dagegen sind, wie zu erwarten, für sich gegossen und angesetzt.

Die Göttin trägt einen Peplos mit langem Ueberschlag, der nahe unter dem Busen gegürtet ist und einen kleinen Bausch bildet; die langen Enden der gedrehten Gürtelschnur flattern auseinander. Auf der linken Schulter hat sich der Knopf gelöst, so dass der herabgefallene Gewandzipfel die Brust frei lässt. Am linken Oberarm, dicht über dem Ellenbogen, trägt sie ein breites Armband aus dünnem Goldblech (an den Abgüssen[1]) fehlt es), das in der Mitte nach Herrmanns Mitteilung mit „einem Knöpfchen aus rötlicher Masse (Glas?)" geschmückt ist. Finati dagegen spricht von einem Smaragd („un piccolo smaraldo mal concio dal tempo e dal fuoco"), der Fundbericht allgemeiner von einer Gemme. Wahrscheinlich ist also der Smaragd (ebenso wie der rechte Oberarm) einmal bei einer Umräumung verloren gegangen und dann durch das Glas ersetzt worden.

Die Attribute der Göttin sind nicht erhalten. Der verbogene Stab, der jetzt in der Linken festgelötet ist, scheint zwar wegen seiner Patinierung antik zu sein (vgl. Abb. 4. 5), ist aber sicher nicht zugehörig. Denn der in allen Einzelheiten ausführliche Fundbericht erwähnt ihn nicht und nach Herrmanns Mitteilung lässt der Stab sich mit der Fingerhaltung nicht vereinigen. Vielmehr ergaben praktische Versuche am Abguss, dass die Linke lose einen etwas dickeren Gegenstand fasste, der sich keinenfalls nach vorne fortsetzte. Es kann nur ein Palmwedel gewesen sein, dessen Stil im Innern der Hand steckte, während der breite Teil nach hinten auf dem Unterarm auflag, wobei die Blätterenden über den Arm hinabhingen. An Abb. 2 ist zu sehen, wie günstig solche weichen Linien wirken würden, ja, dass sie notwendig sind, um die scharfe Ecke des Ellenbogens zu mildern. Das Attribut der Rechten kann nichts anderes gewesen sein als ein Kranz, den die Göttin dem Sieger entgegenstreckt. Sie trägt dann diejenigen Abzeichen, die in der jüngeren Zeit die weitaus häufigsten der Nike sind. Man vergleiche namentlich das berühmte Victoriabild in der Curia Julia (Roschers Lex. III, 1, Sp. 354 mit Abb. 24) u. a.

Was die ursprüngliche Verwendung der Figur anlangt, so wird durch den Fundbericht, den mir Herr L. Conforti vom Museo nazionale auf meine Anfrage nachwies, die Möglichkeit nahegelegt,

[1]) Es ist nicht ganz sicher, ob die verbreiteten Abgüsse über dem Original genommen sind, da in Neapel das Abformen der Bronzen nach Arndts Mittheilung nicht gestattet wird. Die Nachmodellierung, auf die die Abgüsse dann zurückgehen müssten, scheint aber, soweit sich durch Vergleich mit den Aufnahmen feststellen lässt, in allen wesentlichen Dingen durchaus getreu zu sein.

Verlagsanstalt F. Bruckmann A.-G.
München 1905.

1.

2

dass das prächtige kleine Kunstwerk zuletzt als Aushängeschild eines Ladens gedient hat. Nach Confortis Einfall wäre die „bottega alla Vittoria“ etwa von einem ausgedienten Legionär gehalten worden, der eine Anspielung an seinen alten und ein gutes Vorzeichen für seinen neuen Beruf haben wollte. Doch ist es durchaus unwahrscheinlich, dass die sorgfältig gearbeitete und kostbar geschmückte Figur ursprünglich für diesen Zweck gearbeitet gewesen wäre. Man möchte vermuten, dass sie in ein häusliches Heiligtum, etwa über einen sitzenden Zeus, bestimmt war — eine Verbindung, die auf Wandgemälden wohlbekannt ist — oder als Weihgeschenk zwischen die Säulen einer Tempelhalle. —

Der künstlerische Wert der Gestalt wird erst erkannt, wenn man sie in der richtigen Körperneigung und vom richtigen Standpunkte betrachtet. Tafel 584 giebt die jetzige falsche Aufstellung, bei der das linke Bein annähernd senkrecht steht; hier ist zudem der Augenpunkt zu hoch genommen. Abbildung 1 und 2 zeigen sie in der richtigen Vorneigung, aber noch nicht genügend von unten. Abbildung 3 endlich giebt sie von einem tieferen Augenpunkte, soweit er mit dem photographischen Apparate ohne Verzeichnung erreichbar war[1]). Erst diese Ansicht ist die richtige. Hier dominiert der Kopf, hier erst wird das wundervolle Sausen des Fluges in voller Stärke empfunden. Und zwar erkennt man nun, dass es sich nicht etwa um eine irgendwie beschaffene Fortbildung des alten Paioniosmotivs handelt (so Studniczka, Siegesgöttin S. 19), sondern um eine ungleich realistischere Lösung des Flugproblems auf völlig neuer Grundlage.

Die Paioniosnike schwebt in schräg abwärts führender Linie gerade auf den Beschauer zu und ihre Glieder sind, wie auch Studniczka hervorhebt, nicht chiastisch gestellt; die rechte Körperseite tritt oben wie unten zurück, die linke Seite schiebt sich in ihrer ganzen Ausdehnung nach vorn. Anders bei unserer Figur. Dem vortretenden linken Bein entspricht oben die mächtig nach vorn drängende rechte Schulter; mit der weit zurückgenommenen linken Schulter korrespondiert der noch zurückhängende rechte Fuss. Ein so starker Chiasmus tritt als künstlerisches Motiv zuerst, soviel ich sehe, bei der Madrider Hypnosstatue auf, die dem 4. Jahrhundert angehört; hier ist der Chiasmus durch die Handlung motiviert. Über seine zunehmende Anwendung in immer neu erfundener Motivierung, oder gelegentlich auch ohne besondere Veranlassung, liesse sich ein besonderes Kapitel der Kunstgeschichte schreiben, auf das hier, auch nur andeutungsweise, nicht eingegangen werden kann. Genug, dass bei unserer Statuette der Chiasmus in ganz besonderer Weise in den Dienst des Flugproblems tritt. Man beachte die Stellung der Flügel in Abb. 3. Der rechte hebt sich schräg nach oben und scheint nach vorne auszuholen, der linke dagegen steht fast horizontal und schlägt nach abwärts. Und nun mache man sich den vorhergehenden und den nächsten

[1]) Bei diesen Versuchen und Aufnahmen im Münchener Abgussmuseum hatte ich mich der freundschaftlichen Mitwirkung Johannes Sievekings zu erfreuen.

Augenblick klar. Die Bewegung geht nicht einfach gerade aus auf den Beschauer zu, sondern sie erfolgt in einer weiten Kurve mit Drehung um die linke Körperseite! Jetzt erst verstehen wir den Chiasmus der Glieder in seiner eigentlichen Bedeutung. Die Linie von der linken Schulter bis zum linken Fusse ist die Drehungsachse der Bewegung, an der oben rechtwinklig (wie die Propellerschrauben an modernen Fluginstrumenten) die Flügel ansetzen. Durch den rechten Arm, der wagerecht nach vorne ging und ohne Zweifel leicht nach innen gebogen war, wurde die Drehbewegung noch fühlbarer, indem er die Flugbahn gewissermassen in die Luft vorauszeichnete. Auch das Zurücknehmen des linken Ellenbogens und die nach hinten führenden Linien des vermuteten Palmwedels gewinnen nun erhöhte Bedeutung, als Verstärker des Bewegungsgefühls in einer bestimmten Richtung.

Das Naturbild, an dem diese Bewegung beobachtet worden ist, ist ein ganz anderes als bei der Paioniosnike. Dort ist es das gerade langsame Herabschweben eines grossen Vogels kurz vor dem Auftreffen auf den Boden, wobei die Flügel als bremsende Windfänger gegen die Luft gestellt sind; und Paionios konnte, um die Bewegung ganz klar zu machen, des Mantels als Fallschirmes nicht entbehren. Der Künstler des pompejanischen Typus dagegen sah den Adler in den höchsten Höhen seine Kreise ziehen, ruhig und doch unaufhaltsam, in jenen wundervollen grossen Kurven, die, als ein einfaches Produkt aus der Körperschwere und dem Luftwiderstand, uns das vollkommene Gleichgewicht zweier Kräfte sinnlich wahrnehmbar machen, und dadurch das Gefühl zugleich der energischsten Bewegung und der absoluten Notwendigkeit in uns erzeugen. Der Künstler, der das Motiv der pompejanischen Nike erfand, hat diese Bewegung des kreisenden Adlers nachgefühlt und nachgeschaffen, indem er die statischen und mechanischen Bedingungen des menschlichen Körpers aufs wunderbarste mit denen der Fluggesetze verschmolz. Seine Schöpfung ist nicht minder genial und neu, als es die des Paionios war. Und es ist nicht zu viel behauptet, dass er erst die äusserste Möglichkeit des Problems, den absoluten freien Flug in der Höhe, erkannt und gelöst hat. Er auch konnte statisch erst den letzten Schritt wagen, das wirklich freie Hängen, ohne dass sich dem Beschauer auch nur einen Augenblick das Gefühl des materiell Aufgehängten aufdrängte.

3.

4.

5.

Dass diese grossartige Weiterbildung des Flugproblems erst der hellenistischen Zeit angehört, ist ohne weiteres wahrscheinlich, weil wir an zahlreichen anderen Motiven die Vorliebe dieser Epoche für starke Torsion der Körperachse verfolgen. Doch lässt sich der hellenistische Ursprung dieses Niketypus auch an Einzelheiten nachweisen. Die Gewandbildung beruht deutlich auf dem an der Nike von Samothrake (Taf. 85) zuerst grandios durchgebildeten Stile. Der Kopf (Abb. 4. 5.) hat die hohe Haarschleife, die ebenfalls nicht vor dem Beginn der hellenistischen Zeit nachzuweisen sein dürfte. Auch die überschlanken Glieder entsprechen dem Mädchenideal dieser Epoche. Als Paralleldenkmal habe ich schon in Roschers Lexikon III, S. 349 die grosse Nike von Megara in Athen (Nat. Mus. Nr. 225. Le Bas, Voyage archéol. Monum. figurés, pl. 91 I. Purgold, Athen. Mitteilungen 1881, VI, Taf. 10. 11, S. 275. Photogr. des athen. Inst. N. M. 474) angeführt, an der Chiasmus und Torsion der Flugbewegung in gleicher Weise vorhanden sind, nur dass man wegen der Verstümmelung der Figur sie nicht so deutlich empfindet. Dieser Torso hat in der Gewandbildung, in der pathetischen Fülle der schweren Falten mit den tiefen Thälern dazwischen seine nächsten Parallelen am pergamenischen Altarfries. Auch die pompejanische Nike mit ihrer zierlich rokokohaften Gewandung wird man lieber in die jüngere Hälfte der hellenistischen Periode setzen.

Heinrich Bulle.

586 und 587. Bronzewagen von Monteleone.

New York, Metropolitan Museum.

Das grösste und vollständigst erhaltene Werk archaisch-griechischer Kunst in getriebenem Metall, das existiert, ist jetzt der Bronzewagen im Metropolitan Museum zu New York, der zu Anfang des Jahres 1902 bei Monteleone di Spoleto, einem Ort im oberen Tale des Corno, südwestlich von Norcia, im nördlichen hochgelegenen Teile des Gebietes der Sabiner, zusammen mit verschiedenen anderen Gegenständen gefunden worden ist.

Sehr zum Schaden der Wissenschaft wurde der grossartige Fund leider in gewinnsüchtiger Absicht verheimlicht und zunächst nach Norcia und von dort schon um Ostern 1902 ins Ausland gebracht; zu Beginn des Jahres 1903 ward der Fund in Paris nach New York verkauft[1]). Über die Fundumstände ist nichts Näheres bekannt. Die Fundstelle soll am Fusse eines Hügels bei der Strasse liegen, die von Monteleone nach Norcia führt. Es ist höchst wahrscheinlich, dass der Fund aus einem grossen Grabe stammt.

Der Wagen kam in Fragmenten nach New York und ward dort mit grosser Sorgfalt zusammengesetzt und aufgestellt. Wir verdanken die den Abbildungen zu Grunde liegenden Photographieen der Gefälligkeit des verstorbenen Direktors des Metropolitan Museums, General Cesnola. Ich selbst habe, ebenfalls durch dessen Entgegenkommen unterstützt, im Oktober 1904 den Fund zu New York in Musse studieren können. Es traf sich, dass der Wagen eben, einer Umstellung wegen, aus seinem Glasgehäuse herausgenommen war, so dass ich ihn bequem aus nächster Nähe betrachten konnte.

Die mit dem Wagen zusammen gefundenen und mit ihm nach New York gelangten Gegenstände, über die in den bisherigen Berichten noch gar nichts veröffentlicht wurde[2]), sind die folgenden:

1. Besonders wichtig für die Zeitbestimmung des Fundes ist eine schwarzfigurige attische Vase, die zu dem Funde gehört. Leider können wir keine Abbildung derselben vorlegen, da sie bis jetzt nicht photographiert worden ist. Es ist eine sogenannte Kleinmeisterschale der Gattung mit thongrundigem Rande (vergl. meinen Berliner Vasenkatalog, S. 289 ff.); das auf dem Rande gemalte Bildchen stellt eine Sphinx dar, die einen Jüngling unter den Klauen hält. Die Inschrift auf dem Bauchstreif darunter ist sinnlos. Diese Schale ist, nach dem was wir von der attischen Vasenchronologie wissen, nicht wesentlich älter als um die Mitte des sechsten Jahrhunderts zu datieren. Die übrigen Gegenstände, also auch der Wagen, müssen ungefähr derselben Epoche angehören. Dadurch schon ist die mehrfach laut gewordene Datierung des Wagens in das siebente Jahrhundert ausgeschlossen; wir werden sehen, dass auch andere Gründe jene jüngere Datierung bestätigen.

2. Ein Bucchero-Gefäss aus zwei übereinander gestülpten Teilen mit plastischer Dekoration von Tieren, die aber frei modelliert, nicht aus Formen gewonnen sind (umstehende Abb. 2).

Die übrigen Funde bestehen aus Metall:

3. Sogenante „cista a cordoni", gerippte Ciste von Bronze mit Doppelhenkeln (Abb. 3). Die früher (von Helbig) aufgestellte Meinung, diese Cisten seien griechischer Herkunft und seien von Cumae aus verbreitet worden, war gänzlich verfehlt. Man hat neuerdings erkannt, dass ihre Heimat wesentlich nördlicher liegt. Es sind diese Cisten aber auch nicht etruskisches Fabrikat; sie haben ihre Heimat bei der Bevölkerung der Po-Ebene. Ein Hauptcentrum speziell für die Cisten mit Doppelhenkeln des Typus wie die unsrige war das Gebiet der Veneter, ein anderes für die Cisten mit seitlichen Griffen die Gegend um Bologna. Von der Po-Ebene aus wurden diese gerippten Cisten, die besonders in der zweiten Hälfte des sechsten und im fünften Jahrhundert im Gebrauche waren, weit nach dem Norden über die Alpen, sowie auch, jedoch in sehr viel geringerer Zahl, nach Süden verbreitet[3]). Das Vorkommen in dem Funde von Monteleone ist bezeichnend für die Beziehungen dieser Gegend zu der Po-Ebene. Barnabei[4]) hat gewiss mit Recht

[1]) Vgl. F. Barnabei in der Nuova Antologia, vol. 194, Marzo-Aprile 1904, p. 643 ff.

[2]) Auch Barnabei a. a. O. spricht nur im allgemeinen nach Hörensagen von anderen mitgefundenen Dingen.

[3]) Vgl. besonders Marchesetti, necrop. di S. Lucia 185 ff.; Corresp.-Bl. d. Ges. für Anthropologie 25 (1894), S. 103 ff. H. Willers, die röm. Bronzeeimer von Hemmoor, 1901, S. 100 f.; andere frühere Literatur s. bei Mau in Pauly-Wissowa, Reallexicon III, 2604 f.

[4]) A. a. O. in der Nuova Antologia.

Verlagsanstalt F. Bruckmann A.-G.
München 1905.

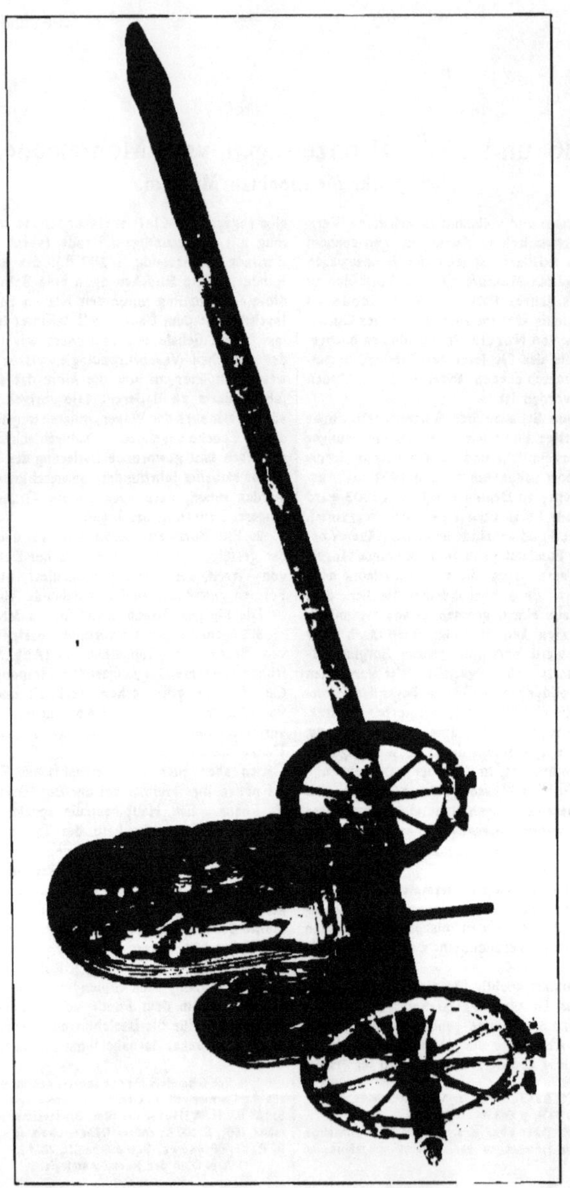

Abb. 1

Abb. 2

Abb. 3

Abb. 4

hervorgehoben, dass die Gegend der Fundstätte, das nördliche Bergland des Sabinergebietes, durch eine offene Strasse mit Picenum verbunden ist und dass hier ein reger Verkehr vorausgesetzt werden muss. Picenum aber stand immer in engem Zusammenhange mit der Kultur in der Po-Ebene.

4. Eiserner Stab-Dreifuss mit Löwenfüssen von Bronze (Abb. 4). Nur die genannten Löwenfüsse sind von Bronze, alles andere ist Eisen. Dieser Dreifuss gehört zu derjenigen Klasse von Kesseluntersätzen, welche ich in Olympia, Bd. IV, die Bronzen, S. 127 ff., behandelt habe (danach später Savignoni in Monumenti antichi dei Lincei VII, 1897, p. 309 ff.) und deren östliche Herkunft von mir dort nachgewiesen wurde. Dass der mittlere, aus dem Löwenfusse gerade emporsteigende Stab in einen Schwanenkopf endet, ist ein typischer Zug dieser Dreifussklasse, der sich ebenso an dem Untersatz von La Garenne (Olympia IV S. 115), an einem des Grabes Regulini-Galassi und einem gleichartigen des Museo Faina zu Orvieto findet (Olympia IV, S. 127). Auch der kleinere Ring unterhalb des oberen grossen ist ein typischer Teil; nur ist er hier etwas höher emporgehoben als dies sonst gewöhnlich ist. Neu, an den bisherigen Exem-

Abb. 6

plaren nicht beobachtet, ist die hier zum Schmucke verwendete dreispitzige Lilienblüte.

5. Höchst wahrscheinlich gehörte auf diesen Untersatz der Bronzekessel Abb. 5, dessen Durchmesser der Höhe des Untersatzes entspricht. Der Kessel aus Bronzeblech mit horizontalem, breitem, gehämmertem Rande gehört zu dem Typus archaischer Bronzekessel, den ich Olympia, Bd. IV, die Bronzen, S. 123 f., behandelt habe.

Abb. 5

6. Bronzekessel mit drei niederen Füssen und zwei Henkeln, Abb. 6. Die Füsse zeigen unten Löwenklauen; der am Kessel anliegende Teil zeigt ein durchbrochenes, ornamentales Stück und darüber den Oberteil einer Sphinx mit emporgehobenen Flügeln in barbarisierendem Stile. Zu Grunde liegt ein altgriechischer Typus von Bronzebecken-Füssen, wo sich über der Löwenklaue direkt der Oberkörper einer Sphinx oder Gorgone erhebt, und über den ich in Olympia, Bd. IV, die Bronzen,

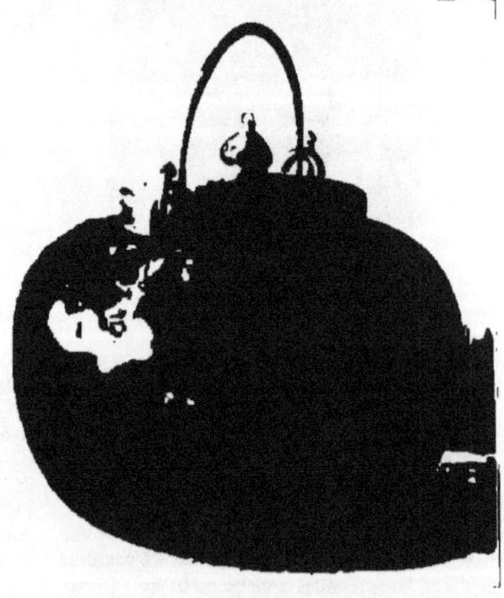

Abb. 7

Abb. 8

S. 137 zu nº 858, gehandelt habe. Das Becken unseres Fundes ist sicher italische, schwerlich aber etruskische Arbeit.

7. Bronzekessel mit Bügelhenkel und Deckel, Abb. 7. Die Ansätze der Ringe des Henkels zeigen eine an die dreispitzige Blume des eisernen Untersatzes erinnernde Verzierung. Der Deckel ist durch eine Kette mit dem einen Henkelring verbunden.

8. Bronzekessel mit eisernem Bügelhenkel. Auch die Ringe des Henkels sind von Eisen und an das Bronzegefäss genietet. Abb. 8.

9. Kanne aus getriebener Bronze mit gegossenem Henkel. Abb. 9. Der Henkel, oben mit Hunde- oder Paviankopfen, unten mit Palmette geziert, gehört zu einem in Italien sehr häufigen altgriechischen Typus, über den ich Olympia Bd. IV, die Bronzen S. 144 zu nº 899 einiges bemerkt habe. Unser Exemplar ist gewiss italische Arbeit. Die plumpe Form der Kanne und der Knick, den der Henkel macht, scheinen ungriechisch.

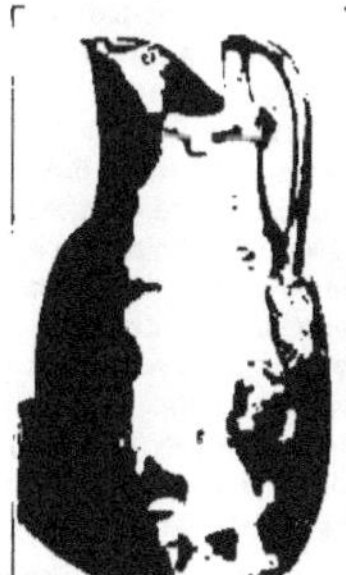

Abb. 9

10. Eimerförmiges Bronzegefäss. Abb. 10. Henkel fehlen, waren jedoch einst, wie Nietlöcher unterhalb des Randes zeigen, vorhanden.

11. Kandelaber von Bronze. Abb. 11. Die Füsse haben die Gestalt von Löwenklauen. Oben ruht auf drei gebogenen Schwanenhälsen eine Art Gefäss auf, das wohl zur Aufnahme des Leuchtmaterials diente. Die vier am Rande angebrachten, etwas verbogenen Ansätze mit den Zinken mögen der Verzierung oder auch dem Anstecken von Kerzen gedient haben. Der Kandelaber vertritt eine interessante Stufe in der Entwicklung dieses Gerätes. Er ist älter als der gewöhnliche etruskische, dem Ende des sechsten und dem fünften Jahrhundert angehörige Typus.

Wir kommen nun erst zu dem **Wagen**, dem grossen Prachtstücke des Fundes.

Derselbe ist aus Stücken zusammengesetzt; doch ist dabei gar nichts anderes ergänzt worden als die verlorenen Holzteile, auf welchen das Metallblech einst befestigt war. Von der Metallbekleidung fehlt nur sehr Weniges, und zwar namentlich nur der vordere gerundete Teil des unteren Reliefbandes.

Die Zusammensetzung der Teile war, wovon ich mich überzeugen konnte, durch erhaltene

Abb. 10

Spuren indiziert und ist richtig. Der einzige Punkt, den ich nicht kontrollieren konnte, war die Stelle der getriebenen Löwenköpfe, die an den Enden der Axe befestigt sind. Doch ward mir versichert, dass auch hier alte Spuren auf diese Anbringung geführt haben. Löwenköpfe kommen an dieser Stelle am Ende der Axe indess noch in später Zeit vor (wie an den Wagenresten römischer Epoche aus Salonik, Bull. de corr. hell. 1904, p. 212). Von dem einen Rade kann ich durch die Gefälligkeit Cesnola's eine vor der Zusammensetzung genommene Photographie umstehend bringen (Abb. 12), welche den hölzernen Kern und das Loch für die Axe sowie die Art zeigt, wie die Speichen eingefügt sind. Das Holz wurde in New York als solches vom Nussbaum (black walnut) bestimmt. Der hölzerne Körper des Rades ist mit Bronzeblech umkleidet. Der Radreif aber war von Eisen; die Photographie zeigt dessen Reste deutlich.

Von der Grösse des Wagens im Verhältniss zu einer normalen Menschenfigur giebt die umstehende, im Metropolitan Museum aufgenommene, von Cesnola mir freundlichst mitgeteilte Photographie (Abb. 13) eine unmittelbare Anschauung.

Das Bronzeblech [5]) hat überall, wo es nicht von Oxyd bedeckt ist, eine wundervolle Goldfarbe, genau wie dies bei manchen altgriechischen Arbeiten in Bronzeblech der Fall ist (vgl. Jahrb. d. Inst., Arch. Anzeiger 1894, S. 116 ff.), aber auch an italischen Bronzen älterer Zeit (besonders in Campanien, in den Funden von Suessula) vorkommt und der antiken Überlieferung nach der korinthischen Bronze speziell eigen gewesen sein soll (vgl. Blümner, Technologie und Terminologie d. Gewerbe u. Künste IV, 183 f.); die Goldfarbe wurde wahrscheinlich durch Beimischung von Gold in die Legierung erzielt. Die oxydierten Stellen an dem Wagen zeigen eine ebenfalls sehr schöne tiefgrüne Farbe.

Wir betrachten nun das Einzelne. Die getriebenen Löwenköpfe wurden schon erwähnt, welche an den Enden der Radachse angebracht sind, deren Platz mir aber nicht absolut sichergestellt schien. Die Deichsel ist in eigentümlich lebendiger Weise geschmückt: ihr Stamm springt aus dem Rachen eines Eberkopfes heraus und endet in einen Adlerkopf. Das letztere Motiv, der Adlerkopf als Deichselende, ist uns schon von anderen Beispielen älterer Kunst aus Griechenland und Italien bekannt (vgl. meine Nachweise in Olympia Bd. IV, die Bronzen S. 152 f. zu n° 975 und der Adlerkopf des Fundes von Perugia, Röm. Mitth. 1894, S. 271, 15). Die Stelle des Wagens, wo die Deichsel ansetzte, ist leider nicht erhalten.

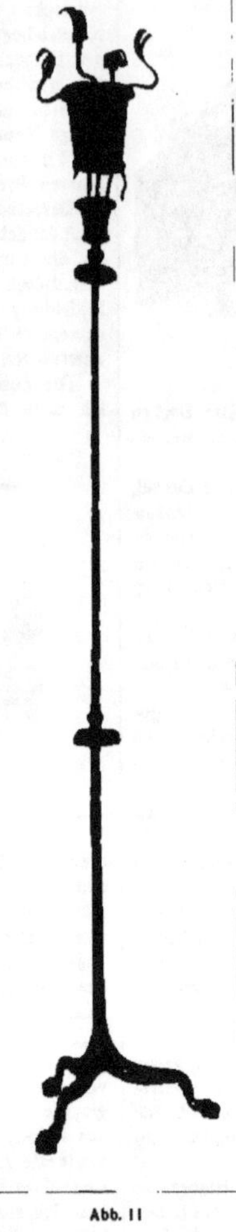

Abb. 11

Bei dem Eberkopf mag man sich erinnern, dass die altsamischen Kriegsschiffe der Überlieferung nach (Herodot III, 51) und ebenso die altkorinthischen nach den Denkmälern (s. meinen Berliner Vasenkatalog n° 833, 835) vorn ein Embolon in Gestalt eines Eberkopfes hatten.

Die Räder haben neun Speichen, was ungewöhnlich ist; doch zeigt auch eine in Gold gearbeitete Nachbildung eines persischen Wagens aus Baktrien im British Museum ebenfalls neun Speichen (abg. bei Nuoffer, der Rennwagen im Altertum, Taf. 8, 44; S. 64); sonst pflegen sechs, acht, zehn oder zwölf Speichen im asiatischen und dem von ihm abhängigen altionischen Kulturkreise zu erscheinen, während das archaische Griechenland selbst bekanntlich an nur vier Speichen festhielt (vgl. Studniczka im Jahrb. d. Inst. 1890, S. 147). Die hohe Speichenzahl verbindet unseren Wagen mit dem ionischen Typus.

Der Wagenstuhl zeigt keine durchbrochene, sondern, wie im asiatisch-ionischen Kreise, eine vollständig geschlossene Wandung; diese zerfällt in drei Teile, die gerundete, nach aussen ausgebauchte, höhere Mitte und die geraden niedrigeren beiden Seiten. Der obere Abschluss aller drei Teile ist gerundet.

Diese Wagenform ist verwandt derjenigen, welche auf den archaischen kleinasiatisch-ionischen Denkmälern vorkommt (vgl. insbesondere die Sarkophage von Klazomenae; auch die Scherbe Athen. Mitth. 1898, Taf. 6, 1); sie ist ihr jedoch nicht gleich [6]): zwar die hohe, nach aussen und oben gerundete Mitte stimmt überein, aber die Seiten sind anders und zeigen einen durchbrochenen Rand. Diese kleinasiatisch-ionische Wagenform kommt auch auf italischen Denkmälern vor (wie den

[5]) Die Behauptung, die Piccione (bei Petersen, Röm. Mitth. 1904, 155) auf Grund der Photographien aufstellte, die Platten seien nicht getriebenes Blech, sondern gegossen, ist gänzlich irrig.

[6]) Pellegrini in Milani's Studi e mater. I p. 109 setzt fälschlich die klazomenische Form der hier besprochenen ganz gleich.

Abb. 12

Abb. 13

Chiusiner Wandmalereien Micali, storia 70 und den Chiusiner Terrakottareliefs Glyptoth. Ny-Carlsberg pl. 177; der Wagen links auf der Vase Arch. Anzeiger 1904, S. 61, Fig. 1). Allein die archaischen italischen Denkmäler ionisierenden Stiles geben mehrfach auch Wagenbilder, die vollständig mit unserem Bronzewagen übereinstimmen. Dies ist vor allem der Fall bei der italisch-ionischen Klasse von Goldringen, welche ich in Antike Gemmen, Bd. III, S. 84 ff. behandelt habe (vgl. Bd. I, Taf. VII, 1—5) und bei der eng mit diesen zusammenhängenden Vasengattung (Ant. Gemmen III, S. 85, Fig. 59; vgl. auch über die Gattung meine Griech. Vasenmalerei I, S. 93 ff.; Arch. Anzeiger 1904, S. 61, Fig. 1 der Wagen rechts). Ich habe diese Denkmälerreihe mit den Phokäern in Etrurien zusammengebracht. Jene Wagenform findet sich ferner auch auf anderen sicher in Italien entstandenen archaischen Werken ionisierenden Stiles; so auf den Terrakottareliefs, die zuletzt Pellegrini in Milani's Studi e materiali I behandelt hat (Fig. 4 p. 96, Fig. 8 p. 101, Fig. 9 p. 103), sowie auf den Reliefs der in Bronzeblech getriebenen Figur der tomba d'Iside (Micali, monum. ined. 6).

Diese Thatsachen sprechen dafür, dass unser Bronzewagen nicht aus Ionien importiert, sondern in Italien gearbeitet ist.

Die bildliche Dekoration schliesst sich genau der tektonischen Gestalt der drei Teile des Wagenstuhles an. Innerhalb des runden Rahmens, welcher die drei Teile umgiebt, ist der ganze verfügbare Raum mit je einer einheitlichen figürlichen Scene gefüllt, die in starkem Relief aus dem Bronzeblech getrieben ist. Die Komposition ist mit grossem Geschicke dem jeweiligen Raume angepasst.

Um die Einheit des Mittelstückes und der Nebenseiten zu betonen, ist der gewölbte Rand da, wo Mitte und Seite sich berühren, nicht herabgeführt; ein kreisrunder Buckel bezeichnet jederseits die Stelle des Zusammentreffens der Ränder; die Fuge zwischen den Teilen jederseits wird aber verdeckt durch eine in starkem Relief getriebene nackte unbärtige männliche Figur. Diese beiden Gestalten zeigen den archaischen Typus ruhig stehender männlicher, sog. Apollo-Figuren; die Arme hängen gerade herab, die Hände sind jedoch nicht nach ägyptischer Weise geschlossen, sondern geöffnet; von den Beinen ist jeweils das der Nebenseite zugewandte ein klein wenig vorgesetzt. Der Jüngling links trägt Stiefel. Die schematische Angabe des Brustkorbrandes und die sehr kurze Bildung des Unterleibes sind Eigenheiten, die sich ebenso an manchen der alten sog. Apollofiguren finden. Das Haar fällt lang auf die Schultern und endet in aufgerollten Locken. Diese Figuren haben offenbar nur dekorative Bedeutung und dürfen sicher nicht mit mythologischen Namen belegt werden.

Ebenso rein dekorativ sind die zwei gelagerten Widder und die zwei liegenden Löwen am unteren Rande des Mittelstückes. Nackte Jünglingsfiguren, liegende Widder und Löwen gehören zu dem ständigen Repertoire der altgriechischen Dekoration von Metallgeräten, wie zahlreiche erhaltene Bronzekessel bezeugen.

Das grosse Mittelstück zeigt ein streng symmetrisch angeordnetes Bild, das in starkem Relief getrieben und mit überaus feiner und reicher gravierter Zeichnung verziert ist. Die Gravierung ist, soweit sie nicht auf der Photographie selbst deutlich ist, aus der Abb. 14 wiedergegebenen Zeichnung zu ersehen, die Cesnola für das Museum in New York hat anfertigen lassen.

Eine Frau überreicht einem bärtigen Helden Helm und Schild; dieser empfängt die Waffen aus den Händen der Frau und fasst sie an.

Dieses Thema, Rüstung des Helden, dem die Frau die Waffen reicht, ist ein der archaischen Kunst geläufiges. Man konnte der Scene durch mythologische Beischriften einen erhöhten Reiz geben, wie dies der Maler einer altattischen Schale that, der die Namen Thetis Achilleus Peleus Neoptolemos beischrieb (Heydemann, griech. Vasenbilder, Taf. 6, 4), oder wie es noch Euthymides that, indem er die Figuren Hektor Hekabe Priamos nannte (Griech. Vasenmalerei, Taf. 14); allein diese Namen sind sekundär, sie sind lose angeheftet an einen archaischen Typus, der nur das allgemeine Thema behandelt, Rüstung des Helden und Abschied vom heimatlichen Herde, den die Frau, die Gattin oder Mutter vertritt, welche die Waffen übergiebt. In unserem Falle haben wir gar keinen Anlass, nach mythologischen Namen zu suchen.

Der Schild hat die sog. böotische Form und ist oben mit einer Medusen-, unten mit einer Löwenmaske geschmückt. Augen, Lippen, Zunge und Zähne des Gorgoneion, die Augen der Löwenmaske sowie die Augen des Mannes wie der Frau waren aus anderem Materiale, wahrscheinlich hauptsächlich aus Elfenbein, eingelegt. Diese Einlagen sind verloren. Wie sie zu denken sind, zeigen die Gorgoneia auf einigen vortrefflichen altgriechischen Rüstungsstücken aus Bronze im Museum zu Karlsruhe[1]); hier sind

[1]) Schumacher, Beschr. d. ant. Bronzen in Karlsruhe n° 727, 780, 782, 786. Darüber, dass n° 727 nicht Beinschienen, sondern vielmehr Unterarmschienen sind, vgl. meine Ausführungen in Olympia, Bd. IV, die Bronzen S. 162. Gute Abbildungen der Karlsruher Stücke: Antike Bronzen

Abb. 14

die Augen und das Maul aus Elfenbein eingelegt und wohl erhalten; Iris und Pupille der Augen bestanden noch aus anderem farbigen Materiale und sind verloren. Auch der Typus der Meduse ist hier wie dort der altionische (vgl. in Roscher's Lexikon d. Mythol. I, 1714).

An der Löwenmaske auf unserem Schilde sind noch hervorzuheben die zwei Warzen auf der Stirne, ein speziell auf archaisch kleinasiatisch-ionischen Werken vorkommender Zug dämonischer Löwenbildung; er findet sich auch an den Bronzen von Perugia (s. meine Beschreibung der Glyptothek 1900, zu n° 73, und in Roscher's Lexikon d. Myth. I, 1758, 50 ff.).

Ähnlich, im Randornamente sogar ganz gleich ist der Schild des Achilleus, den die Frau bei dem Auszuge dieses Helden in dem Vasenbilde des Nearchos trägt (Wiener Vorlegebl. 1888, Taf. 4, 3a).

Die Frau trägt einen Chiton mit Ärmeln und den Mantel, der über den Kopf gezogen ist; ferner ein Halsband. Alles ist aufs reichste mit gravierter Ornamentik geschmückt. Auf der Brust sieht man ein grosses, aus Lotosknospen mit Palmettenfüllung bestehendes, rundes, sternförmiges Ornament; ein anderes, noch schöneres Sternornament aus Palmettenmotiven findet sich am unteren Teile des Gewandes; es ist dies Ornament eine jüngere Ausgestaltung und Verfeinerung des auf der alten kretischen Vase, Berlin, n° 307, Athen. Mitth. 1897, Taf. 6, in der Mitte erscheinenden. Von ähnlichen Ornamenten ist der Mäander in der Mitte unterbrochen. Unten läuft ein Lotosblüten- und Knospen-Fries.

Der Held trägt bereits die Beinschienen, die am Knie mit Palmette geziert sind. Es gehört zu dem Typus archaischer Beinschienen, dass sie an der Kniescheibe mit Ornament geziert sind (vgl. Olympia, Bd. IV, die Bronzen S. 159 ff.). Der kurze Chiton ist mit Säumen geziert.

Der Helm ist mit einem Buschträger in Gestalt eines Widderkopfes geschmückt, dessen Stilisierung und Verwendung sehr an die Widderköpfe erinnert, in welche die Schwanzflossen des altionischen Goldfisches von Vettersfelde und ein Geweihende des Hirsches vom Kul Oba auslaufen (vgl. Goldfund von Vettersfelde, Taf. I und S. 16). Wie sehr es im Kreise alter ionischer Kunst beliebt war, alle Ecken und Enden in Widderköpfe auslaufen zu lassen, habe ich bei Besprechung jenes Goldfundes (Goldf. v. Vettersfelde, S. 29 f.) ausführlich nachgewiesen.

Rechts und links vom Helme schiessen zwei Raubvögel, Falken oder Habichte, senkrecht von oben herab. Es ist klar, dass diese Vögel gedacht sind, im Begriffe aus der Luft auf eine Beute an der Erde herabzustossen.

Auch über diese Beute hat der Künstler keinen Zweifel gelassen: unten auf dem wellig gedachten, nach antiker Gewohnheit nicht näher angedeuteten Boden liegt auf dem Rücken ein Rehkalb, genau in der Haltung wie der Hase auf den Münzen von Akragas, der von zwei Adlern zerfleischt wird. Mit einer in archaischer Kunst nicht auffälligen Prolepse liegt das Reh schon niedergeworfen da, während die Raubvögel erst herabschiessen. Dass sich der Vorgang etwas weiter hinter der Schildübergabe, zur Rechten des Helden, abspielt, hat der Künstler dadurch angedeutet, dass der Bauch des Rehkalbs von dem Schildrande überschnitten wird.

Bei Aeschylos im Agamemnon wird bekanntlich (v. 115 ff.) das Vogelzeichen geschildert, wie zwei Adler niederstürzen und eine trächtige Häsin zerfleischen. An die Münzen von Akragas wurde vorhin schon erinnert, wo zwei Adler den Hasen verschlingen. In der Ilias (8, 247 ff.) kommt es als Vogelzeichen vor, dass ein Adler ein Rehkalb packt (νεβρὸν ἔχοντ' ὀνύχεσσι τέκος ἐλάφοιο ταχείης). Offenbar ist auf unserem Relief ein dem ausziehenden Helden günstiges Vogelzeichen dargestellt.

Die linke Nebenseite zeigt uns den Helden siegreich im Kampfe. Er trägt den böotischen Schild, an welchem nur Löwen- und Medusenmaske die Plätze getauscht haben. Er hat bereits einen Gegner getödtet, der sich am Boden krümmt und ist im Begriffe, dem zweiten Gegner die Lanze durch die Brust zu stossen; die Spitze der Lanze kommt schon im Rücken des Feindes heraus; dagegen die Lanzenspitze eben dieses Gegners sich am starren Helme unseres Helden krumm verbiegt. Die Gunst der Götter, die unserem Helden hold ist, wird auch hier durch ein Vogelzeichen, ein einfaches, einen zur Rechten desselben fliegenden Raubvogel angedeutet. Der Chiton des Gegners, sein Panzer und die Innenseite seines Rundschildes sind aufs reichste durch Gravierung verziert. Die Stilisierung der Raubvögel auf diesem, wie dem Mittelbilde erinnert wieder sehr an den fliegenden Seeadler des Goldfisches von Vettersfelde. Ueber diese Stilisierung und ihr Vorkommen in archaischer, besonders altionischer Kunst verweise ich auf meine Ausführungen Goldfund von Vettersfelde, S. 24 ff.

Die rechte Nebenseite giebt den harmonischen Abschluss des hier geschilderten Heldenlebens. Ohne Waffen steht der Held (sein Chiton ist ebenso verziert wie auf dem ersten Bilde) auf einem Wagen von derselben Form wie der,

d. Altert.-Samml. in K., 1885, Taf. 27. — Auch an den Peruginer Bronzereliefs waren die Augen an den größeren Figuren eingelegt (Röm. Mitth. 1894, S. 288).

dessen Zierde dieses Relief bildet (es hat nur der Seitenteil einen geschwungeneren Umriss), und lenkt, die Peitsche in der Rechten, ein Zweigespann geflügelter Rosse, das hoch emporsteigt und sich in die Lüfte zu erheben im Begriffe ist, hinweg und empor über eine an der Erde liegende weibliche Figur, die einen Chiton mit engen Ärmeln und breiter verzierter Borte trägt wie die Frau des Mittelbildes; sie hält die Linke mit nach oben gewendeter innerer Handfläche empor, wie zum Schutze gegen die Rosse, die über sie emporsteigen. Hier kann von keinem Kampfe die Rede sein. Es ist das Schlussstück dieser Helden-Trilogie, die Verklärung des Helden: mit dämonischen Rossen fährt er gen Himmel von der Erde empor, die durch das gelagerte Weib angedeutet sein muss.

Auf einer Grabstele von Bologna (Notizie d. scavi 1890, tav. I, A) ist sicher dargestellt, wie ein Verstorbener zu Wagen mit geflügeltem Gespann in das Jenseits fährt. Sehr beliebt sind Gespanne mit geflügelten Rossen, aber auch Gespanne anderer dämonischer Tiere auf jener Klasse von goldenen Ringen, deren Kunstart mit der unseres Wagens aufs engste verknüpft ist. Durch dämonische Flügelfiguren, Sirenen u. dgl. wird auf jenen Ringen angedeutet, dass sich der Lenker des Gespanns schon im Reiche der Geister bewegt (vgl. meine Antike Gemmen, Bd. III, S. 85, zu Taf. VII, 1 ff.).

So bildet die figürliche Dekoration der drei Seiten des Wagens eine geschlossene Einheit. Im engsten Anschlusse an die räumlichen Bedingungen hat der Künstler es verstanden, eine Idee zum Ausdrucke zu bringen. Für den Wagen eines tapferen Kriegers liesse sich nichts Besseres erfinden.

Der Boden, auf welchem die Wagenbrüstung sich erhebt, war mit einem Friesbande geziert, von dem leider nur die beiden Seiten, nicht die Mitte erhalten ist. Dieser Fries ist der Welt der niederen Dämonen und der Tiere gewidmet. Links sieht man einen Kentaur als Jäger mit Fichtenstamm und Hasen dran; dann einen Flügeldämon im Knielauf; dann einen Jüngling, der knieend einen Panther festhält. Rechts zwei der in ionischer Kunst so beliebten Typen von Tierkämpfen: der Löwe mit dem Stier und der Löwe mit dem Hirsche; vgl. über die Verbreitung dieser Gruppen besonders in ionischer Kunst Goldfund von Vettersfelde, S. 21 f.

Was nun schliesslich die Herkunft unseres Wagens betrifft, so glaube ich, darf man ihn gewiss als griechisch, speziell altionisch bezeichnen; allein man muss zugeben, dass er höchst wahrscheinlich in Italien gearbeitet worden ist. Es liegt hier wieder derselbe Fall vor wie bei gewissen Vasen, Goldringen und Terrakottaarbeiten aus Etrurien, von denen ich (Antike Gemmen III, S. 89) vermutet habe, dass sie Phokäern verdankt werden, die sich in Etrurien niedergelassen hatten.

Allein diese Phokäer haben nicht nur die tyrrhenische Küste, sondern auch τὸν Ἀδρίην zuerst befahren, wie Herodot bezeugt (I, 163). Offenbar haben sie sich im Pomündungsgebiete niedergelassen. Spina und Atria sollen von Griechen besiedelt gewesen sein, und Spina errichtete bekanntlich in archaischer Zeit einen eigenen Thesauros in Delphi.

Wir bemerkten oben, dass die Fundgegend des Bronzewagens ihre Kulturelemente wahrscheinlich über Picenum bezog. Es werden die Griechen von Atria und Spina gewesen sein, welche griechische Industrieprodukte zu den italischen Edlen bis in die Berge des Sabinergebietes verbreiteten. Es sind mancherlei rein griechische archaische Arbeiten auf der adriatischen Seite des Apennin gefunden worden. Barnabei hat (in der Nuova Antologia Bd. 194, 1904, p. 654) mit Recht auf den Fund eines vorzüglichen altionischen Bronzegefässes in der Gegend von Amandola hingewiesen.

Die archaisch griechischen Kulturelemente in der Gegend der Po-Ebene wird man überhaupt im Auge zu behalten haben, um verschiedene Erscheinungen in jenem Kreise zu erklären. Auch sind, wie ich aus Fundtatsachen schliesse, von hier, vom Po-Tale über die Alpen hinüber zu den Kelten viel mehr altgriechische Industrieprodukte und mit ihnen verknüpfte Einflüsse gekommen als von Massilia. Doch darüber bei anderer Gelegenheit.

Wie weit die Sitte, einen Kriegswagen in das Grab des Fürsten mitzugeben, in Mittel- und Oberitalien verbreitet war und wie lange sie gedauert hat, kann ich leider, da genügend zuverlässige Beobachtungen fehlen, nicht angeben. Sicher aber scheint mir, dass die keltische Sitte des Kriegswagens über Italien nach Gallien gekommen ist, und nach Italien kam sie durch die kleinasiatischen Griechen. Die keltischen Fürstengräber, die Wagen enthalten, sind dieselben, in denen griechischer und etruskischer Import des 5. Jahrhunderts und griechisch-keltische Ornamentik erscheint.

Gewiss mit Recht hat Helbig (in Mélanges Perrot 167 ff.) vermutet, dass die etruskischen Könige in alter Zeit zu Wagen ins Feld zogen und dass dasselbe für den römischen König galt. Der Wagen von Monteleone ist der eines italischen Fürsten des sechsten Jahrhunderts.

Es erübrigt uns noch, über die stilistische Stellung des Wagens etwas zu bemerken. Er ist, obwohl den Bronzen von Perugia sehr nahe stehend, doch etwas altertümlicher als jene, indem die Gewänder hier noch völlig faltenlos gebildet sind. Die ruhig stehende Frau unseres Wagens zeigt noch den älter archaischen Typus mit weitem, ganz faltenlos glattem Gewande, während bei den Peruginer Bronzen die ruhig stehende Frau (Beschr. d. Glypt. 1900, n° 70) sowohl wie die schreitende (Ant. Denkm. II, 14) nach der jüngeren Art im faltigen Gewande dargestellt sind. Auch die Behandlung der Haare mit den schweren, dicken Lockenenden ist altertümlicher hier als dort.

Andererseits ist die Kunststufe unseres Wagens gänzlich geschieden von jener älteren des siebenten Jahrhunderts in Etrurien, die in den Funden Regulini-Galassi, Bernardini (Palestrina), tomba del duce (Vetulonia) u. a. vorliegt. Dort ist das Ornament noch phönikischer Art, die griechische Lotosornamentik existiert noch nicht und, vor Allem, die getriebenen oder gestanzten Figuren, von weichlichen Umrissen, entbehren noch ganz der Gravierung der Oberfläche. Es liegt eine ganze Welt zwischen diesen beiden Kunststufen.

Der New Yorker Wagen ragt über alles Verwandte, wie die Reste von Perugia, hervor, nicht nur durch die Grösse und die monumentale Behandlung des hochgetriebenen Reliefs, sondern auch durch den ausserordentlichen Reichtum und die Feinheit der gravierten Zeichnung.

Wir dürfen diese Besprechung indess nicht schliessen, ohne erwähnt zu haben, dass dieser Bronzewagen von New York bereits eine gelehrte Behandlung in den Mitteilungen des Kais. deutschen archäol. Instituts, römische Abt. Bd. 19, 1904, S. 155 f. durch E. Petersen erfahren hat. Auf Grund seiner Kenntnis der Photographieen glaubte Petersen die italienische Regierung darüber trösten zu können, dass dieser Fund ihr entführt worden ist; denn — der Wagen sei ja eine Fälschung! Allerdings ist Petersen vorsichtig genug, zu versichern, dass er nicht „aburteilen" wolle, ohne das Original gesehen zu haben. Wir dürfen wohl erwarten, daß ihm die vorliegende Publikation genügen und er danach anders urteilen werde über die vermeintlichen Fehler, wie daß die Vögel „ungeschickt und stillos", das Reh ein „sinnloses Beiwerk", die Augen „leere Höhlen" seien (da doch das Einsetzen der Augen im Altertum etwas ganz gewöhnliches war) und daß die Beinschienen „allzuhoch nach oben" reichten (da die altgriechischen Beinschienen doch durchweg vorne über das Knie emporgriffen).

Doch genug von dieser seltsamen Verirrung; sie ist nur interessant als ein Zeichen der Zeit, in welcher eine solche Unsicherheit eingerissen ist über Ächt und Unächt, dass eine so jämmerliche Fälschung wie die bekannte „Tiara des Saitapharnes" so lange hat für ächt gehalten werden können, und dass es andererseits immer wieder gerade den besten und vorzüglichsten Werken des Altertums, die aus der Masse des gewöhnlichen sich erheben, widerfährt, als falsch verdächtigt zu werden.

Der Bronzewagen von Monteleone gehört zu dem Besten von altgriechischer Kunst und er ist das Glänzendste, Vollständigste, was von archaischer Metallarbeit uns geblieben ist.

A. Furtwängler.

588 und 589. Bronzereliefs aus Perugia.

München, Glyptothek.

Die Serie von Bronzen, zu welcher die auf Taf. 588/9 wiedergegebenen Stücke gehören, hat in neuerer Zeit durch E. Petersen eine sorgfältige Verarbeitung erfahren (Mitth. d. deutschen arch. Inst., röm. Abt., Bd. 9, 1894, S. 253 ff., dazu Antike Denkmäler II, Taf. 14, 15). Da die bisherigen Abbildungen eben jener Stücke — auch die von Petersen gebotenen — sehr ungenügend sind und namentlich von der Gravierung der Bronzereliefs nichts erkennen lassen, so geben wir hier diese in München befindlichen Fragmente in genauer Nachbildung.

Auf die Frage der Reconstruction der erhaltenen Reste soll hier nicht eingegangen werden; sie ist, wie ich glaube, bei dem unvollständigen, trümmerhaften Zustande des Erhaltenen aussichtslos. Das Einzige, was mit einiger Wahrscheinlichkeit behauptet werden darf, ist, dass die Stücke 1 und 2 zu der Brüstung eines vierrädrigen Sitzwagens gehörten und 1 von der Schmal-, 2 von der Breitseite stammte. Diese von Brunn herrührende Vermutung beruht auf dem Relief einer etruskischen Graburne, das, wie es scheint, den Toten auf einem Wagen fahrend darstellt, der eine solche geschwungene Brüstung zeigt (Micali, storia 57, 1). Auf griechischen Denkmälern ist eine derartige Wagenform noch nicht beobachtet worden. Der Wagen des Peruginer Fundes ist jedenfalls in Italien gearbeitet worden, doch wahrscheinlich von eingewanderten ionischen Künstlern, wie der vorhin besprochene Wagen von Monteleone.

Ob die Stücke, die Petersen zu einem auf dem Wagen zu ergänzenden thronförmigen Aufsatz zieht, überhaupt zu diesem Wagen oder nicht vielmehr, was mir wahrscheinlicher, zu ganz anderen Geräten gehörten, ist völlig unsicher; jedenfalls weichen sie zum Teil in der Arbeit stark ab von den Brüstungsstücken.

Der grosse Fund, der 1812 bei Castello S. Mariano in der Nähe von Perugia gemacht und leider zerrissen und zerstreut wurde[1]), enthielt noch Reste von zahlreichen anderen Metallgeräten, besonders Stücke getriebener Reliefs, von sehr verschiedenem Werte. Das Beste darunter sind die Fragmente einer grossen Darstellung des Kampfes von Herakles und Kyknos, die Petersen glaubt, einem Streitwagen, dessen Form indess von der des vollständigen New-Yorker Wagens sehr verschieden gewesen sein müsste, zuschreiben zu dürfen (Röm. Mitth. 1894, S. 274 ff.). Diese stark fragmentierten Stücke, in denen der ionische Stil aber besonders rein auftritt, befinden sich im Museum zu Perugia und sind ziemlich gut in Zeichnung in den Ant. Denkm. II, 14 veröffentlicht.

Wir beschränken uns hier auf die dem Sitzwagen zugeschriebenen besten Stücke der Münchner Glyptothek.

1. Taf. 588. Furtwängler, Beschreibung der Glyptothek (1900) n°68. Länge 0,59. Es fehlt das linke obere Ende, das unter den Fragmenten in Perugia erhalten ist. Eine Gorgo, am Boden hockend, mit jeder Hand einen Löwen (der links ist grösstenteils ergänzt), an der Gurgel packend. Sie ist mit gegürtetem, faltenlosem Chiton bekleidet, der durch Gravierung verziert ist (s. deren besondere Wiedergabe in Zeichnung auf der Tafel). Über den Gürtel fällt der Chiton zu beiden Seiten in zwei symmetrischen Bäuschen herab, eine Anordnung des Gewandes, die speziell altionischen Denkmälern eigen ist. Hier ist der Chiton mit Pantherköpfen geschmückt. Um den Hals hängt eine große Halskette. Zum Typus der Gorgo vgl. Antike Gemmen III, S. 100 f.

Die oberen Ecken der Brüstung sind mit je einem Seepferd geschmückt (die linke Ecke teilweise in Perugia erhalten); an der Seite unten ein Kranich im Emporfliegen.

2. Taf. 589. Beschr. d. Glyptothek n° 67. Länge 1,11; zwei Fragmente vom rechten Ende sind in Perugia. Die Gravierung der wichtigsten Figuren ist auf der Tafel in Zeichnung wiedergegeben.

Der von der geschwungenen Brüstungslinie eingerahmte Raum war schwer mit figürlichem Bildwerk zu schmücken. Der Künstler hat die Aufgabe in der naivsten Weise gelöst, indem er die Figuren je nach dem verfügbaren Platze in verschiedener Grösse bildete und indem er für die niedrigste Stelle schwimmende Wasserwesen wählte. Hier sehen wir ein Seepferd nach links und einen Seegreis nach rechts hin schwimmen.

[1]) Es ist leider gar nichts Näheres über den Fund bekannt; die besten Stücke kamen in den Kunsthandel und so später nach München und London, der Rest verblieb in Perugia; vgl. Vermiglioli, saggio di bronzi etruschi, Perugia 1813, p. VI. XXVIII.

Verlagsanstalt F. Bruckmann A.-G.
München 1905.

Der Halios Geron hat den dem vorgerückten Alter in der älteren Kunst eigenen Stoppelbart; sein Körper ist ganz menschlich; doch trägt er ein mit gravierten Schuppen geziertes und dadurch an einen Fisch erinnerndes Hemd, von welchem an Rücken und Vorderleib je zwei Flossen ausgehen. Über den Halios Geron und seine Geltung besonders in altionischer Kunst vgl. Goldfund von Vettersfelde, S. 25 f.

Nach rechts folgen zwei Figuren, deren Köpfe ergänzt sind; der eine schiesst Bogen, der andere stiess mit dem Schwerte nach einem Kentauren mit menschlichen Vorderbeinen, von dem Reste in Perugia erhalten sind.

Nach links hin sehen wir zwei Jäger mit zwei Hunden im Kampfe mit einem Eber, der ausserdem — eine ächt archaische Häufung der Motive! — von einem Löwen angefallen ist. Alle diese Figuren zeigen reichliche Gravierung; der Raum links unten ist durch einen Jüngling mit Speer gefüllt; diese Figur entbehrt der Gravierung.

Die Phantasie des Künstlers denkt sich in der Mitte Wasser, rechts und links ansteigenden Bergwald, in dem wilde Tiere und Kentauren von Helden bezwungen werden. Bestimmte mythologische Scenen darzustellen, liegt ihm offenbar hier ganz fern.

A. Furtwängler.

—

590. Relieffragment mit Barbarenkampf.

La Granja bei Segovia.

Das auf Tafel 590 abgebildete Relief, welches von Paul Arndt wieder aufgefunden worden ist, giebt zu einigen Bemerkungen Anlass, welche ich auf sein Ersuchen hier mittheile, die Verantwortlichkeit für die nur am Originale controllierbaren Angaben selbstverständlich ihm selbst überlassend.

Das Relief (0,72 breit, 0,33 hoch) ist aus weissem, feinkörnigen, anscheinend griechischen Marmor und befindet sich jetzt im königlichen Schlosse La Granja (San Ildefonso) bei Segovia, im Zimmer n° 22 („torre moche") als unterer Streifen eines finsteren Kamines eingelassen [1]). Die Umrahmung ist natürlich neu. Links oben und unten ist das Relief offenbar zu Ende, seine Ausdehnung nach rechts unbestimmbar, weil das ganze rechte Ende modern ist. Farbspuren sind keine sichtbar; das Ganze ist von feinem antiken Sinter bedeckt. Es ist ein Kampf zwischen gerüsteten Kriegern und Galliern in folgenden drei Gruppen von links nach rechts dargestellt.

Ein gepanzerter, barfüssiger Krieger (sein Kopf und r. Arm mit dem grösseren Teil der Schwertklinge und der l. oberen Ecke des Reliefgrundes sind neu) hält mit dem in der Linken geführten Scutum einen vor ihm hingeknieten Mann nieder und bedroht ihn mit einem dolchartigen Schwerte, an dem nur die Spitze antik ist. Er hat über dem kurzen Chiton einen genau nach den Körperformen modellierten Metallpanzer, an dessen unterem Rande eine Reihe kurzer und eine Reihe langer Lederstreifen mit Fransen angebracht sind. Die Schulterklappen sind verhältnissmässig dünn und schmal; um die Taille ist eine vorn kunstvoll zugeknotete Schärpe geschlungen; auf der Brust ein flügel- und schlangenloses Gorgoneion mit kurzem Haar und breitem Mund. Das Scutum, an dem die l. obere Ecke und fast die ganze l. untere Hälfte ergänzt sind, ist offenbar gewölbt mit schmalem, flachen Rande und einem plastischen Embleme. Der Schildbuckel ist allerdings nicht mehr erkennbar, wohl aber die radial von demselben auslaufenden Blitze; in der Querachse ein Flügel, diagonal zwei gebrochene und ein gerader Blitzstrahl mit Pfeilspitze; in der Langachse ein gedrehter Keil, dann wieder ein gerader und ein gebrochener Strahl u. s. w. Der Unterliegende (neu: Kopf, l. Oberschenkel mit Genitalien, r. Fuss mit der l. unteren Ecke des Reliefgrundes) ist durch gänzliche Nacktheit und einen schmalen Gürtel um die Nabelgegend als Gallier gekennzeichnet. Er streckt die Rechte seinem Gegner flehend entgegen, als wenn er den bevorstehenden Stoss abzuwenden versuchte; seine Linke fällt mit dem sechseckigen Langschilde (nur die Mitte der r. Hälfte antik) kraftlos herunter; an dem letzteren ein runder Buckel mit abgestossenem Umbo und Strahlenkranz zwischen Doppelvoluten und kleinen Rosetten.

Das Hauptinteresse des Bildes concentriert sich in der Gruppe der drei in der Mitte kämpfenden Reiter. Der von links mit einer (im Marmor nicht dargestellten) Lanze Angreifende hat ganz identischen Panzer, wie der zu Fuss kämpfende Hoplit; nur sind hier auch die Pteryges am r. Arme antik und das Gorgoneion mit gewelltem Haar deutlicher. Sein Kopf ist bis auf die antike Wangenklappe und das antike Hintertheil des Helmes mit abstehendem Nackenschutze ergänzt. Am l. Fuss ist ein Riemenschuh erkennbar. An dem l. Arme hält er einen schmal und flach umrandeten Ovalschild, die geflochtenen Zügel hat er kurz angezogen. Sein hinwegspringendes Reitpferd hat wirre Mähne, kleinen, edlen Kopf und ist mit einem Pantherfell gesattelt, dessen Rachen auf der Brust des Pferdes, dessen Tatze vor dem r. Knie des Reiters zum Vorschein kommen. Das r. Vorderbein des Pferdes ist von der Mitte des Oberschenkels bis auf den Huf ergänzt.

Der Reiter sprengt über den Leichnam eines nackten, unbärtigen Galliers hinweg, der als solcher durch das wirre Lockenhaar und den Halstorques (nur der Ansatz antik) gekennzeichnet ist. Sein r. Arm stützt sich ohnmächtig auf den Boden. In dem halbgeöffneten Mund und den schlaffen Gesichtszügen drückt sich die Todesstarre aus. Sein Kopf ist an den Hals des gestürzten Pferdes gelehnt, dessen Mähne sich wie bei dem palatinischen Perserkopf mit dem Haupthaar des Galliers vermengt. Ein Theil seines mit Schnurornament und Rosette ge-

[1]) Bei der schlechten Beleuchtung desselben ist es ein Glück, dass die Aufnahmen so gut gelungen sind. Natürlich machen sie eine genaue Beschreibung des Bildes nicht überflüssig.

Verlagsanstalt F. Bruckmann A.-G.
München 1905.

schmückten Schildes kommt im Hintergrunde unter den Vorderknieen des springenden Pferdes zum Vorschein.

Der Stoss des gepanzerten Reiters gilt einem ganz nackten, bärtigen Gallier, dessen kleines, mit wilder Mähne ausgestattetes Pferd auf die Vorderkniee gestürzt ist und mit der Stirn den Boden berührt. Er selbst hat die gedrehten Zügel ausgelassen und hält mit der Rechten ein Schwert aufrecht, von dem nur der Knauf des Griffes und der Klingenansatz in Marmor dargestellt sind; mit der Linken erhebt er über den Kopf einen Langschild, durch dessen breite Handhabe seine Hand durchgesteckt ist. Er sitzt noch auf dem stürzenden Pferde, an dem eine Fellschabracke und ein Schweifriemen erkennbar sind, aber sein linker Fuss berührt bereits den Boden. Es ist keine vornehme Erscheinung. Sein starkknochiges derbes Gesicht, umrahmt von struppigem Vollbart und aufgesträubtem Kopfhaar, zeigt Todesangst und Verzweiflung, welche sich in der gerunzelten Stirn, den eingefallenen, kleinen Augen und in dem schiefgezogenen, geöffneten Munde widerspiegeln. Ihm zu Hilfe eilt sein ebenfalls bärtiger Genosse, dessen energische Gesichtszüge, nebst einem Teil des vorgeneigten Rumpfes und der eckige, doppelt umrandete Schild mit spitzem Umbo und ausgezacktem Buckel im Hintergrunde sichtbar sind. Er will offenbar die Aufmerksamkeit des Panzerreiters auf sich ablenken und bedroht dessen linke Flanke. Er selbst wird jedoch im Rücken von einem andern Reiter überfallen, welcher sich auf seinem nach rechts sprengenden Rosse halb umdreht und das Schwert (nur Griffknauf und Klingenansatz dargestellt) gegen ihn zückt. Der Kopf dieses Reiters ist ganz antik. Sein bartloses Gesicht (Nasenspitze abgestossen) hat markante energische Züge, sein Helm ist eine einfache Sturmhaube, schön gerundet, aber ohne Bügel und Busch, selbst ohne Knauf, mit breiten Backenklappen, anliegendem Nackenschutz und einem dreieckigen Stirnschirm, welcher über den freiliegenden Ohren in Voluten ausgeht. Sonst ist der Reiter nur mit einem kurzen, gegürteten Chiton bekleidet. An seinem sich aufbäumenden Pferde, dessen Schnauze und r. Vorderbein neu sind, bemerkt man ausser geflochtenen Zügeln und Aufzäumung einen Brustriemen und den vorderen Rand eines Sattels.

Von der dritten Gruppe sind nur Teile von zwei Gestalten erhalten. Der kämpfende Krieger, nur mit gegürtetem Chiton und einer mit Ranken ornamentierten Sturmhaube, deren Hinterteil mit Nackenschutz modern ist, bekleidet, scheint im Zurückweichen begriffen zu sein, wendet aber den Kopf zurück und erhebt in der Rechten ein Schwert, von dem nur der Griffknauf sichtbar ist, gegen einen nicht mehr erhaltenen Gegner. Sein Gesicht von unterhalb der Augen sowie die ganze linke Körperhälfte nebst Schild sind neu. Der Ergänzer hat bei der Gelegenheit auch die Falten des Chitons überarbeitet, welche in dem gegenwärtigen Zustande gar zu ledern und im Vergleiche mit den Chitonfalten des Reiters gar zu gebrochen erscheinen. Im Vordergrunde liegt zu seinen Füssen ein nackter Gallier, dessen Kopf und ganzer Körper von unterhalb der Brust an ergänzt sind, dagegen ist der aufgestützte r. Arm antik.

Der erste Eindruck, den das Relief durch die feurige Lebendigkeit der Kämpfenden mit ihren heftigen, stürmischen Bewegungen, durch die Kompositionsweise mit dem geschickten Ineinanderschieben mehrerer sich scheidender Figuren und schliesslich durch die vortreffliche Modellierung besonders der Pferdeleiber hervorruft, ist so günstig und intensiv, dass man es gern in die hellenistische Epoche setzen möchte. Die Motive sind glücklich gewählt und nicht alltäglich. Um das Motiv der ersten Gruppe wiederzufinden, muss man auf die Kunst des fünften Jahrhunderts zurückgreifen, z. B. auf den Gjölbaschi-Fries (Benndorf, Das Heroon, Taf. XXIV, A. 3) oder auf die Vivenziovase (Furtwängler-Reichhold, Gr. Vasen, Taf. 34), wo Aias ganz in derselben Weise Kassandra misshandelt. Auch für den berittenen Gallier der mittleren Gruppe findet man eine genaue Analogie meines Wissens nur in einer Barbarenfigur auf dem Bronzebeschlag in Brescia (abg. Habich, Amazonengruppe, S. 65), allerdings mit geringer Variante der Bewegung und ohne die Zuthat des angreifenden Kriegers. Auf römischen Sarkophagen und Triumphbögen kommen ähnliche, aber nicht identische Gruppen vor.

Auch die Typen der Barbaren deuten auf hellenistische Vorbilder. So ist das Gesicht des mit dem Pferde gestürzten Galliers dem von E. Petersen als Bestandteil des grossen Attalischen Denkmals erwiesenen Kopfe des Museo Chiaramonti (Amelung, Vatikan. Katalog, nº 535), sowie dem auf etruskischen Reliefs nicht seltenen Typus eines bärtigen Galliers nahe verwandt. Auch der tote Jüngling mit dem prächtigen Lockenhaar findet in dem zum kleinen Attalischen Weihgeschenk gehörigen, liegenden Gallier in Venedig seinen nächsten Verwandten, nur ist seine Körpergebung viel realistischer als die jenes Galliers. Schliesslich erinnert der Kopf des ungepanzerten Reiters durch seinen durchdringenden Blick und seinen energischen, aber ruhigen Gesichtsausdruck an den sog. Parmenion des Alexandersarkophages. Neu und in seiner wilden Energie gewiss an die besten hellenistischen Vorbilder anknüpfend ist der Typus des im Hintergrunde erscheinenden bärtigen Barbaren.

Weisen alle diese Anzeichen etwa auf das zweite vorchristliche Jahrhundert als die Entstehungszeit unseres Reliefs, so fehlt es andererseits nicht an Merkmalen, welche einen veränderten, über dem specifischen der hellenistischen Zeit hinausliegenden Geschmack erkennen lassen. So ist das ganze Bild vom Standpunkte des Porträts aufgefasst und durchgeführt. Die Aufmerksamkeit des Künstlers war offenbar weniger der ganzen menschlichen Gestalt und den Bewegungen, als den Gesichtern zugewendet. In den letzteren liegt bereits eine ausgeprägte Individualität und detaillierte Charakteristik, welche man vergeblich in der hellenistischen Epoche suchen würde. Ferner hält sich die Auffassung der Barbaren nicht mehr auf der Höhe der discret idealisierenden pergamenischen Kunst. Es sind brutale, untersetzte Gestalten, wie sie mit Vorliebe von den etruskischen und nachher von den römischen Künstlern gebildet wurden. Dazu kommt, dass die Bewaffnung der Krieger keinen ausgesprochen griechischen oder römischen, sondern einen gemischten und eklektischen Charakter trägt. Identische Panzerformen finden wir allerdings auf den Balustradenreliefs von der Säulenhalle um das Heiligthum der Athene Polias in Pergamon (abg. Alterthümer von Pergamon II, Taf. 47). Zu vergleichen ist auch ein späthellenistischer Torso im Panzer (abg. Watzinger, Magnesia am Mäander, Fig. 182) und die von Treu als Ilias gedeutete und von ihm auf ein hellenistisches Vorbild zurückgeführte Panzerfigur (abg. Ath. Mitt. XIV, 160 ff.) Dagegen sind genaue Parallelen für die auf unserem Relief verwendete Sturmhaubenform mir nicht bekannt. Die auf dem Alexandersarkophag vorkommenden Helmkappen sind mit einem breiten, rings herum vorstehenden Schirm versehen, welcher hier fehlt. Einem dreieckigen Stirnschirm, der ähnlich wie hier in Voluten ausgeht, begegnen wir auf dem Relief des vierten Jahrhunderts aus Kreusis in Böotien, allerdings in Verbindung mit dem Bügel und Busch (abg. Ath. Mitt. 1879, Taf. 17, 1). Mit Voluten geschmückt, jedoch anders gestaltet sind die in Südrussland gefundenen Bronzehelme (abg. Baumeister, Denkm., Fig. 2212 und 2214) und einige auf dem erwähnten Waffenrelief aus Pergamon dargestellten Helme (Taf. 44,1; 45,2; 47,2; 49). Ein abstehender Nackenschutz ist bekanntlich charakteristisch für die pergamenische Epoche (z. B. a. a. O., Taf. 49, 23); dagegen ist der anliegende Nackenschirm viel älter. Andererseits weist das Scutum entschieden auf die römische Epoche hin. Besonders entspricht die Form des Blitzornamentes ziemlich genau den Schildemblemen auf der Traianssäule (vgl. Cichorius, Text II, S. 57, 62, 89, 163, 174, 210, 213, 243, 255, 324). Auch der Typus des die Panzer schmückenden Gorgoneions, der plastische Schmuck der Schilde und Sturmhauben und vor Allem die Anwendung nur zweier Reliefschichten widerraten, über das erste vorchristliche Jahrhundert hinaufzugehen. So dürfte das La Granja-Relief in die Zeit der Nachblüte der hellenistischen Kunst auf italischem Boden gehören, welche auch inmitten der neuen Umgebung die akademische Richtung fortsetzte und besonders auf dem Gebiete der decorativen Plastik Triumphe feierte. Aehnliche Gallierkämpfe finden wir auf einem Mantuaner Relief (Dütschke 837) dargestellt, welches wohl als Fries an einem Triumphbogen angebracht war und von Conze mit Recht dem Grabmale von Saint Remy zeitlich nahestehend gefunden wurde. In dieselbe Zeit und Richtung, welche man mit Strzygowski als jüngeren oder römischen Hellenismus bezeichnen könnte, gehören ferner die Schiffskampfreliefs in Brescia, Venedig und Tarent, die von mir in den Jahresheften I, 17 fg., besprochen, jetzt in Roberts Sarkophagreliefs III, 2, Supplementtaf. A B übersichtlich zusammengestellt sind. Nur sind diese Stücke viel grösser und in Bezug auf die Arbeit viel geringer als das spanische Relief.

Was die einstige Verwendung des letzteren anbelangt, so möchte man unter dem ersten Eindruck an einen Fries, sei es eines kleinen Triumphthores, sei es eines ähnlichen Siegesobelisken denken, wie der kürzlich von den Franzosen in Delphi wieder ausgegrabene des L. Aemilius Paulus (Bull. d. corr. hell. 1897, p. 621 = Mélanges Boissier p. 297 ff.). Indess sind die Maasse sogar für diesen Zweck zu klein und für einen geschichtlichen Vorwurf gebricht es an jeder Andeutung. Denn die Verwendung des Scutums, wie die porträtartigen Gesichtszüge einiger Figuren wird man ebensowenig als Beweise eines historischen Vorgangs gelten lassen wollen, als es die Horn- und Tubabläser oder Standartenträger auf den spätrömischen Schlachtsarkophagen sind. So ist es von vornherein wahrscheinlich, dass hier ein Barbarenkampf in seiner generellen Bedeutung dargestellt ist. Man kann also eher an ein Sarkophagrelief denken, welches entweder an der Kiste eines niedrigen oder an dem Deckel eines grösseren Sarkophages angebracht war. Für die letztere Verwendung würde namentlich das geringe Höhenmaass und die Analogie eines jetzt in Palermo befindlichen Deckels mit Barbarenschlacht sprechen. Es darf in dem Falle nicht befremden, dass das Deckelrelief, welches gewöhnlich an allen vier Seiten oder wenigstens unten und oben eingerahmt zu werden pflegt, hier nur unten eine undeutliche architektonische Leiste haben sollte. Denn ganz in derselben Weise ist das Deckelrelief an dem berühmten Sarkophage der Klagefrauen aus Sidon behandelt (abg. Hamdy-Bey et Th. Reinach, Nécropole à Sidon, pl. VI). Auch dem Umstande, dass auf den Schlachtsarkophagen der seitliche Abschluss in der Regel durch Trophäen, Victorien oder dgl. erfolgt, hier aber die Darstellung gleich mit einer Kampfgruppe anhebt, kann ich kein entscheidendes Gewicht beilegen. Andererseits darf nicht verschwiegen werden, dass das spanische Relief in seinem jetzigen Zustande den Eindruck einer beinahe vollständigen Composition ausübt. Es kommt mir vor, als wenn der Künstler das Bild absichtlich an den Enden lockerer, in der Mitte gedrängter componierte, und die Reitergruppe, wie üblich, in das Centrum einrückte. Für diesen Fall könnte man vermuten, dass das La Granja-Relief einst die Vorderseite einer im griechischen Stil gearbeiteten Urne bildete, wie die letzteren bis in die römische Kaiserzeit in Italien üblich waren. Eine solche — allerdings mittelmässige — mit Panoplien geschmückte Urne wurde kürzlich bei Anagni gefunden und von Ersilia Lovatelli im Bullet. comun. XXVIII, tav. 14, 15, p. 241, besprochen; da sind p. 281 einige andere analoge Exemplare erwähnt. Allerdings hat die Anagnische Urne auch oben eine architektonische Leiste, aber die Analogie der etruskischen Urnen belehrt uns, dass diese Leiste gleich oft oben wie an den Seiten ausgelassen wurde, und dass die Schlachtscenen auf den Urnen durch keine Siegestrophäen eingefasst zu werden pflegten. Auch die geringen Dimensionen des spanischen Reliefs würden sehr gut zur obigen Vermutung stimmen. Trotz alledem bleibt es nicht ausgeschlossen, dass das letztere ein Fragment einer längeren, aus ein paar abgerundeten Scenen bestehenden Composition ist, wie sie zur Ausfüllung eines Sarkophagdeckels notwendig war. Es lässt sich somit über die ursprüngliche Bestimmung des La Granja-Reliefs nichts Sicheres sagen, so lange dasselbe nicht aus seinem jetzigen Verwendungsort herausgenommen und daraufhin geprüft wird, ob es eine einfache Platte oder vielleicht die Vorderseite eines Blockes ist.

P. von Bieńkowski.

591. Athenakopf.

Dresden, Kgl. Sculpturensammlung.

Angeblich in Apulien gefunden, seit 1899 in der K. Sculpturensammlung zu Dresden (Arch. Anz., 1902, S. 109, nº 1). Kleine Lebensgrösse[1]). Pentelischer Marmor (nach einer brieflichen Mitteilung von R. Lepsius). Einen von Selmar Werner für das Albertinum gearbeiteten Wiederherstellungsversuch in Gips geben die Textabbildungen Figg. 1 u. 2.

Neigung und Wendung des Hauptes auf der in jenem Wiederherstellungsversuch ergänzten Hermenbrust sind durch eine leise Schwellung am Ansatz des linken Kopfnickers gegeben. Nicht zu erklären weiss ich die etwas nachlässigere Arbeit der rechten Helmseite. Auf Ankittung und Befestigung eines marmornen Helmbusches weist die auf Abb. 5 sichtbare, 22 cm lange und 1—1,05 cm breite Abarbeitung des Helmgrates hin, ebenso ein in deren Mitte befindliches 6 mm starkes Bohrloch für einen Metallstift. Mittelst eines zweiten Stiftes mag das hinten frei herabhängende Ende des Helmbusches an dem Rücken der Statue befestigt gewesen sein. Grösse und Form des Busches sind nach dem Vorbilde der „Trauernden Athena" auf dem bekannten Relief des Akropolismuseums bemessen worden.

Der Wangenschutz des Helmes ist nicht, wie gewöhnlich, nach unten hin eckig geschnitten, sondern abgerundet. Ein Anhalt für die stilistische Einordnung unseres Kopfes ist hieraus, so viel ich sehe, nicht zu gewinnen. Feststehende abgerundete Wangenschirme scheinen nach Furtwänglers Beobachtungen chalkidischen Ursprungs zu sein und finden sich, ausser auf den Vasen jener Gattung, auch auf attischen Gefässen schon des schwarzfigurigen, häufiger des streng rotfigurigen Stiles[2]). In der Plastik begegnet diese Helmform meines Wissens nur an dem gefallenen Krieger des äginetischen Westgiebels. Mit der Schule von Aegina aber wird niemand unseren Kopf in Verbindung bringen wollen.

Ganz eigenartig ist die Wiedergabe des Helmfutters. Es besteht aus einer Lederkappe, deren unterer Rand über dem Stirnhaar sichtbar wird. Die Kappe ist so gross gedacht, dass sie, wenn der Helm mit Wangen- und Nasenschutz über das Gesicht gezogen würde, die ganze Höhlung des Helmkopfes ausfüllen müsste. Da er zurückgestülpt ist, schiebt sich das weiche Leder in den Augenlöchern und um den Nasenschutz in rundlichen Falten zusammen. Über den Ohren sind die Seitenlaschen, unter dem Halsschirm der Nackenzipfel der Kappe untergesteckt — in welcher Weise, tritt in der Ergänzung deutlicher hervor, als an dem beschädigten Marmor.

Für eine derartig eingehende Darstellung des Helmfutters ist mir ein zweites Beispiel nicht bekannt. Auch diesen Zug also weiss ich für eine stilistische Einordnung unseres Kopfes nicht entscheidend zu verwerten.

Weiter führt uns die Haartracht. Zunächst ist offenbar, dass die Einzelbehandlung ausgesprochenen Bronzecharakter zeigt. Dies tritt in der Ergänzung Werners so schlagend hervor, dass die Bezeichnung des Dresdener Kopfes als sehr sorgfältiger Kopie eines Erzwerkes wohl als gesichert angesehen werden darf. Dies und die stilistische Treue der Nachbildung wird sich uns bei näherer Betrachtung immer mehr bestätigen.

Was nun die Gesamtanordnung des Haares anbetrifft, so lässt sich die Vereinigung von Stirn- und Nackenrollen mit tief über die Schläfen herabhängenden, über den Ohren aufgenommenen Seitensträhnen dieser Form völlig entsprechend sonst nicht nachweisen. Aber ein Bronzefigürchen von Hagios Sostis scheint wenigstens die Stirnrolle in Verbindung mit herabhängendem

---

[1]) Gesamthöhe (Helmscheitel bis Kinn) 0,326 m, ursprünglich etwa 0,327 m. Breite (an den Haarsträhnen gemessen) 0,173, ursprünglich etwa 0,176 m. Gesichtsbreite (an den Jochbeinen gemessen) 0,112 m. Gesichtshöhe (Unterrand der Stirnrolle bis Kinn) 0,145 m, ursprünglich etwa 0,146 m. Aeusserer Augenwinkelabstand 0,076 m. Innerer Augenwinkelabstand 0,0235 m. Augenbreite: linkes 0,027, rechtes 0,028 m. Augenhöhe 0,01 m. Nasenlänge (von der Scheitellinie der Brauen gemessen) 0,063 m. Nasenbreite 0,029 m, ursprünglich etwa 0,03 m. Unterer Nasenrand bis Kinn 0,058 m, ursprünglich 0,059 m. Mundbreite 0,0395 m. Halsbruch: Breite 0,102 m, Tiefe 0,112 m.

[2]) Furtwängler, Archäolog. Anzeiger 1889, S. 91,3; Olympia IV, S. 170. Zu den dort angeführten attischen Vasen des älteren rotfigurigen Stiles vergl. man etwa noch Hartwig, Meisterschalen, Taf. 12 und 16 (Euphronios); 17,3 (Phintias). Auf ein Beispiel aus der Zeit des schwarzfigurigen Stiles verweist mich Studniczka in dem Madrider Amphorenbild, Jahreshefte des Oesterr. Inst. III, 1900, S. 64, Fig. 6.

Verlagsanstalt F. Bruckmann A.-G.
München 1906.

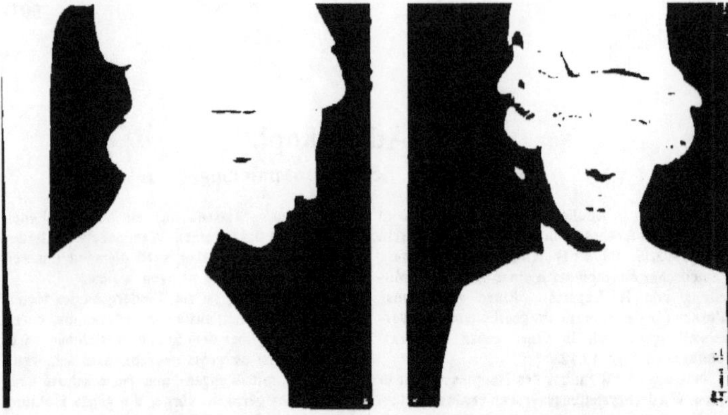

Fig. 1 Fig. 2

Schläfen- und Nackenhaar zu zeigen[1]). Durch diese Statuette aber werden wir in das Gebiet der argivischen Werkstätten und den Kreis ihrer Einflüsse geführt, auf die uns alle einzelnen Bestandteile der Haartracht und der strenge Bronzecharakter ihrer Einzelbildung ohnehin deutlich genug hinweisen.

Über das Motiv der „Haarrolle" in Nacken und Stirn hat in diesem Sinne Furtwängler gehandelt[2]). Unter den von ihm aufgeführten Beispielen verdient hier jene pompejanische Bronzestatue des leierspielenden Apollon besonders hervorgehoben zu werden, in der Wolters wohl mit Recht den Gott der spartanischen Gymnopädien wiedererkannt hat. Denn hier und in den Mazarinschen und Mantuanischen Wiederholungen des Kopfes ist selbst die sehr bezeichnende Gliederung der Stirn- und Nackenrolle in einzelnen Strähnenringen mit eingegrabenen Parallelriefeln völlig übereinstimmend[3]).

[1]) Athenische Mitteilungen III, 1878, Taf. I,1. S. 14 f. (Julius); de Ridder, *catal. des bronzes de la soc. archéologique d'Athènes*, Taf. 4,2.

[2]) 50. Winckelmannsprogramm der Berl. Archäolog. Ges., S. 129 f. Zu dem, was dort über die Haartracht der olympischen Köpfe gesagt ist, vergl. meine Entgegnung Olympia III, S. 63, Anm. 1 und S. 76, Anm. 1. Über Athenaköpfe mit der Haarrolle im Nacken: Furtwängler, Meisterwerke, S. 26 mit Anm. 2.

[3]) Wolters im Jahrb. d. Archäolog. Inst. XI, 1896, S. 1 f., wo auch die übrige Litteratur über die Statue aufgeführt ist. Dagegen Arndt, Glyptothèque Ny-Carlsberg S. 37 f. z. Taf. 25. Vergl. für die Arbeit des Haares besonders die Abbildung des Kopfes vom Mantuanischen Exemplar bei Brunn-Bruckmann n° 903. Dafür, daß der leierspielende Apollon im fünften Jahrhundert auch sonst bereits im Wesentlichen nackt dargestellt wurde, hätte Wolters auch die Apollonstatue Olympia III, Taf. 57, 3—5, anführen können. Denn hier ist die Leier sowohl durch ein Bohrloch an der linken Brustseite, wie durch eine Höhlung in dem um den linken Arm gewickelten Mäntelchen gesichert. Die von Furtwängler in den Meisterw. S. 340, Anm. 6 und Intermezzi, S. 11, geäusserten Zweifel an der Deutung dieser Statue auf Apollon habe ich bereits im III. Textband des Olympiawerkes, S. 223 ff., als nicht begründet nachgewiesen.

Die Neigung, das Frauenhaar über Stirn und Schläfen in üppiger Fülle bogenförmig herabhängen zu lassen, stammt dagegen allerdings aus dem jonischen Osten. In gemässigterer Form aber und in entsprechender Umbildung für den Erzstil begegnen die seitlich voll aufgenommenen oder in sanften Wellen tief in die Wangen herabsteigenden Strähnen doch auch in argivischen Werken: so in dem Peplosmädchen von Kanea[6]), einer Bronzestatuette der lanzenschwingenden Athena im dorischen Peplos, die sich im Brittischen Museum befindet[7]); besonders herrlich aber in dem schönen Kopf des Berliner Museums, den Amelung mit seiner gross und schlicht behandelten Mantelstatue wieder vereinigt hat[8]). Auch die herculanischen „Tänzerinnen“ zeigen einen im Bronzestil verwandten und in Einzelheiten übereinstimmenden Geschmack der Haaranordnung[9]).

Fig. 3

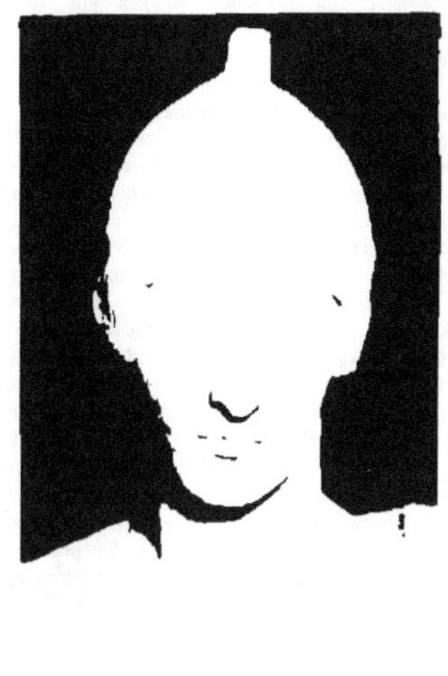

Fig. 4

Machen diese Beispiele aus der Zeit des strengen Stiles eine Zugehörigkeit des Dresdner Athenakopfes zu den Werken der argivischen oder doch argivisch beeinflussten Schulen wahrscheinlich, so wird dies noch durch die Beobachtung bestätigt, dass in dem Kreise jener Werkstätten auch noch zu viel späterer Zeit eine verwandte Anordnung des Haares gerade bei der Darstellung der Athena wiederkehrt. Es zeigen dies die Abbildungen, die im Text dem ergänzten Dresdner Kopf in zwei Ansichten gegenübergestellt worden sind. (Figg. 3 und 4.)

Jenes Athenahaupt ist einer nicht zugehörigen und mit den Abzeichen einer Roma ergänzten Gewandstatue im Typus der albanischen „Sappho“ (Brunn-Bruckmann Taf. 255) aufgesetzt, die jetzt im Treppenhause des Conservatorenpalastes steht. Helbig bezeichnete den Kopf in der ersten Auflage seines Führers als „einen aus dem polykletischen abgeleiteten Typus“. Arndt und Amelung urteilten anders, und Helbig selbst strich für die zweite Auflage diesen Zusatz[10]). Dennoch glaube ich, dass jene Charakteristik des capitolinischen Kopfes vollkommen das Richtige traf. Die

[6]) Mariani im Bull. Com. di Roma XXV, 1897, Taf. 12 A; vergl. auch S. 174, Fig. 5, S. 180 f., Fig. 8 u. 9 und die Profilzeichnung des Torloniakopfes auf S. 178, Fig. 7.

[7]) Walters, Bronzes in the British Museum, Taf. 29 n° 190.

[8]) Antike Sculpturen des K. Museums zu Berlin, Taf. 4. Amelung in Seemanns Zeitschrift für bildende Kunst, N. F. XIII, Tafel zu S. 172.

[9]) Brunn-Bruckmann, Denkmäler griech. u. röm. Sculptur, n° 294–5.

[10]) Arndt-Amelung, Einzelaufnahmen, Serie II, n° 449 bis 51, S. 34, und die Nachträge im Text zu Serie III, S. 51 und IV, S. 59. Helbig, Führer durch die öffentl. Sammlungen in Rom I, 1. Aufl., S. 388, n° 507; 2. Aufl., S. 344, n° 523. Jahrbuch der Kunstsammlungen des Kaiser-

Übereinstimmung der mager-schmalen Gesichtszüge, über denen es wie ein Hauch von Trauer liegt, mit dem „Winckelmannischen Faun" in München[11]) und ähnlichen Werken aus der Spätzeit der argivisch-sikyonischen Schule ist für meine Empfindung so schlagend, dass ich hiemit im Folgenden wie mit einer feststehenden Tatsache rechnen zu müssen meine.

Mit dem Dresdner Kopf scheint mir der capitolinische aber nicht blos durch die einleuchtende Ähnlichkeit in der Anordnung des Schläfen- und Nackenhaares verbunden zu sein, sondern auch durch eine gewisse Formenverwandtschaft der Gesichtszüge. Diese bringt die Gegenüberstellung der Köpfe im Texte besser zum Ausdruck, als Worte dies vermöchten. In vollkommener Weise allerdings erst in der Ergänzung des Dresdner Kopfes. Erst in dieser, die mit grosser Sorgfalt und von einer sehr feinfühligen Künstlerhand ausgeführt wurde, trat, wie in den Haaren, so auch in den Gesichtszügen der ursprüngliche strenge Erzcharakter wieder hervor, für den die eingegrabene Linie der Augenlider auch ein technisches Ursprungszeugnis bringt. Die grössere Schärfe und Strenge, die das Antlitz der jugendlichen Göttin in Werners Ergänzung zeigt, beruht also nicht etwa auf unzulänglicher und willkürlicher Schematisirung, sondern auf der Ausschaltung von allerlei, malerisch allerdings höchst reizvollen Zufallswirkungen, welche die Zernagung der Oberfläche und die hiedurch bedingte weiche Abrundung aller Formen über den Marmor gebreitet hat. Selbst die Beschädigung von Nase und Lippen trägt zu jenen zufälligen und für den ersten Anblick ein wenig irreleitenden Eindrücken bei, weil sie uns unwillkürlich veranlassen, ein Stumpfnäschen, schmollend schwellende Lippen und damit gewisse bildnismässige Züge in das anmutige Gesichtchen hinein zu sehen. Dem Originale waren sie wenigstens in diesem Maasse sicherlich fremd. Ich lege besonderen Wert darauf, dies festzustellen, da die kunstgeschichtliche Beurteilung des Kopfes sehr wesentlich davon abhängig ist, dass man sich hievon durch eine genaue Vergleichung von Original und Ergänzung überzeugt.

Ist dies aber wahr und sind jene Werke, der Dresdner und der capitolinische Athenakopf, trotz des zeitlichen Abstandes durch die Überlieferung eines gemeinsamen Schulzusammenhanges verbunden, so dürfen wir in ihnen die Anfangs- und Endformen einer und derselben Entwickelung erblicken.

Unter dieser Voraussetzung ist es doppelt anziehend, den Vereinfachungen und Verfeinerungen nachzugehen, die der gereifte Geschmack an dem früheren Typus vorgenommen. Man sieht dann wohl, wie Geschlossenheit und Ruhe des Umrisses durch die Weglassung des überschüssigen Beiwerkes an Helm und Haar gewonnen haben; wie das Antlitz in seinen schmalen, feinen und edlen Formen unter dem knapper anschliessenden Helm und den sanft sich anschmiegenden Haarwellen nun erst recht zur Herrschaft kommt. Daneben aber behält das ältere Werk doch in hohem Grade seinen eigenartigen Reiz. Denn wir pflegen gern zu beobachten, wie sich bei einer werdenden Kunst dem strengen Gesamtbild der Überlieferung allerlei Wirklichkeitszüge als neuer Gewinn aus verfeinerter Lebensbeobachtung beimischen. Man erlebt die Entdeckerfreude des Künstlers auf diese Weise mit. Durch die ernsten Züge der Göttin glaubt man dann ein ganz jugendliches Mädchenantlitz in seinem knospenhaften Reiz hindurchschimmern zu sehen: in der leichten Ungleichheit der noch etwas schräg nach unten gesenkten inneren Augenwinkel; in dem leise herauf gezogenen unteren Lid, das von dem oberen noch kaum überschnitten wird; in den weicheren Zügen um den Mund. Den Reiz einer leichten Asymmetrie begann die Kunst damals eben erst zu fühlen. Der Künstler bildet daher den oberen Stirnrand nicht mehr in ganz ebenmässigem Bogen; er senkt die Haarsträhnen über der linken Wange in schlafferen Windungen tiefer herab und hebt sie über der rechten in strafferen Wellen. Er beobachtet, wie der Helm auf der gedrängten Haarfülle lastet und die Ohrmuscheln ein wenig zusammendrückt; wie sich das weiche Lederfutter des Helmes zwischen dessen Öffnungen in krausen Falten zusammenschiebt. Hieraus gestaltet er ein kleines Kunstwerk für sich. Die reifere Kunst kehrte dem gegenüber in ihrer Neigung zur Vereinfachung zu derselben bescheidenen Andeutung des Helmfutters durch untergesteckte Wangen- und Nackenzipfel wieder zurück, die sich bereits bei der „Trauernden Athena" vorfindet. Bei dem Dresdner Kopfe dagegen ist es ein Stück Wirklichkeitsfreude am Kleinen, die den Künstler zu liebevoller Nachbildung selbst solcher lebloser Nebendinge trieb.

Es ist schwerlich zufällig, dass wir derselben Neigung in den Werken des „olympischen" Stilkreises begegnen. Man denke an die Pfühle, auf denen die Greisinnen im Kentaurengiebel liegen, das Kissen in der Atlasmetope, sowie

---

hauses XII (Wien 1890), S. 73, Fig. 3a b. Salomon Reinach, Répertoire de la statuaire II,1, S. 274,3. — Eine flaue und überarbeitete Wiederholung des Kopfes im Pradomuseum bei Arndt-Amelung, Einzelaufnahmen, n° 1641.

[11]) Furtwängler, Beschreibung der Glyptothek, S. 257, n° 261.

die Kissen, auf denen die Frauen des ludovisischen „Thronreliefs" sitzen.

In ungefähr dasselbe Jahrzehnt wird auch unser Kopf als jüngerer Zeitgenosse gehören, also ungefähr um 450 entstanden sein. Er zählt unter die reizvollsten Schöpfungen jener entdeckungsfreudigen Übergangszeit, und zwar, wenn wir nicht irren, als das Werk eines argivischen oder doch unter dem bestimmenden Einfluß der argivischen Schule arbeitenden Erzkünstlers von sehr ausgeprägter Eigenart. Mehr wird man für jetzt kaum sagen können, solange selbst Rätsel wie das der Herkunft des „olympischen" Stiles noch nicht gelöst sind.

Wie sah der zum Dresdner Athenakopf gehörige Körper aus?

Treffen die vorstehenden Erörterungen das Richtige, so wird man sich ihn in dem bekannten argivischen Peplostypus denken müssen[12]. Er würde, um zunächst bei den Athenagestalten zu bleiben, sich etwa auf einer mittleren Entwicklungsstufe befunden haben, zwischen der Neapler Bronzestatuette der Athena, die Furtwängler im 2. Heft seiner Neuen Denkmäler veröffentlicht hat[13], und einem anmutigen Bronzefigürchen der Pariser Nationalbibliothek, das jenen Typus im Stil der attischen Blütezeit fortgebildet zeigt[14].

Fig. 5

Unter den hier in Betracht kommenden Darstellungen der Göttin schien keine allen Forderungen so gut zu entsprechen, wie der aegisgeschmückte Athenatorso des römischen Thermenmuseums[15], und zwar um so mehr, als er mit unserem Kopf auch in der Grösse übereinstimmt. Ihn hatte bereits Arndt in der Erläuterung zu seiner Wiedergabe dieser Statue auf Tafel 502 (rechts) als möglicherweise zu unserem Kopfe gehörig bezeichnet. Auch von Anderen ist diese Vermutung wiederholt ausgesprochen worden. Allein eine sorgfältige, von Hauser und Amelung durchgeführte Untersuchung des Thermentorsos hat erwiesen, dass an diesem im Nacken ein herabhängender Schopf erhalten ist. Er kann also nicht mit dem Dresdner Athenakopf in Zusammenhang gestanden haben. Der zu diesem gehörige Statuentypus bleibt mithin noch zu suchen.

Georg Treu.

---

[12]) Die Wiederholungen und die Litteratur dieses Typus sind zuletzt zusammengestellt worden von Joubin, *la sculpture grecque entre les guerres médiques et l'époque de Périclès*, S. 600 ff., freilich mit einem Endergebnis, das alle Schulunterschiede verwischt und leugnet.

[13]) Sitzungsberichte der philosoph.-philolog. Classe der Münchner Akademie 1899, Bd. II, Taf. 2.

[14]) Babelon et Blanchet, *bronzes antiques de la Bibliothèque Nationale* (Paris 1895), n° 180. Photographie Giraudon, B 280.

[15]) Helbig, Führer durch die Sammlungen Roms II², S. 198, n° 1070. Notizie degli scavi 1886, S. 123. Petersen, Röm. Mitteilungen VI (1891), S. 239. Furtwängler, Meisterwerke S. 27, Anm. 5 und S. 38, Anm. 1. Reisch, Jahreshefte des österr. arch. Institutes I (1898), S. 66. Mariani, Bull. com. di Roma XXV (1897), Taf. XIV E und S. 192, Fig. 12 und 13. Brunn-Bruckmann, Denkmäler, n° 502, rechts. Joubin, *la sculpture grecque entre les guerres médiques et l'époque de Périclès*, S. 165, Fig. 54. Reinach, Répertoire II,2, 600,7.

592. Kopf eines Jünglings.
Rom, Villa Albani.

In der Halle links vom Hauptgebäude, n° 48. Dort „Alexander" genannt. Herme neu, Hals und Kopfwendung alt. Ungeputzt, und vortrefflich erhalten. Die Nasenspitze leicht bestossen. Die Augen waren besonders eingesetzt. Die Arbeit des Kopfes ist sorgfältig, aber reichlich leer und in den Lockengängen unbeholfen. — Helbig, Führer² II, 749a. Furtwängler, Meisterwerke p. 141, Fig. 28.

Ein mit sehnsüchtig-schwärmerischem Ausdruck aufwärts gewandter Kopf, in dem man vielleicht Apollon oder ein Wesen seines Kreises erkennen darf.

Frühere Zeiten sahen in ihm das Porträt Alexanders des Grossen und datierten danach den Typus an das Ende des 4. Jahrhunderts vor Chr. Furtwängler hat ihn mit Recht um 100 Jahre hinaufgerückt. Die einfachen und grossen Flächen von Wangen und Stirn, die scharfen Begrenzungslinien des oberen Augenhöhlenrandes und des Nasenrückens, die zurückhaltende Modellierung der Umgebung des Auges, das vom Wirbel gleichmässig ausstrahlende Haar sind dem Stile der lysippischen Zeit fremd. Und auch für den Lockenkranz mit dem unsymmetrischen Fall der einzelnen Strähnen, der für die Verfechter des späteren Ansatzes jedenfalls das bestimmende Merkmal war, hat sich durch Untersuchungen der neueren Zeit[1]) eine ganze Reihe von Analogieen aus dem 5. Jahrhundert nachweisen lassen. Auf den ersten Blick scheint der Kopf sich zu Werken praxitelischer Zeit und praxitelischen Kunstcharakters zu stellen, dem ausruhenden Satyr, dem „Adonis" in Neapel[2]), dem Eubuleus. Aber man lege die Abbildungen dieser Köpfe neben unsre Tafel, um die Unterschiede zu erkennen! Bei grosser äusserer Ähnlichkeit erweist sich in allen Einzelformen der Albanische Kopf als das Erzeugnis einer früheren, strengeren Periode.[3]) Die Werke verhalten sich zu einander etwa wie die Arbeiten von Vater und Sohn. Die Elemente der jüngern Kunst liegen, in gebundner Form, schon in dem Werke des Älteren vor. Es sind uns, wie es scheint, noch einige Schöpfungen[4]) dieser eigenartigen Individualität erhalten, die unter den Akademikern der nachphidiasischen Epoche anregend und befreiend gewirkt haben muss. Furtwängler vermutete, dass sie mit dem älteren Praxiteles zu identificieren sei; seine Gründe für diese Zuteilung haben sich aber als unzureichend erwiesen.

[1]) Furtwängler, Meisterwerke, p. 128 ff. — Herrmann in Arndt-Amelungs Einzelaufnahmen, Serie IV, p. 63 f.

[2]) Einzelaufnahmen 522/3.

[3]) Besonders lehrreich der Vergleich mit dem Profile des Eubuleus bei Heydemann, Marmorkopf Riccardi, Tafel II.

[4]) Furtwängler, Meisterwerke, p. 128—143; p. 668 ff.

Verlagsanstalt F. Bruckmann A.-G.
München 1906.

593. Kopf der Aphrodite.

Rom, Palazzo Caetani.

Matz-Duhn, Zerstreute Bildwerke in Rom, n° 797. Friederichs-Wolters, Bausteine, n° 1454. Furtwängler, Meisterwerke der griechischen Plastik, S. 636 ff., Taf. XXX (nach dem Abguss). von Duhn, Kurzes Verzeichnis der Abgüsse nach ant. Bildwerken im archäol. Institut d. Univers. Heidelberg, n° 335. Die photographischen Aufnahmen für unsere Tafel konnten Dank der gütigen Erlaubnis der Fürstin Caetani hergestellt werden.

Über die Herkunft des Kopfes, der zum Fideicommissbesitze der Caetani gehört, ist nichts bekannt. In der Zeit der Renaissance ist er gezeichnet worden; die Zeichnung befindet sich heute in Windsor (IX, 52; vgl. Matz-Duhn a. a. O. III, S. 293). Die Erhaltung des Marmors ist vorzüglich; nur ein unbedeutendes Stückchen am Rande des rechten Ohres ist abgesprungen. Der Bruch zeigt mässig grosse, weisse Krystalle, während die Oberfläche einen warmen, an einigen Stellen goldgelben Ton angenommen hat. Auf der rechten Wange wird ein brauner Fleck sichtbar, wohl ein Rostflecken (er wurde bei der Aufnahme leicht überpudert); ein anderer am rechten Schulteransatz vorn. Der Kopf ist etwas überlebensgross. Danach zu urteilen, dass der Nacken und der Ansatz von Brust und Schultern mit ausgeführt sind, und nach der Art des Abschlusses unten war der Kopf bestimmt, in eine Statue eingesetzt zu werden. An der rauhen Unterseite finden sich Reste einer Inschrift (Fig. 1), über die

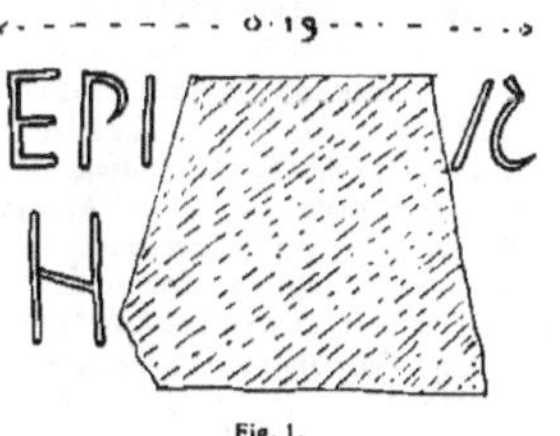

Fig. 1.

Hülsen freundlichst Folgendes mitteilt: „Zum Einlassen des Büstenfusses ist ein grosses Loch eingeschnitten, das den Hauptteil der Inschrift zerstört hat (unsere Abbildung giebt den Erhaltungszustand nach Hülsens Copie). Das Zeichen rechts von diesem Loche sieht aus wie ein sehr verzogenes, cursives *R*. Aber man könnte auch denken, es sei von dem Andern zu trennen und eine Inventarnummer, 12 oder 21, in Schrift des siebzehnten bis achtzehnten Jahrhunderts. Die Buchstaben links von dem Loche, aus denen sich übrigens nichts ergiebt, sind ihrer Form nach, wenn überhaupt in antiker Zeit, nicht vor der römischen Kaiserzeit eingemeisselt worden." Keinesfalls ginge es an, hier etwa eine Künstlerinschrift zu vermuten, da die ganze rauhe Unterseite der Bestimmung des Künstlers zufolge den Blicken entzogen bleiben sollte.

Der Kopf wendet und neigt sich zu der erhobenen linken Schulter. In seinen Zügen malt sich keine momentane Erregung; glückliche, vornehme Ruhe ist über sie gebreitet; weiches, liebenswürdig hingebendes Wesen spricht aus dem Blick der leise verschleierten Augen, dem Ausdruck der schwellenden, leichtgeöffneten Lippen, der wundervollen Neigung des ganzen Kopfes. Die Formengebung hat bei aller Zartheit etwas sehr Einfaches, Bestimmtes, womit die Schlichtheit der Haarbehandlung in vollem Einklang steht; sehr schön wirkt über dem schlank emporsteigenden Antlitz die breite und hohe Wölbung des Schädels. Die Ausführung ist fein und schlicht, entbehrt aber doch der vollen Frische, die wir bei einem Originalwerk erwarten dürften; man wird das Rechte treffen, wenn man die Entstehung des Kopfes in augusteischer Zeit annimmt. Sein Original aber ist zweifellos ein Werk des vierten Jahrhunderts gewesen; dort, neben den Aphroditen des Praxiteles, ist sein Platz.

Eine andere, in einzelnen Zügen noch bessere Wiederholung wäre nach einer Mitteilung von M. Mayer (bei von Duhn) in Ripatransone (südlich von Ancona). Längst bekannt ist dagegen eine dritte, die an Wert der Ausführung sehr viel geringer ist, aber den Vorzug hat, ungebrochen auf ihrem Körper zu sitzen: der Kopf der Venus von Capua im Museum zu Neapel (Brunn-Bruckmann, Denkmäler, 297). Geringe Abweichungen bestehen nur darin, dass dort noch einige Löckchen in den Nacken fallen und dass die Göttin statt des einfachen Haarbandes ein hochaufragendes Diadem trägt; sicher hat man in dem Schlichteren mit Recht das Ursprüngliche vermutet. Wenn aber der römische Kopf zum Einsetzen

Verlagsanstalt F. Bruckmann A.-G.
München 1906.

bestimmt und nicht, wie man auch angenommen hat, als Büste gedacht war, so wird man zweifeln, ob er zu einer Statue gehört haben könne, die, wie die Venus von Capua, keinen Chiton trug. Thatsächlich ist es allerdings vorgekommen, dass man auch für derartige Figuren die Köpfe besonders arbeitete und einsetzte (z. B. Vatican-Katalog, Galleria lapidaria, n° 60). In unserem Fall aber hat die Sache anders gelegen: es sind uns Darstellungen dieses Typus der Venus erhalten, in denen man — weil auch hier das Einfachere nicht mehr genügte — der Göttin einen Chiton gegeben hat. Die statuarischen Beispiele sind zusammengestellt bei S. Reinach, Répertoire de la statuaire II, S. 338, 1, 2, 3, 5 (vgl. Furtwängler a. a. O., S. 630, Anm. 1); bei der einen dieser Figuren — in Madrid — entspricht nun wirklich der obere Rand des Chiton ganz dem unteren Rande unseres Kopfes (eine Photographie der Statue bei Arndt-Amelung, Einzel-Aufnahmen, n° 1533). Wir werden also annehmen müssen, dass der Kopf einst zum Einsetzen in eine derartige Statue bestimmt war[1]).

Darüber, dass an der capuanischen Statue beide Hände ursprünglich den Schild hielten, in dem sich die Göttin spiegelt, wie über das vorbildliche Verhältnis dieses Werkes zur Venus von Milo und zur Victoria von Brescia herrscht heute kein Zweifel mehr. Unsicher bleibt noch seine Stellung innerhalb der verschiedenen Strömungen der Kunstentwickelung im vierten Jahrhundert. Furtwängler hat das Original (a. a. O.) dem Skopas zugeschrieben. So sicher aber sein Künstler in Auffassung und Formengebung sich wesentlich von Praxiteles unterscheidet, so deutlich ist es auch, dass die Züge, die man als charakteristisch für Skopas erkannt hat, in dem Kopfe fehlen, an dem vor allem die Augen eine ganz andere Form haben, als wir sie an Werken finden, die dem Meister von Paros mit Recht zugeschrieben worden sind. Und eine solche Abweichung lässt sich nicht damit erklären, dass der Blick hier der Neigung des Kopfes folgt, dort geradeaus gerichtet oder emporgeschlagen ist: trotzdem hätte der Augapfel seine rund gewölbte Form, die Umgebung der Lider ihre starken Contraste von Tiefe und Höhe, von Schatten und Licht bewahren können. Dieselben Gründe, wie gegen Skopas, scheinen mir gegen eine zweite Annahme zu sprechen, die mir nur durch mündliche Mitteilung bekannt geworden ist: das Original sei ein Werk des Lysipp gewesen. Zwar ist es bisher nicht gelungen, einen weiblichen Kopf dieses Meisters nachzuweisen, sodass er zur Vergleichung dienen könnte; aber die jugendlichen männlichen Köpfe, die man ihm mit Sicherheit oder Wahrscheinlichkeit zugeschrieben hat, sind von dem der Aphrodite fundamental verschieden. Diesem fehlt ganz die nervöse Unruhe des Ausdrucks, wie das mannigfaltige Spiel der fein und lebhaft modellierten Einzelformen. Zu der Rückführung auf Lysipp wird aber weniger das Studium des Kopfes, als der Eindruck des Bewegungsmotives mitgewirkt haben und seine Ähnlichkeit mit dem des bogenspannenden Eros, den man für den thespischen Eros des Lysipp erklärte. Zweifellos ist diese Ähnlichkeit vorhanden, und zweifellos ist die Bildung des Knabenkörpers so lebendig, so „realistisch", dass man deshalb die Möglichkeit dieser Identificierung wohl zugeben könnte. Aber einerseits genügt dieser eine Grund nicht, sie für gesichert zu halten — ja die Formen des Kopfes scheinen mir auch hier entschieden nicht für Lysipp zu sprechen —, andrerseits fehlt, worauf Furtwängler schon hingewiesen hat, der Venus das Elastische in der Stellung, ein echt lysippischer Charakter-Zug, der dem Eros doch nicht mangelt.

Auf ganz andere Wege weist uns denn auch der Vergleich mit einem Werk, das schon Furtwängler (a. a. O.) neben die „Venus von Capua" gestellt hat, und dessen Kopf in der Tat mit dem der Göttin so nahe Verwandtschaft zeigt, dass wir hier wohl sicher eine Schöpfung des gleichen Künstlers vermuten dürfen: ich meine den Hypnos (Brunn-Bruckmann, Denkmäler 235 und 529; vgl. Berliner philolog. Wochenschrift 1902, Sp. 521; Brunn, Griechische Götterideale, S. 26 ff., Taf. III; Arndt-Amelung, Einzel-Aufnahmen, n° 1549—50). Man vergleiche besonders den besseren Bronzekopf mit der Aphrodite Caetani: man findet bei beiden die gleiche Kopfform, Ähnlichkeit in den Gesichtszügen, soweit sie bei zwei verschiedenen Wesen statthaben kann, die gleiche Form und Begrenzung der Stirn. Am auffälligsten aber ist die Identität der Haare nicht nur in ihrer allgemeinen Bildung, sondern sogar in den Einzelheiten des Arrangements vor dem breiten Bande, das sich hier wie dort in der gleichen Weise in

[1]) Vgl. weiter über angebliche Repliken Furtwängler a. a. O., S. 637, Anm. 3. Der dort erwähnte Kopf in der Sammlung Barracco (Helbig, Coll. Barr., Taf. LX u. LXa) muss aus dieser Reihe gestrichen werden; seine ganze Formengebung entspricht viel mehr dem Stil des fünften, als dem des vierten Jahrhunderts. Die Übereinstimmung mit dem Kopf der Aphrodite geht andrerseits doch so weit, dass man kaum annehmen kann, es liege hier die Copie eines älteren Werkes des gleichen Meisters vor. Eher wird man annehmen dürfen, dass der Barracco'sche Kopf von einer jener Variationen des capuanischen Typus mit oder ohne Flügel stammt, der der römische Künstler ein ernsteres, strengeres Gepräge geben wollte, wozu er denn auch die Gesichtszüge umstilisierte. Ebenso wird es mit dem Kopf der Leda in Florenz stehen (Amelung, Führer, n° 92).

Fig. 2.

Fig. 3.

die Haare eindrückt und hinter dem die Strähnen nach rechts und links vom Scheitel in den gleichen Wellen verlaufen. Das Motiv der Figur ist auch hier wieder „lysippisch", und doch sollte man meinen, der Meister von Sikyon hätte dem beflügelten Hinschreiten auf welchen Sohlen mehr Elasticität zu geben gewusst.

Dass mit dem Hypnos ein anderer Aphrodite-Typus, der sich nur in kleinen Wiederholungen erhalten hat, engstens verwandt ist, hat dem Gelehrten, der zuerst auf ihn aufmerksam gemacht hat, nicht entgehen können (Klein, Praxiteles, S. 288 ff.); allerdings ist diese Verwandtschaft deutlich nur bei dem besten aller Exemplare, das zudem aus Griechenland stammt (vgl. Berliner philolog. Wochenschrift 1900, S. 628). Da, wie gesagt, alle Wiederholungen Statuettengrösse nicht überschreiten, so ist es sehr wohl möglich, dass auch das Original nur eine Statuette war, und dass wir dann in diesem äusserst reizvollen Werke nicht eine Schöpfung des Meisters selber, sondern ein Zeugnis für seine Einwirkung auf die Kleinkunst jener Zeit zu erkennen hätten — man erinnere sich der tanagräischen Terracotten und ihres Verhältnisses zu Praxiteles.

Von statuarischen Werken darf noch eins, und zwar nicht nur wegen der Verwandtschaft des Kopfes, in enge Beziehung zu der „Venus von Capua" gesetzt werden: jene wundervolle Darstellung des Apollon Citharoedus, deren beste Replik in Kyrene gefunden wurde und heute im britischen Museum steht (Overbeck, Kunstmythologie, Taf. XXI, 34; Moderner Cicerone, Rom I, S. 381).[1] Da die Ausführung immerhin viel zu wünschen übrig lässt, werden wir diesen Kopf zunächst am besten mit dem des Madrider Hypnos vergleichen. Aber auch wenn man ihn neben die andern Köpfe stellt, können die Gleichheit der Kopfform, die ähnlichen Züge in der Gesichtsbildung und die starken Analogien in der Wiedergabe der Haare nicht verkannt werden. Auch die grosse Verwandtschaft in der Stellung der Beine und der Art der Verhüllung ist ohne weiteres klar. Ja, es giebt noch ein unverächtliches Zeugnis für die Zusammengehörigkeit dieses Apollon und der Venus. Auf einem elfenbeinernen Diptychon in Liverpool sind Asklepios und Hygieia dargestellt (Müller-Wieseler, Alte Denkmäler II, n° 792; Baumeister, Denkmäler I, S. 139; Meyer, Zwei antike Elfenbeintafeln, S. 81, n° 55). Da von der Figur des Asklepios statuarische Wiederholungen erhalten sind, dürfen wir annehmen, dass auch die Hygieia, die zudem durchaus den Eindruck einer statuarischen Composition macht, eben eine solche wiedergiebt. Sie erinnert in der Gesamtanlage und im Wurf des Himation sehr stark an den Apollon, im Kopf aber an die Aphrodite, mit der die Frisur, soweit sie sich auf dem Diptychon erkennen lässt, Zug für Zug übereinstimmt.

Der Apollon zieht aber noch ein sehr schönes Fragment in unsern Kreis, dem wir es, wie mir scheint, unbedenklich zurechnen können, so sehr

[1] Die Vorlagen unserer Abbildungen des Kopfes (Fig. 2—3) konnten Dank der gütigen Erlaubnis des inzwischen verstorbenen Directors Murray hergestellt werden.

Fig. 4

wir auch zugeben mögen, dass Vorsicht geboten ist, da das Fragment von einer hellenistischen Copie stammt: ich meine den Apoll oder Dionysos von Tralles (Collignon, Revue archéologique 1888, S. 289, pl. XIV; Joubin ebenda 1894, S. 187, pl. IV). Da die bisherigen Abbildungen nicht genügen, geben wir eine gute Photographie des Kopfes wieder (Fig. 4). Das Motiv der Statue muss ganz analog dem des Apollon von Kyrene gewesen sein, mit dem man im übrigen besonders die Augen vergleiche, während die Bildung des Mundes am ähnlichsten eben bei der Aphrodite Caetani wiederkehrt[1]).

Jene Motive des Unterkörpers finden sich sehr ähnlich auch bei den Statuetten, die den Typus des Asklepios von Melos wiedergeben (Athen. Mitteilungen 1892, S. 1 ff., Taf. II—IV), und an diese schliesst sich weiter die Statue des „Maussolos" an. Darin aber dürfen wir nichts anderes als ein Zeichen gleichzeitiger Entstehung suchen; denn die Köpfe des Asklepios und des Karerkönigs weichen von dem Typus, den wir hier studieren, in zu vielen entscheidenden Punkten ab.

Übrigens giebt die Statue aus Capua für die Kenntnis des Originales in den Gewandpartieen ebenso wenig Genügendes wie im Kopfe. Es ist deshalb nicht wertlos, hier die Abbildung einer anderen Replik in Villa Albani zu wiederholen (Fig. 5), die in den oberen Teilen schlecht erhalten und thöricht ergänzt ist, deren Gewand aber einen Reichtum der schönsten Motive entwickelt, wie er ganz dem Geschmack des vierten Jahrhunderts entspricht und von dem an der Statue aus Capua nur das allgemeine Schema geblieben ist (Helbig, Führer II, n° 882; vgl. S. Reinach, Répertoire II 2, S. 803, 4 u. 5). Der linke Fuss tritt hier auf keine Unterlage, sondern berührt nur mit den Zehen den Boden[1]). Zweifellos ist dies das Ursprüngliche, und die Unterlagen, die an den einzelnen Repliken zudem verschieden sind, wurden nur von den Copisten zur bequemen Ausfüllung des Raumes und sicheren Stützung des Marmors zugefügt; wie denn der Bildhauer der Capuaner Statue auch eine Stütze für den freigehaltenen Schild neben die Göttin gestellt hatte, wahrscheinlicher einen Pfeiler oder eine Herme als einen Eroten. Das Original aber war in Bronze gearbeitet; nur in diesem Stoff ist die Entstehung der Composition begreiflich, nur in Bronze konnten die Arme den Schild ohne Stütze halten. Das ist auch für die Beurteilung des Kopfes im Pal. Caetani nicht gleichgültig; denn zweifellos

---

[1]) Sicherlich in irgend einer Beziehung zu unserer Gruppe steht der in Pergamon gefundene Hermaphrodit, wenn er auch kaum des Meisters selber würdig scheint (S. Reinach, Répertoire de la statuaire II, S. 104, n° 7; vgl. Amelung, Römische Mitteilungen 1903, S. 11 f.). In der Stellung und im Wurf des Mantels stimmt er zu dem Apoll von Kyrene; am Kopf sind durch die pergamenische Umstilisierung hindurch die charakteristischen Formen der oben besprochenen Werke deutlich. In ähnlichem Verhältnis zu dem Centrum dieses besonderen Kreises scheint mir die künstlerisch unbedeutende Leda in Florenz zu stehen (Furtwängler, S. 646; Amelung, Führer, n° 92) und ebenso die „Danaide" der Galleria delle statue (Helbig, Führer [2], n° 214). Nicht ganz klar ist heute noch die Stellung des Kopfes einer pergamenischen Statue im capitolinischen Museum (vgl. Furtwängler, S. 644, und Amelung a. a. O., S. 12), von der wieder eine Artemis-Statuette aus Lesbos in Konstantinopel untrennbar ist (Amelung a. a. O.; S. Reinach, Revue archéologique 1904 I, S. 28 ff., Pl. III—IV. Die von Reinach versuchte Rückführung dieser Artemis auf ein Werk des Strongylion ist unhaltbar; nach Stil und Motiven kann man sie höchstens dem späteren vierten Jahrhundert zuschreiben; wahrscheinlicher aber ist sie das Werk eines hellenistischen Künstlers, der im Kopf die Formen des Meisters der Aphrodite nachahmte). Ein anderer Kopf in der Ermitage (Kieseritzky, n° 175; Furtwängler, S. 644) scheint der Aphrodite wirklich sehr nahe zu stehen; leider genügen die bisherigen Abbildungen nicht, um ein klares Bild von ihm zu erlangen. Sonst schreibt Furtwängler noch der gleichen Gruppe zu einen Aphrodite-Kopf der Sammlung Jacobsen, der noch nicht publiciert worden ist (S. 644), und die bekannte „Psyche" in Neapel (S. 647), bei der es mir indes nicht gelingen will, die nötigen Ähnlichkeiten, die stark genug wären, eine solche Zuschreibung zu rechtfertigen, oder den „rein skopasischen Stil" zu erkennen.

[1]) Sehr ähnlich ist die entsprechende Partie an der „Danaide".

Fig. 5.

macht er gerade durch sein schönes Material einen besonders erfreulichen Eindruck. Dass indes die Formen, wie man gemeinhin annimmt, in Bronze nicht notwendig schärfer und härter gewesen sind, lehrt uns ein Blick auf den bronzenen und den marmornen Kopf des Hypnos: der Marmorkopf ist viel härter und schematischer als jener, den wir gerade zum Vergleich mit dem römischen Kopf geeignet fanden. Furtwängler hat darauf hingewiesen, dass an diesem nicht nur die allgemeine Anlage der Haare, sondern auch Einzelheiten entschieden für ein Bronze-Original sprechen; so sind an einigen Stellen, besonders hinten am Schopfe, in die Haarsträhnen feine Linien eingeritzt, womit sichtlich die Ciselierung der Bronze nachgeahmt wird.

Noch ist zu bemerken, dass das Original dieser Aphrodite einst auf Akrokorinth gestanden zu haben scheint. „Bekanntlich zeigen die korinthischen Münzen der Kaiserzeit, dass wenigstens in dieser Epoche das auf Akrokorinthos in einem kleinen Tempel verehrte Cultbild der Aphrodite mit der capuanischen Statue übereinstimmte, nur dass die Seiten vertauscht sind ... Pausanias nennt das Bild der Aphrodite von Akrokorinthos bewaffnet. Man hat neuerdings mit Bestimmtheit geglaubt, annehmen zu müssen, dass die Aphrodite des Pausanias die auf den Münzen abgebildete sei. Allein eine Göttin, die, von allen andern Waffen frei, nur einen Schild hält und diesen nur als Spiegel benutzt, kurzweg als „bewaffnet" zu bezeichnen, wäre doch gar zu seltsam, und die frühere Annahme, dass dies Bild des Pausanias ein altes Idol war, bleibt die wahrscheinlichere. Man wird danach zwei Bilder in dem Heiligtum von Akrokorinth annehmen müssen, ein altes bewaffnetes, das Pausanias allein der Erwähnung wert fand, und ein jüngeres, welches uns die Münzen wiedergeben, Pausanias verschweigt. Ähnliche Fälle waren ja nicht selten ... So liegt die Vermutung nahe, dass das Original des capuanischen Typus im vierten Jahrhundert für Korinth geschaffen wurde. Bei der Zerstörung wurde es natürlich geraubt, während das alte Idol, das nur religiösen, keinen künstlerischen Wert hatte, wahrscheinlich erhalten blieb. Doch wird man von jenem bei der Neubesiedelung eine Copie beschafft haben, die aber bei Pausanias keine Erwähnung fand. Diese Copie scheint, den Münzen zufolge, das Original mit vertauschten Seiten wiedergegeben zu haben. Möglich, aber viel weniger wahrscheinlich, bleibt es freilich, dass die Korinther der römischen Zeit sich die Aphrodite mit dem Schilde ohne alle Beziehung auf ihren localen Cultus nach dem berühmten, irgendwo an einem Ort, wo Aphrodite mit Ares zusammen verehrt ward, befindlichen Originale copieren liessen" (Furtwängler). In beiden Fällen bleibt es allerdings schwer verständlich, weshalb man die Figur nicht einfach copieren liess, sondern die Seiten vertauschte.

Ich habe der Rückführung der Aphrodite auf Skopas und Lysipp widersprochen. Einen andern Namen weiss ich vorläufig nicht dafür einzusetzen, aber zweifellos haben wir es mit einem der bedeutenden Künstler seiner Zeit zu tun. Suchen wir uns über seine Eigenart klar zu werden, auch ohne dass wir ihn nennen können! Sowohl Aphrodite wie Apollon sind nicht durchaus originelle Schöpfungen; für beide hat man Vorbilder aus dem Ende des fünften Jahrhunderts, aus dem weiteren Kreise der phidiasischen Schule, nachweisen können[1]). Immerhin aber sind sie doch nur vorbildlich für die allgemeine Anlage der Composition gewesen; am deutlichsten zeigt sich die Abhängigkeit in der gleichen decorativen Verwendung des Himation, dessen Wurf sogar bis in Einzelheiten nachgeahmt worden ist. Natürlich sind die Figuren vollkommen im

[1]) Furtwängler a. a. O., S. 654. Arndt, Text zu Brunn-Bruckmann, Taf. 538 9.

neuen Stile durchgearbeitet, ohne dass man indes sagen könnte, dass der Künstler ihnen einen neuen ideellen Gehalt gegeben hat. Auch ein Motiv, das für seine Zeit so charakteristisch ist, wie das Spiegeln im Schilde, bleibt doch rein äusserlich; es interessiert daran vielmehr das eigenartige formale Problem und seine Lösung, als dass wir das Gefühl hätten, es werde uns hier eine neue Seite im Wesen der Göttin offenbart. Und wenn wir den Hypnos betrachten und die wunderbar feine Analyse lesen, die Brunn von den Formen seines Kopfes gegeben hat, so müssen wir gestehen, dass auch hier das besondere Wesen des Schlafgottes im Grunde nur durch rein formale Elemente zum Ausdruck gebracht ist, die genial erdacht sind, aber von der Seele des Dargestellten nichts verraten. Die kleine Anzahl der Werke, die wir unserm Künstler glaubten zuweisen zu dürfen, mahnt allerdings zur Vorsicht: hätten wir von Praxiteles nur Werke, wie den Sauroktonos, die Venus von Arles oder den einschenkenden Satyr, Werke, die wir seiner ersten Periode zuweisen können, so würden wir über ihn nicht wesentlich anders urteilen müssen. Der wahre Praxiteles beginnt für uns erst in seiner zweiten Periode mit der knidischen Aphrodite und dem „Sardanapal", wonach er sich immer charakteristischer auswächst bis zu der Zeit, in der er den Hermes von Olympia und die Aphrodite von Petworth schuf.

Dass man sich für die Typen des Künstlers der Aphrodite auch späterhin lebhaft interessierte, beweisen uns einige hellenistische Terracotten[6]), vor allem aber der „Apoll" aus Tralles, der pergamenische Hermaphrodit und vielleicht auch jene Statue des capitolinischen Museums, die wir oben, Anm. 3, erwähnt haben. Keinesfalls aber kann man von einer Nachwirkung reden, wie sie bei den drei Grössten seiner Zeitgenossen deutlich ist, neben denen dieser Künstler übrigens vollkommen selbständig in seiner Eigenart besteht.

Sicherlich würden uns viele Seiten seiner Eigenart, die uns jetzt noch dunkel bleiben, klar und bedeutend werden, wenn wir seinen Namen nennen könnten; deshalb muss es unser Ziel bleiben, ihn zu suchen; ihn vor der Zeit auch nur vermutungsweise zu nennen, kann einzig verwirren. Am reinsten und schönsten aber zeigt sich uns das Wesen dieses Künstlers bisher in dem Werk, von dem wir ausgingen, in dem Kopf der Aphrodite Caetani.

W. Amelung.

[6]) Z. B. Furtwängler a. a. O., S. 627; Winter, Typenkatalog II, 97, 5 u. 98, 4; Arndt-Amelung, Einzel-Aufnahmen n° 1451 (Text von Bulle).

594. Bronzestatue eines Satyrs.

Neapel, Museo nazionale.

Fig. 1

Inventar 5624. Comparetti-de Petra, la Villa Ercolanese, Tav. XV, 1; S. 268, 181. Clarac 720, 1724. Müller-Wieseler II, Taf. 43, n° 529. Winckelmann, Werke, V, S. 142 (Gesch. der Kunst, Buch 7, Cap. 2, § 17). Weiteres bei Comparetti-de Petra. Rayet, monuments de l'art antique, pl. 60. Benndorf, österreich. Jahreshefte, 1901, S. 173.

Gefunden in Portici am 6. März 1756; der Kopf war gebrochen, ebenso zweimal der rechte Arm. Die spanischen Fundberichte (W. und C. bei Comparetti-de Petra S. 181) nennen die Statue vollständig erhalten [1]. Nur der Felsensitz ist ergänzt (bei den Findern galt die Statue zuerst als die eines Springenden), und es ist anzunehmen, daß er auch ursprünglich aus Stein bestand.

Der Satyr, ein Knabe, ohne Pubes und mit eben spriessenden Ziegenhörnchen über dem kindlichen Gesicht, sank schlaf- und wohl auch weinestrunken auf einen Felsensitz. Der rechte Fuss ist ausgestreckt, der linke blieb, wo er im Moment des Niederlassens, den Körper stützend, stand; der linke Arm hängt schlaff herab, der rechte ist über den Kopf gelegt, der im Schlaf nach hinten fiel; mit offenem Munde atmet der Schlafende. Ein Zweig, an dem einst Blätter

[1] Sie sprechen davon, dass die linke Hand das linke Knie angreift (»con la mano izquierda agarra el rodillo izquierdo levantando la pierna«); nun sitzt nach Angabe von Paul Herrmann, der die Figur in Neapel zu untersuchen die grosse Freundlichkeit hatte, der linke Arm nicht richtig am Körper: es klafft unter der Achsel eine ziemlich breite Fuge. Aus dem Fundbericht ist zu schliessen, dass diese Fuge erst nach der Auffindung entstand; die Hand gehört also viel näher zum Knie, wenn sie dieses auch nie wirklich angegriffen haben kann. — Nach Benndorf (a. a. O.) sind ergänzt: Ferse und zwei Zehen des rechten Fusses mit einem Stück des Unterschenkels, die rechte Brust sammt Bauch, das rechte Auge bis in die Braue und auf den Backenknochen, eine grosse Stelle der linken Backe, der rechte Arm in unharmonisch falscher Lage. — Das letztere ist sicher ein Irrtum; denn der rechte Arm wird im Fundbericht ausdrücklich erwähnt (»con la mano derecha pone ó tiene en cima la cabeza, la cual cabeza, como la mano derecha, el uno y oltro estan separatos«).

Verlagsanstalt F. Bruckmann A.-G.
München 1906.

Fig. 2

Diese Function des Stützens (bald auf die Hand, bald auf den Ellbogen) und die dadurch verursachte Zurückschiebung der einen Schulter ermöglicht ausserdem — in Verbindung mit dem sehr häufigen Vorschieben des dem Beschauer abgewandten Teils des Oberkörpers — stets eine grössere Ausbreitung der Figur für die Seitenansicht, die bei allen antiken gelagerten Figuren sich als die natürliche Hauptansicht ergiebt: sie hat die meisten Möglichkeiten des Reliefs in sich. Diese Reliefwerte fehlen aber in Bulles Ergänzung vollkommen. Die Figur besitzt sie für diese Ansicht nicht: sie ist deutlich für die Vorderansicht angelegt, wobei allerdings ein so

oder Blüten eigens angesetzt waren, liegt im kurzen, ungepflegten Haar; zwei Ziegenzotteln hängen am Halse.

Das Motiv der Statue, von der Repliken nicht bekannt sind, ist ein äusserst momentanes: man wird es nicht so auffassen dürfen, als ob der Knabe für lange Zeit hier schlafe; vielmehr ist er soeben hingesunken, vom Schlafe überwältigt, ehe er eine bequeme Stellung suchen konnte. Denn es wird bei genauer Überlegung jedem klar, dass kein Mensch sich im Schlafe längere Zeit in dieser Stellung halten könnte. Man hat deshalb die Vermutung aufgestellt, daß die Statue ursprünglich in ganz anderer Stellung war, viel mehr zurückgelehnt, so daß der ganze Rücken auf dem Fels aufliegt (H. Bulle, Jahrbuch 1901, S. 16; eine Ergänzungsskizze, Abb. 6, beistehend Fig. 1 wiederholt). Allein ein Blick auf die Ergänzungsskizze lehrt, dass die Statue, was sie in dieser Lage an Wahrscheinlichkeit gewinnt, an Stärke des künstlerischen Ausdrucks verliert. Auf unserer Tafel liegt ein grosser Reiz der Statue in der lebhaften, fast den ganzen Körper umschreibenden Silhouette, der gegenüber der Fels ganz zurücktritt. In Bulles Ergänzung nimmt der Fels einen sehr grossen Teil des Ganzen für sich in Anspruch, so daß er fast als die hauptsächlich wirkende Masse erscheint, die der Satyr nur gleichsam bedeckt, mit dem Rhythmus seiner Glieder sich ganz der Felsform anschliessend, ohne dass doch eine wirklich intime Verbindung zwischen Fels und Mensch hergestellt wäre: die Statue ist nur darauf gelegt, sie stützt sich nicht darauf, wie dies sonst stets bei gelagerten Figuren der eine Arm thut[*]).

starkes Zurücklegen kaum mehr angenommen werden darf; die Fläche der Hauptansicht wäre sonst zu sehr geneigt und würde vor dem Auge zurückfliehen.

Nun lehrt aber ausserdem eine Untersuchung des Originals, wie sie Paul Herrmann vorzunehmen die Güte hatte, dass auch der Tatbestand gegen Bulles Aufstellung spricht: der Rücken zeigt nicht nur keinerlei Spuren einer Auflage, sondern ist vollkommen durchgeführt, ja sogar beinahe besser ausgearbeitet wie die Vorderseite; und die Lage der Glutaeen zeigt deutlich, daß diese den Hauptdruck auszuhalten haben, was nur bei einer sitzenden Stellung der Figur der Fall ist. Die linke Seite ist stärker belastet; also wird wohl die Figur etwas mehr

Fig. 3

*) Ein Blick in Reinachs Répertoire macht das deutlich.

Fig. 4

auf ihre linke Seite geneigt werden müssen. Und eine weitere Correctur ergiebt sich für den linken Arm, der auffallend weit vom Körper weg hängt: es klafft in der Achselhöhle eine breite Fuge, so daß der Arm näher an den Körper herangebracht werden muss.[1])

Der Sachverhalt stützt also in diesem Falle das Ergebnis der auf den künstlerischen Eindruck gerichteten Überlegung, und der Mangel an äusserer Wahrscheinlichkeit oder „Richtigkeit" hat wenig mehr zu sagen. Freilich darf man, wie schon oben gesagt wurde, nicht an einen lange dauernden Schlaf denken, sondern muss die Haltung als eine durchaus momentane auffassen.

Im aufrechten Sitzen schlafende Figuren sind in der Antike nichts Ungewöhnliches. Wo es sich um ruhigen Schlaf handelt, da ist entweder eine Rückenstütze angegeben, wie bei der herrlichen Figur der „Tragodia" auf einer attischen Vase des Ashmolean Museums (Fig. 2, nach Journ. of hell. stud. 1905, pl. I) oder auf der Terracotta des Münchner Antiquariums (Fig. 3, nach Zeichnung), oder aber es ist wenigstens die eine Hand fest aufgestützt, so daß dadurch der Oberkörper genügend Halt bekommt, wie bei der Bronzestatuette einer schlafenden Erinys in Florenz (Fig. 4, nach einer Photographie, die ich, wie die Zeichnung der Terracotte Fig. 3, H. Bulle verdanke; abgeb. Raoul-Rochette, monuments inédits, pl. V, 1).

Bei unserer Figur fehlt beides: denn auch eine etwa bis zur Hälfte des Rückens reichende Stütze, wie man sie vielleicht ergänzen möchte, würde dem reinen Umriß der Figur schaden. In freier Beweglichkeit leben sich die Glieder aus, allseitig dem Beschauer die reichste Silhouette gewährend, die der ungegliederte Sitz so wenig wie möglich unterbricht. In diesem Zurücktreten des Sitzes und in der Beweglichkeit des Körpers schließt sich die Figur künstlerisch an Statuen wie den sitzenden Hermes in Neapel oder an den sog. „Achill" im gleichen Museum (Strena Helbigiana, S. 265) an. Bei beiden ist die Verbindung des Körpers mit dem Sitz aufs Geringste Mögliche beschränkt. Mit der Statue des „Achill" verbindet unsere Figur noch näher die Stellung der Beine und des rechten Armes. In der Bildung der Körperformen ist sie einfacher wie der „Achill", überhaupt frei von allem Hellenistischen. Und wenn man sie stilistisch in die Nähe des sitzenden Hermes bringt, so kann man da noch auf die Formen des Kopfes verweisen, die von aller hellenistischen Satyrbildung weit entfernt sind und die in der einfachen Charakterisierung der Kindlichkeit mit Nichts größere Verwandtschaft zeigen als mit dem Kopf des bogenspannenden Eros.

[1]) Die linke Hand hielt (nach Benndorf a. a. O.) ein dickes Attribut abwärts.

Dann wäre unsere Figur der kühne Versuch eines Künstlers lysippischer Zeit, auch einen Schlafenden in freibewegtem Sitzen zu zeigen: liegende schlafende Figuren kannte die damalige freie Rundplastik noch nicht. Spätere Zeiten haben den Versuch nicht mehr wiederholt. Sie stiessen sich, wie die Heutigen, an dem Eindruck des Unwahrscheinlichen.

W. Riezler.

Fig. 5

Fig. 6

595. Fragmente eines römischen Reliefs.

München, Privatbesitz.

Material: grobkörniger, weisser Marmor. Herkunft: nach durchaus glaubwürdigen Angaben Avellino bei Neapel, wo die Fragmente vermauert gewesen sein sollen. Die Aneinanderpassung der beiden Hauptstücke gelang mir erst an der Hand von Abgüssen [1]). Es ergab sich danach eine Platte von 1,25 m Länge [2]) mit senkrechten Schnittflächen auf beiden Seiten für die anstossenden Platten. In der linken Schnittfläche ist ein kleines Zapfenloch erhalten. Zu der gleichen Darstellung gehört ausserdem das Fragment eines Unterschenkels mit einem Stück Reliefgrund, das aber nicht direct an eines der übrigen Stücke anpasst.

Auf einem Felsen sitzt vor einem Dreifuss Apollo mit entblösstem Oberkörper. Er stützt mit der Linken die Lyra auf den Schenkel, die Rechte mit dem Plektron ruht lässig im Schooss. Von seinem Haupte sind nur die Umrisse des Hinterkopfes erhalten, die jedoch die übliche Haartracht mit dem Knoten deutlich erkennen lassen. Der Blick des Gottes war auf das vor ihm sich ausbreitende Meer und die Schiffe gerichtet, von denen Teile auf der vorliegenden Platte erhalten sind. Man sieht die Reste eines Schiffshinterteils, nämlich den mit einem Seestern verzierten Hintersteven, das Steuerruder und ein kleines Stück der Steuerruderpforte. Von einem zweiten Fahrzeug ist unten wieder der Hintersteven erhalten, dann eine ausspringende Gallerie mit vorn abgebrochenem Rand, auf welcher ein schildartiger, in Felder eingeteilter Gegenstand ruht, der sich an den oberen Ausläufer des Vorderstevens, das ἐπισεῖον, anlehnt. Zwischen den beiden Schiffen wird Wasser sichtbar. Eine Marmorstütze, von der ein Rest neben dem Steuerruder erhalten ist, verband die beiden Fahrzeuge. Links von dem Felsen des Apollo sind drei Männer in römischer Tracht dargestellt, die sich in einem Zuge bewegen, und zwar scheint die Neigung der einen Schulter des ersten derselben auf ein Hinabsteigen schliessen zu lassen. Er trägt Tunica und Mantel; die ausgestreckte Linke hielt einen langen, schmalen Gegenstand, dessen oberes Ende an dem einen Beine des Dreifusses, wenn auch beschädigt, erhalten ist. Die Bedeutung dieses Attributes ist unklar; doch scheint es mir am ehesten eine Fackel gewesen zu sein. Auch das Attribut der Rechten fehlt; es muss, nach der schwachen Stütze zu schliessen, die auf dem Gewand unterhalb der Gürtung sichtbar ist, von geringem Umfang gewesen sein. Man könnte an eine Rolle denken. Der links folgende Begleiter in der gleichen Tracht bläst erhobenen Hauptes die Tuba. Von der dritten Figur, die sich zurückwendet, ist wenig mehr als der Kopf erhalten; sie neigt denselben leicht, vermutlich auf die kommenden Opfertiere schauend.

Der auf das mit Kriegsschiffen bedeckte Meer blickende Apollo legt sofort den Gedanken an die Seeschlacht von Actium nahe, und diese Beziehung des Reliefs wird durch die Wahrnehmung bestätigt, dass der Kopf des vordersten Römers deutlich die Porträtzüge des Augustus erkennen lässt. Unter den Augen des actischen Apollo ist der Sieg erfochten, und der siegreiche Cäsar schreitet jetzt mit seinem Gefolge von der Höhe zum Strande hinab, um dem Gotte das Dankopfer darzubringen und an seinem Altar die Siegesfackel zu entzünden. Nach Dio Cassius 51, 1, errichtete Octavianus auf dem Hügel, auf dem sein Feldherrenzelt gestanden, dem Apollo ein ἕδος ὑπαίθριον und schmückte den Ort mit erbeuteten Schiffsschnäbeln; doch wohl in dem Glauben, dass der Gott der Schlacht gnädig zugeschaut habe, wie es auch der Künstler des Reliefs zum Ausdruck gebracht hat. Eine Münze des Augustus (Overbeck, Kunstmythologie des Apollon, Münztafel III, 20) zeigt den Apollo in der gleichen Haltung mit der Lyra auf einem Felsen sitzend. Octavian trägt natürlich die gewöhnliche Lagertracht, in der auch Trajan auf den Reliefs seiner Säule, wenn er nicht im Panzer dargestellt ist, meist erscheint.

Dem grossen gegenständlichen Interesse, dem die Darstellung als einzige uns erhaltene

[1]) Ein zusammengesetzter Abguss befindet sich im Münchener Gipsmuseum; am Original ist die Vereinigung der Fragmente untunlich, weil dieselben durch ungleichmässige Absägung auf der Rückseite auf verschiedene Stärke gebracht worden sind. Der Marmor befindet sich im Besitze von Dr. Paul Arndt.

[2]) Die ursprüngliche Höhe der Platte lässt sich annähernd auf 1 m berechnen.

Denkmäler griech. u. röm. Sculptur
Tafel 595.

Verlagsanstalt F. Bruckmann A.-G.
München 1906.

sichere bildliche Verherrlichung des weltgeschichtlichen Ereignisses, das die Monarchie des Augustus anbahnte, begegnen muss[6]), entspricht der formale Wert der künstlerischen Leistung voll und ganz. Die Anordnung der wenigen erhaltenen Figuren ist bei aller Einfachheit, die sich auch in der Behandlung des Hintergrundes kundthut, meisterhaft. Das steife, posenhafte Nebeneinanderstehen, wie es die sog. Apotheose des Augustus in Ravenna zeigt, ist ebenso geschickt vermieden, wie die übertriebene Raumfüllung in den Reliefs der ara pacis. Ausserordentlich günstig wirkt das Abwechseln immer eines in hohem und eines in flachem Relief gehaltenen Körpers. Die Figur des Apollo erinnert im Stil an den Zethos des Spadareliefs (Helbig, Führer [2], n° 992) und den Endymion des capitolinischen Reliefs (Helbig, Führer [2], n° 470). Der Composition der Processionsgruppe am nächsten verwandt ist die Opferdarstellung an der Ara des Domitius Ahenobarbus (Furtwängler, Intermezzi, S. 36); doch steht dieselbe in der Ausführung weit hinter unserem Relief zurück. Denn auch diese ist, abgesehen von einigen Gewandpartien, die in den Falten eine etwas schematische Bohrerarbeit zeigen, vortrefflich. Ihren Höhepunkt erreicht sie in den Köpfen, die eine Fülle individuellen Lebens ausatmen. Welch ein Contrast zwischen der vornehmen Schönheit des Augustuskopfes und der Derbheit im Ausdruck des Tubabläsers! An diesem wie an dem Kopf seines Begleiters ist die Behandlung des Haares ganz besonders reizvoll.

[6]) Über die auf die Schlacht von Actium vermutungsweise bezogenen geschnittenen Steine vergleiche Rossbach, aus der Anomia, S. 205. Furtwängler, antike Gemmen, Taf. 50, 19. Reinach, Apollon, S. 90.

Für die Datierung des Reliefs sind wir natürlich nicht durch den Zeitpunkt der Schlacht von Actium auch nur annähernd gebunden, da eine Erinnerung an dieselbe im Bilde durch die ganze Regierungszeit des Augustus hindurch beliebt geblieben sein wird; aber aus stilistischen Gründen werden wir die Entstehung des Werkes etwa in das vorletzte Jahrzehnt der vorchristlichen Zeitrechnung setzen.

Wie das Relief decorativ verwendet war, lässt sich nicht mehr ausmachen: es kann ebensogut einen Altar wie eine Basis geschmückt haben.

Als die vorstehenden Zeilen bereits gedruckt waren, hat Dr. Arndt von dem gleichen Kunsthändler ein weiteres Relieffragment [4]) erworben (s. nebenstehende Abbildung), das ebenfalls aus Avellino stammen soll und wahrscheinlich zu demselben Denkmal gehört, wie die oben behandelten Stücke. Hierfür spricht, abgesehen von dem gleichen Fundort, die völlige Uebereinstimmung des Marmors, sowie eine grosse Verwandtschaft in der Arbeit, die sich besonders in der Ausführung der Gewandfalten und der gleichen Behandlung der Oberfläche mit der Raspel kundthut. Dagegen scheinen auf den ersten Blick die ungleichen Maassverhältnisse zu sprechen. Die weibliche Figur ist nicht unbedeutend grösser als die des Apollo, des Augustus und seiner Begleiter, die Köpfe differieren in der Höhe um ca. 4 cm[5]). Ausserdem ist auch die Relief-

[4]) Höhe: 0,70 m, Breite: 0,46 m, Dicke der Hintergrundplatte: 0,08 m, grösste Reliefhöhe: 0,105 m.

[5]) Für die Gesammthöhe der Platte, deren oberer Rand erhalten ist, ergiebt sich nach Ergänzung der Unterschenkel der weiblichen Figur ca. 1 m, wie ich auch für die übrigen Fragmente angenommen hatte.

erhebung des neu hinzugekommenen Fragments eine stärkere. Diese Unterschiede sind jedoch, wie ich glaube, nicht von Belang, wenn man annimmt, dass die beiden Reliefdarstellungen sich auf zwei Seiten desselben Denkmals, etwa der Basis einer Augustusstatue, verteilen. Ich möchte dann für die weibliche Figur mit Kind und Füllhorn die Vorderseite und zwar das rechte Ende derselben[*]) in Anspruch nehmen und vermuten, dass jene zusammen mit einer ihr gegenüberstehenden entsprechenden Gestalt die Inschrift flankierte, wie es an der Basis von Puteoli der Fall ist (Brunn-Bruckmann 575). Auch hier erhebt Magnesia in gleicher Weise den rechten Unterarm und Sardes trägt auf dem linken Arm ein Knäbchen[1]), nicht, wie ich glaubte, ein Rhyton. Füllhorn und Knäbchen deuten auf eine allegorische Personification, hier etwa, an die Eirene des Kephisodot erinnernd, auf die Pax Augusta, die nach der Schlacht bei Actium eine besondere Verehrung genoss, oder auf eine Städtedarstellung, für die die entblösste Brust und das Diadem sprechen würden.

[*]) Die seitliche Anschlussfläche ist nämlich im Gegensatz zu den glatten Schnittflächen der anderen Fragmente ganz leicht geraubt.

Die obere Anschlussfläche des Fragmentes ist zur Aufnahme eines weiteren Baugliedes, wahrscheinlich des die Platte krönenden Gesimses, gepickt, das Ende der rechten Vorderseite des Reliefs in seiner ganzen Höhe nach hinten zu abgeschrägt. Aus der Unregelmässigkeit dieser Abschrägung, noch mehr aber daraus, dass durch sie die auf dieser Seite aus dem Füllhorn heraushängenden Früchte so beschädigt wurden, dass man nur noch die Spuren ihres ursprünglichen Verlaufs erkennt, erhellt, dass dieselbe eine spätere Zuthat ist. Die Reliefplatte ist nämlich in spätantiker Zeit noch einmal zu einem anderen Zwecke verwendet worden. Ein sicherer Beweis hierfür sind die auf der sorgfältig geglätteten Rückseite erhaltenen Inschriftreste (siehe untenstehende Abbildung[*]). Die ursprüngliche Rückseite ist später zur Aussenseite geworden, und zwar ergiebt die Richtung der Buchstaben, dass das ehemalige rechte seitliche Ende der Platte zum oberen Abschluss wurde, wo dann auf der Rückseite die erwähnte Abschrägung zwecks weiterer Anfügung nach hinten zu vorgenommen wurde. Genaueres über die zweite Verwendung der Reliefplatte lässt sich aus den Inschriften nicht feststellen.

J. Sieveking.

[1]) Amelung, Wochenschrift für klass. Philologie, 1904, S. 908.

[*]) Die Entfernung der beiden Zeilen von einander beträgt 0,17 m. Leider liess sich über die Rückseite der andern Reliefragmente, die, um den Transport zu erleichtern, abgesägt war, nichts mehr ermitteln.

596 und 597. Statue eines Jünglings.

Kopenhagen, Glyptothek Ny-Carlsberg.

Fig. 1

Fig. 2

Die Statue ohne die (ihr fremden) Beine

Diese etwas überlebensgroße Marmorstatue vergegenwärtigt uns in einer der römischen Zeit angehörigen Kopie ein bisher ganz unbekanntes Meisterwerk eines großen Künstlers des fünften Jahrhunderts vor Chr.

Die Statue befand sich früher im Palazzo Odescalchi zu Rom und ward von Matz und Duhn, antike Bildwerke in Rom, Bd. I (1881), nº 166 beschrieben. Sie ist in neuerer Zeit in die Glyptothek nach Kopenhagen gekommen. Als Matz und Duhn sie beschrieben, hatte sie noch die modern ergänzten Arme; der linke trug das Kerykeion, der rechte den Beutel des Mercur. Diese Arme waren in roher Weise mit grossen, außen sichtbar angebrachten Eisenklammern befestigt, deren Spur noch an den erhaltenen Teilen der Oberarme sichtbar ist. Eine gleiche, offen liegende Eisenklammer verband im Nacken den Kopf mit dem Körper. Der Kopf war außerdem mit einem starken viereckigen eisernen Dübel aufgesetzt, zu dem vorn am Halse ein Vergußloch führte. Indeß der Kopf ist antik und zugehörig; er paßt mit der Bruchfläche genau auf den Körper. An dem Kopfe ist nur die Nase modern.

Von den Beinen sind der linke Oberschenkel mit Einschluß des Kniees und die obere Hälfte des rechten Oberschenkels antik und ungebrochen. Allein die übrigen Teile der Beine nebst Stamm und Plinthe haben nichts mit der ursprünglichen Statue zu tun; sie sind ihr zweifellos fremd. Was zweifelhaft erscheinen kann, ist nur, ob sie ganz neueren Zeiten angehören oder ob Stücke davon antik sind und von einer anderen Statue herrühren. Jene Teile bestehen nämlich aus mehreren Stücken, die mit vielen Dübeln untereinander verbunden sind. Herr Director Dr. C. Jacobsen hat zusammen mit dem Inspector

Verlagsanstalt F. Bruckmann A.-G
München 1906.

und Bildhauer Herrn H. Oppermann und dem Restaurator Herrn H. Nielsen in Kopenhagen die Frage der Zugehörigkeit der Beine genau geprüft; das Resultat der gemeinsamen Untersuchung war, wie mir Herr Dr. Jacobsen mitzuteilen die Freundlichkeit hatte, „dass von der Zugehörigkeit der Beine keine Rede sein kann". Er fügt weiter hinzu: „Der Stamm ist zwar in einem Stück mit der Plinthe und Teilen der Füße, und dieses ist alles antik, sowie der Ansatz der Hermesflügel an den Füßen. Aber der Stamm ist zugebracht und nicht in einem Stück mit dem Beine. Der Restaurator hat also anderswoher diese Plinthe mit Stamm und Füßen genommen und mit außerordentlichem Geschick dieselbe an die Statue angestückt. Der Stamm ist zu lang gewesen, und er hat deshalb den oberen Teil abgeschnitten; das erklärt die sonderbare gerade abgeschnittene Form des Stammes. Die Adern im Marmor, die in der Statue senkrecht gehen, sind in dem ergänzten Teil schräg horizontal." Die Verbindungsstellen der verschiedenen Stücke zeigen teils Bruch-, teils Schnittfläche; man hat mehrmals den Eindruck, als ob ein Stück angesägt und dann abgebrochen worden wäre. Dieser Umstand, sowie die seltsame und aufdringlich, wie absichtlich, wirkende Zusammenstückelung der unwesentlichen unteren Teile der Figur flößte mir, als ich sie zuerst 1902 im Kunsthandel zu sehen bekam, einen Verdacht gegen ihre Ächtheit ein. Ich hatte damals gerade einige Proben raffinierter Marmorfälschungen kennen gelernt und war deshalb besonders mißtrauisch. Die ursprüngliche Herkunft der Statue aus dem Palazzo Odescalchi war mir unbekannt. Natürlich war mein damaliger Zweifel nur berechtigt, soweit er die Beine der Statue betraf, im Übrigen aber ein Irrtum. Kopf und Körper (vgl. Figur 1 und 2) sind von der zweifellosesten Ächtheit und sind die Kopie einer hochbedeutenden Schöpfung eines Meisters um die Mitte des fünften Jahrhunderts.

Da die Füße mit den Flügeln nicht zugehören, haben wir keine Möglichkeit, den dargestellten Jüngling näher zu bezeichnen. Er trägt kurzes, gelocktes Haar. Die Ohren sind nicht verschwollen gebildet; doch wird dadurch die Möglichkeit, daß ein Athlet dargestellt ist, natürlich nicht ausgeschlossen. Ebenso gut aber kann ein Heros oder jugendlicher Gott gemeint sein.

Der Jüngling steht fest auf dem rechten Beine; das linke ist im Schritte zurückgezogen. Das mit dem Knie erhaltene obere Ende des linken Unterbeines genügt durch den Winkel, den es mit dem Oberschenkel macht, um zu erkennen, daß das Bein tatsächlich so zurückgezogen war, wie die Ergänzung es zeigt. Herr Dr. Jacobsen hatte die Gefälligkeit, mir auf meine Anfrage diesen Punkt ausdrücklich zu bestätigen.

Die Erfindung dieses hervorragenden Werkes muß etwa um die Mitte des fünften Jahrhunderts angesetzt werden. Dies ergiebt sich aus einem Vergleich mit anderen bedeutenden Schöpfungen jenes Jahrhunderts. Die Statue ist etwas jünger als der Diskobol des Myron und die mit diesem zunächst zusammenhängenden Werke, wie der Heros Riccardi; dies ergiebt schon der Vergleich der Behandlung des Haares. Die Statue ist auch etwas jünger als der von mir auf Pythagoras zurückgeführte Faustkämpfer des Louvre und der Kopf von Perinthos; sie ist auch etwas jünger als der Apoll auf dem Omphalos, sowohl in Behandlung des Haares wie des Körpers. Dahingegen stehen ungefähr auf gleicher Stufe der allgemeinen Stilentwicklung der Cassler Apollo, der Perseus des Myron, der bärtige Kopf Chiaramonti: Meisterwerke, Fig. 57, S. 393, und endlich die Lemnia des Phidias. Hieraus ergiebt sich die obige ungefähre Datierung.

Die zweite, schwierigere Frage ist die nach dem Künstler, der das Original der Statue geschaffen hat. Die Vergleiche, die wir anstellen können, lassen uns wenigstens einige negative Resultate sicher erkennen.

Mit der Kunst des Polyklet oder der seiner Vorgänger hat diese Statue jedenfalls gar nichts zu tun[1]); sie folgt in Allem und Jedem einer vollständig anderen Richtung, wie den Kundigen ein Vergleich rasch lehren wird.

Auch die auf Kresilas zurückzuführenden Werke sind, obwohl unserer Statue verwandter als die polykletischen, doch auch wesentlich verschieden. Kopf und Körper stehen bei kresiläischen Werken den polykletischen Formen näher und sind von denen unserer Statue recht verschieden. Zum Vergleiche eignet sich namentlich der Diomed. Man beachte, wie schon die Schädelumrißlinie hier verschieden ist: wie bei Polyklet steigt der Schädel am Diomed von der Haargrenze an steil empor, um dann fast rechtwinklig umzubiegen. Ganz anders an unserer Statue. Aber auch Mund und Kinn, Stirn und Augen sind wesentlich anderer Art.

Aber auch die myronischen Werke, sowohl die früheren wie die später-myronischen, sind zu verschieden, um Myron als Urheber zu vermuten.

---

[1]) Matz und Duhn fanden allerdings den Kopf dem Doryphoros verwandt. Allein damals pflegten viele Gelehrte alles, was Formen des fünften Jahrhunderts zeigte, dem Doryphoros ähnlich zu finden; man hatte keine Vorstellung von den verschiedenen Kunstströmungen der Epoche.

Dagegen finden sich die meisten Beziehungen zu denjenigen Werken, die ich dem Pythagoras, und denen, die ich dem Kalamis zuschreibe [3]). Der Körper vor allem ist, obwohl hier schon die Schrittstellung angewendet wird, im Rhythmus der Haltung wie in der Bildung der Formen dem Omphalos-Apollon nächst verwandt. Nur ist letzterer, wie schon oben bemerkt, etwas älter und härter; die Schultern sind dort noch eckiger, die Muskeln noch straffer, als dies hier der Fall ist; aber sonst besteht eine sichere, wesentliche Beziehung in der Körperbildung beider Werke. Für den Kopf läßt sich dies jedoch nicht sagen. Dagegen bietet eben dieser deutliche Beziehung zu den vermutlichen Schöpfungen des Pythagoras [4]), namentlich dem Faustkämpfer des Louvre und dem Perinthos-Kopfe, die aber, wie oben bemerkt, etwas älter sind. Der Schädelumriß und vor allem die charakteristische, weite, offene Stirn sind unserer Statue mit diesen Werken gemeinsam. Ich halte es hiernach für nicht unmöglich, daß der Jüngling Odescalchi auf ein Werk der Spätzeit des Pythagoras zurückgehe. In der Epoche zwischen 480 und 450 hat eine rapide Entwicklung der Kunst in Griechenland stattgefunden; die früheren und späteren Werke der Künstler dieses Zeitraumes müssen sich recht unähnlich gewesen sein.

Figg. 3–5
Kopf in der Galerie der Arazzi zu Florenz.

In den Meisterwerken, S. 346, Anm. 3, habe ich auf eine Statue der Sammlung Lansdowne aufmerksam gemacht, einen Faustkämpfer, der wohl ebenfalls der Spätzeit des Pythagoras angehören mag, jedenfalls mit dem Louvre-Faustkämpfer zusammenhängt, aber jünger ist als jener: er zeigt dieselbe Bewegung der Beine mit im Schritte zurückgesetztem linken Fuße wie die Odescalchi-Statue. Ich hoffe, auf jene interessante Statue Lansdowne bei anderer Gelegenheit zurückkommen zu können.

Von dem Ruhme der Schöpfung, welche die Statue Odescalchi wiedergiebt, zeugt die Tatsache, daß von dem Kopfe eine Replik existiert; vermutlich giebt es auch von dem Körper Repliken, die nur bisher nicht erkannt sind. Die Wiederholung des Kopfes (Figg. 3–5) hat Paul Arndt in der Galerie der Arazzi zu Florenz aufgefunden. Er ist sehr schlecht erhalten und auch durchaus keine frische, gute Arbeit, ist doch aber nicht ohne Wert. Das Haar ist recht sorgfältig und scheint den Stil des Originales noch genauer zu wahren, als die Odescalchische Replik. In der Mitte über der Stirn ist eine Differenz; der Florentiner Kopf ist hier glaubwürdiger, indem er reicheres, genaueres Détail giebt. Augen und Mund machen am Florentiner Exemplar einen etwas strengeren Eindruck. Auch die Ausführung der Locken ist am Florentiner Kopfe entschieden strenger; sie gleicht vielmehr der eines analogen, uns im Originale erhaltenen Werkes, des Kopfes eines der Jünglinge des Westgiebels von Olympia (Olympia, Bd. III, Taf. 29, 3).

---

[3]) Vgl. insbesondere Meisterwerke d. gr. Plastik, S. 346. 115 f. Intermezzi, S. 10 ff. Sitzungsber. bayr. Akad. 1897, II (Neue Denkmäler I), S. 128 ff.

[4]) Vgl. Intermezzi, S. 10 ff.

Schließlich sei nur mit einem Worte auf zwei Werke hingewiesen, welche, wie mir scheint, eine etwas spätere Fortsetzung der Stilrichtung repräsentieren, die uns in dem Jüngling Odescalchi vorliegt: ich meine den Heros Farnese im British Museum, den ich Meisterwerke, S. 517 (Fig. 93), besprochen und dort als Fortbildung des Stiles des Kalamis bezeichnet habe; und ferner den Jünglingskopf Riccardi, Arndt-Amelung, Einzelverkauf, nº 314/315.

A. Furtwängler.

598. Zwei Reliefplatten.

Zusammengesetzt aus Fragmenten in Rom, Florenz und München.

Die beiden Reliefs, die wir nach dem Gipsabguß abbilden müssen, können erzählen von den widrigen Schicksalen, denen auch Antiken, welche Dank einer schützenden Erddecke den rohen Händen mittelalterlicher Christen entgingen, selbst dann noch ausgesetzt waren, nachdem die Renaissance Achtung vor den Resten der alten Kunst, Liebe zu den verstümmelten Marmorgöttern wieder geweckt hatte. In der Gestalt, wie unsere Tafel die Reliefs reproduciert, sind die Originale in keinem Museum zu finden. Die Bestandteile der ersten Platte gehören jetzt teils dem Vatican, teils den Uffizien in Florenz; diejenigen des andern Reliefs wurden gar in drei Museen zersprengt: Stücke davon bewahren die genannten zwei Sammlungen und ein Drittel der Platte kam nach München in die Glyptothek.

Ein Verhängnis wollte, daß die Fragmente nicht auf einen Sitz wieder aus dem Boden gezogen wurden; dadurch geriet der Fund von vornherein in verschiedene Hände, und mit dem Wechsel des Besitzers zerstreuten sich die Stücke in immer weitere Ferne. Während ein Teil der Fragmente bereits für den Anfang des sechzehnten Jahrhunderts sich aus alten Inventaren, Zeichnungen und Stichen nachweisen läßt, wurde der Rest erst im Beginn des neunzehnten Jahrhunderts ausgegraben. Weiteres Mißgeschick verhängte, daß erst nur zwei Figuren der einen Platte, und auch diese noch unvollständig, nebst einer Figur der andern Platte zu Tage kamen. Da alle Stücke gleichen Stil, gleiches Maaß und gleichen Rahmen aufwiesen, war der Irrtum begreiflich, daß man sie als Bestandteile einer einzigen Platte ansah und demgemäß aneinander fügte. So hat Lorenzetto, der Schüler Raffaels, der nach 1520 für den Cardinal Valle das Arrangement eines mit Antiken geschmückten Hofs besorgte, die Bruchstücke zusammenschweißen lassen, und in dieser Gestalt wird die Platte heutigen Tags noch, unter Hinzufügung anderer und zwar abscheulicher, im achtzehnten Jahrhundert ausgeführter Ergänzungen, von somanchem Besucher der Uffiziengallerie bewundert. Erst vor ein paar Jahren gelang es mir, an den Gipsabgüssen der verzettelten Fragmente den ursprünglichen Zusammenhang wieder nachzuweisen, und das Mosaik dieser Abgüsse, an welchen nur der ruhigeren Wirkung zu lieb die fehlenden Stücke des Rahmens ergänzt, die Lücken des Reliefgrunds ausgefüllt, alle alten Ergänzungen dagegen entfernt wurden, giebt unsere Tafel wieder. Wer Belege sucht und sich für Einzelheiten interessiert, findet sie in meinem Aufsatz: Jahreshefte des Österreichischen Archäologischen Instituts 1903.

Bringt man frisch aus dem Boden kommende, an einander passende Fragmente in die richtige gegenseitige Stellung, so scheinen sie wieder zu einem Ganzen zusammen wachsen zu wollen. So scharf und lückenlos greifen freilich unsere Fragmente nicht mehr in einander. Denn an keiner Stelle erhielten sich beiderseits die Bruchränder: diese sind meist vom Ergänzer abgeschliffen, um eine regelmäßigere Ansatzlinie für seine eigene Arbeit zu schaffen; und, was noch schlimmer ist, der Überführung auf die wie stets schlecht erratene Ergänzung zulieb, hat er an einigen Punkten, wie namentlich am rechten Oberarm des Mädchens mit der Kanne, auch die Reliefhebung modificiert. An dem Mädchen mit den Ähren ist überhaupt die ganze Oberfläche abgeschliffen; bis zu welchem Maaß, das sieht man am besten daraus, daß jetzt die Sohle ihrer Schuhe nicht mehr wie bei den andern scharf absetzt. Im übrigen aber läßt sich die Erhaltung als eine recht günstige bezeichnen, wie es auch einen besondern Glücksfall bedeutet, wenn sich von sechs Köpfen fünf, und dazu noch so wenig entstellt, erhielten. Überdies darf es gar nicht als ausgeschlossen betrachtet werden, daß der eine abgebrochene Kopf in irgend einem Museumsmagazin noch ungenutzt herumliegt. Das jetzt fehlende Mittelstück der einen Gestalt war sicher einst im sechzehnten Jahrhundert vorhanden; denn auf einer alten Zeichnung dieser Zeit entspricht jene Figur gerade in der genannten Partie so genau einer erst neuerdings auf dem Forum Romanum zum Vorschein gekommenen Wiederholung, wie es ein Ergänzer unmöglich hätte erraten können. Es heißt also weiter suchen.

Um die Mädchen von nun ab bei ihrem Namen nennen zu können, fragen wir zunächst nach der Deutung beider Reliefs. Ihre Erklärung kann Dank den Attributen und wegen der Tatsache, daß beide Male ein Dreiverein mythischer Gestalten auftritt, mit voller Sicherheit gegeben werden. Das Kännchen, aus dem sich ein so dichter

Verlagsanstalt F. Bruckmann A.-G.
München 1906.

Strahl ergießt, begegnet uns auch in andern antiken Darstellungen; auf dem Panzer der Augustusstatue aus Primaporta (Brunn-Bruckmann 225) führt Aurora dieses Attribut. Wenn in Vasenbildern die Regengöttinnen, die Hyaden, aus schweren Urnen, wenn bei Aristophanes die Wolken aus Wasserkrügen ihre Ströme ausschütten, so fließt aus diesem zierlichen Kännchen ein zarteres Naß, der Tau. Ein in Attika verehrter Dreiverein, Dienerinnen der Athena, führt seinen Namen hauptsächlich vom Tau: Herse, Pandrosos und Aglauros, die man zusammenfassend auch die Aglauriden- oder Agrauliden-Mädchen nannte. Kein Zweifel, dass wir diesen Namen den drei Gestalten auf der einen Platte zu geben haben. Ohne Weiteres lassen sich auch die andern drei an dem Attribut der Ähren erkennen: es sind die Horen, Göttinnen des Zeitenwechsels und damit Schützerinnen des Gedeihens der Bodenfrüchte. Erst in der Zeit nach Alexander dem Grossen werden die Horen individualisiert zu Vertreterinnen der einzelnen Jahreszeiten und wird demgemäß ihre Zahl auf vier vermehrt. Fast meint man in der leichten Tracht des einen, der dichteren Umhüllung des zweiten und der ganz warmen Kleidung des dritten Mädchens hier einen Übergang zu der späteren, individualisierenden Auffassung der Horen wahrzunehmen. Aber allein schon die Dreizahl und die Beschränkung auf ein einziges gemeinsames Attribut erweist, daß die Ausgestaltung der Göttinnen, wie sie unser Relief zeigt, in keine spätere Periode gehört als das vierte Jahrhundert.

Die älteste griechische Kunst bis ungefähr zu den Perserkriegen wiederholt, wenn sie drei gleichartige Wesen darzustellen hat, ganz beruhigt dreimal die gleiche Figur, so wie Homer zum Ausdruck desselben Gedankens stets denselben Vers wiederholt. Nachdem die Künstler einmal darauf aufmerksam wurden, daß diese Einförmigkeit steif wirkt, verfallen sie auch gleich ins andere Extrem, indem sie nun in der Variierung der drei Gestalten sich nicht genug tun können; man betrachte unter diesem Gesichtspunkt das aus dem letzten Drittel des fünften Jahrhunderts stammende Relief Brunn-Bruckmann 548. Durch dieses Übermaaß von Variation leidet aber der zur Charakterisierung nötige Zug, daß die drei Wesen unter sich gleichartig, daß sie Schwestern sind, daß sie eine Einheit bilden müssen. Diese Klippe verstand unser Künstler zu umschiffen, indem er beide Male je die erste und die dritte Gestalt wesentlich mit demselben Contur umschrieb; durch ein so einfaches Kunstmittel werden die drei Gestalten zusammengebunden, sie wirken als Einheit, wirken ruhiger. Und doch kommt der Eindruck langweiliger Einförmigkeit nicht auf, indem die ins Profil gedrehten Figuren in allen Einzelnheiten unter sich genügend variiert wurden und sich zwischen sie eine fast in Vorderansicht herausgedrehte Gestalt hineinschiebt. Der gleiche Grundzug in der Anordnung bei beiden Platten erweist aber deutlich genug, daß dieselben von vornherein als Gegenstücke erdacht waren.

Trotzdem der Künstler die Beziehung der einen Platte zur andern aufs strengste bewahrte, so wußte er doch den Unterschied im Wesen der Horen von den Aglauriden klar zum Ausdruck zu bringen. Die Horen wandeln in gleichem Schritt und Tritt, unaufhaltsam wie der Lauf der Zeit; von den Aglauriden kommt es einem der Mädchen in den Sinn, sich einmal im Kreise herumzuschwingen; sie und ihre Schwestern haben keine Eile, weiterzukommen. Daß das Tempo der Bewegung zwischen beiden Gruppen wechselt, dafür geben einen Maaßstab die losen Mantelzipfel an den Schultern, welche bei den Horen fast wagrecht hinausflattern, bei den Aglauriden aber nur schwer herabhängend schwanken. Wandeln doch auch die Horen in hellem Sonnenschein, während die Taugöttinnen den nächtlichen Reigen ziehen; musikalisch ausgedrückt hören wir hier ein Andante, dort ein Allegretto.

Eben weil sie im Mondenlicht wandeln, wickeln die Aglauriden sich auch dicht in ihre Mäntel, bis an den Hals hinauf und bis ans Handgelenk. Die Aglauride in der Mitte trägt dazu noch eine warme, vorn herunter genestelte Wollenjacke, wie sie im fünften und vierten Jahrhundert in Athen im Brauch war. Bei zweien der Horen dagegen treten die Arme bloß aus dem Gewand heraus, und zwar bei dem Mädchen in der Mitte, wo der Marmor vom Überarbeiter verschont blieb, Arme, an denen wir uns nicht satt sehen können in ihrer weichen Fülle, einer Fülle, die doch jedes Zuviel vermeidet und die Structur der Glieder nicht verwischt. Sanft, ohne jede Ziererei schlingen sich die Hände in einander. Altgriechische Sitte verlangte, sich zum Gruß und auch beim Reigen nicht an der Hand, sondern am Handgelenk zu fassen. In dieser altväterischen Weise führen sich noch die Nymphen auf dem schon erwähnten Relief; unserem Künstler schien diese Haltung zu derb. Sämtliche Mädchen tragen Schuhe, wohl nicht aus Leder, denn der Stoff schmiegt sich so weich an die Formen an, dass selbst die Zehen durchscheinen. Die Anforderung an den Fuß zu stellen, daß er nicht zierlich genug sein könne, wenn er schön sein soll, kam den Griechen so wenig in den Sinn als modernen Engländern. Es ist auch eine Freude, zu sehen, wie fest und sicher diese Gestalten auf ihren Füßen stehen und wie geschmeidig sich der Fuß vom Boden wieder abhebt[1]). Auch in einem andern Punkt beugt sich der Grieche nicht unter moderne Schönheitsbegriffe. Bei uns meint man, Frauenhaare müßten womöglich bis auf die Knöchel herabhängen; sie könnten nicht zu üppig sein. Unser Künstler sagt, sie können nicht weich genug sein; er erlaubt ihnen nicht, den schönen Bogen des Schädels zu verwischen. Darum verlangt er kurze Haare, wickelt auch diese noch in ein Kopftuch oder windet sie in Flechten dicht um den Kopf. Warum gerade die Zopffrisur an der einen Aglauride, eine Tracht, die erst kurz vor 400 in Griechenland Mode wurde, zum schwächsten Punkt in unseren Reliefs wurde, das werden wir später erklären.

Im Gewandwurf tritt ein Bestreben besonders deutlich hervor, nämlich den hohen Wuchs der Mädchen möglichst wenig durch wagrecht einschneidende Linien zu unterbrechen. Die großen Mäntel, welche die Glieder von den Schultern bis zu den Knöcheln umhüllen, unterstützen diese Absicht. Aber selbst bei der mittleren Hore, welche keinen Mantel, sondern nur den Chiton mit Überschlag trägt, wird der untere Abschluß dieses Überschlags so wenig als immer möglich in seinem wagrechten Verlauf markiert, vielmehr absichtlich durch die durchlaufenden Linien der Beinconturen die Grenzlinie noch weiter unterdrückt. Das Betonen der in die Höhe führenden Linien hebt die Schlankheit in einem Maße, daß einige Gestalten fast überschlank erscheinen, trotzdem sie mit Ausnahme der Aglauride, welche den Tau ausgießt und deren Kopf etwas zu plump geriet, nicht mehr als sieben Kopflängen im Körper haben. Aber die Schlankheit wird hauptsächlich dadurch gehoben, daß die Gewänder jeglicher Naturbeobachtung zum Trotz sich wie die Haut an den Körper anschmiegen, um alle für seine Structur wichtigen Teile fast nackt hervortreten zu lassen. Dieser unwahren Gewandbehandlung, für welche eine Nike von der Balustrade des Niketempels, Brunn-Bruckmann 35, ein bezeichnendes Beispiel darbietet und die erst im letzten Drittel des fünften Jahrhunderts aufkam, wurde aber im folgenden Jahrhundert, es scheint namentlich durch Praxiteles, vielleicht auch schon seinen Vater Kephisodotos, ein treues, ehrliches Naturstudium entgegengehalten, welches mit dem, was der Textur des Stoffes möglich und was ihr nicht möglich ist, rechnet. Allein daran, daß die Erfindung unserer beiden Reliefs, weil sie sich von jener Reform in der Darstellung des Gewands unberührt zeigt, etwa älter wäre als Praxiteles, daran ist nicht zu denken.

Bezeichnende Merkmale der Formensprache weisen auf einen jüngeren Ursprung; entscheidend allein schon die überaus duftige Modellierung der Haare. Nicht nur im Sauroktonos, sondern selbst in der knidischen Aphrodite mit ihren gleichmäßig gewellten Haarsträhnen steht Praxiteles der Formenbehandlung des fünften Jahrhunderts sogar noch näher als unseren Reliefs. Die schattensammelnden Furchen kehren bei den genannten praxitelischen Werken in regelmäßigen Abständen wieder, während bei der ersten und dritten Hore diese dunkeln Partien ganz ungleichmäßig, wie zufällig hineingesetzt sind. Weit näher kommt schon unseren Horen die Leconfield'sche Aphrodite, welche auch ich mit Furtwängler für ein eigenhändiges Werk des Praxiteles aus der Entstehungszeit des Hermes, also aus der Spätzeit des Künstlers, ansehe. Dasjenige Werk statuarischer Kunst, das in der Haarbehandlung unseren Horen am nächsten steht, ist die Demeter von Knidos, Brunn-Bruckmann 65. Auch das Absondern der reizenden kleinen Haarwische vor den Ohren und im Nacken vermögen wir nicht vor der zweiten Hälfte des vierten Jahrhunderts nachzuweisen.

Der sicherste Anhalt zur Datierung der Ent-

---

[1]) Um die Aglauride, welche den Zug eröffnet, wurde gerade ihrer Füße wegen schon ein Roman gewoben und zwar von Wilhelm Jensen in „Gradiva. Ein pompejanisches Phantasiestück. Dresden 1903". Eine Gestalt aus diesen Reliefs, auf einen modernen Bucheinband gepreßt, das interessiert uns. Vom Inhalt des Buches sei nur mitgeteilt, daß Jensen einen Archäologen zum Helden wählt, der sich in das Problem verbeißt, ob eine wie unsere Aglauride den linken Fuß voll aufsetzende Gestalt beim Schreiten ihre rechte Sohle und Ferse fast senkrecht heben könne, während die Zehen den Boden nur leise berühren. Jensens Archäolog sucht über den dunkeln Punkt mit sich ins Reine zu kommen, indem er allen Damen, welchen er begegnet — Dienstmädchen werden ausdrücklich abgelehnt — auf die Füße schaut; allein vergeblich; keine hebt den Fuß so wie das Mädchen im Relief. Ob ein Archäolog, und vielleicht mehr als einer, existieren könnte, wie ihn Jensen schildert, leider ohne zu bemerken, wie unerlaubt ungeschickt der Kerl ist, das lasse ich dahingestellt. Jedenfalls war es aber, um sich über dieses Problem Klarheit zu schaffen, nicht der richtige Weg, an Damen, welche ihre Füße in enge Stiefel mit Absätzen einzwängen, seine Beobachtungen anzustellen; denn in ihren weichen, absatzlosen Schuhen schreiten diese Griechinnen so gut wie barfuß. Jensens Archäolog hätte sich also schon überwinden müssen, einer so inferioren Menschenklasse wie die, welche den Luxus der Stiefel nicht kennt, auf die Füße zu schauen. An italienischen Marinari würde er gar bald eine dem Relief entsprechende Fußhaltung gefunden haben. Solch gemeines Beobachtungsmaterial mag freilich einem Salonarchäologen widerstreben; dann soll er Richer, Physiologie Artistique, Taf. 5, aufschlagen, und dort wird er in den Momentaufnahmen eines schreitenden nackten Modells im Moment 5 die gesuchte Haltung finden. Genauer gesprochen hielt der griechische Künstler eine Zwischenstufe von Moment 4 zu 5 der dortigen Aufnahmen fest. Jensen aber würde durch richtige Beobachtung abgehalten worden sein, aus einem Gedänkchen ein Büchlein zu machen.

stehungszeit des Vorbilds unserer Reliefs scheint mir aber in der Beobachtung zu liegen, daß in den Malereien einer Gruppe von attischen Vasen, die man nach ihrem hauptsächlichsten Fundort die Kertscher Vasengruppe genannt hat, unbezweifelbare Anklänge an einzelne Figuren der Reliefs nachzuweisen sind. Die betreffenden Fälle habe ich in meinem früheren Aufsatz genannt. Inzwischen wurden gerade die entscheidenden Vasen in vortrefflichen Aufnahmen von Furtwängler und Reichhold, Griechische Vasenmalerei II, Taf. 68—70, publiciert, und es läßt sich demnach erst zeigen, daß selbst die charakteristische lockere Haarbehandlung wie an den Horen in den Vasenbildern dort wiederkehrt. Diese Vasengruppe reicht ihrer Entstehung nach sicher bis unter die Gründung von Alexandria herab. Ein so starkes Einwirken der in den Reliefs erhaltenen Schöpfung auf die Vasenmaler erklärt sich aber nur dann, wenn das Vorbild unserer Reliefs zur Zeit, als diese Vasen entstanden, in Attika als ein epochemachendes Werk in die Welt gesetzt worden war. In die zweite Hälfte des vierten Jahrhunderts, und zwar wohl näher an 300 als an 350, läßt sich darnach dieses Vorbild datieren.

Wer die Reliefs scharf anschaut, wird bemerken, daß die Arbeit an der Horenplatte etwas sorgfältiger durchgeführt ist als bei den Aglauriden. In den Gewändern der Horen folgen den Säumen überaus fein eingeritzte Linien, welche die Nähte darstellen; am Himation des ersten und dritten Mädchens beobachten wir die sogenannten Liegefalten, Détails, welche auf der andern Platte fehlen. Auch als von der zarten Haarbehandlung die Rede war, hatten wir auf die Horen allein Bezug zu nehmen. Da nun überdies die Länge der beiden Platten eine verschiedene ist — bei den Aglauriden beträgt sie ohne Rahmen 1,06 m, mit demselben 1,16 m; bei den Horen dagegen 1,15 m beziehungsweise 1,23 m —, so wird durch diese fühlbare Differenz die Annahme ausgeschlossen, daß die beiden Reliefs einfach Pendants bilden sollten. Viel wahrscheinlicher dürfte sein, daß die Vorbilder, nicht die vorliegenden Platten, zur Verkleidung eines Blocks mit rechteckigem Grundriß, also ohne Zweifel eines Altars, dienten, wo an der bevorzugten Langseite die sorgfältiger durchgeführten Horen, an der schmäleren Nebenseite die Aglauriden angebracht waren. Diese Vermutung erhielt eine Stütze daran, daß am selben Orte wie unsere Platten zwei andere gefunden wurden, welche erstens in den entscheidenden Maaßen, namentlich der Differenz zwischen beiden Platten, genau übereinstimmen; zweitens stilistisch nahe verwandt sind, und drittens dem Inhalt ihrer Darstellung nach so gut als nur möglich mit den Horen und Aglauriden sich zu einem sinnvollen Ganzen zusammenschließen. Doch mögen Freunde archäologischer Hypothesen die hierauf sich gründende Combination in meinem genannten Aufsatz nachlesen. Die Beweisglieder greifen fester in einander als bei der Mehrzahl archäologischer Zuweisungen; dennoch bin ich weit entfernt, mit dieser Combination wie mit einer erwiesenen Tatsache zu rechnen.

Und ich mußte sogar kürzlich selbst eine Beobachtung machen, welche eines der Argumente für die Zugehörigkeit aller vier Platten zu einem einzigen Monumente schwächt. Es stellte sich nämlich heraus, daß eine ganze Gruppe neuattischer Reliefs, die ihrer stilistischen Eigentümlichkeiten wegen alle auf Vorbilder des vierten Jahrhunderts weisen und sehr wohl einer einzigen Schule zugeschrieben werden können, durchgängig ein constantes Maaß für die Figurenhöhe von 0,63 m, gerade wie unsere Horen und Aglauriden, festhält. Die Belege hierfür sollen an anderer Stelle mitgeteilt werden. Um so deutlicher tritt aber nun die Zugehörigkeit all dieser Werke zu einer und derselben Schule hervor, und diese Schule kann nur diejenige sein, welche im vierten Jahrhundert in Attika überhaupt die führende war und von der zudem durch die Überlieferung mehrere reliefgeschmückte Altäre bezeugt werden: die Schule des Praxiteles und seiner Söhne Timarchos und Kephisodotos.

Daß unsere Reliefs so ganz ungewöhnlich gut ausgeführt sind, das wird uns weniger merkwürdig erscheinen, wenn wir wissen, wo sie gefunden wurden. Für die schon im sechzehnten Jahrhundert vorhandenen Fragmente liegt, wie üblich, keine Fundnotiz vor. Da aber bei den zuletzt gefundenen Stücken die Provenienz aus Villa Palombara gesichert ist, so müssen dort beide Reliefs gefunden sein. Denn wäre dies nicht der Fall, so hätte auch Lorenzetto nicht in die Lage kommen können, Teile beider Platten mit einander zu verbinden. Die Villa Palombara erstreckte sich von der Längenaxe der heutigen Piazza Vittorio Emmanuele bis über Piazza Dante hin. An dieser Stelle sind aber die horti Lamiani des alten Roms localisiert, Gärten, die seit Tiberius eine kaiserliche Domäne bilden. Unsere Reliefs waren somit von einem der Herrscher der alten Welt bestellt oder erworben. Diese Herren konnten freilich unter dem Guten das Beste auswählen.

Vielleicht läßt sich noch bestimmen, wer den Auftrag zu den Reliefs erteilte. Heydemann (Verhüllte Tänzerin, S. 9) sagt von dem Fragment im Vatican schlankweg: „etwa aus der Zeit Hadrians“. Wer weiß, wie prekär solche

Datierungen nach dem Charakter der Marmorarbeit allein sind, der wird ein anderes chronologisches Indicium mit Freuden ergreifen. Der Kopf der Aglauride rechts mit einem Haarputz, welcher der Werkstätte eines Haarkünstlers aus der Provinz entnommen zu sein scheint, sticht so sehr von der meisterhaften Arbeit in allen übrigen Teilen der Reliefs ab, daß ich am Original lange untersuchte, ob er wirklich auch echt, und wenn echt, ob er nicht retouchiert sei. Aber nichts an der Epidermis des Originals bestätigt diesen Verdacht; wir haben also mit dieser häßlichen Perrücke zu rechnen. Nun wissen wir aus genügenden Beispielen, wie im vierten Jahrhundert Flechten ausgearbeitet wurden und wie sie demnach im Vorbild unseres Künstlers aussahen: ganz anders jedenfalls als diese hölzerne Flechte. So sehr aber die Zopffrisur auf dem Relief aus dem sonst so treu bewahrten Stil herausfällt, so genau entspricht sie den Zöpfen in Damenporträts aus der ersten Hälfte des zweiten Jahrhunderts unserer Zeitrechnung, also eben der Zeit Hadrians. Der Bildhauer, welcher wohl mehr als einmal schon Damen-Büsten mit diesen steifen Perrücken ausgeführt hatte, geriet an dieser Stelle, die mit seinen gewöhnlichen Aufgaben Verwandtschaft zeigte, in sein gewohntes Geleise. Wenn damit der Ursprung unserer Reliefs unter Hadrian gesichert erscheint, so mag der Kaiser bei einem seiner Besuche in Athen die Copien bestellt haben; dann verstehen wir, warum hier wirklich einmal so etwas Extra-Gutes geleistet wurde.

Über den Schlendrian beim Ausgraben der beiden Platten könnte man sich beruhigen, jetzt, seit dem Unglück so ziemlich wieder abgeholfen wurde. Aber nicht nur steht die Möglichkeit, daß die Fragmente in italienischem Staatsbesitz und die andern Teile, welche apostolisches Eigentum sind, je der Sache zu Lieb wieder vereinigt würden, in weiter, ach so weiter Ferne, sondern das Versäumnis des ersten Scavatore brachte auch unheilbare, recht ärgerliche Consequenzen mit sich für eine Reihe von Werken der besten Künstler aus der Renaissance.

Keine Antike, selbst den Belvederischen Apollo nicht ausgenommen, reizte vom Cinquecento an die Künstler in solchem Maaß zu unmittelbarer Nachahmung oder zu teilweiser Verwertung in ihren Werken, wie das Relief der Borghesischen Tänzerinnen, jetzt im Louvre, welches wir am Schluß des Textes abbilden. In dem Bronzerelief für das Grabmal der Familie Chigi in S. Maria del Popolo, einem Auftrag, den Raffael zusammen mit einem Entwurf seinem Schüler Lorenzetto überließ, liegen, wie zuerst Em. Loewy (Archivio Storico dell'Arte II, 2, S. 246; bessere Abbildung im Burlington Magazine IV n° 12) beobachtete, in der Samariterin und einer Frau unter dem Volk sogar in den Maaßen übereinstimmende Copien der beiden letzten Figuren rechts in dem Borghesischen Relief vor. Wiederum die Borghesischen Tänzerinnen verwendete Giovanni da Udine für Stuckreliefs in den Loggien. Etwas freier sind in der Aurora des Casino Rospigliosi von Guido Reni die zweite und dritte Figur von rechts für seine Horen verwertet: ein merkwürdiges Zusammentreffen, da die Wiederholung der zweiten Figur sich auf unserem Relief nun tatsächlich als Hore erwiesen hat, während ihr im Borghesischen Relief diese Bedeutung sicher nicht zukommt. Der Zufall erklärt sich daraus, daß das Borghesische Relief einst in Rom unter der völlig unbegründeten Deutung auf „le Ore" bekannt war. Endlich nennen wir noch eine Bronzenachbildung des ganzen Frieses in Hertford-House (Burlington Magazine IV, n° 11 und 12; Monuments Piot XII, 1905, S. 159), die von einem englischen Kunstgelehrten dem Quattrocento, von Bode dagegen mit mehr Recht französischen Künstlern aus der Zeit Ludwigs XVI. zugeschrieben wird. Mit dem Aufgezählten gebe ich nur einige Beispiele der Nachwirkung dieses Reliefs, wie sie mir gerade zur Hand sind.

Nun halte man einmal unsere Horen und Aglauriden neben das so übermäßig geschätzte Borghesische Relief, namentlich die mittlere Hore neben die entsprechende Gestalt im Louvre, welche am häufigsten in den Nachbildungen wiederkehrt. Auch abgesehen von dem beleidigend schlecht ergänzten Kopf, ist hier die ganze Gestalt wacklig ponderiert, während unsere Hore so sicher in gesunder Kraft einherschreitet; das Gewand dort in schematischen Linien, ich möchte sagen, construiert, während unser Künstler beobachtete, wie dünner Stoff im Winde flattert; der unklar gebaute Körper dort und hier die üppige, in tadellosen Proportionen aufgewachsene Gestalt: kurz in Allem und Jedem ein unbezweifelbarer Vorrang unseres Reliefs. Lorenzetto mag sich nach gut römischer Sitte in den Finger gebissen haben, als er, kurz nachdem die Figuren des Borghesischen Reliefs in den Fries der Chigi-Kapelle übertragen waren, im Palazzo Valle unsere Hore zur Ergänzung in die Hände bekam.

Daß aber diese Hore und die Aglauride rechts, welche ja von bald nach 1520 an ebensogut copiert werden konnten wie die Borghesischen Tänzerinnen, gar keine Wirkung auf die lebende Kunst ausübten, während das weit inferiore Vorbild wie ein Komet einen Schweif von Nachahmungen nach sich zieht, das ist nur dadurch erklärlich, daß gut erhaltene Antiken selbst den

Blick von Künstlern mehr fesseln als Fragmente, und mögen sie auch von zehnmal besseren Werken stammen. Das ist so, ist aber nicht zu entschuldigen.

Seitdem unsere beiden Platten wieder zusammengefunden sind, haben sie vor den Borghesischen Tänzerinnen auch noch den Vorzug einer besseren Erhaltung. Freilich für die lebende Kunst kam die Ergänzung zu spät; umso mehr freuen sich an ihr die Kunsthistoriker und alle diejenigen, für welche die Antike noch nicht gestorben ist.

Friedrich Hauser.

599. Dreiseitige Basis vom Forum Romanum.

Rom, Lateran.

Die ältere Litteratur aufgezählt von Benndorf und Schoene, Die antiken Bildwerke des Lateranensischen Museums n° 323. Lediglich nach Abbildung und Photographie musste ich das Monument behandeln in: Neuattische Reliefs, S. 25. Neue Untersuchungen am Original bietet dagegen Reisch, Griechische Weihgeschenke, S. 92. Erwähnt unter Beigabe einer Umrißzeichnung von Sal. Reinach in Revue des Etudes Grecques 1900, S. 11. Ausführlich besprochen, mit Publication der Seite A B in Zinkdruck, durch Rizzo im Bullettino Comunale 1901, S. 219. Ferner Helbig im Führer² I n° 690; Amelung im Modernen Cicerone, Rom I, S. 348.

Wenden wir den Blick von den soeben behandelten Platten auf die drei Dreifigurenreliefs der vorliegenden Tafel, so meinen wir, wir schauten uns im selben Atelier um. Auch hier je drei Gestalten in einem Rahmen, auch hier Mädchen in derselben Tracht mit dem langen Himation, man möchte sagen, Schwestern der Horen und Aglauriden. Bei näherer Betrachtung stellen sich freilich auch Unterschiede heraus, nicht blos in der Bedeutung, mehr noch in der künstlerischen Ausführung.

Der 0,77 m hohe Block aus pentelischem Marmor in Gestalt einer abgestumpften dreiseitigen Pyramide mit eingeschweiften Seiten, auf welchen die Reliefs sitzen, zierte einst eine vornehme Stätte. Canina weiß im Jahre 1846 zu berichten, daß die Basis bei den letzten Ausgrabungen auf dem Forum zwischen dem Saturntempel und der Säule des Phokas gefunden worden sei. Von dem so umschriebenen Raum, dessen Grundriß jetzt klar vor uns liegt, wird sofort als Standort ausgeschlossen die Strecke des Clivus Capitolinus und der Sacra Via, der Platz des Tiberiusbogens und der Schola Xantha; auszuscheiden ist der Raum vor der Rednerbühne, der für das Publicum freigehalten werden muß. Aber auch das Plätzchen zwischen der Südseite der Rostra und Sacra Via, an das man zunächst denken würde, fällt weg, weil es bei den „letzten Ausgrabungen", deren Stand durch den Plan von Angelini und Fea vom Jahr 1837 (gerade das entscheidende Stückchen reproduciert in Hülsens Forumsbericht 1902—1904, S. 25; Roem. Mitt. 1905) fixiert wird, überhaupt noch nicht freigelegt war. Es bleibt somit als einstiger Aufstellungsort, wenn man nicht mit einer Verschleppung rechnen will, die bei einem Block dieser Dimensionen nicht gerade wahrscheinlich ist, nur der proraförmige Vorsprung der Freitreppe vor dem Saturntempel, und auf diesem der Winkel, den die Treppe mit dem Podest bildet, oder das dreieckige Stückchen, mit welchem der ganze Vorbau in den Clivus einschneidet; und gerade dieser Ort scheint zur Aufstellung eines dreiseitigen Monuments wie geschaffen.

Dazu paßt nun auch vortrefflich die ursprüngliche Bestimmung der Basis, welche erst Reisch erkannt hat. Ihr Grundriß mit den eingeschweiften Seiten und ihre Dimensionen überhaupt entsprechen den Basen von Dreifüßen, welche im vierten Jahrhundert die Choregen siegreicher Phylenchöre in Athen aufstellten. Darum ist anzunehmen, dass diese Basis, an welcher der Charakter der Marmorarbeit gerade ins vierte Jahrhundert weist, einst in Athen für ein solches Siegesdenkmal diente und wohl erst in der Kaiserzeit nach Rom zum Schmuck des Forums übertragen wurde.

Wenn nicht alles täuscht, so wurde bei der Neuaufstellung der einst auf der Basis befindliche Bronzedreifuß, der vielleicht längst vorher schon in den Schmelzofen gewandert war, durch einen Marmordreifuß ersetzt. In den Gängen des Tabularium, wo die älteren Funde vom Forum aufgestapelt liegen, fand ich die Reste eines Marmordreifußes, dessen Format so genau zu unserer Basis stimmt, daß es bei der gemeinsamen Provenienz beider Stücke merkwürdiger wäre, wenn sie nicht zusammengehörten, als wenn sie thatsächlich Bestandteile eines zwar nicht ursprünglichen, so doch einstigen Ganzen bildeten. Meine Messungen an der Basis ergaben: Länge des Bildfelds unten 1,20 m; dazu käme die Breite des Rahmens, welche wir dem oberhalb des Satyrs erhaltenen Stück entsprechend voraussetzen dürfen, also 2×0,06 m, damit ergäbe sich als volle untere Seitenbreite 1,32 m. Aus der Böschung der Seitenflächen läßt sich die obere Seitenlänge auf 1,20 m berechnen. Darnach würde die Höhe des Dreiecks der horizontalen, sehr sorgfältig gekrönelten Anschlußfläche 1,04 m messen. Die entsprechende, am Dreifußfragment genau meßbare Dimension beträgt 1,08 m; dieses

Verlagsanstalt F. Bruckmann A.-G
München 1906.

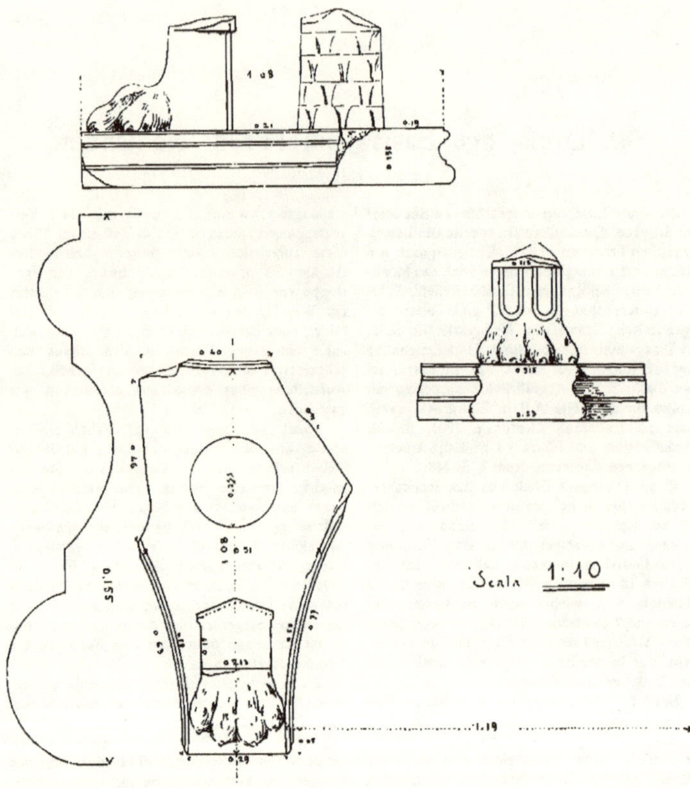

Fig. 1

Maaß würde somit für eine Deckplatte, die vorkragen muß, sehr gut passen, da sie nicht mehr als um 2 cm über die Basis vorspringen würde. Soweit sich nach Verlust der Ecken noch feststellen läßt, entspricht sich auch die Ausbuchtung der Seitenflächen. Zusammengehörigkeit der Dreifußbasis und des Dreifußes darf demnach als sehr wahrscheinlich betrachtet werden.

Die hier, Fig. 1, wiedergegebene Skizze des Dreifußfragments verdanke ich der Gefälligkeit von Herrn Dr. Delbrück, welcher die Aufnahme durch den für ihn beschäftigten Architekten herstellen ließ. Man wird daraus sehen, daß die Gliederung des Dreifußbeines ungefähr einem Dreifuß im Louvre: Bouillon, Musée des Antiques III, Fontaines 11, entspricht; als Mittelstütze diente in unserem Fall ein Palmstamm.

Unterhalb des erhaltenen Basisblocks muß nach Analogie der anderen dreiseitigen Basen, welche ich Neuattische Reliefs, S. 118, aufzählte, noch ein ornamentiertes Stück gefolgt sein, das zugleich die oben nicht ausgearbeitete Bodenleiste für die Figuren enthielt. Unter dem Ganzen noch eine vorspringende Plinthe. Was die ziemlich regelmäßig im Reliefgrund angebrachten, nur wenige Centimeter tiefen Löcher bezwecken, läßt sich nicht sicher feststellen. Vielleicht nahmen sie kurze Metallspitzen auf, welche es den auf dem Forum herumlungernden Quiriten, die sich ohne Zweifel die Sitzgelegenheit der Plinthe nicht entgehen ließen, erschweren sollte, die Reliefs als Rückenlehne zu benützen. Zum Mindesten wäre dies eine weise Maßregel für einen curator operum publicorum gewesen.

Viel mehr aber als der erst aus römischer Kaiserzeit stammende Zusatz eines rein decorativen Marmordreifusses interessiert uns die Basis in ihrer echt griechischen Arbeit. Diese Basis, die man zunächst ohne Grund ara taufte, blieb im Lateran-Museum glücklicherweise von der Hand eines Ergänzers verschont. Aber hier, wo sich ein so erfreulicher Ausnahmefall constatieren läßt, muß nun gerade das Monument dem Meißel eines antiken Vorfahren dieser gefährlichen Kunstverbesserer ausgeliefert worden sein, der sein Instrument so rücksichtslos über den Marmor weggehen ließ, als nur irgend ein moderner Scarpellino! Mühsam haben wir darum zunächst die Handschrift des alten Meisters wieder herzustellen, was uns zum Glück dadurch erleichtert wird, daß sich von sämtlichen Figuren auf der Basis antike Wiederholungen erhielten.

Besonders schwer hat unter der Überarbeitung gelitten die Seite CA und hier namentlich der Satyr. Deutliche Spuren am Original lassen noch erkennen, daß er einst genau dem Satyr auf einem Relief in Mantua (Neuattische Reliefs, S. 51; hier Fig. 2) entsprach, nur daß auf der Basis der Kopf anstatt in reines Profil gedreht, vielmehr in Dreiviertelstellung sich dem Beschauer zuwendet. Der schräg niedergehende linke Arm wurde vom Grund weggemeißelt, und der Steg zwischen dem Bogen, welchen das kaum noch als solches erkennbare Bein des Pantherfells bildet, ist aus seiner Hand herausgearbeitet. Mit dem gleichmäßig gesenkten rechten Arm faßte der Satyr den jetzt fehlenden Zipfel des Fells zugleich mit dem Thyrsos an einer Stelle, wo am Stab noch ein Vorsprung zu bemerken. Als der rechte Unterarm abgebrochen war, meißelte der Restaurator den Bruch ab, so daß jetzt der Oberarm sich in unmöglicher Biegung um den Thorax herumschwingt, und daran setzte er dann lediglich in vertieften Umrissen einen aufwärts gebogenen Unterarm mit geballter Faust. Diese Umrisse können nur dazu dienen, einer bloß in Farben ausgeführten Ergänzung mehr Relief zu geben. Die Wiederherstellung des Monuments erweist sich also in einem Maaße pöbelhaft roh, wie es sich selbst die spätklassische Zeit nicht hätte zu Schulden kommen lassen; so hoch entwickelter künstlerischer Stumpfsinn weist vielmehr auf einen Christen. Dem bot auch der keck hinausstehende Schwanz des Satyrs und sein Spitzohr ein Ärgernis; er hat sie gekappt;

Fig. 2

denn der lustige Kerl sah ja wie der leibhaftige Satan aus.

Lediglich durch die Schuld des Überarbeiters bekam auch die weibliche Figur links ein so unerfreuliches Aussehen; ihre Conturen waren früher lange nicht so mager und dürftig. Der ganze hintere Rand ihres Himation, ebenso der Teil des Mantels, welcher vor dem linken Knie herabhängt, zeigt Brüche, und eine Wiederholung der Figur auf einem Puteal in Marbury-Hall (Neuattische Reliefs S. 28) beweist, dass hier recht viel von der ursprünglichen Ausdehnung des Mantels verloren ging; sie beweist ferner, daß beide Unterarme in die Höhe liefen, um ein in den Mund eingesetztes Flötenpaar zu halten. Flöten und linker Unterarm wurden vom Grund wegrasiert, die Falten am linken Ellenbogen so retouchiert, daß sie für bescheidene Ansprüche Finger darstellen; aus dem Stumpf des Unterarms wurde etwas gemacht, was vielleicht Castagnetten sein sollen. Weil es für die Datierung des ganzen Monuments von Einfluß wäre, müssen wir noch bei einem Détail verweilen. In der Replik auf dem Puteal bläst das Mädchen zwei Flöten von verschiedener Form, eine gerade griechische und eine phrygische mit hornförmiger Schallöffnung. Allein daß es sich bei der genannten Replik nur um eine Variante des Copisten handelt, dessen Verständnis für älteren Stil überhaupt nicht sehr tief ging, das zeigt eine dritte Replik auf dem Fragment eines Marmorkraters im Musée Fol zu Genf (Catalogue I n° 1357). Trotzdem hier von der Figur

Fig. 3

eben nur die Arme mit den zwei geraden griechischen Flöten übrig blieben, läßt sich doch die Identification mit Sicherheit vornehmen, weil auf der Vase noch eine Replik einer Figur von der Basis, die erste Figur von Seite A B wiederkehrt. Am besten wird zur Ergänzung eine vierte Replik auf einer Marmoramphora in Neapel (Neuattische Reliefs, S. 39; hier Fig. 3, nach Museo Borbonico) verwendet, welche ebenfalls die geraden Flöten hält. Das Mädchen der Basis spielt also mit ihren griechischen Doppelflöten auf zum Tanz, den vor ihr ein Satyr mit einer Mänade aufführt. „Mänade" müssen wir diese, sowie alle übrigen Gestalten auf der Basis nennen, weil keine anderen weiblichen Wesen zur Belustigung mit einem Satyr sich herbeilassen. Es ist ein stürmischer, nicht im Mindesten auf Grazie ausgehender Schritt, in welchem diese Mänade tanzt. Die Absicht bei der Haltung ihrer Hände kann nur die sein, sich den Mantel, der sie ebenso dicht verhüllte wie ihre Schwestern, vom Leib zu reißen, und wohin ihre vorwärtsdrängende Haltung zielt, die kommende Pose, sehen wir im Geiste schon vor uns, weil sie des öfteren von anderen Künstlern festgehalten wurde, wie z. B. auf dem Relief der Akropolis (Annali 1862 Tav. N): sie wird mit gestreckten Armen den Mantel hinter ihrem Rücken ausspannen, damit er einen Hintergrund bildet für den in bloßem Chiton, „nackt im Chiton", auf den Zehen steil sich aufrichtenden Körper, den ihr Partner schauen soll. Die Mänade antwortet auf die mimische Frage des Satyrs, der, erschlafft vor Begier, seinerseits das Pantherfell hinter dem Rücken ausspannt, um der Mänade unverhüllt seine derben Glieder darzubieten. Diese Responsion der Gruppe zu erkennen, ist wichtig, weil wir dann sehen, daß bei unserem Künstler die Teile der Gruppe sich wie Frage und Antwort gegenüberstehen, während neuattische Künstler, in deren Répertoire beide Gestalten vereinzelt wiederkehren, eine sinnvolle Gruppe zerrissen haben. Der Tanz, soweit er seinen mimischen Charakter bewahrt hat, ist ja auch heutigentags noch ein Bild der Liebesverfolgung, des Haschens und Fliehens mit dem unausbleiblichen Ende der Hingabe. Satyr und Mänade stehen also am Finale. Ein Détail auf dieser Seite, die eiförmige Bekrönung des Thyrsos, verdankt wohl auch erst dem Überarbeiter seine jetzige Gestalt; ursprünglich wird es ein Büschel von Epheublättern gewesen sein. Die ganz geringe zweite Wiederholung des Satyrs auf einem Puteal im Louvre (Neuattische Reliefs, S. 50) wird uns später doch noch von Wert sein. Von der Mänade aus der Gruppe kenne ich nur eine Replik (Fig. 8) auf einem in der Glyptothek Ny-Carlsberg befindlichen Grabaltar (Fig. 8). Der Verfertiger dieses Altars war ein sehr geschickter Marmorarbeiter aus dem ersten Jahrhundert unserer Zeitrechnung. Aber für das, was an der Mänade auf der Basis groß ist, die Wucht und Leidenschaft ihrer Bewegung, dafür hatte er keinen Sinn; er glaubte die Conturen seines Vorbildes verbessern zu müssen, seine Figur ist auch ganz nett geworden, vom Vorbild aber ging nichts verloren als — die Hauptsache, das Beste an ihm. Ohne die Hilfe dieser Replik wäre ich aber kaum darauf aufmerksam geworden, daß auch die entsprechende Figur auf der Basis einer Überarbeitung unterzogen wurde. Hier verlaufen die Falten zwischen den Knien jetzt ganz unklar. Offenbar waren die kräftig herausgearbeiteten Zickzackränder des Himations gebrochen und wurden nachher übergangen. An dieser Gestalt war mir immer störend gewesen, daß sich Chiton und Himation nicht von einander lösten: die Schuld liegt also nicht am Urheber des Werks.

Die links anstoßende Seite B C hat zwar mehr durch Bruch gelitten, der Restaurator griff aber nur an drei Stellen ein. Der Kopf der mittleren Mänade war so stark beschädigt, daß er ihn ganz neu ausarbeitete und mit einem halbeiförmigen Plättchen in den Grund einsetzte. An der lieblosen Ausführung der Vertiefung, verglichen mit der sorgfältigen Krönelung der oberen Fläche des Blocks, läßt sich mit Sicherheit entscheiden, daß nicht etwa eine vom Urheber vorgenommene Stückung vorliegt. Was man nicht sofort bemerkt, auch die Mänade rechts hat durch Überarbeitung gelitten. Von ihrem linken Ellenbogen aus sich verbreiternd bis zur Schulter und zum Kinn hinauf splitterte eine Marmorschicht ab, und in diese leblose Fläche ritzte dann der Ergänzer planlos ein paar Falten ein. Eine Reliefplatte aus dem Dionysostheater in Athen (Brunn-Bruckmann 600) mit einer erheblich größeren und eine andere in Palermo (Arndt-Amelung, Einzelverkauf n° 567; hier Fig. 4) mit einer in den Maaßen mit unserer Figur übereinstimmenden Wiederholung verhelfen zu einer richtigen Ergänzung. Darnach hob sich der ganze obere Contur des linken Arms von der Schulter ab scharf heraus und die Falten bildeten unterhalb des Arms sehr viel reichere Schattenfurchen. Auch unten an dem hinauswehenden

Fig. 4

Nachbildungen von zwei weiteren Figuren unserer Basis enthält. Auch eine von der Mänade in der Mitte. Diese Gestalt wirkt jetzt von allen Figuren auf der Basis am wenigsten glücklich. Während sonst die Stellung beider Beine stets völlig klar hervortritt, weiß man sich hier die Haltung des rechten Beins und des rechten Fußes nicht zu erklären; auch die Faltenlage in dieser Partie läßt viel zu wünschen übrig. Da nun auf der Vase die verwandte Gestalt dicht hinter ihrem linken Fuß den rechten und zwar voll auftretend gesetzt hat, und da gerade an der entsprechenden Stelle auf der Basis eine unmotivierte Erhebung zu bemerken ist, so hat offenbar auch hier die Unglückshand des Ergänzers eingegriffen; wie im Vasenbild muß im Relief die Tänzerin auf dem voll aufgesetzten rechten Fuß geruht haben, und der linke war, um einen Pas zu beginnen, elastisch auf die Spitze erhoben. Der Vorsprung unter dem jetzigen rechten Fuß ist nichts als ein überarbeiteter Rest des Fußes in seiner ursprünglichen Stellung. Damit wäre nun glücklicherweise das Register der schweren Sünden des Überarbeiters abgeschlossen; gleich störende Eingriffe hat er sich bei den übrigen Figuren nicht erlaubt. — Einen ungemein reizvollen Contur bietet die letzte Figur links auf dieser Seite. Die Tänzerin unterbricht ihren behenden Schritt durch ein plötzliches Anhalten; mit straff gespannten Gliedern richtet sie sich auf, nur die losen Teile ihres Mantels folgen noch dem Wirbel der vorangegangenen Bewegung. Eine recht ähnliche Figur auf einer spätattischen Hydria in Dresden (Arch. Anzeiger 1891, S. 169; nach einer neuen Bause hier Fig. 6), die zu der „Kertscher Vasengruppe" gehört, könnte darauf führen, den Kopf unserer Mänade geneigt, bis zum Nacken im Himation steckend zu ergänzen. Da aber auf einer anderen Vase: Lenormant et Witte, Elite Céramographique IV, 61, eine ebenfalls ver-

Zipfel wurde der ursprüngliche Gang der Falten gestört. Welcher Beliebtheit sich gerade diese Tänzerin im Altertum erfreute, wird nicht nur durch eine weitere Replik in einem athenischen Relief (Svoronos Athener Nationalmuseum, Taf. 32 rechts), als vielmehr dadurch erwiesen, daß auch in ganz andern Monumentengattungen und dazu in zeitlich um Jahrhunderte auseinander liegenden Werken, eben dieselbe Gestalt auftritt. Wir finden sie unter den so häufig und immer so stillos reproducierten Tänzerinnen der sog. Villa des Cicero in Pompeji (Helbig n° 1904 b) frei copiert; sehr viel treuer — was bei einer frühen Copie besonders zu beachten ist — auf einer nur noch in der Abbildung bei Tischbein, Vases d'Hamilton I, 48; (danach Fig. 5) existierenden Vase, die außerdem

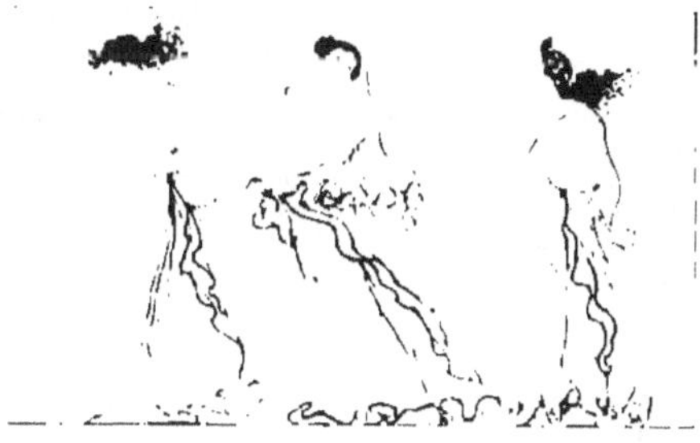

Fig. 5

Fig. 6

wandte Gestalt vorkommt, welche den Kopf in den Nacken sinken läßt, und da, wie wir später zeigen wollen, bei dieser Seite der Künstler auf Symmetrie gehalten hat, so würde ich die Ergänzung entsprechend der zweitgenannten Vase, als zu dem zurückfallenden Kopf der Tänzerin rechts auf dieser Seite besser passend, vorziehen.

Auf der noch zur Besprechung übrigen Seite AB hat eine Figur durch Bruch schwer gelitten, doch tritt auch hier die Tischbeinsche Vase in die Lücke. Der Contur des abgesplitterten linken Arms läßt sich noch deutlich verfolgen, und die Einsenkung des Handgelenks zeigt, daß die Hand mit der Fläche nach oben gedreht war. Aus dem Vasenbild erfahren wir, daß die Mänade denselben Gegenstand in der Linken hielt wie in der Rechten; Tischbein hat sich nur in der Wiedergabe des Attributs versehen, weil Fackeln dieser Form im Altertum nicht vorkommen; vielmehr müssen es, wie sich auf der Basis noch sicher erkennen läßt und wie es durch eine ähnliche Gestalt auf einer anderen Vase (Stackelberg, Gräber der Hellenen, Taf. 24) noch weiter erhärtet wird, Krotala, stabförmige Castagnetten, gewesen sein. Diese werden in Tischbeins Vorbild so plump gezeichnet gewesen sein wie auf der Vase Monumenti Antichi XIV, Taf. 47, woraus sich der Irrtum leicht erklären würde. Die Haltung des Mädchens mit dem für den kleinen Schritt so hoch gehobenen Fuß und das Zurückhängen des Oberkörpers machen deutlich, daß sie rückwärts tanzt, vor den beiden Gestalten weg, die stolz aufgerichtet, wie in feierlicher Procession von links heranschreiten. An der Mänade mit der Lyra stört, daß der Überarbeiter ihre Haare etwas abschliff, so daß nur noch an wenigen Stellen eingravierte Wellen durchscheinen. Unter ihrer Sohle, welche durch ein Versehen nicht bis zur Bodenlinie herabreicht, blieb ein Stück Marmor stehen; es ist unbearbeitet und darf daher nicht, wie geschehen, mit der Sohle zusammen als Kothurn aufgefaßt werden. Der Chiton über ihrer Brust muß, wie einige Reste verraten, ursprünglich reicher modelliert gewesen sein; ihre vortrefflich gebaute linke Hand wurde durch das Abbrechen von drei Fingern entstellt. Auch diese Gestalt scheint im Altertum sehr beliebt gewesen zu sein, nach den zahlreich erhaltenen Wiederholungen zu schließen, während es uns Mühe kostet, einen Grund für die Vorliebe gerade zu dieser, zwar recht hübschen, aber doch gewiß auch nicht hervorragenden Figur zu entdecken. Sie kehrt wieder auf dem schon citierten Puteal in Marbury-Hall, hier als eine der Musen verwendet, welche Paris und Helena ein Hochzeitslied singen; dann auf der Amphora des Sosibios (Brunn-Bruckmann 60) — vorausgesetzt, daß Sosibios überhaupt an etwas dachte — als Mänade gedacht. Eine ganz gering ausgeführte, nur 0,27 m hohe Replik ohne Kopf in meinem Besitz bietet nur dadurch Interesse, daß sie wie die Figuren des Erechtheionfrieses (Brunn-Bruckmann 31—33) als crusta ausgearbeitet ist. Die Biegung der Rückseite in horizontalem und verticalem Sinn läßt erkennen, daß die Applik für einen Krater bestimmt war, mag sie nun auf einen andersfarbigen Grund geheftet oder auch nur als Ergänzung mit ausgeschnittenem Umriß eingesetzt gewesen sein. Endlich noch eine besonders gute, genau in derselben Figurenhöhe von 0,63, wie auf der Basis, ausgeführte Wiederholung [1]), welche in Panderma nahe bei Pergamon zum Vorschein kam. Dieses Relief wird uns später noch sehr wichtige Dienste leisten.

Bei chormässigen Tänzen war es Sitte, daß sich die Teilnehmer am Reigen die Hände reichen oder durch Anfassen am Gewand des Vorausgehenden eine Kette bilden; so auch hier. Aber hier hält die Mänade auf eine ganz be-

[1]) Abgebildet im Archäologischen Anzeiger 1900, S. 19, mit einer Besprechung von Conze. Die kunstgeschichtlichen Schlüsse, welche dort nicht gezogen sind, erörterte Salomon Reinach in: Revue des Etudes Grecques 1900, S. 10, mit guter Abbildung auf pl. I. Unsere Figur 7, nach Photographie von Sebah und Joaillier. Reinach erkannte auch, daß durch diesen und einen andern, in Anm. 2 genannten Fund in Pergamon selbst, meine Hypothese über den Ursprung der neuattischen Kunstrichtung bestätigt werde. Denselben Schluß zog Rizzo a. a. O., S. 240.

sonders delicate Art den Mantelzipfel der Lyraspielerin fest; nicht etwa mit voller Hand greift sie in die Falten hinein, sondern sie streckt ihre Finger gerade aus und klemmt das Kleid nur zwischen die Spitzen von Zeige- und Mittelfinger fest. Es ist ein feierliches, stolzes Einherschreiten, das diese Gestalt auszeichnet, eine natürliche Vornehmheit, welche den hochmütig steifen Nacken nicht braucht, um zu imponieren; zwanglos dreht sie ihr königlich auf dem Halse sitzendes Haupt. Unter Verlust aller ihrer Reize kehrt diese Mänade wieder auf dem Puteal im Louvre und weniger herabgewürdigt auf dem ebenfalls schon erwähnten Kraterfragment in Genf; endlich als ausgeschnittene Figur im Palazzo Braschi in Rom (Neuattische Reliefs, S. 51 u. Rizzo a. a. O., S. 224).

Überblicken wir nun die Decoration als Ganzes, so fanden wir auf Seite AB das processionsartige Aufziehen zum Tanz, auf BC den Wirbel des Tanzes, auf CA das Finale. Außerdem verrät aber auch die Anordnung der Gestalten auf den drei Seiten der Basis unter sich eine Responsion. Man ergänze nur die Mänade rechts auf Seite BC in ihrem ursprünglichen Aussehen, mit der scharf heraustretenden schrägen Linie des linken Armes — und diese Ergänzung ist für den Eindruck unerläßlich —, dann wird man bemerken, daß diesem Zug auf der andern Seite in gleicher Bildhöhe die genau in derselben Schräge und Ausdehnung verlaufende Gerade entspricht, welche durch den rechten Arm der ersten Mänade gezogen wird. Das symmetrische Einsetzen dieser beiden Linien kann um so weniger auf Zufall beruhen, als auch die Schulterlinien der Mittelfigur sich völlig gleichmäßig zur senkrechten Achse stellen, und weil endlich noch die Beine beider Figuren außen in genau entsprechenden Winkeln auf die Bodenlinie herabführen. In diesen Linien waltet kein Zufall. Wenn sie den Eindruck der Symmetrie dem Beschauer auch nicht aufdrängen, so kann doch ein feinfühliges Auge über die Responsion nicht wegsehen. Die beiden anderen Seiten wurden nicht symmetrisch eingeteilt, wohl aber entsprechen sie sich untereinander. Von der Ecke C aus folgt beidemale zunächst eine Gruppe zweier Figuren, weiterhin je eine isolierte Gestalt. Also eine klare, vom Künstler gewollte Disposition, ein recht scharfer Gegensatz zu den zusammenhangslosen Figurenreihen der gewöhnlichen neuattischen Werke, deren Urheber Figur an Figur schließen ohne Berechnung, wie ein Blinder die Lottonummern aus dem Sack zieht. So feine Berechnung läßt sich mit hierher und dorther geborgtem Gut nicht durchführen; wir haben demnach von vornherein allen Grund zu der Annahme, daß die Gestalten für unsere Basis neu erfunden sind.

Das Aufzählen all der vielen Wiederholungen der einzelnen Figuren auf der Basis mag ermüdend gewesen sein, aber es brachte nicht nur den Vorteil, die zerstörten Partien wenigstens für unsere Phantasie wieder zu ergänzen, sondern es gab uns auch einen Eindruck von der weitreichenden Wirkung dieser Erfindungen. Und wenn gerade die neuattischen Künstler, denen man, so tief sie als künstlerische Potenzen stehen, genaue Kenntnis der Werke aus der großen Vergangenheit der griechischen Kunst nicht abstreiten kann, wenn gerade sie immer und immer wieder diese Tänzerinnen und diese schreitenden Frauen wiederholen, so giebt ihre Vorliebe eine Garantie dafür, daß zum Mindesten das, was jene Kenner auf diesem Gebiet für die vollendetsten Leistungen ansahen, uns in ihren Copien erhalten blieb. Ein Grund, die Richtigkeit ihres Urteils anzuzweifeln, liegt nicht vor. Aber zwei der aufgezählten Copien verhelfen nun auch noch dazu, um die Frage, ob die Basis ein Originalwerk ist, zu entscheiden.

Wir fanden in Kleinasien eine genaue, selbst in den Maaßen übereinstimmende Replik der Lyraspielerin (Fig. 7); fanden in Palermo eine gleich große Replik der Tänzerin rechts auf Seite BC (Fig. 4). Es bleibt somit nur die Alternative, daß entweder der Künstler, dem wir die Basis verdanken, sklavisch ein Original copierte, aus welchem auch die genannten beiden Reliefs schöpfen, oder daß unsere Basis selbst das Original sein muß, von welchem jene vereinzelten Figuren der genannten Reliefs entnommen sind. Eine dritte Möglichkeit existiert nicht. Denn selbst für den Fall, daß die erste Erfindung dieser Mänaden der Malerei gehören sollte, so würde die bis ins Einzelne gehende Übereinstimmung der Reliefs mit der Basis erweisen, daß die jüngeren Wiederholungen nicht von dem supponierten Gemälde selbst, sondern von dessen erster Übertragung in die Plastik abhängen.

Um ihn hiervon zu überzeugen, können wir dem Leser eine minutiöse Vergleichung der lyraspielenden Mänade auf der Basis mit dem Relief aus Panderma nicht ersparen. Der Himationzipfel, welcher von der Schulter wegflattert und in dessen Gestaltung die isolierte Figur ihrem Original offenbar nicht vollständig folgen konnte, läßt von dem Meister aus Panderma nicht allzuviel eigene Gestaltungskraft voraussetzen; denn dieses Stückchen Stoff ist recht dürftig modelliert. Nur an zwei Stellen suchte er korrekter zu sein als unser Künstler: die langen parallelen Faltenzüge unterhalb der Lyra, die an der Basis durch eine Nachlässigkeit des

Fig. 7

Künstlers keineswegs auf die linke Schulter hinzielen, von der sie doch herabfallen, hat der Meister von Panderma oben wenigstens etwas in die nötige Richtung umgebogen; die von der Lyra herabhängende Tänie ließ er nicht in so ungebrochen geraden Linien herabhängen. Auf der Basis wurden diese Partien von ihrem Urheber, der nicht an Einzelheiten haftet, gleichgiltig behandelt, gerade so wie in den Reliefs von Mantinea (Brunn-Bruckmann 468) die Chitonfalten über den Füßen in allzu parallelen Strichen hingehauen sind und wie es deren Verfertiger nicht daraufankam, unter dem linken Arm der sitzenden Muse gelegentlich einmal auch ein paar geschwindelte Falten einzustreuen. Durch die Verbesserungen solcher Stellen erweist sich der Meister von Panderma nicht als der größere Künstler, sondern als der pünktlichere Mann, der für das Geringste Zeit hat. Den Vorrang, den sein Werk in der Modellierung des Chitons über der rechten Brust aufweist, verdankt er lediglich dem vom Ergänzer der Basis vorgenommenen Abschleifen dieser Stelle. Abgesehen von den genannten Punkten aber entsprechen sich die Lyraspielerinnen Falte für Falte, Fältchen für Fältchen. Nur werden auf dem Relief von Panderma Züge, welche auf der Basis als kaum fühlbare Schwellungen hervortreten, klar und mit voller Schärfe eingesetzt: ein Fehler, in den Copisten so leicht verfallen. Jedenfalls, wenn die Lateranbasis nicht als Prototyp zu betrachten ist, müßte ihr Urheber mit peinlichster Genauigkeit das auch vom Meister des Panderma-Reliefs copierte Original reproduciert haben. Daß der Totaleindruck der Repliken sich nicht gleich kommt, rührt davon her, daß auf dem Relief von Panderma vor allem über den stetigen Fluß der Linien gewacht wird; hier ist alles bis zum letzten Marmorkörnchen klipp und klar herausgearbeitet, während der Meister der Basis mit seinem Meißel zwar sehr gewandt, aber ohne Pedanterie in den Stein hineingeht.

So ziemlich alle Archäologen, welche die Basis im Lateran selbst gesehen haben, sind sich einig darüber, daß eine solche Marmorarbeit aus keiner jüngeren Periode stammt, als aus dem vierten Jahrhundert. Und zwar handelt es sich bei der Basis nicht etwa um ein Werk, das man zur Not eines solchen, an sich schon Lob einschließenden chronologischen Ansatzes gerade noch für würdig erachten könnte; sondern an den Stellen, wo die Oberfläche intact blieb, wie am Rücken des Satyrs, in der Stoffbehandlung an der Mänade hinter der Leierspielerin, entzückt uns eine Gewandheit, Frische und Leichtigkeit der Meißelführung, der gegenüber selbst die Reliefs von Mantinea (Brunn-Bruckmann 468) recht fühlbar abfallen. Ein Détail, wie das in langgezogenen Strähnen gegliederte üppige Haar des Satyrs erinnert lebhaft an den Marsyas von Mantinea. Wie aber in der Epoche des Praxiteles copiert wurde, das wissen wir. So wenig das Gefühl für künstlerisches Eigentumsrecht im Altertum entwickelt war und so wenig sich die Künstler scheuten, die Leistungen ihrer Vorgänger in einer für modernes Empfinden ganz unzulässigen Weise zu verwerten, ebenso wenig entäußern sie sich selbst dann, wenn wirklich nichts weiter als eine Copie gegeben werden soll, ihrer eigenen, vom St[illegible]les Vorbildes abweichenden Formenbehandlu[illegible]g. Eine Copie aus dem vierten Jahrhundert, die Falte um Falte das Original nachbilden würde, kennen wir nicht. Für solch mechanisches Copieren mußte der Boden erst geschaffen werden durch das Erwachen kunsthistorischer Studien, deren Pflege im dritten Jahrhundert zu Pergamon begann. Hier handelt es sich um eine auch in der neueren Kunst zu beobachtende Erscheinung. Mit welch blinden Augen Renaissancekünstler einen ausgestorbenen Stil anschauen, erkennen wir aus der Laokooncopie des Baccio Bandinelli. Und wie tief diese Blindheit sitzt, erweist sich dadurch, daß sie keineswegs etwa gleich mit dem Einsetzen der kunsthistorischen Betrachtungsweise weicht. Beweis hiefür die Abbildungen in Winckelmanns Werken, welche den Verfasser selbst vollständig befriedigten; Beweis ferner einige in Pergamon gefundene Copien, die sich keineswegs durch hervorragende Treue auszeichnen. In diesem aus so verschiedenen Perioden belegten Verhalten der Kunst zu den Schöpfungen längst vergangener Zeiten manifestiert sich ein Gesetz, dessen Walten auch in einem Werk des vierten vorchristlichen Jahrhunderts, nämlich unserer Basis, zu Tage treten müßte. Für diese frühe Zeit ist eine sklavische Copie ausgeschlossen, wie sie erst Meister liefern können, denen kunsthistorische Betrachtungsweise in Fleisch und Blut überging. Daraus gewinnen wir die Überzeugung, daß hinter dem Werk unseres Bildhauers nicht ein plastisches Vorbild liegen kann, das die peinliche Übereinstimmung zwischen ihm und dem Meister von Panderma erklärte. Dieser letztere steht zwar am Anfang der unglücklicherweise so genannten neuattischen Kunstrichtung, aber nicht am Anfang der retrospectiven Kunstbetrachtungsweise; er mag etwa in der Zeit des königlichen Dilettanten von Pergamon, Attalos III., der selbst sich im Modellieren versuchte, gelebt haben. Und sein Vorbild war die Basis im Lateran.

So treues Copieren, wie es das Relief von Panderma bekundet, läßt sich nur Angesichts des Originales oder höchstens noch mit Hilfe von Abgüssen bewerkstelligen. Die Platte kommt aus dem Studio eines geschulten Marmorarbeiters, nicht eines beliebigen Scarpellino von der Provinz, und ein Meister aus der Gegend von Panderma ging doch wohl in der nächsten Kunstmetropole, in Pergamon, in die Schule. Ich glaube Grund zu der Annahme zu haben, daß er in der Attalidenresidenz das Original selbst benützen konnte. Das schon erwähnte Puteal im Louvre, geringes Machwerk eines aus dritter oder vierter Hand schöpfenden Copisten, vereinigt in seinem Fries tanzender Bakchanten nicht nur zwei Gestalten von unserer Basis, die wir genannt haben, sondern auch die Copie einer Tänzerin, deren Vorbild vor wenigen Jahren in Pergamon selbst zum Vorschein kam[1]). Es wird also die Vermutung, daß auch die anderen Bestandteile seines Werks, die der Lateran-Basis entsprechenden, sich ebenfalls im Original zu Pergamon befanden, dadurch unterstützt, daß die beste Copie von dieser Basis nahe bei Pergamon gefunden wurde. Die Basis müßte demnach, bevor sie auf dem Forum aufgestellt wurde, durch die Kunstsammlungen der Attaliden gegangen sein. In Pergamon wird man aber den Namen des Meisters der Basis gekannt haben. Die pergamenischen Könige, die aus dem Vollen schöpfen konnten, sammelten nicht namenlose Kunstwerke, sondern gut klingende Meisternamen.

Mit unserem ersten Eindruck, daß eine enge Stilverwandtschaft zwischen Horen und Aglauriden einerseits und den Mänaden der Basis andererseits besteht, fühlen wir uns nicht allein. Auch ein antiker Künstler gab schon dieser Ansicht einen Ausdruck. Die zwei Platten mit je einer Tänzerin aus dem Dionysostheater in Athen (Neuattische Reliefs, S. 43; hier Taf. 600), die, wenn sie auch nicht geradezu von einer und derselben Basis stammen, wie Reisch annimmt, so doch sicher zur selben Decoration gehören, copieren vergrößert die Tänzerin rechts auf Seite BC der Basis und, mit leichten Variationen, die vorderste der Aglauriden. Alle diese Gestalten scheinen also in der That Schwestern zu sein, die vom gleichen Vater, vom gleichen Künstler als Urheber abstammen. Manche Détails in der Formenbehandlung weisen darauf hin. Ein Beispiel, das schlagend wirkt, wird genügen. Man vergleiche das Gewand über den Beinen der Aglauride links mit den entsprechenden Teilen der ersten Mänade auf Seite AB. Unten schließt das Himation mit einer straff gespannten Falte ab; darüber sitzt ein Dreieck mit einwärts geschweiften Seiten, dessen rechte Seite sich weiter nach oben fortsetzt; den Contur der linken Wade begleiten zwei Falten; über dem rechten Fuß bläht sich der Rand des Chitons in die Höhe: eine so vollständige Übereinstimmung erklärt sich nur durch Einheit der modellierenden Hand oder wenigstens Einheit der Schulung. Unterschiede zwischen beiden Werken bestehen; einmal natürlich in der Art der Marmorausführung, die — man mache sich die Weite der Distanz klar — zeitlich ungefähr ebensofern auseinanderliegen wie ein Bild der Brüder van Eyck und eine heutigentags angefertigte Copie desselben. Sodann bemerken wir in den Gewändern auf Taf. 598 eine größere Fülle von Détails als auf Taf. 599. Die Erfahrung, welche wir mit der Copie aus Panderma machten, könnte allerdings den Verdacht wecken, daß auch hier der Copist Faltenzüge, die im Original kaum angedeutet, in voller Kraft ausgedrückt und damit die Modellierung an manchen Stellen habe überreich werden

[1]) Abgebildet in: Antike Denkmäler II, 35, mit Text von Conze, welcher abermals die kunstgeschichtliche Bedeutung des Fundes nicht erkannte. Diese wurde von mir festgestellt im Archäologischen Anzeiger 1898, S. 199.

lassen. Ich glaube aber, der Hauptgrund für den Unterschied liegt darin, daß Horen und Aglauriden von vornherein für Bronzeausführung berechnet waren. Davon erhielt sich noch ein deutliches Anzeichen; denn wie in Bronzen begleiten hier geritzte Linien die Kleidsäume; auch daß die Liegefalten hier eingegraben und nicht wie sonst erhaben wiedergegeben sind, erklärt sich aus demselben Grund. Die Mänaden bewahren den Charakter der Marmorarbeit reiner, und doch scheinen auch sie in geringerem Maaße als die Musen von Mantinea für die weichen Abstufungen und die verschwimmenden Umrisse des Marmorreliefs geschaffen. Es ist auf unserer Basis trotz dem hohen Relief, bei dem sogar einige Glieder frei heraustreten, weniger Rundung, eine weniger reiche Abstufung der Pläne innerhalb einer Figur zu finden. Daraus könnte man auf ein im Verhältnis zu den Musen höheres Altertum schließen wollen, zumal da bei den Mänaden der Gewandstoff in dem durch seine Textur bedingten Fall nicht so treu der Natur entsprechend wiedergegeben ist, als an den Reliefs von Mantinea. Allein die Mänaden lassen sich nicht erheblich vor Horen und Aglauriden rücken, die, wie wir sahen, ihrer Haarbehandlung wegen höchstens mit den spätesten Werken des Praxiteles zusammengehen. Und dann beachte man auf der Basis etwas wie den Contur der ersten Mänade auf Seite AB und der ersten auf BC. Wie weit ab liegt eine solch geradezu raffinierte Eleganz der Linie von den zahmen Umrissen auf den Musenreliefs. Nicht nur weit ab, sondern auch weit in der Entwicklung über sie hinaus. Wir müssen also notwendig den Schluß ziehen, daß ein Künstler der zweiten Hälfte des vierten Jahrhunderts den freilich etwas unwahren, aber so ungemein wirkungsvollen Gewandstil aus dem letzten Drittel des fünften Jahrhunderts wieder hervorgesucht hat. Er mochte zu der Einsicht gekommen sein, wie trefflich dieser Stil sich gerade für isoliert auf den glatten Reliefgrund verteilte Figuren eignet, welche in erster Linie durch ihren Contur zu wirken haben.

Die Frauengestalten auf der Basis nannten wir Mänaden, und diese Bezeichnung hat ihr volles Recht. Doch muß dabei auffallen, in wie so ganz anderer Weise unsere Mänaden ihrem Gott huldigen als die Mänaden des fünften Jahrhunderts. Keinen Panther und keine Schlange, kein zerrissenes Böckchen sehen wir, selbst das Tympanon fehlt und gar das sonst ständige Attribut des Thyrsos. Wäre der Satyr nicht da, so hätten wir überhaupt nicht bemerkt, daß das Gefolge des Dionysos gemeint ist; ohne ihn hätten wir einfach gesagt: tanzende Frauen, Frauen des täglichen Lebens bei festlichem Tanz. Nun existiert ein antiker Namen für die nichtmythischen Verehrerinnen des Dionysos, der Name Thyiaden, der in uncorrecter Ausdrucksweise zuweilen auch für das mythische Gefolge des Gottes angewandt wurde. Antike Kunstgelehrte kannten Darstellungen von Thyiaden, und solche werden unter den Werken des Praxiteles in einem Atem mit Maenades, Caryatides und Sileni (Plinius 36, 23) aufgezählt: et quas Thyiadas vocant; also ein terminus technicus wie Caryatides. Die Erklärung scheint mir auf der Hand zu liegen, daß mit Thyiades als terminus für Kunstdarstellungen Verehrerinnen des Dionysos gemeint sind, welche das wild orgiastische Wesen der Mänaden abstreiften, die Attribute der Bakchai ablegten und ganz wie irdische, dem Dionysos huldigende Frauen ausschauen, auf welche allein ursprünglich diese Bezeichnung gemünzt war. Die Mänaden unserer Basis hätte Plinius demnach Thyiadas genannt. Wenn wir uns aber eine Vorstellung von den Thyiaden des Praxiteles machen wollen, so können wir an keinem Monument eine geeignetere Stütze für unsere Phantasie finden als an dieser Basis.

Wer auch die Basis im Lateran und das Vorbild von Horen und Aglauriden geschaffen haben mag: daß sich dieser Künstler durch Schöpfungen der Maler des fünften Jahrhunderts beeinflussen ließ, das steht fest. Und das kann uns ja auch nicht Wunder nehmen; denn in der Ausgestaltung der künstlerischen Typen bricht bei den Griechen der Faden nie ab. Ein Aryballos im Louvre (Monuments grecs II, 1890, pl. 10) belegt schon für das fünfte Jahrhundert die Existenz von ganz ähnlichen Tänzerinnen wie den unsrigen, auch hier mit eng umgewickeltem Himation, das den Contur der Beine klar hervortreten läßt. Selbst auf einem Gefäß aus der Zeit um 440, dem schönen polychromen Krater im Museo Gregoriano (Reisch bei Helbig, Führer², S. 309), finden wir unter den Nymphen der Rückseite eine Gestalt, die uns von den Aglauriden her recht bekannt vorkommt. Nur hätten wir darnach zwar Anklänge an älteres Gut, nicht aber Nachbildungen, unselbständiges Copieren von Seiten unseres Künstlers zu constatieren.

Wenn jedoch jene Tischbeinsche Vase, aus welcher wir zur Ergänzung der Basis so viel Nutzen zogen, mit Recht ins fünfte Jahrhundert gesetzt wäre, dann hätte unser Meister überhaupt nichts weiter getan, als Schöpfungen der Malerei aus älterer Zeit ins Relief übertragen. Allein ich kann mich von der Richtigkeit der Datierung dieser Vase nicht überzeugen, eine Datierung, die auf sehr unsicherem Boden ruht, da sie sich nicht auf das Original, welches unterging, stützen kann, sondern nur auf die manierierte Tischbeinsche Zeichnung. Zwei Züge im Bild, die sicher nicht auf Interpolation beruhen, scheinen mir die Vase einer jüngeren Gattung zuzuweisen. Zwischen der zweiten und dritten Tänzerin bemerkt man den Umriß einer Traube: solche Zusätze passen viel weniger zu einer attischen als zu einer unteritalischen Malerei. Sodann beachte man, daß die Mänaden Schuhe tragen; dieser Bestandteil der Tracht des täglichen Lebens dringt erst im vierten Jahrhundert in die Darstellung mythischer Gestalten ein. Praxiteles kann sich selbst die Musen nicht ohne warme Schuhe vorstellen. Nach diesen Merkmalen vermute ich, daß die stillose Zeichnung eine unteritalische Vase, wie bei Tischbein üblich, verschönert, somit eine Malerei wiedergiebt, die sehr wohl ihrerseits, natürlich nur indirect, von unserer Basis beeinflußt sein kann.

Wäre das Vasenbild wirklich älter als die Sculptur, so würde sich der Bildhauer als ein von älteren Leistungen abhängiger Copist documentieren, und dann bliebe unerklärt, weshalb sein Werk nicht nur von den alten Künstlern, sondern auch von den Herren der alten Welt so hoch geschätzt war, daß es in Pergamon Nachbildung hervorrufen konnte und im Centrum Roms einen Ehrenplatz erhielt. Und auch das Werk selbst sagte uns, daß sein Schöpfer nicht hier und dort fremdes Gut auflas, wenn doch das Ganze wie aus einem Guß geschaffen dasteht. Jedenfalls besitzen wir in der Basis des Lateranmuseums nun wirklich einmal ein Vorbild neuattischer Reliefs.

Da uns die Gefälligkeit des Stifters der Glyptothek Ny-Carlsberg, des Herrn Dr. Jacobsen, in den Stand setzt, Abbildungen von sämtlichen vier Seiten der oben kurz herangezogenen Ara der Vibia Pythias vorzulegen, so wollen wir dieses anziehende Werk noch etwas genauer betrachten, zumal da seine kürzlich erfolgte Publication bei Altmann, Die römischen Grabaltäre, Fig. 205, vergl. S. 273, sich auf die Hauptseite beschränkt.

Der Altar war von einem Vibius Lynx, dessen Vorname verloren, auf das Grab seiner Frau Vibia Pythias gestiftet; hinten an dem giebelförmigen Teil des Altarpolsters wird man das D(is) M(anibus) noch entziffern (Fig. 9). Nach freundlicher Mitteilung von Prof. Hülsen erlaubt die Buchstabenform keine engere zeitliche Umgrenzung als das erste Jahrhundert u. Z. Nicht ringsum ist der Altar mit gleicher Sorgfalt behandelt, sondern die Seite mit D. M. erspart sich nicht nur die Mühe eines tiefherausgearbeiteten Reliefs, sondern auch die tektonischen Glieder springen hier nicht so kräftig vor wie vorn, rechts und links; das Ablaufglied unten war mit einem besondern Plättchen angestückt. Gerade durch den Gegensatz dieser etwas stiefmütterlich behandelten Rückseite zu den drei Hauptansichten gewinnt das graziöse Werk aber ein besonderes Interesse für die Beurteilung dieser Gattung von Künstlern.

Das starke künstlerische Empfinden, mit dem Wickhoff als erster an die Betrachtung römischer Schöpfungen herantrat, hat mit der werbenden Kraft eines neuen Gedankens vielfach die Anschauung befestigt, als sei das „Zurückführen“ römischer Kunstwerke auf griechische Vorbilder nichts als eine Marotte der Archäologen; dem unbestreitbar hohen technischen Können der Künstler römischer Zeit glaubte man als Correlat schöpferische Kraft gegenüberstellen zu müssen. Zum Mindesten für den einzelnen Fall giebt aber dieser Altar einen recht sicheren Standpunkt für die entgegengesetzte Beurteilung ab. Denn für die drei Hauptseiten läßt sich die Benutzung älterer Vorbilder Figur für Figur auch dem Widerspruch des ungläubigsten Thomas gegenüber sicher erweisen; nur in der Decoration der Rückseite des Altars steht der Künstler auf eigenen Füßen, und da sehen wir einmal, wie weit er damit kommt.

Den Grad der Selbständigkeit in der Tänzerin rechts auf der Frontseite (Fig. 8) konnten wir bereits nach Maaßgabe der entsprechenden Gestalt auf der Lateranbasis genau abmessen. Das Mädchen in der Mitte ist ebenfalls eine alte Bekannte von uns: wir fanden sie im Reigen der Borghesischen Tänzerinnen. Ja nicht einmal die kleine Variante, daß das rechte Bein nackt aus dem Gewand heraustritt, können wir dem Künstler der Ara lassen; denn dieselbe Änderung kehrt

Fig. 8

Fig. 9

wieder auf einem Krater im Camposanto zu Pisa (Neuattische Reliefs, S. 15), dessen Abhängigkeit von der Ara zu erweisen schwer fallen dürfte. Ebenso hilflos, wie die Tänzerin auf der Ara, nachdem sie aus der Reigenkette gelöst wurde, mit kerzengrad gespreizten Fingern vor uns steht, so hilflos sehen wir den Künstler vor uns, wenn es sich auch nur darum handelt, sein Vorbild in das neue Ganze zu verweben. Selbst die dritte Figur links überrascht uns nicht: sie begegnet ganz ähnlich auf zwei neuattischen Reliefs, Mädchen, welche eine Kuh zum Opfer ziehen (Brunn-Bruckmann 342) in deutlichem Anklang an die Nikebalustrade, und wie wenig dieser Anklang auf Zufall beruht, erhellt daraus, daß an dem Mädchen auf der Ara die Anordnung des Himations zwischen den Beinen dem Vorbild auf der Balustrade sogar näher kommt als auf dem verglichenen Relief. Überhaupt dürfte sich aus der ganzen antiken Kunst kaum ein anderes Werk finden lassen, welchem die Modellierung dieser Seite der Pythiasara näher stünde als gerade die Balustrade (Brunn-Bruckmann 34, 35). So in der zierlichen Gestalt der Füße mit ihrer unterhalb vom Rist hochgewölbten Sohle; so namentlich in der Gewandbehandlung, welche keine ruhigen Gegensätze von Licht und Schatten sucht, vielmehr die Lichtpunkte absichtlich isoliert. Dieses Glitzern ist beabsichtigt; die Figuren sollen unruhig, wie in vibrierender Bewegung, wirken.

Die Mänade auf der rechten Nebenseite (Fig. 11) entspricht besser als irgend ein anderes erhaltenes Werk der Beschreibung, welche Kallistratos von der Mänade des Skopas giebt; besser als die Statuette in Dresden, und zwar nicht bloß, weil hier das Zicklein und das Schlachtmesser tatsächlich vorhanden sind, sondern weil hier wirklich das Haar im Winde flattert, so wie es in jener rhetorischen Beschreibung gezeichnet wird.

Der Satyr links von der Hauptseite (Fig. 10) ist eine gar oft wiederholte Gestalt; schon Neuattische Reliefs, S. 90, zu n° 8, zählte ich Repliken auf, zu denen man jetzt noch Furtwängler, Gemmen I, Taf. 41, n° 26–29 und II, 196, hinzunehmen mag. Man kann aber nicht sagen, daß der Satyr auf der Ara sich gerade besonders vorteilhaft präsentiert. Während er sonst mit dem Oberkörper zurückhängt und seinen Kopf in den Nacken sinken läßt, so büßte er hier durch das Neigen des Haupts und das Vorwärtshängen des ganzen Körpers all seinen Schwung ein. Und warum opfert unser Meister die ganze Kraft dieses tollen Satyrs? Nur, um ja nicht gegen die Schulregel zu sündigen, daß die Hauptmasse der Figur in die Mittelaxe des Bildfelds gehört. Hübsch wirkt die Ausführung im Einzelnen, namentlich die struppigen Haare, welche geradezu an den feinen Cameo bei Furtwängler, Taf. 52, n° 2, erinnern.

Hier kam der Bildhauer mit seinen klassischen Vorbildern zu Rande; sonst hätte er nicht auf der Rückseite (Fig. 9) eine Gestalt von vorn, nur in dürftigerer Ausführung, wiederholt. Unter die beiden noch übrigen Figuren durfte er zwar mit gutem Gewissen schreiben „ipse fecit", aber stolz konnte er auf sein eigenstes Product nicht sein. Beide Gestalten bewegen sich akademisch banal, erschreckend banal, und dann stören an der mittleren Mänade sonderbare Verstösse in der Gewandung. Den kunstmythologischen Ver-

Fig. 10

Fig. 11

stoß eines kurzen Chitons unter dem Himation für eine Mänade lassen wir hingehen, aber die schamlos geschwindelte Gewandfalte, welche zwischen den Beinen herabhängt, läßt sich nicht vergeben.

Als Bildhauer steht unser Meister mit der Verve seines Meißels unter seinen neuattischen Genossen groß da; aber wo ihn der Lorbeer des erfindenden Künstlers lockt, bei dem an sich so löblichen Bestreben, die allzu oft abgeklatschten Vorbilder einmal bei Seite zu lassen, gerade da verrät er seine Impotenz. Für diese Leute gab es keine Rettung als die exemplaria graeca; wir brauchen sie nicht als Opfer eines übergebildeten Publicums zu bedauern. Selbst uns sagt, auch alle archäologischen Interessen bei Seite geschoben, jenes Ragoût aus klassischen Brocken noch eher zu, als ein so erfolgloses Ringen nach Selbstständigkeit.

Friedrich Hauser.

600. Zwei Reliefplatten aus dem Dionysostheater.

Athen, Nationalmuseum.

Kavvadias n° 259, 260. Sybel n° 311, 312. Friederichs-Wolters n° 1878, 1879. Fundbericht von Rhusopulos in der 'Εφημερὶς 'Αρχαιολογική 1862, S. 135. Hauser, Neuattische Reliefs, S. 43, 179. Reisch, Griechische Weihgeschenke, S. 97. Rizzo im Bullettino Comunale 1901, S. 236. Weitere Litteratur in den citierten Werken. Neue Abbildung: Svoronos, Athener Nationalmuseum, Taf. 32 (zu welcher der Text noch nicht erschienen).

Mit diesen beiden Reliefs beschäftigten wir uns schon im Text zur vorigen Tafel und bemerkten, daß ihr Urheber sowohl von der Lateranbasis als vom Vorbild der Aglauriden Anleihen erhob. Daß für diese Tänzerinnen, wenigstens was ihre Erfindung betrifft, das Gleiche gilt wie für die genannten anderen Werke, macht schon der erste Blick klar. Ebenso ist durch die Basis im Lateran die Deutung der beiden Frauengestalten als Thyiaden gegeben. Es kann nur noch die Frage sein, wann die Exemplare selbst ausgeführt wurden und in welchem decorativen Zusammenhang die Platten ursprünglich standen.

Auf die letztere Frage vermögen wir leider keine definitive Antwort zu geben; es muß genügen, verschiedene Möglichkeiten ihrer Verwendung zu erörtern. Beide Stücke wurden im Jahre 1862 bei den Ausgrabungen des Dionysostheaters in Athen gefunden, und zwar die Platte rechts auf unserer Tafel nahe bei dem östlichen Vorsprung des Bühnengebäudes in dem Gang der Parodos. Für das Gegenstück liegt nur die Angabe vor, daß auch sie im Dionysostheater zum Vorschein kam. Eine fragmentierte dritte Platte, welche Reisch als zugehörig betrachtet, trotzdem er nicht die gleiche Provenienz nachweisen kann, und die bei Svoronos auf derselben Tafel abgebildet ist, müssen wir dagegen aus diesem Zusammenhang ausschließen, nicht sowohl wegen der von Reisch selbst genannten Differenzen in den Maaßen der Concavität oder weil sie unten mit einem Sockel versehen ist, der an den anderen Reliefs nicht vorhanden, sondern weil sie genau die gleiche Figur darstellt, welche auch die Platte links enthält. Da der Vorrat an antiken Darstellungen von Tänzerinnen, wie wir sahen, nicht zu karg bemessen ist, könnte ich auch dem ungeschicktesten Bildhauer nicht zutrauen, daß er unter drei Mänaden zweimal das gleiche Modell wiederholt. Mit dem Wegfall des dritten Stücks verliert aber der Vorschlag von Reisch seine überzeugende Kraft, nach welchem die Platten in die drei Seiten einer Basis vom Grundriss derjenigen im Lateran, nur von viel beträchtlicherer Höhe, eingelassen gewesen sein sollen.

Bei Platten mit geschweifter Grundfläche, die in einem Theater ausgegraben wurden, liegt kein Gedanke näher, als daß sie irgendwo zur Verzierung der Ringe des Zuschauerraums verwendet waren. Geht man aber weiter und fragt nach der Stelle, wo im Koilon sie gesessen haben könnten, so erweist sich die Durchführung dieses Gedankens keineswegs als ganz glatt. Die Platten, welche allseitig Anschlußflächen mit Klammerspuren zeigen, messen an sich schon 1,12 m, wozu also mindestens noch ein krönendes Glied zu rechnen wäre, was eine Gesamthöhe von circa 1,25 m ergiebt. Mit dieser Höhe würden sie an jeder Stelle des Koilon den zunächst hinter ihnen sitzenden Zuschauern die Aussicht verdecken. Denkbar bliebe nur die Aufstellung am Rand der Orchestra, da dieselbe um 0,24 m tiefer liegt als die erste Reihe der Ehrensitze; hier würde die Höhe selbst den Blick auf die Vorgänge in der Orchestra nicht versperren, und tatsächlich ist ja auch hier ein Plattenkranz von ungefähr der gleichen Höhe 1,08 m vorhanden. Allein von dieser Einfassung ist genügend erhalten, um eine Einreihung der Reliefs in denselben auszuschließen. Anstatt uns nun irgend einen Vorschlag für die Verwendung der Platten abzuringen, scheint es mir richtiger, einzugestehen, daß wir etwas halbwegs Sicheres über diesen Punkt nicht wissen. Wir können nur wünschen, daß die Publication, welche sämtliche im Theater gefundene Sculpturen mitteilen soll und welche bei Dörpfeld-Reisch, Das Griechische Theater, S. 88, schon vor zehn Jahren als demnächst erscheinend angekündigt ist, uns hierüber belehren wird.

Trotzdem sich aber unsere Reliefs vorläufig an keiner Stelle des Theaters mit Sicherheit einfügen lassen, so scheint mir doch soviel gewiß, daß sie aus derselben Periode des Theaterbaues stammen, welcher die Reliefs am Proskenion (Brunn-Bruckmann 15) angehören. Nicht

Verlagsanstalt F. Bruckmann A.-G.
München 1906.

bloß, daß in diesem Fries das Problem der Darstellung nach dem Recept der Neuattiker mit den gleichmäßig weit auseinandergezogenen Figuren gelöst wurde, sondern wir glauben auch hier und dort denselben stumpfen Meißel wiederzufinden, der auch nicht einen gesunden, kecken Hieb wagt; alle Formen bleiben schwammig, wie bei Terracottareliefs, die aus einer abgebrauchten Form gepreßt sind.

Dieses Urteil mag Angesichts der Abbildungen hart erscheinen; allein über die Ausführung läßt sich nur vor dem Original oder vor Abgüssen urteilen; denn das Reducieren des Maaßstabs in den Abbildungen schmeichelt. Der Proskenionfries gehört aber nach Dörpfelds Feststellung zum Bau des Nero (Das Griechische Theater, S. 89), und diese Datierung scheint mir auch für die Reliefs mit den Tänzerinnen, seitdem ich die Originale selbst untersuchen konnte, trefflich zu passen.

Übrigens stimmen fast alle Archäologen, welche eine Datierung der Reliefs geben, für die Kaiserzeit. Nur ein Einziger versteigt sich bis ins vierte Jahrhundert zurück, und seine Zuweisung des Werks an ganz bestimmte Künstler müssen wir uns der Curiosität halber ansehen, weil dieselbe, aus völlig anderen Gründen, als wir für die Datierung und kunsthistorische Einreihung der Lateranbasis und des Vorbilds von Horen und Aglauriden geltend machten, doch bei den athenischen Reliefs auf dieselbe Künstlergruppe wie wir geführt wird. Wilhelm Klein in seinen Praxitelischen Studien, S. 26, geht davon aus, dass Lykurgos, unter dessen Finanzverwaltung der Neubau des athenischen Theaters durchgeführt wurde, sich und seine Familienmitglieder in statuarischen Porträts darstellen ließ, welche von den Söhnen des Praxiteles, Kephisodot und Timarchos, ausgeführt waren. Von der Hand dieser selben Künstler stand aber — ein Moment zu Gunsten der Hypothese, das Klein übersah — sicher im Dionysostheater die Statue des Komödiendichters Menandros: demnach ist dieses Künstlerpaar mit dem Theater, wenn ich so sagen darf, doppelt verschwägert. Was lag näher, als ihre so gut bezeugte Thätigkeit für diesen Raum zu verallgemeinern und ihrem Atelier nun weitere Sculpturen, welche im Theater zum Vorschein kamen, zuzuschreiben. Der Leser wird mir glauben, daß ich diese Taufe als Bestätigung des oben begründeten kunstgeschichtlichen Urteils recht gern acceptieren würde. Allein das Veto, welches die Ausführung der Reliefs gegen dieses Allzuviel der Ehre einlegt, läßt sich nicht überhören. Wollten wir Klein glauben, so dürften sich Kephisodot und Timarchos vor dem Künstler hadrianischer Zeit, welcher die Copien der Horen und Aglauriden ausführte, nicht blicken lassen, um von dem Meister der Lateranbasis mit der köstlichen Leichtigkeit seines Meißels gar nicht zu reden.

Friedrich Hauser.

www.ingramcontent.com/pod-product-compliance
Lightning Source LLC
Chambersburg PA
CBHW021106270326
41929CB00009B/758

* 9 7 8 3 7 4 3 3 0 1 1 9 1 *